"十二五"职业教育国家规划教材

经全国职业教育教材审定委员会审定

21世纪高职高专教学改革规划教材·旅游类

项目
引领式

U0648677

导游服务实务

（第二版）

车秀英 主 编

薛 英 刘云波 副主编

东北财经大学出版社

Dongbei University of Finance & Economics Press

大连

图书在版编目（CIP）数据

导游服务实务 / 车秀英主编 .—2版 .—大连 ： 东北财经大学出版社，2016.8
（21世纪高职高专教学改革规划教材·旅游类）
ISBN 978-7-5654-2325-3

Ⅰ.导…　Ⅱ.车…　Ⅲ.导游–旅游服务–高等职业教育–教材　Ⅳ. F590.63

中国版本图书馆 CIP 数据核字（2016）第 118837 号

东北财经大学出版社出版

（大连市黑石礁尖山街217号　邮政编码　116025）

网　　　址：http：//www.dufep.cn

读者信箱：dufep@dufe.edu.cn

大连日升彩色印刷有限公司印刷　　东北财经大学出版社发行

幅面尺寸：185mm×260mm　字数：395千字　印张：17.75　插页：1

2016年8月第2版　　　　　　　　2016年8月第2次印刷

责任编辑：张旭凤　郭海雷　　　　　　　责任校对：王　娟

封面设计：张智波　　　　　　　　　　　版式设计：钟福建

定价：32.00元

当前，我国经济发展进入新常态，旅游业形势也发生了明显变化，主要表现为：大众旅游由初级阶段向中高级阶段演化，旅游者更加关注旅游业特别是导游的服务质量。在国家旅游局公布的《2016年全国导游人员资格考试大纲》中，我们发现变化之一是考试内容规范化，之二是考试情景现场化，之三是注重创新和实用。

本次修订紧扣国家旅游局2016年发布的导游人员考试大纲知识和技能的要求，体现了我们在多年的国家示范校专业课程建设中所积累的导游实训教学方面的经验及成果。在导游服务能力方面，注重导游员的职责和应具备素质的养成训练，将"依品行树人、靠技能立业"的人才培养理念贯穿于导游人才培养的全过程；在导游服务程序与内容方面，更加注重规范化训练；在导游讲解技能、导游个性化服务、导游危机的处理等方面，加强设计了导游现场情景模拟的训练项目；在导游词的撰写技能等方面，注重创新和实用性训练。例如，在项目五导游娱乐活动设计中，增加了导游游戏、导游趣味话题等内容。

随着经济的发展和人们生活水平的提高，在旅游方式的选择上，出境游渐渐成为一种风尚。为了适应现代旅行社旅游产品多样化、国际化的需要，我们在本次修订中增加了"领队出境服务"项目，满足将学生培养成既能做地接服务，又能做全陪，还能够做领队的复合型人才的需要，全面提升学生在导游实际工作中的能力。

本书秉承国家示范校建设的宗旨，以导游职业核心能力训练为主线、导游专业相关知识为支撑，从导游职业岗位工作过程分析入手，较好地解决了课堂教学与技能训练的关系、教师职业技能训练点拨与学生职业技能训练成长的关系等教学难题。本书每个训练项目均设有任务目标、任务情境、相关知识、任务实施、拓展阅读、实践训练、课后自主学习栏目，具有很强的操作性和教学指导性，使职业技能的学习和锻炼对学生职业素养的形成能够起到润物细无声的作用，有助于循序渐进地提高学生的职业综合能力。

归纳一下，本书的编写特点如下：

1.培养目标明确

本书的编写以培养为旅游经济发展服务的高技能型实用导游人才为出发点，以导游工作过程所需要的职业核心能力为项目导向，以导游职业核心能力所需要的专业知识和职业技能来设计课程任务标准。

2.课程内容实用

以导游工作过程所需知识为基本内容，将导游员基本技能和特色技能的训练设计为两个学习情境。第一个学习情境为普通团队的导游服务，主要采用细分能力训练项目设计，包括导游员接站、游览观光、饭店用餐、旅游购物、旅游娱乐活动设计、送站善后六项训练，重点是强化导游工作过程的每一项能力训练。第二个学习情境为特殊导游服务，有选择地将旅游企业中遇到的比较典型的工作任务（如学生团、教师团、老年团、政府团、海外团），作为一个综合的大项目来进行实践训练。学习的时候可以组成训练团队，选择其中的一项任务来完成特殊团队导游服务工作。

3.培养模式独特

在教学训练实施过程中，建议遵循"校内模拟实训、校外实景演练、真实岗位锻炼"的"校企合作育人"的职业能力训练模式，充分利用地区旅游景区定点的资源，使之成为学生职业技能训练的广阔课堂，让学生的学习过程职业训练氛围浓厚。

4.训练方法灵活

在教学训练过程中，每一个学习项目可以采用团队合作、角色扮演等灵活有趣的教学方法，这将有助于提高学生课上认真展示、课下自觉训练的积极性，同时有利于培养学生在团队合作中形成沟通、宽容、合作、竞争等职业人格素养。

5.体现项目成果

为了更好地贯彻"教、学、做一体化"，我们将几年来专业教师在指导学生项目教学中的示范性作品进行了整理，并与大家分享和交流。

6.师生共同成长

本书希望将"职业人"的观念渗透到课程教学中，但是我们也知道这个任务是十分艰巨的，非一日之功。特别是本教材项目七，需要将特殊团队的导游服务技能训练采用项目教学法，让专业教师在教学过程中努力实现"成为学生职业能力学习的指导者"的角色切换，使师生以课堂为训练阵地，共同对知识和技能进行重新建构、运用。完成项目教学训练的全过程充满了挑战，若能够在实施中取得良好的效果，必然会给师生带来相应的成就感。

本书由大连职业技术学院车秀英教授完成全书编写大纲修订、修改稿的增删、统稿等工作；大连职业技术学院薛英副教授整理了综合训练及成果展示；大连市"十佳导游员"刘云波老师为本书提供了很多真实、生动的案例。具体编写分工如下：车秀英老师编写了项目一、二、三、五、七；薛英老师编写了项目四、六、九；刘云波老师编写了项目八。在本书修订过程中，中国旅行社总社（大连）公司刘宁经理、辽宁青年旅行社大连分社高辉经理、大连文园国际旅行社杨婷婷等提供了丰富的案例素材，大连职业技术学院的刘爱琴老师帮助完成了修订稿的文字校对等工作。

本书第一版在使用过程中得到了广大师生的支持、肯定和鼓励，编者深表谢意。本书在修订过程中，参考了大量的书籍、文献资料，吸收了国内外众多学者的研究成果和实践经验，在此一并向这些作者、专家、学者表示衷心的感谢！东北财经大学出版社的编辑为本书的策划、编辑做了大量温馨、细致、专业的工作，特别致谢！

由于编者水平有限，书中定有不足之处，恳请广大读者批评指正，以便进一步修订完善。

编 者
2016年6月

（课程资源链接）

目录

项目一

导游员接站

任务一

上团前的准备

任务目标

参加导游员接站准备主要程序的训练，根据任务情境给出的信息明确任务目标，运用导游接站的基本知识和基本技能，完成对南京团接站前的迎接准备工作。

任务情境

2013年7月，大连假日阳光旅行社接到一单任务，南京旅行团一行30人，将于8月2日下午乘机到达大连。刚刚走上工作岗位的导游员小王接到这个接站任务，准备去大连周水子国际机场接站。

相关知识

一、导游员上团前的准备工作

做好迎接准备工作，是导游员提供良好服务的前提。接到旅行社分配的任务、领取了盖有旅行社印章的接待计划书后，导游员应立即着手准备工作。在旅游团到达之前，导游人员应该充分熟悉接待计划，根据接待计划落实接待事宜和进行上团之前的物质准备、语言准备、知识准备以及个人形象和心理准备。

二、导游员上团前准备的工作技巧

1.熟悉接待计划

接待计划是组团旅行社委托各地方接待旅行社组织落实旅游团活动的契约性安排，是导游人员了解该旅游团基本情况和安排活动日程的主要依据。导游员在旅游团抵达之前要仔细、认真地阅读接待计划和有关资料，准确地了解该团的服务项目和要求，重要事宜要做记录并明确以下情况：

（1）旅游团概况。主要包括组团社名称、联络人姓名、电话号码、旅游团名称、代号、电脑序号、收费标准（分豪华等、标准等、经济等几种）、使用语言、领队姓名等。

（2）旅游团成员情况。主要包括该团的人数、团员姓名、性别、职业、宗教信仰等。

> **案例1-1：**
> 2015年夏季，恰逢旅游旺季，某国际旅行社英语导游短缺，于是从当地外语学院请来一名口语不错的在校生充当临时导游，接待一个泰国团。该导游服务热情周到，在

带团初期一切状况良好，但后来却发生了一件不愉快的事，从而招致客人投诉。

　　被投诉的原因是团内有一对带着小孩出游的年轻夫妇，导游见其小孩长得十分可爱，忍不住在小孩的头上摸了一下。这种在中国看来最平常不过的举动，却触犯了泰国人"重头轻脚"的禁忌，男孩的父母当即脸就沉下来，只是没有当场发作。导游不懂得察言观色，后来又摸了一下小孩的头，小孩的父母当即与导游吵了起来，随后进行了投诉。

　　点评：导游处于接待工作的最前线，工作过程中会接触到各种不同的民族文化，应尽可能地了解中外文化之间的差异尤其是禁忌，以适应接待不同游客的需要。

　　《导游服务规范》规定，导游员上团前应认真查阅接待计划及相关资料，熟悉并掌握旅游团（者）的全面情况，注意掌握其重点和特点。案例中，由于东南亚一些国家的人普遍认为头部是人体最高的部分，也是人体中最神圣的部分，尤其是孩子的头，被视为神明停留之处，所以在任何情况之下绝不许触摸。如果导游员对泰国团的团员特点及禁忌有一定的了解的话，就不会引起不必要的投诉了。

　　（3）旅游路线和交通工具。导游员应了解旅游团的全程路线、入出境地点、乘坐的交通工具，抵离本地时所乘交通工具的班次、时间和地点。

　　（4）交通票据情况。旅游团去下一站的交通票据是否按计划订妥，有无返程票，有无国内段国际机票，出境票的票种（是OK票还是OPEN票）。

　　（5）该团的特殊要求和注意事项。导游员应注意计划有无变更以及更改后的落实情况（如该团在住房、用车、游览、用餐等方面有无特殊要求）；是否需要有关方面负责人出面迎送、会见、宴请等礼遇；是否有老弱病残等需要特殊服务的客人；是否需要提前办理证件（该团的旅游线路中是否有需要办理通行证的地区或特殊参观项目，如有则需要提前办好相关手续）。

　　（6）机场建设费的支付方式。对于机场建设费的支付，一般分为目的地组团社先行垫付和游客自付两种情况。

　　2.落实接待事宜

　　导游员在旅游团抵达的前一天，应与各有关部门或人员落实旅游团的食宿、行李运输等事宜。

　　（1）核对日程安排表。地接社会根据组团社旅游接待计划，安排旅游团在本地的参观游览活动日程，编制日程表。导游员应根据日程表中所注明的日期、出发时间、游览项目、就餐地点、风味品尝、购物、晚间活动、自由活动时间以及会见等其他特殊项目进行一一核实，如发现有出入应立即与本社有关人员联系，问清情况后做必要的修订。

　　案例1-2：

　　大连某国旅导游员周某，接到一新加坡旅游团的接待计划，日程是10月20日21：00乘飞机抵达沈阳，当晚入住饭店，第二天游览完沈阳后乘火车赴大连游览。10月20日，周某乘坐接团的旅游车从大连赴沈阳接团。抵达沈阳后，周某事先向预订饭店索要了房间号并领取了房间钥匙。当晚，周某与司机一起开车去机场接团，待该航班乘客已全部出站，周某也没有见到旅游团出现。于是，周某便与本社工作人员进行联系，询问情况。"哎呀，真糟糕，该团上个星期就已经取消，忘记通知你了。"旅行社工作人员抱歉地答复。周某只好立即赶回饭店说明情况并退房。饭店方面虽同意退房，但提出了索赔要求。

点评：这是一起典型的空接事故。空接以及空接所造成的饭店损失、旅游车空驶等一系列的损失，责任显然在旅行社的工作人员。下发计划在前，而计划变更在后。由于旅行社工作人员工作上的疏忽，没有将旅游团取消的变更消息及时通知导游人员，因此才造成了这样的后果。但是，导游员周某也有责任，他没有在接团前与有关部门、相关人员进一步联系，落实团队的最后计划，如果能在接团前主动落实，这个事故则是完全可以避免的。

（2）落实旅行车辆。首先，导游员应与旅游汽车公司或车队联系，确认为该团在本地提供交通服务的车辆的车型（车型是否与旅游团人数相符合）、车牌号和司机姓名。其次，如果接待的是大型旅游团，车上应贴编号或醒目的标志。

（3）落实住房及用餐。导游员要熟悉旅游团所住饭店的位置、概况、服务设施和服务项目；核实该团游客所住房间的数目、级别、是否含早餐等；与各有关餐厅联系，确认该团日程表上安排的每一次用餐的人数、餐饮标准、日期、特殊要求等。

（4）落实运送行李的安排情况。导游员应了解行李运送计划，了解为旅游团提供行李服务的旅行社行李员的情况，必要时应与其沟通以共同落实行李运送计划。

（5）落实游览景点事宜。对新的旅游景点或不熟悉的参观游览点，导游员应事先了解其概况，如开放时间、最佳游览路线、厕所位置等，以便游览活动顺利进行。对旅游团在游览中的特殊要求提前与景点联络，例如宗教团体需在某寺庙从事法事活动，夏令营团队需在某景点举行开营、闭营及其他仪式活动，红色之旅需在纪念地与名人座谈的活动以及对景点的捐赠活动等。

案例1-3：

某外语导游人员于11月1日下午3点半带团来到故宫的售票处前，正在他准备买票时，售票口的小窗户"啪嗒"一声关上了。他急忙询问原因，售票人员告诉他：自即日起故宫实行淡季时间表，下午3点半停止售票。由于该团客人明天早上乘飞机飞往西安，这意味着他们此次来华旅游已经没有机会参观魂牵梦萦的"紫禁城"了。无论他怎样解释、恳求，最终也未能说服售票人员破例让他带团进去。

点评：导游员在上团之前一定要做好充分准备，这样才能在引领游览过程中起到很好的导游效果，对于熟悉的老景点要进行温习，更新常规知识；对于不熟悉或刚开放的新景点，一定要到实地去熟悉，掌握第一手资料，如概况、开放时间、售票处、特色、特殊管理条例等。在本案例中，导游员由于事先没有对故宫的淡旺季售票时间进行特殊的知识准备，无意中给整个入境团留下了一个很大的遗憾。

（6）落实联系电话。导游员应备齐并随身携带有关旅行社各部门以及餐厅、饭店、车队、剧场、购物商店、组团人员、行李员和其他导游人员的联系电话。导游员上团前要检查自己的电话是否畅通，电力是否充足，以保证与旅行社及其他部门之间的联络。

3.做好个人迎接准备

（1）物质准备。上团前，导游员要按照旅游团的游客人数领取导游图、门票结算单和费用，带好接待计划、导游证、胸卡、导游旗、接站牌等必备物品。

（2）语言和知识准备。导游员要根据接待计划上确定的参观游览项目，对需翻译、导游的重点内容，做好语言和介绍资料的准备。接待有专业要求的团队，要做好相关专业知识、词汇的准备。对当前的热门话题、国内外重大新闻、游客可能感兴趣的话题等方面也应做好准备。

案例1-4:

2014年夏天，大连某国际旅行社导游翻译李某接到了一份接待澳大利亚驻华大使和商务参赞夫妇一行四人到大连观光旅游并参观大连机车厂的计划。对于参观游览中的导游讲解，他轻车熟路，但要担任参观机车厂翻译的任务，他还是头一回。为了做好这次接待工作，他认真搜集了大量有关机车厂的资料，又查阅了英文分类词典，掌握尽可能多的专业术语，为现场翻译做好充分准备。客人圆满地结束了在大连的观光和访问，回到北京后，给李某寄来了几本介绍澳大利亚的书籍，并附寄给分社总经理一封热情洋溢的感谢信，感谢旅行社培养出来这样优秀的翻译。

点评：导游人员要及时了解与本次旅游活动相关的知识，尤其是自己不熟悉的一些知识和专业术语，一定要事先查阅相关资料，做好充分的接团准备，这样才能起到事半功倍的效果，给游客留下良好的印象。在本案例中，导游翻译李某的做法就非常值得每一位导游人员学习。

（3）形象准备。导游人员的自身形象不仅仅是个人行为，在宣传旅游目的地、传播中华文明方面也起着重要作用，有助于在游客心目中树立旅游目的地的良好形象。因此，导游员在上团前要做好仪容仪表方面（即服饰、发型和化妆等）的准备，着装要符合本地区、本民族的着装习惯和导游人员的身份；衣着大方、整齐、简洁，要方便导游服务工作；佩戴首饰要适度；不浓妆艳抹，不用味道太浓的香水；上团时应将导游证佩戴在正确位置。

（4）心理准备。首先要做好面对艰苦复杂工作的心理准备。导游人员不仅要考虑到按照正规的工作程序要求给游客提供热情服务，还要有遇到问题、发生事故时应如何处理，对需要特殊服务的游客应采取何种措施的各种思想准备。有了这些方面的心理准备，就会做到遇事不慌，遇到问题也能妥善迅速地处理。其次是要做好承受抱怨和投诉的心理准备。导游人员的工作繁杂辛苦，有时虽然已经尽其所能热情地为游客服务，但还会受到一些游客的挑剔、抱怨、指责，甚至投诉。对于这种情况，导游员也要有足够的心理准备，要冷静、沉着地面对，无怨无悔地为游客服务。

任务实施

南京旅行团一行30人，将于8月2日14:00乘机到达大连，导游员小王接到接待任务，准备去大连周水子国际机场接站。

1.潜心研究，充分准备

导游员小王因为是第一次接到这样的任务，心里有些紧张，怕自己的准备工作不够充分，遗漏某些环节，于是在接站前又一次翻阅了自己此次的接待计划：南京团人数共30人，16男、14女，均来自同一个单位；在大连停留三天两晚，第一天的行程是游览旅顺景区和大连城市风貌，第二天行程是游览金石滩，第三天是参观老虎滩海洋公园，然后乘晚班飞机飞回南京；旅行团中有两对儿是夫妻；团队里有一位素食主义者；南京人的特点是头脑灵活、做事谨慎、文采较出众等。熟记了这些团队信息后，小王基本做到了心中有数，紧张的心情也放松了不少。

2.亲临现场，落到实处

结合旅行社里一些前辈传授的带团经验，考虑到某些景点可能每年都会增加或调整某些项目和表演时间、由于城市规划及其他因素会造成景点营业时间会作出相应的调整等问题，小王决定在南京团到来之前对接待计划中的各项接待项目进行一次彻底的踩点和核实。

首先，小王打电话对航班号（南方航空CZ3985）和到达时间（14：00）进行了确认。由于此次接待时间适逢大连啤酒节进行期间，小王提前一天去熟悉了接站线路、相关交通管制线路以及交通流量，以防出现堵车漏接现象。

其次，小王还与接站车辆和所下榻的假日酒店进行了联系，核对了预留的房间数和用餐标准及禁忌（南京游客比较喜欢吃鸭，建议将餐标中的鸡改成鸭）。

最后，小王对即将要游览的老虎滩海洋公园、旅顺日俄监狱、白玉山景区、发现王国等景点相关规定进行了确认，包括营业时间、表演项目及时间安排等。

由于旅行团想亲身体验一下大连啤酒节的热闹氛围，小王事先还来到了星海广场的啤酒节现场，考察场地和线路，并感受了现场各大展棚的表演氛围。一家慕尼黑啤酒展棚的表演精彩、规模较大且接待能力较强，于是小王与负责人联系了旅游团第二天晚间来此参观消费事宜，并提请做好位置预留的准备。落实相关接待事宜后，小王记下了所有与接待有关的电话号码。

3.精心装扮，迎接客人

了解到旅游团来自一个单位，大都是中年游客，这些游客的人生经验比较丰富，所以，小王对于欢迎词、沿途导游以及老虎滩、旅顺和金石滩的导游词等已经做了精心准备。但是穿什么衣服去机场迎接旅游团呢？小王还是拿不准。考虑到这是自己第一次独立接待团队客人，怎么也得给旅游团和自己的职业生涯留下深刻印象，于是对自己进行了一番精心打扮。在准备领取接待团队的导游图、门票结算单、导游旗、接站牌等物品时，经理对她的打扮进行了一番表扬之后提出了批评意见，并对她说了下面的一段故事。

案例1-5：

导游员秦小姐，年轻漂亮，家境也颇殷实，由于好打扮，其服饰也总是走在时代前列。一次，秦小姐接了一个境外的旅游团，团成员多为30岁左右的小姐、女士。当秦小姐以精心打扮的形象出现在游客面前时，使得这些小姐、女士黯然失色。游览期间，秦小姐更是不断更换自己的"名牌"行头，更使旅游团中的那些女士成了她的反衬者。在游览过程中，虽然她的讲解生动形象，为人亲切，服务周到，但不知为什么，那些年轻的女性游客却不愿与她在一起，秦小姐自己也有一种被冷落的感觉。

点评：作为服务行业的导游员，如果在上团时装束与众不同，刻意地修饰外表，喜欢抢风头，则一定不能被游客所接受，服务效果也一定会适得其反。这是因为导游无意间已经将自己的服务对象——游客变成了陪衬者。与案例中的秦小姐一样，小王今天的这身打扮同样也犯了这样的错误，太时髦、太醒目。

当小王得知自己打扮得太刺眼会对带团带来适得其反的效果后，就换上了一套简洁靓丽的休闲服，她明白了真正给游客留下深刻印象的不是服装打扮，而是热情的服务和精彩的讲解。

拓展阅读

1.导游员接团前期的相关业务准备

（1）掌握有关团队信息。根据团队客源的不同可有侧重地准备相应的知识，如上海江浙籍贯属于海派文化，可以与他们谈大上海经济龙头、浦东新区、金茂大厦、东方明珠塔、上海世博会、越剧、白娘子、六和塔、莫愁湖、南京大学、浙江大学、复旦大学；北京籍贯属于京派文化，可以谈皇家文化、长城、奥运会、城建五环；陕西籍属长安文化，可谈秦砖汉瓦、兵马俑、华清池、秦始皇、汉武帝、李世民、武则天；两广和海南属于岭南文化，可谈珠江风情、黄埔军校、锦绣中华、中山大学、椰树林；山东籍属于齐鲁文化，可以谈孔孟之乡、泰山、泉城、青岛奥运帆船赛等。

（2）掌握旅游团成员的基本情况。这些基本情况包括性别、职业、业余爱好等。

①性别。男游客身体强壮，爬山、走路快；女游客性格多内向，行动慢，好购物。

②职业。知识分子一般不发表意见，一旦发表意见就要受到重视，好为人师，要虚心向他们请教；工人豪爽、直率；农民纯朴、憨厚等。

③业余爱好。如对足球、篮球、排球等体育运动的爱好。

2.游客特征分析

见面爱说又爱笑，这样游客较可靠；

要求偏多又言少，这样游客要讨好；

团队当中有权威，对其热心不吃亏；

说话严厉有分量，对其尊重不一样；

爱听爱看又爱摸，对其服务要多说；

少言少语又怕累，对其服务要干脆；

文化层次比较高，讲解认真别轻佻；

语言不通有障碍，对其照顾多关爱；

团员当中太年轻，细心耐心体贴心；

来自西部和内地，游客花钱较小气；

来自山区和乡下，对其友好不欺诈；

游客上班在机关，消费起来很一般；

遇到都是打工族，薄利多销别太俗；

接待名人和领导，工作周到要讨好；
团员都属好朋友，该出手时也出手；
爱吃爱抽又爱喝，这样游客别怕多；
爱吃爱喝爱跳舞，热心服务别怕苦；
团员当中净老外，习俗不同别见怪；
华侨港台东方人，服务热心中人情；
有说有笑又爱讲，不是局长是科长；
衣服穿得较得体，一般都是干私企；
穿戴打扮上档次，属于成功的人士；
团员见他比较怕，准是团中的老大；
怀里揣满人民币，花起钱来真豪气；
钱包装有许多卡，购物消费才潇洒；
身着高档的服装，花钱一定很大方；
平时手机经常响，生意兴隆财源广；
手机关机不联络，财路不多少事做；
随身配有小皮包，这样游客档次高；
旅途当中重学习，认真服务是前提。

（资料来源　李灵资. 趣味导游顺口溜［M］. 北京：旅游教育出版社，2005）

3. 国内主要地区居民的性格特征

（1）北京人。北京人自豪于生活在元、明、清三朝的皇家胜地，更自豪于居住在祖国的首都。北京人对人随和实在，就像俗语所说的"一碟小葱拌豆腐，一瓶二锅头，可以让北京男人侃大山到通宵"。

（2）东北人。东北人天性豪爽，激情而张扬。东北男人多身材魁梧，面堂高挺，声音洪亮；女人多为性情直率，温柔稍欠。

（3）天津人。天津人性格豁达，本性幽默，如"狗不理包子""十八街麻花"等名小吃中透着幽默味道。天津的方言很有特点，原始而富有磁性。

（4）内蒙古人。内蒙古人渊源于标准的蒙古人种，崛起于成吉思汗的挥戈射雕，鼎盛于忽必烈的大元纪年，衰败于朱元璋的驱逐鞑虏。内蒙古人心地善良，为人敦厚。一曲悠扬的《草原之夜》、一只喷香的烤羊腿、一杯热腾腾的奶茶，会让天下的来客都成为内蒙古人的朋友。

（5）山东人。中国历史上的思想家及哲学家最多出自山东（如孔子和孟子）。五岳至尊的泰山也在山东，古来就有"登泰山而小天下"之说。山东人遵循古训，传统思想保留长久。

（6）湖北人。湖北人聪明智慧，富有才华，胆大心细。湖北人的自豪感不仅在于他们的先楚文化远胜于中原，更说明了湖北人不愧为中国最自信的人。

（7）安徽人。安徽地处中原淮河流域，实为人杰地灵之地，涌现出不少的历史名人，如吴敬梓、华佗、周瑜、陈独秀、胡适等。安徽人酷爱唱黄梅戏。

（8）江苏人。江苏为鱼米之乡，水稻种植与渔业自古就比较发达。江苏人爱吃大米和小鱼。苏州园林闻名遐迩、玲珑剔透，很精致。

（9）浙江人。杭州是古都。浙江人自豪于"胜似天堂"的杭州风景。浙江人正直谨慎，做事有章法，有海纳百川之胸怀。历史上的浙江人以宽厚的臂膀和真诚的温暖给予许多流浪的文化名人以栖身之地。浙商是中国商界的一朵奇葩。

（10）上海人。上海继承吴越之正统，是中国历史上第一个称为城市的地方，目前是典型的时尚大都市。上海商贾云集，经济贸易发展迅速，现代工业规模不可小觑。

（11）两广人（广东和广西）。广东和广西在历史上属于边远的荒蛮之地，开发较晚。两广人有着勇敢不屈精神。近代的鸦片战争、太平天国运动、辛亥革命、北伐战争、省港大罢工、广州起义、百色起义等许多重大历史事件都发生在两广。两广人头脑灵活，聪慧而精明，善于做生意。

4.总结盘点

北京看全国都是基层，

上海看全国都是乡下，

广东看全国都是穷人，

山东看全国都不仗义，

江苏看全国都欠发达，

浙江看全国都待开发，

四川看全国都缺美女，

陕西看全国都没文化，

新疆看全国都太拥挤，

云南看全国都太单调，

宁夏看全国都太忙碌，

内蒙古看全国都缺牛奶，

海南看全国都太寒冷，

青海看全国都没酒量。

5.团队类型特征分析

（1）年轻人旅游团。年轻人旅游团最大的特点是喜欢多动多看，他们对旅游有一种特殊的偏爱，在旅途中也时常表现出激动、好奇和热闹。因此，导游员带领年轻人旅游团进行参观游览时，应根据年轻人的特点，在不违反旅游接待计划的前提下，尽量满足他们"合理而又可能的要求"，使旅游活动顺利健康地开展下去。

带领年轻人旅游团，首先，导游员本身要充满朝气活力，要有上刀山下火海的热情。其次，要善于了解他们年龄特点，组织他们参加娱乐活动。一般来说，年轻人到达旅游景区后，往往又表现出与众不同的渴望和向往心理，追求那些闻所未闻的引人入胜的景色，驱使自己尽情地观赏和游览。为此，想多一点自由活动的时间，想多拍一些照片留念，已经成为年轻人旅游团最大的需求。在这种情况下，先睹为快，先玩为快，然后再慢慢听导游员讲解已形成规律。最后，随着旅游活动的进一步开展，游客之间得到了进一步的交流和了解，团员之间会变得更加熟悉，旅游团队中懒散和求全心理也会出现，平时活泼的人会变得更加活跃，平时散漫的人更容易迟到，许多人还会丢三落四。他们还特别喜欢开玩笑，提出各种各样、名目繁多的奇怪问题。这时候也是导游员最难带团的阶段。因此，导游员的基本做法是：尊重游客、热情服务，讲有特点、做有规矩，履行合同、等距交往，有紧有松，导、游结合。导游员要控制好整个团队的旅游节奏，防止因满足不了个别人的需求而影响其他游客的情绪，造成对整个旅游接待计划不利的事情发生。

（2）女性旅游团。俗话说：三个女人一台戏。女性旅游团的最大特点是气氛活跃。在旅游途中，她们喜欢谈论家庭琐事、购物以及化妆等，同时也喜欢自由活动或三五成群聊天拍照，思想上容易开小差。女性求全心理强，团队内时常会有一些小矛盾产生。因此，导游员应根据女性的特点，设法让她们高兴而来，满意而归。带好女性旅游团要做好以下三项工作：

第一，讲解景点要清楚、要耐心，带团速度不宜过快，照顾面要周全，时常要多讲些有趣和传统的故事，让她们在轻松的氛围中旅游。

第二，交代事情、提醒注意事项要清楚明确，说话不绕圈子。

第三，要经常关心她们的身体状况，带团时要多次清点人数，防止有人走失。

另外，在行程安排上要松紧适宜，多给她们一些交流感情的时间。在商店购物时导游员要做好参谋工作，较为详细地介绍商品的特色，尤其是土特产品。同时还应注意的是，女性游客在个别或三五成群地谈论聊天时，游客没邀请你参加，导游员最好不要参与进去。在旅途中，导游员还要防止她们懒散和求全心理的出现，游程结束时要特别关照她们注意带好自己随身携带的东西，以免造成经济上的损失和精神上的不悦。

（3）男性旅游团。男性旅游团的最大特点是喜欢听讲解，好学习，好沟通。在旅途中如果导游能把他们的积极性调动起来，是很好带的群体。因此，导游员在不违反导游讲解原则的前提下，要做好充分的讲解准备。带领男性旅游团首先要做好以下三项工作：

第一，导游讲解的内容要丰富。善于总结娱乐的、传说的、民间的、官方的等不同讲解内容，让其产生认同感。导游讲解一定要有针对性，讲解到位，他们不会挑别旅游中的瑕疵；如果讲解不到位，他们会直接表达不满情绪。关键是导游讲解要大气、视野要开阔、内容要丰富。

第二，男性旅游团的关键是导游要灵活，上什么山唱什么歌，见什么人说什么话。如，见到东北男人可称呼"大哥"，有话直说，开门见山；见到北京男人，多用"您"或"领导"等称呼；浙江男人很讲究面子，导游讲解得精彩，他们会很捧场，只要导游员讲到他们的心思，他们会很慷慨大方地给别人带去欢乐。

第三，男性旅游团娱乐活动的参与性很好调动。不论是导游设计的娱乐活动，还是景区景点的娱乐活动，只要导游员讲到活动的新奇、刺激、惊险、与众不同，他们大都会去参与和体验。

实践训练

实践训练1：落实安排夏令营团的开营、闭营及相关活动

实训设计：由1名同学模拟导游员小王（以下简称小王），3名同学分别模拟开营地大连104导弹驱逐舰景区接待员、舰艇学院工作人员，其他同学模拟团队游客。考察重点在于导游员与各景点工作人员之间的沟通协调组织能力，以及工作责任心，注意沟通时告知团队人数，要求景区安排营地升旗仪式、辅导员讲话、拓展训练理念灌输及参观的相关细节内容。最后由其他同学对表演进行互评，教师进行教学点评。

实践训练2：落实旅游车、酒店住宿和用餐情况

实训设计：分组、分角色、分情景进行模拟训练。

场景一：由1名同学模拟导游员小王，1名同学模拟汽车公司调度员，双方进行电话联络，落实夏令营团在大连的接待车辆事宜。

场景二：由1名同学模拟导游员小王，1名同学模拟酒店总台服务员，双方进行电话联系，落实夏令营团在大连住宿用房事宜。

场景三：由1名同学模拟导游员小王，1名同学模拟酒店餐饮部接待服务人员，双方进行电话联系，落实夏令营团的酒店用餐事宜。

最后对表演进行同学互评，教学点评。

实践训练3：设计"旅游团迎接准备计划表"

实训设计：

（1）每6~8人分为1个团队。

（2）每个团队选出1名队长，将团队成员进行角色分配，主要角色分为地接导游员、计调、行李服务员、车船服务公司工作人员、饭店工作人员。

（3）组织团队进行导游服务中的角色分工，按照教师提出的任务进行讨论，每个角色搜集、提炼导游员迎接准备工作的相关信息。

（4）每个学生团队设计1份"旅游团迎接准备计划表"，选出1位代表进行团队间交流，教师进行点评。

评价考核：评价考核内容见表1-1。

表1-1   导游员迎接准备服务技能评价考核

内　容			评　价	
学习目标	评价内容	分值	团队成员评价	教师评价
基本知识	迎接准备的程序	10分		
	团队接待计划表的内容	5分		
	大连相关景区景点导游词	5分		
专业能力	熟悉并分析接待计划	10分		
	落实旅游团的吃、住、行	10分		
	落实个人形象、语言和心理准备	10分		
通用能力	导游语言表达能力	10分		
	导游团队应急问题解决能力	10分		
	导游业务钻研能力	10分		
	导游的沟通协调能力	10分		
职业态度	工作态度	5分		
	团队合作意识	5分		
努力方向	建　议			

课后自主学习

请以一个地接导游员的身份写一份团队接待之前的准备计划，包括业务准备、物质准备、个人知识准备和心理准备。

任务二

接 站

任务目标

通过进行导游员接站主要程序的训练，能够根据任务情境给出的信息明确任务目标，运用导游接站的基本知识和基本技能，完成对长春团的接站任务。

任务情境

南京假日旅行社接到一单任务，长春22人旅游团将于5月7日16时45分到达南京禄口国际机场，南京假日旅行社派地陪导游员小张准备去机场接站。

相关知识

一、导游员接站的主要程序

导游员接站的主要程序包括：旅游团抵达之前对抵达时间的确认；与司机联系、提前到达接站地点；再次确认到达时间；持接站牌接站以及旅游团到达后找认旅游团、核实人数、集中清点并移交行李、引导游客登车等工作。

二、导游员接站工作技巧

导游员接站是导游员与旅游团之间的第一次接触，导游员良好的形象非常重要，既体现了对游客的尊重，又表现出了导游员良好的职业素养，同时也会影响到旅游团成员对旅游目的地及地接社的印象，对于随后接待工作的开展起着非常重要的作用。

1.旅游团到达之前导游员应做好的工作

（1）确认旅游团所乘交通工具的准确抵达时间，以免漏接。接团当天，地陪导游员应提前去旅行社落实或打电话询问旅游团计划有无变更情况。出发前，应向机场（车站、码头）问讯处问清所接旅游团所乘班次的准确抵达时间。一般情况下，至少应在飞机抵达预定时间前2小时，火车、轮船抵达预定时间前1小时向问讯处询问。

（2）与旅行车司机联络。电话通知司机出发的时间，商定会面地点。提前赶赴与司机碰面的接头地点，登车。途中，地陪导游员应告诉司机该团的主要活动日程、具体安排、注意事项以及需要司机配合的事情，可以给司机一份团队活动日程表，以便使司机心中有数，更好地配合导游工作。

（3）提前抵达接站地点。地陪导游员要提前半小时抵达接站地（机场、车站、码头），与司机商定车辆停放位置。如已安排行李员，导游员应与行李员取得联络，并向行李员交代旅游团的名称、人数，通知其行李运送地点，了解行李抵达饭店的大体时间。

案例 2-1：

小牟是某国际旅行社的导游员。这天，他作为地陪去接一个已经入住在饭店的德国旅游团。从小牟家到饭店骑车 20 分钟就到了，旅游团 8 点整在饭店大厅集合。小牟 7 点 20 分骑车从家出发，当他经过铁路道口时，开来一列火车，把他挡住了。待列车开过去时，整个道口已挤得密密麻麻，秩序混乱，等交通警察赶来把道口疏通，已经过了 8 点。10 分钟后，小牟才到饭店。这时，离原定游客出发时间已晚了 10 多分钟，只见等候在大厅里的那些德国游客个个脸露不悦，领队更是怒气冲冲，走到小牟面前伸出左手，意思是说："现在几点了？"

点评：作为导游员，熟悉各个国家或地区的风俗习惯是很有必要的。了解了各个国家、地区的风俗习惯、居民的性格特点后，导游员就能很好地防止避免类似的差错。

德国游客的时间观念也许是世界上最强的，讲好 8 点整出发，绝对会一个不漏地准时在大厅集合。如果导游员自己迟到了，你在他们心目中的形象就会大打折扣，即使你以前所做的工作非常出色，也难以改变迟到带给他们的坏印象。本案例中，小牟若知道德国人的这种惜时如金的性格特点，他就会把赶往饭店的时间更提早些，这样也就不会出现本案例中所述的那一幕。当然，作为导游员，不仅是带德国游客，带任何一个旅游团，都要守时，绝不能迟到，这是导游从业人员起码的素养。

（4）再次核实班次抵达的准确时间。地陪在落实上述工作后，到达接站地（机场、码头、车站），查找接站信息。还须再次向接站地（机场、车站、码头）的问讯处确认或通过班次抵达显示牌确认航班准确抵达时刻，同时确认领取行李和卫生间的位置。如被通知所接班次晚点，推迟时间不长，导游员可留在接站地点继续等候，迎候旅游团；如推迟时间较长，地陪应立即与旅行社有关部门联系，听从安排，重新落实接团事宜。

（5）持接站标志迎候旅游团。在旅游团出站前，地陪导游员应持接站标志，站在出口处醒目位置举接站牌，便于出站人的视线寻找与发现，等待旅游团领队或全陪前来联系。同时，导游员也可从游客出站的着装和组团社的徽记等来判断或上前询问，主动认找自己的旅游团。如果接的是小型旅游团或无领队、全陪的散客旅游团时，要在接站牌上写上客人姓名，如"接北京王刚等四人，夏之河旅行社"，以便客人能主动与地陪联系。

（6）以健康、阳光的形象迎接客人。导游员衣着要得体、整洁，符合本地区和本民族的着装习惯。要按照旅游行业和旅行社对导游员的着装规定，以健康向上的形象迎接客人。

2.旅游团到达之后导游员应做的工作

（1）认找旅游团。导游员找到旅游团后，热情迎候旅游团，及时与领队或全陪进行接洽，问清该团领队（或客人）姓名、人数、国别、团名等。核对完毕后，主动介绍地接社的名称并进行自我介绍。一切都无任何出入时，才能确认是自己要接的旅游团队。

案例 2-2：

大连一个组团社组织两个旅游团到南京旅游，其乘坐的飞机航班、行程、人数、标准相同，但南京的接待社不同，分别为 X 旅行社和 Y 旅行社，地陪导游员分别是小张和小李。当两人在机场出口处迎接旅游团时，两队举着同一旅行社的小旗，戴着同一旅行社的帽子，并背着相同的行李袋走出出站口，小张很高兴地走上前去，确认了人数，便热情地招呼大家上车。小李见到小张已带走一队，自己也把另一个团带走了。直到吃晚餐时，小李才发现此团并非本社应接待的旅游团。

　　点评：导游人员在接站时，一定要认真对照自己的接待任务单，认找旅游团，找到后要进行必要的核实，问清楚旅游团全陪或领队的姓名、团队人数等具体信息后才能做最后确认，进行下一步的接待计划。否则，就可能如同本案例中的两位导游一样，想当然地认为这就是自己所要接的团，结果造成了错接，引起了不必要的麻烦。

　　（2）核实人数。地陪导游员在找到所要接待的旅游团后，应向领队（或客人）作自我介绍，及时向领队核实实到人数，如与计划人数不符，则要及时通知旅行社，以便作相应的服务更改。

　　案例2-3：
　　北京某旅行社的导游员张某到机场去接一对外国夫妇。当时到港的航班较集中，出入机场大厅的人也很多，张导举着接机牌在出口处等了近一个小时仍没有接到客人。这时，他看到本旅行社的一个同事接到了一个没有领队的旅游团，正向门外走去，客人佩带的胸牌与他要接的客人由同一个外国旅行社所发。张导忙请司机代他举着牌子等候，自己赶到大厅外找人。在停车场，他见到一对外国夫妇与导游正在交涉什么。他连忙赶上前询问，找到了自己要接的客人。原来，这对夫妇和那个团的游客在飞机上结识后，了解到他们所住的饭店、提供服务的旅行社都与自己的相同，而胸前所佩带的标记又由同一家国外旅行社所发，便以为和那些人在一起就能找到导游，所以从机场大厅出来时就跟着那些人，根本没注意接机人手中的牌子。来到停车场，那位导游员一数人数，发现多了两个，此时张导刚好赶到。

　　点评：接站是导游接待工作的开端，其关键在于精心准备和处事灵活这两方面。准备的内容包括：了解所接团队的名称、人数、特点，准备好接站牌，了解飞机和火车航班或车次，掌握好接站时间等。由于在接站过程中可能会遇到飞机延误或火车晚点等情况，加之有时场面混乱，接站时要尽量做到接人及时、准确，处事灵活。接不到客人时，应分析原因，耐心寻找。要尽可能多地了解清楚其他接站人员的情况和接站场所内外的人流情况，注意与自己所接客人特点相近的游客，避免客人被其他人接走。本例中的张导通过客人胸卡相同的现象，推测出客人可能被其同事接走，就是灵活处事的例子。

　　（3）集中清点行李，办好交接手续。如旅游团是乘坐飞机抵达的，地陪导游员应协助所接待旅游团游客将行李集中放到指定位置，提醒他们检查各自的行李物品是否完好无损。与领队、全陪、行李员一起清点并核实行李件数，填好行李卡（一式两份），与行李员双方签字，一份交给行李员。如在检查过程中发现有行李未到或破损现象，地陪导游员应协助当事人到机场失物登记处或有关部门办理行李丢失登记和赔偿申报手续。

　　若所接旅游团乘坐火车抵达，在接到旅游团后，地陪应向全陪或领队索取行李托运单，并将单据交接给行李员，填写行李卡，行李卡上应注明团名、人数、行李件数、所下榻饭店名称，一式两份，双方签字。

（4）询问团队情况。地陪导游员要向领队询问团内游客的身体状况、有无特殊要求，如为白天到达，则应与全陪、领队商定是先回饭店，还是马上进行游览。

（5）集合登车。处理完上述事情后，导游员应引导游客前往乘车处。首先要将游客集中在一起，提醒他们再一次检查自己的随身物品是否带齐，然后高举导游旗，以适当的速度走在游客的前面，引领客人前行。同时，可请领队和全陪走在团队的后面，以确保团队的安全。

在游客上车时，导游员要恭候在车门两侧，协助或搀扶老弱游客上车（注意，如果是西方游客，主动帮助他们可能会遭到拒绝，此时，要尊重他们的意见，不要去主动搀扶）。游客上车后，地陪导游员最后一个上车，可帮助游客将行李放在行李架上，协助其就座。待游客坐好后，导游员应再一次检查游客放在行李架上的物品是否放稳妥，礼貌地清点人数，请司机开车前往饭店。清点人数时，要默数、用心算，切忌用手指点。

任务实施

长春团一行30人，将于16时45分到达南京禄口机场，导游员小张负责接站及之后的旅行游览服务。小张与司机马师傅提前到达南京禄口机场，小张与马师傅确认了接站车的停车场的位置后，迅速到机场大厅查询航班信息，确认了长春团抵达南京的航班号（南方航空CZ3986）和到达时间（16：45）。16时10分，小张手持所在社导游旗站在出站口醒目位置，等待着长春旅游团的到来。

1.熟记标志，准确辨别

机场广播通知了南方航空CZ3986航班已经到达的消息，小张在出口处仔细辨认自己所要接待的长春旅游团队。这时，一个团队走了出来，他们说话带着明显的东北口音，队伍中有人持着一面长春浪漫假期旅行社的社旗，团队成员都带着长春浪漫假期旅行社的帽子，小张赶紧迎上去，准备带领旅游团离开机场前往旅游大巴的停车处。

当时机场的人很多，场面很嘈杂，小张想尽快带领客人离开大厅。走出门口时，小张开始核实人数，这时才发现情况似乎有点不对，自己所持的接待单上写明旅游团的人数是30人，可这个团队只有20多个人，难道是有10名左右的游客因为临时有事没来南京？以自己的接团经验来看，一般情况下团队人数不可能出现这么大幅度的调整，而且事先也没有接到组团社的通知，小张有点紧张，怀疑是自己接错了团。

（小张如果不那么着急，等与全陪确认好之后再走，就不会发生这样的错误了）

果然如自己所料，他们是长春浪漫假期旅行社的游客而非自己所要接待的浪漫假日旅行社组团的游客，由于自己的粗心大意，没有注意到"假日"和"假期"，看错了一个字导致接错了团。想到自己所接的团队还在着急等待，小张赶紧又返回机场大厅，发现了一个持东北口音的队伍正在机场，游客都提着长春浪漫假日旅行社的包在焦急地张望着，其中一个手持长春浪漫假日旅行社社旗的人正一边打电话一边在四处寻找……小张赶紧上前询问，发现这才是自己要接的团队。

小张：请问是程先生么？

全陪：是，你是？

小张：我是南京假日旅行社的小张。真对不起，我刚才看错了一个字，把长春假期旅行社当成长春假日旅行社了。就急急忙忙地带领长春假日的游客走出机场，一清点人数发现不对，再认真询问才知道不是我要接的长春假日旅行社的客人，又急忙跑回来了，来晚了，耽搁大家的时间了，小张向大家鞠躬了，请大家原谅！

全陪：没关系，机场这么多人，难免的。好在你没有走远，又返回来了。

小张：真是太抱歉了！

全陪：好事多磨！但愿我们的旅程能够顺利！

小张：请大家放心，我一定会用热情和细心来回报游客朋友们的宽容！今天我真正感受到了东北人大度、豪爽的性格。

2.细心核实，周到服务

终于接到了长春来的旅游团，小张悬着的一颗心放了下来。小张在带领团队往停车场走之前，在心里又默数了一遍人数，感觉到不对，好像比接待计划少了三个人。正当小张准备再次核实时，全陪小王走了过来，告知团队里有两名游客因临时有事不能参加此次旅行了，还有一名游客正在等着取行李。

正在此时，旅游团队里一名刘先生走过来说等了半天也没等到自己的行李，可能是丢了。小张真的有点焦头烂额了！小张深深地吸了一口气，平静了一下心情，让全陪小王照顾团队，自己则陪同刘先生去机场的行李查询处办理行李挂失手续，并留下了旅游团下榻的酒店的名称、地址和电话号码。考虑到刘先生刚从家乡来到一个陌生的城市，丢失行李会有诸多不便，小张当即安慰刘先生别着急，等到达酒店入住后，再协助他购买一些必需的生活用品。

（接站是最容易出错的环节。由于小张在前面确认团队时出了错，所以在清点人数和行李时更加细心。看到刘先生的行李丢失，小张没有慌乱，不是先向旅行社汇报团队少了两个人的事，而是先将游客行李丢失的突发事件解决得合情合理，赢得了游客的信任）

由于旅游团队的接待人数少了两人，会影响到接待计划中的一些实际费用，小张向旅行社报告了这一情况，以便及时调整订餐人数、酒店房间数、景点购票数等。

旅游团在小张的带领下来到了旅游车的停靠点，看着东北团游客投过来的信任目光，小张体会到了自己肩上的责任，同时也相信一段美好的旅程已经开始了。

拓展阅读

一、航空公司标志

1.中国国际航空

标志含义：以凤作为航徽。凤是一只美丽吉祥的神鸟，以此作为航徽，是希望这只神圣的生灵及其有关它的美丽传说能给天下带来安宁，带给朋友们吉祥和幸福，带来幸运和欢乐。

2.中国东方航空

标志含义：公司航徽基本构图为圆形，取红蓝白三色。红色半圆象征朝阳，代表热情活力，表现公司蒸蒸日上；蓝色半圆象征大海，寓意东航航线遍及五洲四海，东航人的博大胸襟。银燕象征翱翔天际的飞机，燕子翅膀线条与水平线勾勒出东航英文缩写"CE"。

3.中国南方航空

标志含义：航徽标志由一朵抽象化的大红色木棉花衬托在宝蓝色的飞机垂直尾翼图案上组成，色彩鲜艳，丰满大方。在南方人的心目中，木棉象征高尚的人格，人们赞美它、热爱它，作为城市的象征，广州市民把它推选为市花。

4.深圳航空

标志含义：航徽标志以中华传统的红、黄为色调，以象形文字——战国时期大篆体"朋"为设计原形，寓意深航立志成为"民族之鹏"。

5.海南航空

标志含义：航徽标志图形的弧线，隐含回护相生的太极图形，阴阳互动，生生不息。标志中向空中伸展的翅膀取庄子《逍遥游》之意喻为鲲鹏，标志下方设计含云纹和水浪纹。

6.厦门航空

标志含义：昂首矫健的白鹭在蓝天振翅高飞，展示了厦航"团结拼搏、开拓奋飞"的企业精神，象征吉祥、幸福永伴宾客。不仅如此，它还喻示着厦航是从鹭岛腾空而起的白鹭，厦航将永远地扎根于厦门，服务于厦门乃至福建的建设和发展。

7.山东航空

标志含义：三个S形曲线代表擅长飞翔、纪律严明的雁，同时它也是团结一致的象征。

8.四川航空

标志含义：一只海燕在大海上高傲地飞翔，代表公司在逆境中发展壮大。

（资料来源　佚名.航空公司标志的含义［EB/OL］.［2006-03-17］.http://zhidao.baidu.com/question/4996225.html? an=1&si=1）

二、国际与国内航班符号标志

我国国内航班号的编排为航空公司的代码加四位数字组成，第一位数代表航空公司的基地所在位置，第二位代表航班基地外终点所在地区，第三位和第四位数字代表航班序号，单数表示由基地出发向外飞的航班，双数表示飞回基地的回程航班。

例如，CA1206表示的含义：CA代表中国国际航空公司；1代表华北地区；国航的基地在北京；2代表西北地区；06代表航班序号，末位数6是双数表示该航班为回程航班。

国际航班号由航空公司代码加3位数字组成，第一位数字代表航空公司，后两位为航班序号，单数为去程，双数为回程。

例如，MU508，由东京飞往北京，是由中国东方航空公司承运的回程航班。

1.国内各航空公司代码（见表2-1）

表2-1   国内各航空公司代码

代　码	航空公司
CA	中国国际航空公司
ZH	深圳航空公司
CZ	南方航空公司
MF	厦门航空公司
MU	东方航空公司
SC	山东航空公司
HU	海南航空公司
3U	四川航空公司

2.航空公司及航班所在地区数字代码（见表2-2）

表2-2   航空公司及航班所在地区数字代码

数字代码	航空公司及航班所在地区
1	华北地区
2	西北地区
3	华南地区
4	西南地区
5	华东地区
6	东北地区

3.民航客舱等级

国际航空运输中，通常用英文字母表示客舱等级。F为头等舱，C为公务舱，Y为经济舱，K为平价舱。

4. 国际航空运输中的餐饮供应符号

在国际航空运输中，通常用符号表示餐饮供应情况。例如，刀叉图案是表示在该航段飞行期间供应正餐，杯碟图案表示在该航段飞行期间有早餐或点心供应。

三、飞机的凭证类型

（1）OK票。定期客票，指列明航班、乘机日期和订妥座位的客票。

（2）OPEN票。回程不定日期，回程机票上标记"OPEN"字样。

（3）中转联程机票。这是指始发地与目的地之间经另一个或几个机场中转，含有两个（及以上）乘机联、使用两个（及以上）不同航班号的航班抵达目的地的机票。例如，从深圳到哈尔滨，中间由北京中转。购买的深圳到北京、北京再到哈尔滨的机票就是联程机票。中转旅客到达换乘机场后，只要在到达大厅找到中转服务柜台，便会有专人协助其提取行李、办理后续航班登机手续，通过安检。

四、红、绿航空通道

红、绿通道（亦称申报或无申报通道）通关制度，是国际上许多国家的海关对旅客行李通用的一种验放制度。实施红、绿通道通关制度的海关，在旅客行李物品检查场所设置通道。

在通道前，用中英文分别标明"红色通道"（Goods to Declare）和"绿色通道"（Nothing to Declare）。前者标志为红色正方形，后者为绿色正八角形。实施这一通关制度的目的是简化海关手续，方便旅客进出境。目前，我国主要空港海关和旅客流量大的其他海关，均实施这种验放制度。

五、红眼航班

红眼航班指航空公司的夜间飞行航班，一般是为了提高飞机利用率，利用夜间飞机空闲时间安排飞行，以便降低航班成本。"红眼航班"最初于1959年在美国出现，由于乘客下飞机时多睡眼惺忪，因此得名"红眼航班"。"红眼航班"在中国主要是指加班的旅游包机，机票是针对团体旅客进行销售的，严格来讲是夜航包机，票价仅为普通航班票价的一半甚至更低。

六、火车提速

第一次：1997年4月1日，京沪、京广、京哈三大干线全面提速，平均速度由48千米/小时提高到55千米/小时。

第二次：1998年10月1日，以京沪、京广、京哈三大干线为重点，进一步提高列车速度，最高运行时速达140～160千米。

第三次：2000年10月21日，提速的重点是西部地区，主要集中在亚欧大陆桥的陇海铁路和兰新线，以及京九铁路和浙赣线。

第四次：全国铁路提速范围基本覆盖全国较大城市和大部分地区。

第五次：2004年4月18日，京沪、京广、京哈等干线部分地段线路基本达到时速200千米的要求。全路旅客列车平均旅行速度提高到65.7千米/小时。

第六次：2007年4月18日，京哈、京沪、京广等铁路干线时速提高到200千米，有的时速达250千米。

高铁：2010年11月15日，举世瞩目的京沪高速铁路全线贯通。京沪高速铁路新建铁路全长1 318千米，是世界上一次建成线路最长、标准最高的高速铁路。该铁路最高时速

380千米，堪称"陆地飞行"。2016年5月15日零时起，全国铁路实行新的列车运行图，共安排开行旅客列车3 400对，其中动车组列车2 100多对、普速列车1 200多对，旅客列车较原图增加近300对，铁路客座能力增长近8%。这是近10年来铁路实施的最大范围的运行图调整，也是铁路运输能力增加规模最大的一次调整。

七、接站容易出现的问题

1. 漏接

漏接是指旅游团（游客）抵达到站后，无导游人员迎接的现象。

（1）漏接的原因。漏接一般分为导游人员主观原因造成和客观原因造成两种情况。

①导游人员主观原因造成的漏接。这种原因造成的漏接主要有：导游人员未按服务程序要求提前到达接站地点；导游人员工作疏忽，将接站地点搞错；新旧时刻表交替，导游人员没有查对新时刻表，仍按旧时刻表时间去接旅游团；由于某种原因，原定车次、班次变更使旅游团提前到达，但导游人员没有阅读变更通知仍按原计划去接团。

②客观原因造成的漏接。这种原因造成的漏接主要有：原定班次或车次变更，旅游团提前到达，但本站接待社没有接到上一站接待社的通知；本站接待社有关部门没有将旅游团因班次、车次变更提前到达的消息通知该团的导游人员，使导游人员仍按原计划去接团。

（2）漏接的处理。由于导游人员自身原因造成漏接时，导游人员应实事求是地向游客说明情况，诚恳地赔礼道歉，采取弥补措施，用更加热情周到的服务完成计划内的全部活动内容。对于客观原因造成的漏接，导游人员不要认为与己无关而草率行事，应立即与接待社有关部门联系查明原因；向游客进行耐心细致的解释，以防引起误解；尽量采取弥补措施努力完成计划，使游客的损失减小到最低程度；必要时可请旅行社的领导出面赔礼道歉或酌情给游客一定的物质补偿。

2. 错接

错接是指导游人员在接站时未认真核实，接了不应由他接的旅游团（游客）。错接属于责任事故。

（1）错接的预防。地陪应提前到达接站地点迎接旅游团；接团时地陪要认真逐一核实旅游客源地组团旅行社的名称、旅游目的地组团旅行社的名称、旅游团的代号、人数、领队姓名（无领队的团要核实游客的姓名）、下榻饭店等；提高警惕，严防社会其他人员非法接走旅游团。

（2）错接的处理。若错接发生在同一家旅行社接待的两个旅游团，地陪应立即向领导汇报，经领导同意，地陪可不再交换旅游团；如是地陪兼全陪，则应交换旅游团并向游客道歉；若错接的是另外一家旅行社的旅游团时，地陪应立即向接待社领导汇报，设法尽快交换旅游团，并向游客实事求是地说明情况并诚恳地道歉。

3. 空接

空接是指旅游团由于某种原因推迟抵达某站，导游人员仍按原计划预定的班次或车次接站而没有接到旅游团。

（1）空接的原因。由于天气原因或某种故障，旅游团仍滞留在上一站或途中，上一站接待社并不知道这种临时变化，而全陪或领队又无法及时通知地方接待社；班次变更后旅游团推迟到达，接待社有关部门由于没有接到上一站的通知，或接到了上一站的通知而有关人员忘记通知该团地陪造成空接。

（2）空接的处理。地陪应立即与本社有关部门联系并查明原因。如推迟时间不长，地陪可留在接站地点继续等候，迎接旅游团的到来；如推迟时间较长，要按本社有关部门的安排，重新落实接团事宜。

实践训练

实践训练1：地陪小张对东北旅游团的接站服务

实训设计：由1名同学模拟地陪导游员小张（以下简称小张），1名同学模拟全陪导游员（以下简称全陪），1名同学模拟行李员，1名同学模拟司机，其他同学模拟团队游客，10分钟后轮换。其中主要的考察点在于导游员接站服务的程序，主要包括确认团队、核对人数、集中清点行李、集合登车等。

（1）确认团队。地陪小张持旅行社导游旗或接站牌站在机场出口处的醒目位置等待东北旅游团的到来。考察点在于：自制接站牌和旅行社社旗，接站牌上应写明团名、团号、全陪的姓名；找认旅游团时应关注东北组团社的社旗以及给每一个团员所发放的印有组团社标志的帽子或者旅行包以及旅游团人数等相关细节；要主动上前委婉询问。

（2）核对人数。小张应与全陪认真核对旅游团的情况，如客源地、组团社、全陪姓名、人数，如果人数有变化一定要及时对先前订餐、订房、旅游车座位数以及景点购票数做相应的调整。

（3）集中清点行李。小张要提醒游客检查行李，与东北团全陪核对行李件数，无误后方可移交给行李员，如有未到行李和破损行李，小张应协助当事人到机场登记处或其他有关部门办理行李丢失或赔偿申报手续。

（4）集合登车。地陪小张提醒游客带齐行李和随身物品，引导游客前往登车处。注意引导登车时的规范：导游一定要先下后上，站在车门靠近车头一侧引导登车，协助游客放置行李，礼貌地清点游客人数，无紧急事情不要在旅游车上打电话。

实践训练2：地陪小张对旅游团人数不符的处理

实训设计：由1名同学模拟地陪导游员小张（以下简称小张），1名同学模拟全陪导游员（以下简称全陪），1名同学模拟旅行社相关工作人员，其他同学模拟团队游客。小张发现人数与接待计划不相符后，给地接社工作人员打电话，告知人数不符的情况，对相关的住房、用餐、机（车）票等事宜进行变更。

实践训练3：地陪小张对游客行李丢失的处理

实训设计：由1名同学模拟地陪导游员小张（以下简称小张），1名同学模拟全陪导游员（以下简称全陪），1名同学模拟丢失行李的游客，1名同学模拟机场行李查询登记处的工作人员，其他学生模拟团队游客。小张让全陪照顾团队，自己带领丢失行李的游客去机场行李查询处办理行李丢失及认领手续，小张和游客出示相关证件，填写登记表，把将要下榻的酒店名称、地址、电话号码、房间号留给登记处。然后，小张询问丢失行李的游客是否需要协助他购买必需的生活用品。

评价考核：评价考核内容见表2-3。

表 2-3   **导游接站程序技能考核评价**

内　容			评　价		
学习目标	评价内容		分　值	团队成员评价	教师评价
基本知识	导游接站的基本程序		5分		
	接站牌内容		5分		
	旅游团标志识别		5分		
专业能力	找认旅游团		10分		
	核实人数以及应对变化做相应订餐、订房、订票、订车的调整		15分		
	熟练清点行李，引导登车		10分		
通用能力	导游语言表达能力		10分		
	导游团队应急问题解决能力		10分		
	导游服务创新能力		10分		
	导游的沟通协调能力		10分		
职业态度	工作积极态度		5分		
	团队合作意识		5分		
努力方向			建　议		

课后自主学习

    课后到所在城市机场、码头、车站观察旅行社导游员的接站行为，并对你所观察到的一些问题进行分析总结。

任务三

致欢迎词

任务目标

通过进行导游员致欢迎词基本程序的训练，能够根据任务情境给出的信息明确任务目标，运用所学致欢迎词的基本知识和基本技能，完成欢迎词讲解和首次沿途导游讲解。

任务情境

大连假日旅行社的地陪导游员小吴刚从机场接到一个来大连观光旅游的福州团，此时旅游大巴正行驶在去下榻饭店——大连友谊宾馆的路上，小吴开始向游客致欢迎词和进行首次沿途导游讲解。

相关知识

一、致欢迎词的基本程序

1.基本程序

（1）向游客表示问候。

（2）表示对游客的欢迎。

（3）介绍自己并简要介绍司机。

（4）告诉客人自己的联系方式和接待车辆的车牌号。

（5）介绍当地天气。

（6）介绍行程安排及注意事项。

（7）说明从车站到饭店的行车时间。

（8）表示提供服务的诚挚愿望。

（9）预祝旅途愉快顺利。

2.欢迎词范例

范例1：

各位游客：大家早上好！

很高兴能够在最浪漫的季节与大家相约在春有百花秋有月、夏有凉风冬有雪的浪漫之都——大连，各位来自北京的朋友们一路辛苦了！首先，我要代表热情好客的大连人民以及大连夏之河旅行社的全体员工向各位嘉宾表示热烈的欢迎！

浪漫之都，时尚大连，欢迎你们的到来，真诚的服务要从自我介绍开始，我姓徐，单名一个莹字，大家可以叫我徐导或直接叫我小徐也可以。坐在我旁边的这位是有着多年驾驶经验的刘师傅，坐他的车保证既快又安全。在这里，我还要感谢全陪王小姐，不远千里把各位带到了大连。在游览过程中，大家有什么意见和要求，请随时提出，不必客气，我一定会尽我所能，使大家体会到"在家千日好，出门也不难"的感觉。今天大连的气温白天最高25℃，夜间最低20℃，请各位注意增减衣服。为了方便联络、避免走失，请大家记一下我的移动电话号码和我们的车牌号，我的移动电话号码是13245678900，我们的车牌号为辽B12HD5。

下面我简单介绍一下各位在大连的三天行程。

今天：早餐后我们直接去游览素有"中国近代史博物馆"之称的旅顺，下午返回大连市内游览星海广场、滨海路。

第二天：上午游览目前亚洲最大的海洋公园——大连老虎滩海洋公园，下午参观大连国宾馆所在地——棒棰岛风景区和大连市内几大著名广场。

第三天：上午游览国家5A级景区金石滩旅游度假区，下午市内自由活动，18:00结束大连的愉快之旅，乘T226次列车返回北京。

我相信，通过我的讲解，大家一定会爱上这座将城市变为风景，将风景变为资本的城市。我也希望，大连的好山、好水、好导游、好司机能给大家带来一份好的心情，希望大家能带着对大连的期待而来，带着对大连的满意而归。最后，祝愿各位在我们大连能玩得开心，吃得安心，住得顺心。

各位游客，我们现在前往的酒店是市中心的五星级的大连瑞诗酒店，行车30分钟左右，利用这段时间，我简要地介绍一下大连新增观海旅游景点。

大家特别幸运，司机师傅将带领我们游览2015年10月30日才通车的大连又一地标性建筑——星海湾跨海大桥。大桥全长6.8千米，是东北地区最长的跨海大桥，也是国内首座海上地锚悬索式跨海大桥；主桥为双层双向八车道，最高限速70千米/小时，跑完全程仅需10分钟；桥体净空高度30米，主缆绳单根重量达1 220吨，预制沉箱重达26 000余吨，可以说是大桥的定海神针。也正因为如此，大桥可承受台风12级、地震烈度7度，寿命可达百年。大桥上端行车道南北双向设有隔离式人行步道，成为大连市民和游客朋友们休闲徒步的又一重要选择！

范例2：

今天，我非常高兴能为各位导游，我将尽我所能把丽江最美好的景观介绍给各位。

作为东道主，现在我想用丽江纳西族独有的方式为大家接风。我们的方式很简单，就是由我为大家唱纳西迎宾曲。

"远方来的朋友啊，纳西家里来到了，坐一坐。山也欢，水也笑，纳西人家多欢喜。祝愿大家心情舒畅……"

我和司机木师傅衷心祝愿大家在丽江度过一段舒心、愉快的美好时光。我们这个旅行团在丽江的逗留时间是四天三晚。在此期间，我将带大家去参观丽江古城、玉龙雪山、长江第一湾、虎跳峡、泸沽湖等几个主要的景区。

我们现在降落的丽江机场，坐落在丽江县七河乡境内，海拔2 200米，1995年建成通航。丽江机场可起降波音737大型客机，现已开通丽江至昆明、北京、广州、上海、成都、香港、西双版纳等多条航线，每年客流量超过了50万人次。丽江机场现已经成为云南省仅次于昆明的第二大航空港。

从机场到丽江城有26千米，乘车时间大约需要30分钟，我将利用这段时间给大家介绍一下沿途的风光和丽江的概况。

现在我们的车正行驶在大（理）丽（江）公路上，前面这座缓坡叫关坡，在古代，这里是出入丽江古城的重要关隘，如今也是丽江的南大门。这里距昆明550千米，坐空调大巴南下大理需要3小时，到昆明需要6~8小时，早上还在四方街吃丽江粑粑，下午就可以到昆明去吃过桥米线了！

首先需要说明的一点是，丽江既是一个县又是一个地区的名称。丽江地区现在管辖4个县，全区总人口112万，除汉族外，人口较多的还有纳西族、彝族、傈僳族、白族、普米族等10个少数民族，人口64万，约占全区总人口的57%。丽江少数民族的语言、习俗、民居、服饰、节日、歌舞丰富多彩，独具特色。

现在，我们的车过了关坡垭口，地势一下子变得平坦起来了，一个宽宽的山间盆地展现在眼前，这就是云南纳西族的主要聚居地，我们称为丽江坝子，它是滇西北最大的高原盆地，面积近200平方千米，海拔2 400米左右。人们通常说的丽江古城，就是这个大研镇的中心，在1997年12月4日被联合国列入世界文化遗产名单，成为一座世界文化名城。

说到这里，大家可能会问了：为什么这里叫"丽江"呢？

"丽江"一名，始于元朝至元十三年（1276年）设置行政区丽江路。《元史·地理志》说："路因江名。"就是说，"丽江"地名的由来最早起源于金沙江的别称"丽水"。大家知道，金沙江就是长江上游，因产金沙得名。但为什么金沙江又称"丽水""丽江"呢？史书上的主要说法是金沙江源于青藏高原犁牛石，而称犁水。后因"犁""丽"声音相近而异写为"丽水""丽江"。

从地图上看，丽江的西、北、东三面都有金沙江环绕，就像拉丁字母"w"，形成三大转折奇观。丽江就是美丽的金沙江，当地纳西语又叫"依古堆"，意为大江转弯的地方。说到这里就引出了丽江古城的大环境——玉壁金川。玉壁指的就是玉龙雪山，它位于这个坝子的北端，像是古城的一堵银色照壁，把古城映衬得光彩夺目；金川指的就是金沙江，它环绕丽江地区615千米，堪称全球最美丽的江段。

丽江县城虽然地处云南西北高原，终年看见雪山，然而没有严寒，没有酷暑，不要暖气，不要空调。这里年均气温12.6℃，最冷的1月平均气温约为6℃，最热的月份平均气温约为18℃，年温差仅有12℃左右，所以四季的界限不明显。究其原因，主要是低纬度的地理位置，丽江位于北纬27°左右，冬夏两季日射角度变化小，地面温度比较均匀，而每年夏秋又受海洋季风暖湿气流影响，多阴雨天，地面气温不易升高，加之纵横交错的高山成为阻挡北方寒流的天然屏障，所以这才形成干暖温和的独特气候。

同时，丽江工业不多，自然很少受到污染，空气清新洁净，到处青山碧水，尤其在冬春季节，天空分外湛蓝，阳光充足明媚，令人赏心悦目。当然，正是由于丽江的四季不明显，昼夜之间的温差比较大，所以外地客人到丽江后应适当注意增减衣服，以免引起感冒。

说话间我们已经来到丽江古城南郊的环城路上。大家请看，右前方有一座苍翠的山冈，形似狮子滚绣球而得名狮子山。秀丽的狮子山天然地把丽江古城和新城分隔开来，但又将它们联成一个有机的整体。山顶高楼，名叫"万古楼"。登楼北望，雪山历历在目，南观古城，尽收眼底。

我们继续北行不远，就是丽江新城最早建设的市政广场——红太阳广场。广场左边是新建的国际文化交流中心，右边矗立着毛泽东塑像，像后衬托着一堵语录墙。这座建于1969年的毛泽东塑像，设计极富时代色彩，就连每一处数字的组合都是精心安排。正方形的台基高1.949米，寓意中华人民共和国1949年成立，拉开了一个崭新时代的序幕。塑像基座高5.16米，南面有韶山、井冈山浮雕，北面是延安、西柏坡浮雕，西面（正面）是红旗浮雕，它们简明地勾勒了毛泽东有代表性的重要革命历程。塑像全身高7.1米，寓意中国共产党7月1日成立。整座塑像包括基座和塑身高12.26米，寓意毛泽东生于12月26日。

请看：毛泽东身穿军装，左手自然贴裤，右手上扬，正向人们致意。1996年2月3日，丽江发生了七级大地震，广场四周建筑顷刻间大量坍塌，让人惊讶的是这座毛泽东塑像却丝毫无损、岿然不动，一时成为奇闻。不管怎么说，一代伟人毛泽东，在中国人民的心目中，在老百姓的情感上，是永远不会磨灭的。这一特殊时代的产物，既能引起人们对革命先辈的缅怀之情，也可引起人们对历史的反思。

各位来宾，我们下榻的宾馆到了。请大家带好随身物品准备下车。请大家到大堂后稍事休息，我和领队立刻给大家办理入住手续，进房间后首先请检查一下房间的物品是否齐备，大家可以洗洗脸，喝点水，休息一下。请记住，中午12点在一楼餐厅用餐。因为我们中午饭后就直接到丽江古城游览，请带好下午参观游览的必需品。

好的，现在我们可以下车了。谢谢大家的合作！

二、致欢迎词的技巧

1.致欢迎词的时间

一般情况下，导游人员在客人上了旅游车后赴饭店途中就开始致欢迎词，但如果遇到有领导前往迎接或在机场逗留时间较长或旅游团人数较多不能保证每辆车上都有陪同时，则可在机场（车站、码头）致欢迎词。

如果导游接待的是入境团，在接到团队后首先要介绍两国（两地）时差，请旅游者调整好时间，并告知在今后的游览中将按北京时间为作息时间标准。

2.致欢迎词的语言情境

导游员致欢迎词时要符合自己的身份，应视旅游团的性质、国籍、旅游者的年龄、文化水平、职业、居住地区及旅游季节的不同，而使用不同的欢迎词，不可千篇一律。

欢迎词的语言情境一般体现在欢迎语境、介绍语境、问候语境等几个方面：

（1）欢迎语境。导游员面对来自五湖四海的游客，要以东道主的身份，营造欢快的欢迎氛围。在表情上，眼睛要环视游客、面带微笑；在欢迎的语境中，要体现出热情、亲切和诚恳。

（2）介绍语境。在介绍自己时，可以增加点亲切、幽默的东西，如让团友们亲切地叫你小王或王导，或者可以用猜谜、诗句等方式说出你的名字或姓，这样可以让气氛更活跃，让导游更快融入到集体中；介绍司机的时候，也可以说些活跃气氛的内容，如说司机是个好司机，驾龄已有十几年等等，这样能在让游客放心的同时，也对司机增加了好感；介绍旅行团大致行程时，要简明扼要，不能太过啰嗦，大致说一下这次旅游的目的地和时间即可，因为游客是来放松心情的，不适宜讲些让他们觉得旅途劳累的话。

（3）问候语境。导游员在欢迎词中可以穿插些诗句或歌词，如"有朋自远方来，不亦乐乎""千年修得同船渡""有缘千里来相会""世界像部书，如果您没出外旅行，您可只读了书中之一页，现在您在我们这里旅行，让我们共同读好这中国的一页"等，让导游员的问候更幽默和有活力，导游和游客之间的关系最快地融洽起来。

3.致欢迎词的主要形式

（1）规范式。规范式欢迎词中规中矩、浅显直白，既没有华丽的词汇修饰，也没有风趣的幽默表现。这种方式只适用于旅游团规格较高、身份特殊的游客，对大多数游客不太适用，显得单调、枯燥、乏味，甚至会引起游客反感。

> **案例3-1：**
> 尊敬的各位来自福州的朋友们大家好，欢迎来到"北方明珠"——大连，我是您这次大连之行的导游员，我叫吴丽，大家叫我小吴或吴导就可以了。为我们开车的是司机刘师傅，驾驶他的豪华金龙巴士为我们提供行车服务，请记住车牌号为辽BH1234。刘师傅已经有二十多年的驾龄了，驾驶技术十分娴熟，坐他的车您尽管放心。在未来的几天里，如果您有什么需要，尽管提出来，我和刘师傅将竭诚为各位提供服务。我们衷心希望各位团友在大连玩得开心，游得尽兴。

（2）聊天式。聊天式欢迎词感情真挚，亲切自然，声音高低适中，语气快慢恰当，像拉家常一样地娓娓道来。这种方式切入自然，游客易于接受，在不知不觉中导游与游客已经像老朋友一样熟悉了，尤其适用于以休闲消遣为主要目的的游客。

> **案例3-2：**
> 来自福州的朋友们，大家好！我先了解一下，大家是一个单位的吗？（回答：是的）哦，这就好，那么大家早就认识了。下面，我们也来认识一下，我姓吴，大名吴丽，是××旅行社派出专门为各位提供导游服务的导游员。再了解一下，在座的哪一位是领导？哦，您是领导，不过在大连期间大家应该听我的，我暂时是老大。开个玩笑，下面为各位介绍一位真正的老大，就是这位司机刘师傅，他可掌管着我们全团人的方向，这位老大在旅游圈中可谓德高望重，很有威信，有了刘师傅，我们大家尽管放心，保证大家玩得开心、愉快。

（3）调侃式。这类欢迎词风趣幽默，玩笑无伤大雅，自嘲不失小节，言者妙语连珠，听者心领神会。

> **案例3-3：**
> 一次去新西兰旅游，由于有4小时的时差，早上8点出发时大家都还想睡觉，但地陪王小姐对游客说："我知道大家都很困，有些人想睡，实在想睡的就睡。但各位大老远来到这里，我还是有好多东西要讲给大家听，不过我会小点声，免得要睡觉的团友投诉我吵死了。"众人大笑，听到她体谅到我们的情况，觉得她很亲切。然后她开始介绍，先说到新西兰的人口，她说："许多从中国来的老人到了这里不久都开始自己和自己说话，为什么呢？"大家一听事关我们中国老人，都竖起了耳朵。她接着说道："那是

因为新西兰人实在是太少了，到处找不到人聊天！"

由于时差的转换，面对同样的游客状况，导游如果这样讲解，效果会怎样？

例如：我给大家提三点要求。

第一，不要睡觉，大家不远万里来到这里，花了钱，应该是来看美景的，所以不管怎么样，您都要打起精神来，千万不要花了钱来这边坐着车睡觉，不然钱就白花了。

第二，不要比较，出门在外，一定不会像在家里那样舒服，各地有各地的习惯风俗，所以，您就要入乡随俗了，不能处处和家里比，不然去到哪里都会觉得不如家里，到哪里也不会开心。

第三，不要计较，出来旅游就是为了开心，您要是遇到事就较真儿，那就真的会忘记旅游的目的了。

点评：第一个案例，如果导游王小姐只是背诵新西兰有多少万人口，很快就会成为游客的催眠曲了。游客在导游员幽默的调侃中不但清醒了，而且对导游讲解的东西有了兴趣。

第二个案例与第一个案例比较一下，导游讲游客出来旅游的道理讲解得比较清楚，适用身份较高，比较矜持的游客。

所以，调侃这种形式的欢迎词，不但可以使旅游气氛活跃融洽，让游客感到轻松愉悦，情绪高昂，还能够有效地消除游客的陌生感及紧张感。

（4）安慰式。安慰式欢迎词表现的是语气温和、入情入理，用一段善解人意的话语，拨开游客心中阴云。在旅途中常常会遇到一些不尽如人意的事情，使游客心情变坏甚至愤愤不平。例如，由于某些原因交通工具晚点、出站时为某些小事与他人发生争执、行李物品的损坏或丢失以及旅游团内部的矛盾等，都会造成游客一出站就不愉快。这种方式是在游客情绪低落、游兴锐减的情况下，有针对性地使用的欢迎词，目的是使游客尽快地消除心中不快，变消极为积极，为今后的导游行程奠定良好的基础。

案例 3-4：

导游小张前往机场接一旅游团，谁知旅游团刚刚登上旅游车就下起了大雨，许多游客感到十分扫兴，因此情绪低落。这时，小张开始致欢迎词。

各位朋友，大家好，欢迎来到首都北京，我是您的导游小张，在今后的几天里我将竭诚为您提供导游讲解服务。刚刚上车后我发现几位朋友情绪低落，是不是看到天上下雨感觉旅游不方便呢？其实古代皇帝出游时，沿途的百姓都要端着盆往路上洒水，以消旅尘，但现在我们不用麻烦别人，老天为我们泼了水，空气变得更加清新，刚刚来到北京，我们就受到了皇家礼遇，我们是多么幸运呀。我和司机×师傅一定好好配合老天爷，为大家服务好，保证大家在北京的旅游开心，愉快！游客脸上渐渐露出了笑容。

点评：导游员应该对导游词做不同情境的准备，以便在出现特殊情境时可以灵活运用，既能够调节游客的情绪，又可以增加游客对导游员的信任。

使用安慰这种方式时，需要导游人员在与游客接触时能通过对其面部表情、言谈话语的观察发现苗头，并通过领队或全陪简单了解情况，做到心中有数，才能有的放矢。

案例3-5：

各位团友，大家好！

咦，怎么没有回应呀！各位还是为这次飞机晚点在恼火吧！中国有句俗话叫"好事多磨"嘛！大家来到了大连就是来到了开心之地、愉快之地，小王和司机师傅下定决心，排除万难，争取让大家事事都赶点，时时都顺利……

（5）幽默式。幽默语源于生活。一个诙谐幽默的导游，一定有着渊博的知识和丰富的生活经验，不是简单地玩弄词汇。他的幽默语既能感染周围的人，也能把尴尬的局面予以扭转。

案例3-6：

出去旅游，一定要找旅行社，跟旅行社出门方便快捷、经济实惠呀。但找一个好的旅行社，不如碰到一个好导游，一个好导游能给您带来一次开心快乐的旅行。大家同意吧？但找一个好导游，不如找一个女导游，在青山绿水之中，还有一位红颜知己做伴，那种感觉何其美妙呀！大家同意吧？（众人笑）但找一个女导游，不如找一个男导游，男导游身强力壮，不但能给您导游，还是半个保镖，碰到紧急情况，咱背起来就走人了。找一个男导游，不如找一个多才多艺、能歌善舞、能说会道的男导游。

各位知道中国现在有多少导游吗，我告诉大家，中国现在有35万名导游。但这35万名导游中，女导游有25万，男导游只有10万。这10万男导游中，能遇上多才多艺、能歌善舞、能说会道、玉树临风的男导游的机会太小了。

但今天，各位非常幸运！（众人哗然，继而大笑）

我发现今天的朋友都非常聪明！接下来，我就做一下自我介绍……

点评：这名导游员的欢迎语从自我介绍开始，用这种递进式的幽默语，把游客的注意力转移到自己身上，让游客对它产生了兴趣，营造了良好的开端。

三、首次沿途导游技巧

导游员在结束欢迎词后，就开始了首次沿途导游。这是导游员第一次对移动景物的专业讲解。此时的讲解，既可以满足游客的好奇心与求知欲，又可通过讲解展示自身的知识、技能，使游客对导游员产生信任感。

1.首次沿途导游的基本要求

（1）站在车的前部、司机的右后侧，如旅游车辆系小型车辆，地陪应坐在前排，以能见到每一位游客为合适。

（2）面带微笑、表情自然。

（3）使用话筒时，切忌向话筒吹气或以手拍打话筒来试音，而应以问好的方式来询问客人音响效果和音量大小。

案例3-7：

一次单位组织去北戴河旅游，导游小戴在车上用的扩音器是手提喇叭。她对北戴河市区沿途景色的讲解平淡无奇、索然无味。但是她手中的扩音器刺耳的声音一直影响着游客的情绪，再加上她讲解时几次出现对着话筒清理嗓子的情形，坐在第二排的游客忍不住了，大喊："导游，把话筒拿开！"导游吓了一跳，场面很尴尬。

点评：试想一下，任何人都不能忍受这种状况。如果导游注意了这样的细节，游客不一定会将矛盾激化。

（4）应注意音量适中、节奏快慢得当，使车内每一个游客都能听清楚。

（5）对重要的内容要重复讲解或加以解释。

地陪导游员可根据游客的年龄、文化层次来调整讲解节奏和讲解内容。一般来说，对年龄大的、文化水平低的游客可放慢速度，反之则可适当加快讲解节奏。

2.首次沿途导游的内容

游客来到陌生之地，希望能碰上一位知识渊博、处事能力强、值得信赖的导游人员。导游员在沿途导游时，应做充分准备来显示自己的知识、导游技能和工作能力，让游客对自己产生信任感和满足感。因此，导游沿途讲解的主要内容包括旅游目的地的风光、风情及饭店概况介绍和在当地活动日程的安排等。需要注意的是，需要在游览行程中讲解的内容不要放在风情导游中介绍，首次沿途导游内容既要避免重复，也需要对后面的内容作必要的铺垫。

案例3-8：

一次去四川乐山大佛游览，车行驶快到景区的时候，上来了一位景区导游。她自我介绍："我姓肖，是这次大家在乐山旅游的地接导游，一会就由我带领大家游览71米高的乐山大佛。这是尊神奇的大佛，60年代大佛闭眼了，70年代大佛流泪了，80年代大佛显灵了！想知道大佛的这些事情吗？到了景区我再详细地给大家介绍。今天景区的游客很多，希望大家看好我的队旗，跟紧我。"

点评：肖导一上车，在短短的5分钟时间里，将游客游览大佛的兴趣给调动起来了。这样的首次沿途讲解，不但激发了游客游览的兴趣，而且游客都想听导游解开这尊大佛的神秘色彩，因此在整个的游览过程中，大家都紧紧跟着肖导，没有一个掉队的。

（1）风光导游。导游员在首次沿途导游中，应向游客介绍沿途所见到的有代表性的景物。对这样的风光景物讲解要注意三点要领：

一是客观性，讲解内容与所见景物同步，切忌漠视游客的心理。

案例3-9：

一次在北戴河市区游览中，沿途一片片金黄的沙滩、满眼的绿树让游客对这座伟人度假的城市很感兴趣。面对这么好的市区景色，导游员小戴讲解得令人失望。当游客问："导游，哪里是伟人游泳的海滩？"导游小戴说："好像是刚刚过去的地方吧。"游客观赏景色的兴致顿时被导游的这句话给破坏了。有游客不高兴地说："刚才为什么不告诉我们？导游你讲点我们想知道的好吗？"

　　点评：这样的导游讲解非常令人扫兴。如果导游员能够将所见的城市风光及时介绍给游客，哪怕是一句话"这片海滩就是我们国家的伟人们曾经休息、游泳的地方"，也会让游客的好奇心得到满足。

　　二是选择性，在讲解中要注意四不讲：平淡无奇的不讲、游客忌讳的不讲、看不清楚的不讲、有损当地形象的不讲。讲解中突出三讲：讲感兴趣的、讲体现当地特色的、讲有标志性意义的。

　　案例3-10：
　　一次去海南旅游，导游员给我们唱起了电影《红色娘子军》中的歌曲："我爱五指山，我爱万泉河……"车上的游客都熟悉这首歌，跟着导游一起合唱起来。大家都期待着能够亲眼看到五指山，游览万泉河。但是，导游在唱完这首歌后告诉大家说："今天我们只能遥望五指山，远看万泉河。"车行前面的山就是五指山，游客都伸着脖子向前看，结果游客很失望。

　　点评：导游员在讲解过程中，对当地特色的、标志性的、游客感兴趣的内容讲解一定要与游览相结合，不能把游客的兴趣调动起来后，又将游客的热情浇灭。

　　三是灵活性，时机恰当，指示明确，点到为止。

　　案例3-11：
　　旅游车行驶到天安门广场时，导游员就可以介绍：
　　"这就是天安门场，是世界上最大的城市广场，左手边就是天安门，里面是故宫，前面的桥叫金水桥，共有七座，明清时不同级别的官员通过不同的桥出入故宫。至于为什么，明天我们就要到这里来游览，到时候大家就知道了。"

　　（2）风情导游。在进行沿途景物导游时，导游员应适时地介绍当地的行政区划、人口、气候、历史沿革、文化传统、风土人情、社会生活、土特产品及注意事项。讲解时，注意触景生情、点面结合、简明扼要；注意讲解速度和旅游车行进速度相一致；准确地对景物进行指向；适当采用类比的方法，使游客听后更有亲切感。但是不要抓住某个话题一直讲到底，要做到收放自如。

　　案例3-12：
　　大家看你的左前方，那就是深圳的锦绣中华。它是目前世界上面积最大、内容最丰富的实景微缩景区，不仅有建筑上的奇迹——万里长城、秦陵兵马俑、故宫、明十三陵等，更有自然秀美的景观——黄果树瀑布、泰山、长江三峡、漓江山水等。锦绣中华里面的微缩景观，从古至今，像翻开的历史，这会让你"一步迈进历史，一天游遍中华"。置身其中，会发现有50 000多个栩栩如生的陶艺小人和动物点缀在各景点，大家就能深切地感受中国悠久的历史文化和民俗风情了。

点评：导游员在讲解过程中，注意渲染气氛，抓住一个主题，点面结合进行讲解，激发游客游览此景的欲望。

（3）饭店介绍。导游员应向游客介绍所下榻饭店的基本情况：饭店名称、位置、行车距离、星级、规模、主要设施及设备的使用方法、入住手续等（根据路途距离和时间长短酌情增减，也可在入店时进行介绍，参见项目一任务四入住部分）。

（4）宣布当地活动日程。一般来说，地陪导游员可在沿途讲解中见缝插针地向游客宣布当地活动日程安排，有时甚至在车上就可确定日程（对一般观光旅游团而言）。

（5）分发资料。导游员根据旅行社规定，向游客分发旅游图和社徽等资料。必须说明的是地陪导游员在沿途导游服务时，必须见机行事，穿插进行以上讲解内容，避免机械、生硬和杂乱无章。

（6）宣布集合时间、地点及停车位置。旅游车驶至下榻饭店，地陪导游员应在游客下车前向全体成员讲清并请其记住车牌号码、停车位置、集合地点和时间；提醒游客将手提行李和随身物品带下车；向司机交代清楚第二天出发的时间；在游客下车前首先下车，站在车门一侧，在游客下车时提供必要的帮助。

任务实施

1.问候热情，祝愿美好

我们假设这是一个福州到大连来的普通观光旅游团，团队成员相对活跃，小吴在致欢迎词时选择了幽默式的开场白。

各位朋友，大家好！欢迎各位来到北方明珠——大连。首先，我代表司机、代表夏之河旅行社欢迎大家的到来，我是您的导游吴丽，大家可以叫我吴导，但绝不是"误导"，呵呵，开个玩笑。前面的是司机刘师傅，刘师傅有多年的驾驶经验，驾驶技术高超，所以大家在行车过程中可以完全放心。开车的朋友可能听过这样一句话：到了吉林是吉（急）开，到了蒙古是蒙（猛）开，到了上海是沪（胡）开，那到了大连就是黑白两道都能开。这是因为大连是个"春有百花秋有月，夏有凉风冬有雪"的城市，我们的马路在夏天是黑色的，到了冬天就是白色的，所以我们的师傅是"黑白两道"混得都熟的，大家尽可以放心。接下来这几天就由我和刘师傅为大家服务。

中国有句俗话叫"百年修得同船渡"，今天我们就是"百年修得同车行"。我们大家从不同的地方走到同一个目的地，乘坐在同一辆车里，大家由不相识到相见相知，这真是一种很奇妙而又美好的缘分，那么就让我们将这个美好的缘分进行到底。那小吴先在这里预祝大家大连之行愉快，希望我们大连的好山、好水、好导游、好司机给大家带来一份好的心情，使大家带着对大连的期待和憧憬而来，带着对大连的满意和流连而归。最后祝大家在大连吃得放心，玩得开心，住得舒心。

好的开头是成功的一半，当此番开场白一出，小吴立马感觉到团队的气氛活跃起来，也庆幸自己选了这段幽默式的欢迎词。

2.详略得当，沿途精彩

从机场出发到达下榻饭店友谊宾馆，沿途要经过迎客路、疏港路、中山路、人民路，最后到达所下榻饭店，一般情况下导游员会对沿途所经过的迎客路、疏港路立交桥进行讲解，并对中山路以及中山路上的人民广场、新希望大厦、青泥洼商业街以及友好广场和中山广场予以简单介绍，并穿插介绍大连当地的政治、经济、历史、文化、风土人情、特产及注意事项。但考虑到大连的机场离市内较近，且沿途经过的标志性建筑也较多，如果都详细讲解时间肯定不够，对此，车行至迎客路、疏港路时，小吴只进行了简要明快的讲解。

周水子国际机场（点到为止的介绍）

大连周水子国际机场，始建于1972年10月，位于大连市区的西北部，距市中心12千米，是东北地区吞吐量最大的国际机场，年旅客吞吐量800多万人次。最高峰时每周可达1 500余个航班，基本形成了覆盖全国、辐射日韩俄，连接欧美澳的航线网络。

迎客路（由路的名字引出"大连欢迎您"的城市精神介绍）

我们的车现在行驶的这条路叫迎客路。在大连，同样含义的路还有一条是通往棒棰岛国宾馆的迎宾路。它代表着大连这座城市每天都用热情的臂膀迎接来自四方的宾朋。由此可见，大连绝不是一个含蓄的城市，而是一个热情奔放、充满活力的城市。大连人既具有北方人豪爽的个性，又具有对外开放城市海纳百川的胸怀和热情好客的精神。我相信，大家在大连一定能够受到最热情的接待，享受到宾至如归的感觉。

疏港路（简单介绍大连海、陆、空港口城市的特点）

我们现在行驶在疏港路上，这条路是为疏通海、空两港的货运通道而建的，建成于1996年，直接与沈大高速公路相通，全长23.6千米。它的建成加快了大连海、空两港货物的集散速度，对大连乃至东北的经济增长起到了带动作用，是一条经济腾飞之路。

香炉礁立交桥及香炉礁

我们现在经过的地方是进出大连的一个重要枢纽——香炉礁，因为附近的海边有一块状似香炉的礁石而得名。我们看到的这座巨大的立交桥叫香炉礁立交桥，该桥长2 023米，分上下四层，建成于1988年，当时是全国最大的全互通式高架立交桥。为缓解进出市区的交通压力，2008年市政府对香炉礁立交桥进行了拓宽改造，自广电中心至长大铁路线，由双向4车道拓宽为双向8车道。

快轨（讲解中要突出机车为大连本地研制和生产）

路旁的全封闭轨道是大连市2002年10月1日新建成的城市轻轨三号线，东起大连火车站，西至金石滩国家旅游度假区，全长49.15千米。快轨是由有轨电车发展而来的，有的国家称其为"快速有轨电车"或"准地铁"。

轨道上运行的这种机车是由大连市机车厂自行研制生产的。该机车平均运行时速60千米，最高时速为100千米，只需52分钟就可到达金石滩，车票实行分段计价，全程票价为8元。

大连造船厂（重点讲解大连的港口经济发展特点）

大家请顺着我手指的方向看，那里有许多大船和塔吊的地方就是著名的大连造船厂（大连造船重工有限公司）。它建于1898年，是我国历史上最早也是我国目前规模最大、综合实力最强的造船企业。中国的第一艘万吨巨轮、第一艘导弹驱逐舰、第一座万吨海上钻井平台、第一艘出口船等等都是从这里诞生的。像这样的"第一"，大连造船厂已有超过30个。它不仅是中国海军舰船最强最大的建造基地，还是我国最大的出口船建造基地。

大连造船厂被国际造船业权威人士一致称为中国造船业的"旗舰"和国际上最具潜力和竞争力的船厂。我国第一艘改造的航空母舰"辽宁号"就是在这里修建完成的。

讲到大连造船厂，顺便介绍一下大连的经济。大连是一座海港城市，同时又是一座工业城市，大连的工业经济有四大支柱，除了船舶制造业外，还有石油化工业、机械制造业、电子信息与软件业。这四大支柱产业也使我市成为我国的四大工业基地之一。

大连海港

朋友们，我们现在所见到的就是举世闻名的大连港，它始建于沙俄统治的1899年，与我们这座城市同龄。

大连港不冻不淤，是中国北方最大的天然良港，也是中国东北和内蒙古东部地区最大的出海口，以上地区70%的海上货物运输和90%的集装箱运输都是通过大连港完成的。

大连港现与世界上160多个国家和地区的300多个港口建立了航运往来关系，港口年货物吞吐量达2.5亿吨。

由于大连港在东北亚地区优越的地理位置和功能，2004年党中央明确提出要把大连建成东北亚地区的国际航运中心，这给大连港口的发展赋予了千载难逢的机遇，大连的港口建设出现了加速发展的局面。如今，大连港已不再是一枝独秀，其北面和东北面有中国最大的油港（大连新港）、中国最大的粮食中转港（北良港）、中国最大的矿石码头（和尚岛码头，30万吨）、中国最大的渔港（大连海洋渔业生产基地）。

1988年后，我市又在毗邻开发区处建设了一座叫大窑湾的商港。大窑湾港的规模将大大地超过现在的大连港老港区。随着大窑湾港区的投入使用，大连港这座百年老港的功能已开始发生历史性的转变。"钻石海湾"是延伸大连百年历史繁华的最具升值空间的钻石地段，是未来大连楼市真正的"制高点"，在建设东北亚重要的国际航运中心中将发挥巨大的作用。

大连东港商务区

现在大家看到的是正在建设中的东港商务区，涵盖中山广场以东、以北的城市黄金区域。其中，核心部分改造中的东部港商务区西起人民路延伸段，东至海之韵公园门前，总规划用地面积5.97平方千米——陆域面积2.78平方千米，填海面积3.19平方千米。东港商务区有"钻石港湾"之称。言外之意，这里的地段比黄金还珍贵，这里的未来光彩照人。扩容城市CBD要靠东港，提升城市整体形象要靠东港，为大连的国际化提供商务、服务、居住等配套要靠东港……万达集团、大连港投资有限公司、香港鹰君集团、以色列凯丹集团等国内、国际知名公司都已进驻东港，他们将以国际化的视野和品质来构建东港熠熠生辉的未来。

在东港商务区已经建成的一座占地20公顷的音乐广场，春、夏、秋季将呈现喷泉水景，冬季则可改作滑冰场，这一规模在同类广场中堪称国际罕见；铺设了6千米长、80米宽的木栈道，以绿化带分割成为人行步道、儿童滑轮道、塑胶跑道等不同通道，每隔500米还将设有一个休息驿站。

沿岸蜿蜒数千米的东方威尼斯水城，汇集了世界各地的著名建筑，并以一条1.5千米长的内河演绎如威尼斯般的水上生活；此外，东港还拥有大型的游艇港，最多可以同时拥有600个游艇停泊位；在东港商务区的最东端，正在还原一个占地面积40公顷的海之韵公园。

大连友谊宾馆

说话间我们就要到达今天下榻的酒店——大连友谊宾馆。大连友谊宾馆是大连最早从事涉外经营的四星级宾馆。它坐落于大连中心商务区人民路的东端，距大连港客运站0.3千米、火车站2.5千米、机场15千米，交通便捷，出行非常方便。酒店楼高7层，共有客房总数70间（套），每个标间面积30平方米，宽敞明亮。

宾馆的装修精美，设施先进，功能齐全，拥有中央空调、有线电视、光纤网络、国际直拨电话、自动保安消防系统。舒适安全的软硬件环境将会使大家尽享完美快捷的个性化服务。

特别是宾馆内附设友谊免税商店、友谊食品洋酒专营店、日本梦咖啡厅以及二楼富丽华新杏花邨美食广场等。大家可以在酒店内实现住宿、餐饮、会议、购物、休闲一体的旅游度假和商务洽谈。

好的，大连友谊宾馆到了，请大家带好随身物品准备下车。请大家到宾馆的大堂后稍事休息，我和全陪刘先生立刻给大家办理入住手续，进房间后首先请检查一下房间的物品是否齐备，大家乘坐飞机旅途很辛苦，简单休息一下。现在是10点30分，一个小时后，11点30分大家在这个宾馆的二楼餐厅用午餐。因为我们午餐后就直接到老虎滩游览，请带好下午参观游览的手机、相机、录像机等必备的物品。

现在我们可以下车了，谢谢大家的合作！

拓展阅读

1.幽默欢迎词

欢迎各位来到大连，一路辛苦了。我姓王，大家就叫我王导吧。我将陪伴大家度过这段愉快的旅程。我旁边这位司机金师傅经验丰富，保证让大家这一路安全顺畅。如果您在旅程中有任何意见或建议，请及时与我沟通，我将竭诚为您服务。看大家脸上有疲惫之意，我先毛遂自荐，展示一下才艺，给大家来段顺口溜吧。

入境广州观车头，飞抵桂林观山头；

转至西安观坟头，游览北京观墙头；

路过天津观码头，远足青海观源头；

参拜西藏观佛头，故都南京观石头；

盛装上海观人头，莫忘杭州观丫头。

这里说的就是各个城市的特点。其实我们大连的特点也可以用这样"头字歌"来概括。究竟都是什么呢，听王导给您细细道来。

第一句是浪漫大连观浪头。

既然谈到浪漫，想必各位游客一定听过"浪漫之都"这个名号，我们大连2003年注册了"浪漫之都"并立志于2010年建成东方的浪漫之都。世界旅游组织专家曾评价："浪漫之都"旅游城市品牌无形资产值1 000亿元。1 000亿元啊各位朋友，相对于大连这个仅有13 538.35平方千米土地的城市来说真可谓是寸土寸金啊。所以打起精神来吧，希望大家可以踩在黄金路上尽情地游玩。那大连的浪漫呢，主要有六大方面，究竟都是什么呢，王导先卖个关子。

这浪头就更有讲究了，如果您足够细心，那么在以后的路途中，可能会看见这样一句广告语："如果没有海，你还会喜欢大连吗？"这充分显示了海是大连的神韵。大连位于中国东北的最南端，是一座三面环海的半岛城市，而且独跨中国四海中的黄海和渤海，海岸线长达1 906千米，沿海有着数不清的美景奇观。在大连仅花1个半小时就能从黄海到渤海，并且在旅顺的老铁山可见黄渤两海泾渭分明的分界线，如果各位游客想感受别样的海，不妨有时间去海边踏踏浪，拾拾贝啊！

第二句是时尚大连观街头。

大连有608万浪漫的市民，尤其是大连的女孩子，更是街头一道赏心悦目的风景，于是民间便流传着这样一句话：不到广州不知道自己的钱少，不到北京不知道自己官小，不到大连不知道自己结婚早。大连的女孩子爱穿、敢穿、会穿。可以说往街头一站，通过大连女孩的穿着可以感受到今年时尚界的潮流趋势，而大连女孩的时尚感跟我们大连三宝（足球、服装节、绿草）中的服装节是分不开的。大连服装节是中国各城市最具规模的节日之一，截至2014年已举办了25届，它不仅为大连人的浪漫性格提供了张扬的舞台，同时也推动了大连服装业不断与国际接轨。

大连不仅人时尚，建筑也时尚，大连的城建洋气而浪漫。大连的城建以欧式建筑为主，哥特式、文艺复兴式等各式建筑相得益彰，和谐统一，比如我们经过的中山广场就号称"十条大道十个巷，十个建筑十个样"。

第三句是明珠大连观灯头。

"百年风雨洗礼，北方明珠生辉"。如今的大连是名副其实的明珠，自从1992年开展"光明工程"便有了"上有天堂下有苏杭都不如大连夜景辉煌"这样一句美誉。槐花灯、玉兰灯、龙飞凤舞灯、一路顺风灯，灯式不同，却同样会照亮各位快乐的心情。徜徉在夜景中，就会感觉到大连现代而不失优雅，商业而不失浪漫。

第四句是港口大连观船头。

大连港是中国最大的港口之一，曾是中国大陆第二大港。它始建于1899年，设计年吞吐量为1 200万吨。大连有中国最大的造船厂，生产过中国第一艘万吨巨轮，使中国成为四个能建造30万吨巨轮的国家之一。大连港的目标是成为东北亚航运中心。

此外还有海滨大连观日头，新兴大连观龙头，年轻大连观劲头。因时间有限，王导在这就不一一详细说明了。

总之，归结为一句话就是：如果选取中国的最佳城市，我投大连一票。这话可不是我说的，而是美国前国务卿黑格说的。

好了，一会我们就将到达今天的第一站圣亚海洋世界。希望各位游客在大连这个用服装表达心情，用足球塑造性格，用浪漫装点生活，用巨轮承载雄心的城市玩得愉快，我是你们的导游，将全程为您服务。

点评：对导游员来讲，旅游车是最好的活动舞台，这位导游员抓住机会，在游客一踏上大连的土地，就将大连城市概况，用流畅的语言讲解、恰当的才艺展示，给客人以先声夺人的印象，会在游客中树立很高的威信，为旅游活动的顺利开展打下良好的基础。

2.渐行渐远的词汇

（1）朝鲜电影。20世纪70年代，中国引进的"大片"以来自阿尔巴尼亚、朝鲜、越南等国为主，以朝鲜电影的引进规模最为庞大。那时，看电影更是工厂和学校组织的"忆苦思甜"的一个节目。

（2）小人书。"小人书"学名连环画。新中国成立后，小人书的题材多半是土地改革、爱国增产、抗美援朝等。20世纪80年代，小人书进入出版和销售的鼎盛期。20世纪90年代，小人书渐渐在书店里消失。今天，这个集体记忆的标本已成为民间逐年升温的紧俏收藏品。

（3）澡堂子。女作家大老黄这样描绘她对公共澡堂子的感受：我极为讨厌那个地方，除了人多拥挤透不过气外，更重要的是，面对这么多的裸体女人，我感到无所适从。在公共澡堂里，我感到所有的丑恶都聚集在了一起。现在，不用担心这个问题了，谁家浴室里没有个莲蓬头啊。

（4）敌台。这个名词在改革开放之前是非常吓人的。"敌台"就是敌人的电台，那时除了政府和党的电台外，都可以理解为"敌台"。

（5）打倒。"文革"中"打倒"一词成了口头禅。"文革"期间，很多人都尝过"打倒"与"被打倒"的滋味。打倒"四人帮"后，斗争气息如此之浓的口号渐渐废除。

（6）倒爷。倒爷分两种：一种受到人民群众痛恨，在价格"双轨制"时代，利用计划内商品和计划外商品的悬殊差价牟取暴利；再有一种，只要他买的是少见的物品，就被称为倒爷。1997年3月，刑法中取消了"投机倒把"罪。

（7）万元户。改革开放初期，极少数农民通过各种努力勤劳致富，家庭年收入超过万元，"万元户"由此得名。当时，万元户不仅在农村，在城市也是高收入群体。

（8）大集体。"文革"结束时，大部分知青要求回城，造成1979年前后的失业高峰。当时的中央政策是"谁家的孩子谁抱走"，你父母在哪个单位，哪个单位负责你的工作安排，国有企业的职工子女被国有企业自己包下来了，但又不能马上把他们变成国有企业的职工，就把他们放在劳动服务公司，形成了厂办大集体，而这些厂办大集体在市场经济时代大多遭到了破产或进行了改制。

（9）福利分房。1998年，《关于进一步深化城镇住房制度改革，加快住房建设的通知》文件出台，决定自当年起停止住房实物分配制度。

（10）毕业分配。新中国成立后，对大学生毕业分配十分重视。1951年10月1日，当时的政务院决定"高等学校毕业生的工作由政府分配"。1987年首次出现大学毕业生分配后退回的"寒潮"。2007年4月，随着西藏取消大学生毕业分配，延续了50多年的毕业分配制度已成往事。

（11）中山装。由于毛泽东经常在公开场合穿中山装，西方称中山装为"毛装"。在20世纪60年代及70年代，亿万中国人大多数穿中山装。中山装上衣兜里插支钢笔，代表有文化。20世纪80年代以后，西装和时装开始流行，中山装逐步被人抛弃。

（12）雪花膏。30多年前，雪花膏是年轻女性令男子心旌荡漾的仅有的秘密武器。上了年纪的女人不能用，否则会有被称作"妖精"之嫌。

（13）"永久牌"自行车。20世纪80年代前后，自行车是高档代步工具。那时，农村娶媳妇往往用"永久牌"自行车接新娘子。随着私家车、公交车、轨道交通等出行方式的多样化，"永久牌"自行车已经淡出了人们的视线。

（14）BP机/寻呼小姐。随着时代的发展，"有事就呼我""呼了你那么多遍你都不复机"等许多名词快速产生，又快速淘汰，这是语言学家面临的问题，而许多红极一时的工厂在BP机退出历史舞台后纷纷转产或倒闭，大批曾经薪水丰厚、嗓音甜美的寻呼小姐成了下岗女工。

（资料来源　佚名．三十年间消失的事物废除的词汇［EB/OL］．［2012-11-06］．http：//blog.sina.com.cn/s/blog_a1725a54010134i2.html）

实践训练

实践训练1：地陪导游员向福州旅游团游客致欢迎词

具体训练：由1名同学模拟地陪导游员，其他同学模拟团队游客，教室为模拟大巴，地陪导游员向模拟大巴里的游客致欢迎词。每位同学创作四种（规范式、聊天式、调侃式、安慰式）不同形式的欢迎词，以抽签的方式来展示，其中主要的考察点在于导游员致欢迎词的主要内容（问候语、欢迎语、介绍语、希望语、祝福语），10分钟轮换，同学互评，教师总结点评。

实践训练2：地陪导游员的首次沿途导游

实训设计：将同学分组，每组3～5名同学，设计情境，表演沿途导游。

具体训练：

（1）周水子国际机场—迎客路—疏港路—中山路—人民路—大连香格里拉大饭店沿途讲解。

（2）大连风光导游。要求讲解内容（商场、小区、街道以及独具特色的景物等）简明扼要，语言节奏明快、清晰。讲解景物取舍得当，随机应变，与游客的欣赏同步。

（3）大连市风情介绍。介绍本地的概况、气候条件、人口、行政区划分、社会生活、文化传统、土特产品、历史沿革、市容市貌、沿途重要建筑物和街道等。

（4）介绍下榻饭店。向游客介绍该团所住饭店的基本情况，包括饭店的名称、位置、距机场（车站、码头）的距离、星级、规模、主要设施和设备及其使用方法、入住手续等。

评价考核：评价考核内容见表3-1。

表3-1　　　　　　　　　　导游致欢迎词技能考核评价

学习目标	评价内容	分 值	团队成员评价	教师评价
基本知识	要分清方向、掌握大连主要街区路线、主要景点地理位置、主要车站、机场位置、掌握大连概况导游词	5分		
	欢迎词的主要内容	15分		
	饭店星级制度	5分		
专业能力	具备沿途导游讲解能力	10分		
	能给游客留下良好第一印象	5分		
	能致不同形式的欢迎词	10分		
通用能力	导游语言表达能力	10分		
	导游团队应急问题解决能力	10分		
	导游服务创新能力	10分		
	导游的沟通协调能力	10分		
职业态度	工作积极态度	5分		
	团队合作意识	5分		
努力方向		建 议		

课后自主学习

1.每位同学创作不同形式的沿途导游词。

2.在校园做义务导游员，为参观客人做好校内导游工作。

任务四

入　住

任务目标

通过进行导游员引导游客入住饭店的基本程序的训练，能够根据任务情境给出的信息明确任务目标，运用所学入住服务的基本知识和基本技能，完成重庆团入住饭店的服务工作。

任务情境

北京天天旅行社的地陪导游员小李接到一团队接待计划，该旅游团来自重庆，一行20人，其中14男6女。来北京的目的是考察北京的城市建设，团员均来自同一个单位即重庆市城建局，小李拟安排此考察团客人入住北京港中旅维景大饭店。

相关知识

一、导游员入住服务流程

入住饭店主要是为游客提供休息及用餐服务，一般包括以下八个步骤，但由于旅游团入住时实际情况各不相同，导游员在提供此类服务时也会根据具体情况而有所调整。

第一，介绍下榻饭店。

第二，清点行李，引导游客进入饭店。

第三，办理入住登记手续。

第四，介绍饭店设施及注意事项。

第五，带领游客用好第一餐。

第六，宣布当日或次日活动安排。

第七，照顾游客行李进入房间。

第八，协助客人处理入住后出现的问题。

二、入住服务的相关技巧

1.介绍下榻饭店

介绍的内容一般包括：饭店名称、星级、规模、设施条件、位置、交通状况（含周边交通条件，告知游客如何使用各种交通工具和注意事项）、饭店周围的商业及娱乐设施等内容。

导游人员在介绍上述内容的同时还应该注意以下几点：

（1）向游客介绍所下榻饭店的特色服务。导游员在实事求是地讲解过程中，要突出游客所下榻饭店的特点，要让游客感到下榻该饭店是旅行社为他们精心准备的，他们所享受的是同级标准中较好的服务，是当地同等档次中较有特色的饭店。

（2）通过对饭店的介绍，引申介绍当地旅游业的发展。导游服务的任务之一是有意识地进行宣传。旅游饭店的建设数量和服务质量是当地旅游业发展的标志之一。通过对下榻饭店的介绍，运用描述、类比等导游讲解方法，介绍当地旅游业的发展，从心理上满足游客对旅游目的地求新、求安全的心理需要，对维护旅游目的地形象和促销旅游产品起到促进作用。

（3）注重饭店人文之美的介绍，使游客获得身心双重享受。我国许多饭店在建设中就引入了当地民居建筑的风格，在装饰上体现了地方特色和民族特色，使得饭店本身就成为审美对象，导游员可借机对此进行重点介绍，满足游客猎奇的心理。

2. 办理入住登记手续

通常情况下，由领队、全陪协助，地陪导游员负责办理住店登记手续；若是有领队的旅游团，领队需向饭店总服务台提供一份团队住宿名单，若没有领队则需提前准备好住宿名单，地陪应将全团的证件收齐，然后交到总服务台。自订房由领队、全陪或游客办理；办理完毕后地陪将证件、房卡、钥匙交由领队或全陪分发；地陪要掌握领队、全陪和团员的房间号，并将自己的联系方式告知全陪和领队。

在办理入住的时候，有可能会遇到单房差问题。所谓单房差，是指在安排房间时出现了奇数，但是旅行社给客人的价格又是按照一个床位结算的，这时客人如果要自己独立住一间房，就需要补足另外一个床位的费用。

如果旅行社根据客人要求可以在单差房内另外安排其他客人或者同另外2个人一起合并安排为一个3人间，也就不用再付单差房费。不过针对旅游安全性来讲，新安排进来的客人不能为陌生异性、不同团队的客人、非旅游客人。如果导游全力协调都无法解决单房差问题，该游客有义务个人承担单房差的相关费用。

3. 介绍饭店设施及注意事项

导游员要向游客介绍饭店内的主要设施及注意事项，包括中西餐厅、娱乐场所、商品部、外币兑换处、公共洗手间及该店具有特色的服务项目等，向游客指明楼梯的位置，告诉客人饭店餐厅、电梯、集合地点等具体位置并讲清以下注意事项：

（1）入住饭店时，建议游客将贵重物品存入饭店的保险柜，不要随身携带。

（2）进入房间后应检查房间内设施，分清必备品和付费用品，检查是否缺少、破损、污染，如有疑问应及时通知服务员或导游。

（3）房间房卡需要妥善保管，切勿丢失、折损，否则照价赔偿。

（4）如有染发者，需注意勿污染床品；如有吸烟者，请将烟灰、烟蒂扔进烟灰缸，切勿烧坏地毯、床单等物品，否则需照价赔偿。

（5）房间门窗打不开请找服务员，不要自己用力推，应注意安全。

（6）不要将房间号随便告诉陌生人，不要让陌生人随便进入房间，出入房间要锁好门，尤其是夜间不要随便开门；不要随便与陌生人兑换外币等。

（7）外出时，要拿好宾馆名片，3人以上出行，谨防扒手，注意人身财物安全。

（8）一切问题都可以打前台电话找服务员，如果不方便的话也可以随时找导游。

4.带领旅游团用好第一餐

地陪导游员应向领队问明游客饮食情况及特殊要求；向餐厅主管告知用餐人数、标准、类别及要求；向游客说明就餐时间、中西餐搭配情况、酒水种类及点菜、超数量饮料费自理等；将领队介绍给餐厅负责人；就餐时提供导食服务，介绍本地风味佳肴；就餐后主动征求游客意见，并及时与餐厅协调落实。

5.核对日程、宣布当天或次日行程

（1）核对、商定日程的必要性。地陪导游员在接受旅行社下达的接待任务时，旅行社的计调部门已将该团的参观游览内容明确规定在旅游协议书上，并已安排好该团的活动日程，其中包括：每天上、下午参观游览的景点；午、晚餐的餐厅用餐；晚间活动的内容等。即便如此，地陪也必须与领队和全陪进行核对、商定日程（若无领队和全陪，地陪应与全体游客进行这项工作）。地陪必须认识到，游客提前支付了一笔费用参加旅游团，也就是购买了旅行社产品，作为消费者有权审查产品是否合格。日程安排是旅行社产品的一个重要部分，因此他们有权审核该团的活动计划和具体安排，也有权提出修改意见。导游人员与游客商定日程，既是对游客的尊重，也是一种礼遇。领队希望得到地陪导游员的尊重和协助，商定日程并宣布活动日程是领队的职权。某些专业旅游团除参观游览活动外，还有其他特定的任务（如参观工厂、学校、幼儿园、居委会等），因此商定日程显得更为重要。

（2）核对商定日程的时间、地点。在旅游团抵达后，地陪应抓紧时间尽早进行核对、商定日程的工作，这是与领队、全陪合作的开始，并使本团游客心中有数。如果团队抵达后是直接去游览点的，核对商定团队行程的时间、地点一般可选择在机场或行车途中；如果团队是先前往饭店的，一般可选择在饭店入住手续安排好后的一个时间，地点宜在公共场所，如饭店大厅等。

（3）核对商定日程时，可能出现的几种情况及处理措施。第一，当提出小的修改意见或增加新的游览项目时，应及时向旅行社有关部门反映，对于"合理又可能"满足的项目，应尽力予以安排；对于需要加收费用的项目，地陪要事先向领队或游客讲明，按有关规定收取费用；对确有困难而无法满足的要求，地陪要详细解释、耐心说服。第二，提出的要求与原日程不符且又涉及接待规格时，一般应予婉言拒绝，并说明我方不便单方面违反合同；如确有特殊理由，并且由领队提出时，地陪必须请示旅行社有关部门，视情况而定。第三，领队（或全陪）手中的旅行计划与地陪的接待计划有部分出入时，要及时报告旅行社，查明原因，分清责任，若是接待方的责任，地陪应实事求是地说明情况，并向领队和全体游客赔礼道歉。

（4）宣布当天或次日的行程安排。当地陪与领队、全陪导游员核对商定好行程后，应及时告知游客，让游客做到心中有数，做好相应的心理准备和物质准备。

6.照顾行李进房

导游员应该与饭店的行李员进行行李数量的清点以及损坏核对，做好行李交接工作，并且督促饭店行李员及时将行李送入游客的房间。

案例 4-1：

海外旅游团 M 团一行 12 人，在领队的带领下于某年国庆节来重庆观光。W 国际旅行社导游小王 18：10 在机场顺利接到此旅游团；19：00 带团抵达下榻的 F 饭店。随后，小王协助领队和全陪迅速办理完住店手续，游客也陆续进入了自己的房间。这时，小王接到了一个朋友打来的电话，称"有急事需要去处理一下"，自己随即离开饭店。没多久，旅游团的 kelly 小姐赶到大堂找导游，由于小王不在，于是她找到饭店大堂副理，投诉自己的行李到现在还没送到房间。大堂副理联系导游未果后，吩咐行李员仔细检查 M 团的行李是否到齐，核对行李票才发现，饭店并没有交接到 kelly 小姐的行李。Kelly 小姐极其不满，随即找到全陪向旅游行政机关质检所投诉此事。

点评：地陪小王在此次接团中存在着几个问题：第一，带领 M 旅游团下榻饭店后，小王仅仅协助办理了住店手续，没有协助将行李送入客人房间，没有带领旅游团游客用好第一餐和宣布当日或次日的活动项目安排。第二，游客行李丢失而未尽早发现，主要是因为导游在机场接团时未对旅游团的行李件数进行认真清点，办好转运交接手续。

7.安排叫早服务

地陪导游员应与领队、全陪商量并确定叫早时间，并通知饭店总台和全团游客。

案例 4-2：

2013 年 5 月，导游员小赵接受夏之河旅行社的委派，接待一个来自中国台湾的入境游旅游团，该团先后安排了到北京、西安、桂林和广州的参观计划。根据计划行程，小赵在接团的当天 19：30 抵达北京首都国际机场，并顺利地接到了该旅游团。在从机场去饭店的途中，他向游客致欢迎词，进行简单的沿途导游讲解，介绍了该团队在北京的日程安排以及下榻的酒店情况。在将要抵达入住酒店时，他未与领队商量，即通知游客在第二天早上 6 点钟叫早、7 点钟出发，开始在北京的参观游览活动。"6 点不行，太早了。"当时坐在最前面的领队立即回应。"那就 7 点钟叫早好了。""7 点也太早了，你没有看到大家这么晚才到北京，你应该给大家留出足够的时间让大家休息，恢复体力。"小赵接着问："那您看几点合适呢？"领队说："到时候再说吧。"车上的气氛立即紧张起来，小赵十分尴尬。

点评：三方沟通很重要，导游员小赵没有和领队沟通，擅自定下叫早的时间，显然是对领队的不尊重。在导游过程中，沟通是解决问题的良方。

8.协助处理游客入住后的各类问题

旅游团入住饭店后，可能会出现各种问题或其他的突发事件，如游客对饭店房间的不满、团内人员之间的分配矛盾、行李丢失等，这就要求导游员在客人入住后不能马上离开饭店，以便有突发事件时作出及时处理。

9.入住饭店介绍范例

各位游客，我们今天入住的饭店是大连中山大酒店。中山大酒店是一家四星级酒店，于 2000 年开业，2013 年进行了重新装修，是游客来大连的首选饭店。大连中山大酒店坐拥大连市青泥洼黄金商圈，交通方便，5路、2路、22路公交车直达大连各大著名景区，酒店临近大连各大知名商场，入住这里会让您的旅游生活更加便捷和惬意。

酒店拥有各式客房388间，全部客房均可免费宽带上网。除中餐厅外，酒店还特设印度餐厅、港澳茶餐厅、俄罗斯旋转餐厅。另外，会议中心、商务中心、康乐健身中心、国际品牌精品店、夜总会、美容美发、桑拿棋牌室等文娱场所一应俱全。

酒店的房间号是九层以下前面加"2"，如801房前面加"2"就为"2801"，十层以上就是楼层加房号。大家如果需要在酒店里打电话，请记住：房间与房间通话直接拨房号，打长途电话时，先拨"0"，再拨您要拨的电话号码。

客房内小冰箱内的食品和饮料是自费的，如您进行了消费，请在离开酒店前主动去前台结账，酒店受理运通、长城、牡丹等信用卡。

大家进入酒店房间后，请认真检查一下房间中所提供的物品是否齐全，设备是否完好，如果有什么问题，请及时与我联络，我就在酒店的大堂等候大家。

好，中山大酒店到了，请大家带上自己的物品下车，在大堂稍事等候，我去办理一下入住手续。

任务实施

导游员小李顺利地接到了来自重庆的旅游团，旅游车行驶在北京机场到下榻酒店的路上，小李开始介绍下榻饭店。

1.重在特色，突出文化

各位游客，车行前方将到达本次旅游下榻饭店——北京港中旅维景国际大饭店，该饭店地处北京市宣武区广安门立交桥东南侧，临近二环路，距首都国际机场车程约45分钟，距西客站约10分钟车程，距市中心车程约15分钟。饭店坐拥繁华商务地段，交通极为便利，其中最著名的是集歌舞表演于一体的金童玉女娱乐超市。

北京港中旅维景大饭店于2006年2月装修完毕，集高级写字楼、饭店客房、餐饮、康乐、娱乐于一体的诸多功能于一身。饭店拥有宽敞舒适的豪华间、标准间、商务客房及套房，设置四个不同风格的餐厅及大型宴会和多功能厅，为住客提供格调高雅及综合配套的设施和服务，是四星级饭店中较有特色的饭店。大家入住时请注意：进房间时检查房间内设施是否齐全；请妥善保管房卡，切勿丢失或折损；男士如有吸烟者，请将烟灰、烟蒂放进烟灰缸，切勿烧坏地毯、床单等物品，否则需照价赔偿；请不要将房间号随便告诉陌生人，不要让陌生人随便进入房间，出入房间要锁好门，尤其是夜间不要随便开门；不要随便与陌生人兑换外币；外出时，要拿好宾馆名片，3人以上出行，谨防扒手，注意人身财物安全；一切问题都可以打前台电话找服务员，如果不方便的话也可以随时找导游。

2.热情服务，细致入微

考虑到旅游团长途跋涉的辛劳，现在急需的是进入房间休息。小李提前与饭店前台接待员联系，快速办理了旅游团的入住登记手续，将房卡、钥匙交给全陪分发。为了防止一些意外情况的出现，小李还记下了全陪和团员的房间号，并将自己的联系方式告知了全陪。

小李在带领游客进入房间时，向游客介绍了饭店内的中西餐厅、娱乐场所、商品部、公共洗手间等设施的位置，特别提请游客注意客房中自费和免费使用的物品以及客房内设施设备是否有缺少、破损、污染，如有应及时通知，并向游客指明电梯和楼梯的位置。

由于考虑到重庆人平日喜欢吃辣，在团队用餐方面，小李提前通知了餐厅准备一些川菜，好让旅游团在北京也能吃到家乡菜。另外考虑到游客在旅行途中也喜欢品尝当地的特色美食，小李还给旅游团安排了一些地道的北京特色餐饮，如北京烤鸭、炸酱面等，好让游客对北京的饮食文化有更深的了解和体验。在带领旅游团用餐过程中，小李的精心安排得到了游客的一致好评。

3.未雨绸缪，做好提醒

在旅游团抵达当晚的用餐期间，小李向游客宣布了第二天的行程安排，恭王府、人力黄包车游胡同、天安门广场、王府井步行街等。由于北京8月份天气较热且行程中步行时间较长，小李提醒游客做好防晒防暑准备，穿着轻便的鞋子并备好相机及电池。

此外，小李还与全陪一起对行李进行了清点和检查，确认有无丢失和破损，并与饭店行李员进行了行李交接，通知行李员及时将行李分发到每个游客的房间。当客人入住后，小李并未立刻离开饭店，而是在旅游团所住的楼层停留了一段时间，因为按照以往的接待经验，有客人可能会对实际入住条件提出要求。果然，在停留期间，两位女性游客找到小李，说客房冷气不足，没有热水，并要求换房。时值旅游旺季，小李非常清楚这个时节饭店的客房供需状况，他先来到反映有问题的几间客房，发现冷气不够是因为刚进客房，冷气才打开，且温度开关没有调到位，没有热水是因为热水水龙头坏了。权衡再三，小李来到饭店前台，在他一再要求下，加上小李平时也很注意和他们建立良好的关系，最后经请示经理，终于给小李的游客换了客房，问题总算得以圆满解决。

旅行的任何环节都可能发生问题，入住饭店同样如此，这就需要导游员有责任心和较强的处理问题的能力，在第一时间内妥善解决各种入住饭店后的突发事件。当然，小李之所以最后能解决客房的调换问题，应该说一部分原因是功在平时，即导游员要与合作单位搞好关系。

拓展阅读

1.中国旅游饭店星级制度

中国饭店星级等级制度的划分和评定标准源于《旅游饭店星级的划分与评定》（GB/T 14308-2010）。旅游饭店是指以间（套）夜为单位出租客房，以住宿服务为主，并提供商务、会议、休闲、度假等相应服务的住宿设施，按不同习惯可能也被称为宾馆、酒店、旅馆、旅社、宾舍、度假村、俱乐部、大厦、中心等。用星的数量和颜色表示旅游饭店的星级。旅游饭店星级分为五个级别，即一星级、二星级、三星级、四星级、五星级（含白金五星级）。最低为一星级，最高为五星级。星级越高，表示饭店的等级越高。星级标志由长城与五角星图案构成，用一颗五角星表示一星级，两颗五角星表示二星级，三颗五角星表示三星级，四颗五角星表示四星级，五颗五角星表示五星级，五颗白金五角星表示白金五星级。

2.世界唯一的七星级饭店——Burj Al-Arab

Burj Al-Arab饭店（如图4-1所示）位于阿拉伯联合首长国的迪拜，饭店建在海滨的一个人工岛上，是一个帆船形的塔状建筑，一共有56层，321米高，由英国设计师W.S. Atkins设计。饭店建设工程总共花了5年的时间，2年半时间在阿拉伯海填出人造岛，2年半时间用在建筑本身，使用了9 000吨钢铁，把250根基建桩柱打在40米深海下。

Burj Al-Arab饭店的豪华程度令人叹为观止，评论家们都不知道该给它定为几星，是五星、六星，还是七星？在这里，你可以乘坐劳斯莱斯经海上通道到达豪华漂亮的饭店广场，可以乘坐小型潜水艇进入海底餐厅一边看游鱼一边尝海鲜，可以乘坐直升机鸟瞰迪拜的市容和海景后才徐徐降落在顶部的直升机坪。

到过这里之后，你才能真正体会到什么叫做"金碧辉煌"。饭店内触目皆金，连门把手、厕所的水管，甚至是一张便条纸，都"爬"满黄金。金碧辉煌的饭店套房，让你感受到阿拉伯油王般的奢华。所有的202间房皆为两层楼的套房，最小面积170平方米，最大面积780平方米。雄霸25楼及以上楼层的皇家套房，装饰典雅辉煌，顶级装修和搜罗来自世界各地的摆设，如同皇宫一样气派，套房内设有私家餐厅、按摩

图4-1 Burj Al-Arab饭店[1]

浴池、影视厅，出入有专用电梯，家具是镀金的，洁具都是爱玛仕的牌子，衣帽间都比一般饭店的房间大，奢华程度可想而知。房间的奢华还没来得及回味，餐厅更是让人匪夷所思：饭店内的AI-Mahara海鲜餐厅仿佛是在深海里为顾客捕捉最新鲜的海鲜，在这里进膳的确是难忘的经历——要动用潜水艇接送。从饭店大堂出发直达AI-Mahara海鲜餐厅，虽然航程短短3分钟，可是已经进入一个神奇的海底世界，沿途有鲜艳夺目的热带鱼在潜水艇两旁游来游去，美不胜收。安坐在舒适的餐厅椅上，环顾四周的玻璃窗外，珊瑚、海鱼所构成的流动景象，伴随客人享受的整个过程。海里有餐厅，空中也有餐厅，客人只需乘搭快速电梯，33秒内便可直达屹立于阿拉伯海湾上200米高空的AI-Mahara餐厅。进入太空风格的餐厅，以蓝绿为主的柔和灯光，再加上波浪设计的衬托，仿佛进入了另一个世界。餐厅可容纳140名顾客同时用餐，晚餐之际，夜空璀璨，环观迪拜的天空和海湾，享受地中海风味的高级厨艺，想是人生至高的享受了。而仅供应美味的Mediterranean（地中海餐），则是该餐厅的另一大特色。

3. 全球最豪华饭店——亚特兰蒂斯饭店

在金融海啸席卷全球之际，被誉为全球最豪华饭店的亚特兰蒂斯饭店（如图4-2所示）于2008年11月20日在迪拜正式开幕，饭店以传说中拥有高度文明的古国亚特兰蒂斯为主题，占地113亩，耗资15亿美元，坐落在世界最大的人造岛——棕榈岛上。饭店设有中东最大的水上乐园和巨型水族馆，水族馆饲养了6 500多条鱼，住客还可预约在海豚湾浅水区与海豚近距离接触，与它们一起潜泳。中庭则摆放了美国著名

图4-2 亚特兰蒂斯饭店[2]

玻璃艺术家契胡利的大型旋转玻璃雕刻作品，玻璃艺术品的造型极像海底的神秘生物。

饭店共有1 539间房间，每晚租金从800美元至25 000美元不等。饭店顶层是超级富

---

① 图片资料来源：http://club.sohu.com/read_elite.php?b=zz0057&a=3499418。
② 图片资料来源：http://www.dfdaily.com/node2/node31/node217/userobject1ai133532.shtml。

豪的专属区域，顶楼套房拥有3个卧室和3个浴室，并有一张可供18人用餐的金叶餐桌，住客可将整个岛的建筑布局尽收眼底。

开业之际，饭店逆市斥资2 000万美元举行了盛大的开幕庆典，当地的传媒称之为"十年来最盛大的派对"。该庆典请来了2 000多位嘉宾，可谓星光熠熠，当中包括美国名嘴奥普拉、影星罗伯特·德尼罗和丹尼尔·华盛顿、前篮球明星迈克尔·乔丹等，著名歌星Kylie Minogue和印度宝莱坞女星乔普拉也到场助兴。饭店的米芝莲级大厨山塔马利亚和日本厨艺大师松久信幸也粉墨登场，为来宾炮制佳肴。

此外，该饭店还高薪聘请专家设计了比2008北京奥运会开幕式更大型的烟火汇演，璀璨的焰火把整个派对推向高潮。据媒体披露，焰火燃放的规模比2008年北京奥运会大7倍，就算远在太空也能看得到。这次豪华盛宴是由南非亿万富豪索尔·科斯纳亲自筹划的。科斯纳是世界闻名的饭店和赌场大亨，他在接受《泰晤士报》采访时说："虽然我们赖以生存的经济环境一片糟，但并不代表我们就要妥协。我们建造了这么一个堪称奇迹的饭店，就得让全世界知道。"科斯纳坦言，亚特兰蒂斯的建筑构想起初被人看成是"不合实际的"，直到现在才被一点点接受。席卷全球的金融海啸是否会吞噬这座豪华饭店，科斯纳持乐观态度。他说，虽然不知道经济危机何时结束，但他当初建造饭店时是放眼于中长期。科斯纳还透露，饭店开业6周以来，入住率已经达到80%，这无疑是一个令人兴奋的数字。

实践训练

实践训练1：入住饭店服务

实训项目：安排重庆城建局考察团入住北京某四星级饭店。

实训设计：

（1）将学生每6~8人分成若干团队。

（2）将团队成员按角色分为：地接、全陪、前台服务员、行李员、游客。

（3）组织团队进行导游服务中的角色分工，按照教师提出的任务进行讨论，每个角色负责搜集、提炼北京旅游饭店的特色信息。

（4）每个学生团队设计"旅游团队入住饭店需求知识、服务的基本程序"，选出1个代表进行交流，教师点评。

具体训练：

由1名学生模拟地陪导游员（以下简称地陪），1名学生模拟全陪导游员（以下简称全陪），1名学生模拟行李员（以下简称行李员），1名学生模拟饭店前台接待员（以下简称接待员），其他学生模拟团队游客，10分钟后轮换。其中，主要的考察点在于导游员入住服务的程序，主要包括办理入住登记手续、协助分发房间钥匙、照顾行李进房间、介绍饭店设施及注意事项、带领游客用好第一餐、宣布次日活动等。

（1）进入饭店。地陪、全陪带领旅游团进入饭店前台区。穿越旋转门后，地陪安排游客在沙发休息，引导全陪来到接待台。

（2）办理入住手续。地陪与接待员核对团队订房单，介绍全陪。地陪协助全陪和领队填写登记表并复印三份，接待员交付房卡。全陪分发房卡，询问团队游客是否寄存贵重物品。地陪介绍饭店主要设施设备，引导游客进入客梯。地陪、全陪与行李员核对行李单和行李件数，地陪将复印游客房单交行李员，协助行李员将行李送给每位客人。

（3）介绍饭店设施及注意事项。地陪建议游客将贵重物品存入饭店前台的保险箱、进房后要检查房内设施是否处于完好齐备状态、分清付费与免费用品、妥善保管房卡、爱护房内设施。

（4）照顾旅游团行李进房间。地陪检查每位游客的行李是否已经拿到，有无破损、遗失以及错送现象。

（5）带领旅游团用好第一餐。地陪向游客介绍将要就餐的餐厅位置、座次。因为旅游团来自山城重庆，考虑到重庆人爱吃辣的口味，事先向就餐餐厅说明情况。

（6）宣布次日活动安排。地陪与全陪核对行程计划单，宣布第二天的活动安排：游览故宫、天坛、颐和园；次日叫早时间为6点30分，集合时间为8点，地点在饭店正门门口。地陪通知饭店总服务台进行次日叫早服务。

实践训练2：入住饭店后各类问题的处理

实训项目1：地陪小李接到旅游团时发现旅游团的人数比20人的接待计划多出了1位，由于事先已经按照20人的标准预订了10间客房，此时多出了1名游客。

实训设计：由1名同学模拟地陪导游员小李，1名同学模拟全陪导游员，1名同学模拟饭店前台接待员，其他学生模拟团队游客。考察重点在于地陪导游员处理突发事件的能力、与饭店前台接待员的沟通能力，应注意多出的游客的费用处理。

实训项目2：当地陪小李安排好所有的行李都进房间后，旅游团中的一位女士对饭店的房间设施表示不满，要求更换饭店。

实训设计：由1名同学模拟地陪导游员小李，1名同学模拟全陪导游员，1名同学模拟对房内设施不满意的女游客。考察重点在于对接待规范的熟知程度。

实训项目3：考察团中有一位中年女士对地陪小李说她习惯一个人睡觉，跟别人合住一个房间她睡不着，要求小李为她单独开一个单间。

实训设计：由1名同学模拟地陪导游员小李，1名同学模拟全陪导游员，1名同学模拟要求住单间的女游客。

实训项目4：考察团内一位女性客人因水土不服不舒服，向地陪导游员小李提出了房内用餐的要求。

实训设计：由1名同学模拟地陪导游员小李，1名同学模拟全陪导游员，1名同学模拟水土不服的女游客。

实训项目5：由于重庆城建局考察团与其他两个旅游团是同时抵达的饭店，团内的一位游客王某匆匆找到小李抱怨说："其他客人的行李都已送到房间，唯独没有我的行李。"

实训设计：分组模拟演练，其中由1名同学模拟地陪导游员小李，1名同学模拟全陪导游员，1名同学模拟行李员，1名同学模拟丢失行李的游客。

实践训练3：饭店导游词讲解训练

实训设计：给出一段介绍下榻饭店的导游解说词，请同学背诵此段导游词并对其进行改编。

北京盘古七星酒店坐拥2008北京奥林匹克公园的优越位置，是除了紫禁城外北京最为尊贵的地方。酒店毗邻国家体育馆，直接可俯瞰著名的奥运景观——鸟巢，距国家游泳中心——水立方仅180米，客人可通过盘古花园内的如意桥进入其中。周边商店、商业写字楼密集，交通十分便利。凭借北京四环路的优越位置，酒店客人可通过新落成的高速公路方便来往首都机场，轻松前往市内各大景点。

酒店设计在中式典雅魅力中融入西方元素，并根据中国传统风水理念布局。同时为外宾、顶级管理人员及皇室贵族等尊贵宾客提供独到的贴心服务。酒店风格独树一帜，艺术无处不在，满目华彩，美不胜收。酒店装潢从最稀有的意大利大理石、中国的白麻花岗岩，到极精致的红木雕刻天花板壁画、手工刺绣丝绸壁纸，不一而足，让人赞叹。此外，酒店是唯一一家获故宫博物院授权，可复制紫禁城内价值连城的艺术品的酒店。

酒店以234间格调豪华的客房（包括140间套房）为傲，大小从45平方米到488平方米（总统套房）不等。3.5米高的天花板令房间更显宽敞，地上是厚实的米色地毯及抛光的淡黄色地板。珠帘、月形门把，以及绘龙灯罩等散发出中式典雅魅力。Sealy出品的超大床垫，配以Frette供应的豪华600支纱埃及棉床上用品，带来前所未有的舒适睡眠体验。

客房采用带圆形凹槽的天花板，象征"天圆地方"。通往浴室的彩色圆形琉璃穹顶上雕刻着一双正在嬉戏、寓意如意吉祥的龙。火光闪烁的仿真壁炉，连同落落大方的大理石炉架，都是由Bello Dias专门为盘古七星酒店定制，给富丽堂皇的客房增添了家的温馨。客房内的高科技设施包括平板电视、Bose立体声音响以及自动控制的照明设备和窗帘等。房内设有先进的IP电话，客人可用其接收信息甚至查看酒店账单，而迷你酒柜则提供免费的果汁、软饮、啤酒和VOSS Artesian优质天然水等。如有任何其他要求，客人只需传召其私人管家，一切事情即可办妥。

为确保客人的舒适及私隐，盘古七星酒店的入住登记全程在客房内进行。

大家入住饭店时请注意进房间检查房间内设施是否齐全；请妥善保管房卡，切勿丢失或折损；男士如有吸烟者，请将烟灰、烟蒂扔进烟灰缸，切勿烧坏地毯、床单等物品，否则需照价赔偿；请不要将房间号随便告诉陌生人，不要让陌生人随便进入房间，出入房间要锁好门，尤其是夜间不要随便开门；不要随便与陌生人兑换外币；外出时，要拿好宾馆名片，3人以上出行，谨防扒手，注意人身财物安全；一切问题都可以打前台电话找服务员，如果不方便的话也可以随时找导游。

（资料来源　佚名．隆重推介北京新地标——北京盘古七星酒店［EB/OL］．［2010-03-01］．http：//news.163.com/10/0301/14/60MPBKHI000146BD.html）

要求：每一位同学必须熟记此段导游词，并且对此段导游词中所包含的知识点和入店服务的基本程序内容进行提炼，根据提炼的关键词对自己所处城市的饭店导游解说词进行创编和改编。

评价考核：评价考核内容见表4-1。

表4-1　　　　　　　　　　　　导游员入住服务技能评价考核

内　容			评　价	
学习目标	评价内容	分　值	团队成员评价	教师评价
基本知识	入住服务基本程序	10分		
	饭店设施设备及注意事项	5分		
	饭店星级制度	5分		

续表

内　容			评　价	
学习目标	评价内容	分　值	团队成员评价	教师评价
专业能力	介绍下榻饭店	10分		
	办理入住登记手续	10分		
	处理入住后出现的各种问题	10分		
通用能力	导游语言表达能力	10分		
	导游团队应急问题解决能力	10分		
	导游服务创新能力	10分		
	导游的沟通协调能力	10分		
职业态度	工作积极态度	5分		
	团队合作意识	5分		
努力方向		建　议		

课后自主学习

1.以北京某五星级饭店为例，要求学生两人一组编写饭店入住对话，内容包含饭店入住的相关程序、内容。

2.以在饭店住宿中的易发事件为案例，要求学生从中选择1个案例撰写案例分析报告，内容应包括发生原因、处理原则、处理方法等。

项目二

游览观光

任务五

导游员景区讲解

任务目标

　　熟悉参观游览服务流程，掌握景点讲解的方法及技巧，训练讲解的实际操作能力。能够依据团队信息，完成云南昆明旅游团六日游行程的游览讲解服务，针对旅游景点的特点选择不同的讲解方法和讲解技巧。

任务情境

　　昆明的石林风景区世界闻名，黑龙江的一个旅游团来到云南昆明旅游，地接导游员小刘负责接待，具体游览项目见表5-1。

表5-1　　　　　　　　　　　　　云南昆明五晚六天行程

日　期	游览景观	住宿等级
第一天	接团，入住酒店，游览昆明石林风景区乃古石林、大小石林、观赏撒尼歌舞和斗牛、斗羊表演	三星级
第二天	游览石林风景区，参观大叠水、长湖	三星级
第三天	游洱海，品大理正宗白族"一苦二甜三回味"的三道茶，观歌舞表演，游小普陀、南诏风情岛	三星级
第四天	游览丽江古城——权镇四方、形如官印的四方街	三星级
第五天	游览茶马古道重镇——束河古镇，游览黑龙潭公园，游览生态文化民族村——东巴谷	三星级
第六天	游览昆明世博园，送团	三星级

相关知识

一、导游员景区讲解基本程序

1.介绍旅游行程安排
参观游览活动开始之前，导游应清点人数，向游客宣布日程、时间安排及注意事项。

2.提醒游客遵守游览时间
抵达景点时，导游应向游客重申当日的游览活动及时间安排，讲清并提醒游客参观游览的线路、集合时间及地点、车牌号等事项。

3.做好第一次景点讲解
第一次景点讲解是导游展示其知识、技能的大好机会，是向游客树立良好形象的重要环节。因此，导游员应有充分的准备，认真做好首次景点讲解服务。

（1）熟悉游客基本情况。导游员应了解要接待的旅游团（者）的基本情况，根据不同的对象和文化层次，因人而异地选择讲解内容。对文化层次高的游客，导游人员要讲得深一些；反之，导游人员要讲得浅一点，通俗一点。同时，应根据游客的接受能力和需求来讲解，讲解时应采取灵活多样的形式。

（2）针对性的知识准备。熟悉线路及景点分布，搜集旅游景点知识（包括民风、民俗、趣味传说等），平时还应注意文化、历史等方面的知识积累，这样在讲解中才能做到游刃有余，收到引人入胜的效果。

二、导游员讲解的艺术与方法

导游作为一种社会职业，在长期的社会实践中逐渐形成了具有鲜明职业特点和倾向的语言——导游语言。它是导游人员用来从事导游服务工作的重要手段和工具。导游通过语言表达，可使祖国的大好河山更加生动形象，使祖国各地民俗风情更加多姿多彩，使沉睡了千年的古迹焕发神采，导游语言里流传着很广的一句话——"祖国山河美不美，全凭导游一张嘴"。导游人员掌握的语言知识越丰富，驾驭语言的能力越强，游客就越容易接受。"一年拳，两年腿，十年练就一张嘴"，这是对导游语言能力提升过程的高度概括。

（一）导游语言传播

1.导游语言传播通畅的条件

（1）准确恰当。导游人员的口语传播是否畅通，在很大程度上取决于用语的准确性。讲解的词语必须以事实为依据，准确地反映客观事实，做到就实论虚，入情入理，切忌空洞无物或言过其实的词语。如把具有"中国半部近代史"之称的旅顺，夸张为五千年的历史；把大连的星海广场称为"世界上最大""全中国最大""独一无二"等，这类没有依据的信口开河会使稍有见识的游客产生反感。这就要求导游人员对讲解要有严肃认真的态度，要讲究字斟句酌，要注意词语的组合、搭配。只有恰当措辞，合理搭配，才能准确地表达意思。

（2）鲜明生动。在讲解内容准确、情感健康的前提下，语言还要求鲜明生动，言之有神，切忌死板、老套、平铺直叙。导游人员要善于恰当地运用一些修辞手法来"美化"语言，才能把导游内容亦即故事传说、名人轶事、自然风情等讲得有声有色，产生一种美感。正所谓"看景不如听景"，导游语言能够让导游以强烈的艺术魅力吸引游客去领会所讲解的内容，体验语言所创造的意境。

案例 5-1：

有一位导游在介绍大连的广场文化时是这样解说的：外国人说中国有四件事值得中国人民骄傲，分别是北京的长城、上海的南京路、青岛的海尔和大连的城建，而大连的广场与其内在的文化氛围又是大连城建中最为亮丽的一道风景。

有人说，白天看广场是一种风格，而晚上看广场则是一种文化，也有的艺术家曾将广场比作城市的眼睛或客厅等。如果说城市是本书，那么广场就是这本书中最美的标题。有位作家用女人来比喻大连的广场：中山广场好像小家碧玉般温馨而又浪漫；友好广场犹如江湖女郎般洒脱；胜利广场如摩登女郎般给人虚幻的想象；人民广场如大家闺秀般高贵脱俗；海之韵广场如混血女人般妩媚新奇。如果说这些比喻恰到好处地衬托出了广场的风格，不妨给它再加些文化的韵味：中山广场——人之乐；友好广场——球之恋；胜利广场——亮之城；人民广场——水之舞；海之韵广场——海之韵。虽然我不是作家，但依我对大连广场的热爱与了解，可以用男人来比喻大连的广场：中山广场——大男孩般青春向上；友好广场——蜡笔小新般俏皮可爱；胜利广场——古惑仔般桀骜不驯；人民广场——绅士般的稳重；星海广场——东北汉子般大气而豪爽。介绍这么多了，下面就请随我一同参观有大气、豪爽之称的星海广场吧。

　　从上述案例可看出，运用生动形象的比喻，把大连城建中的广场文化讲得活灵活现，用语富有文学色彩，具有较强的表现力，不仅向游客们传递了一个城市的信息，而且使人产生美妙的联想。

　　（3）风趣活泼。风趣活泼是导游语言生动性的一种表现。导游人员要善于借题（景或事）发挥，用夸张、比喻、讽刺、双关语等活跃讲解气氛，增强艺术表现力。

　　案例5-2：
　　有位导游员在讲岳阳楼旁的"三醉亭"（传说神仙吕洞宾曾三醉岳阳楼，故建此亭）时说："女士们，先生们！岳阳有句俗话叫做'三醉岳阳成仙人'，各位是不是想成仙？""成仙？当然想啊！"几个游客兴奋地答道。导游员接着说："大家若想成仙人，有两个条件，一是醉酒，二是吟诗。"游客们乐不可支，有的说会吟诗，可惜不会饮酒，有的说会饮酒，可又不会吟诗，气氛十分活跃。这位导游员又推波助澜地说："如果谁既能饮酒，又会吟诗，而且到过岳阳三次，那么就会像吕洞宾一样成仙。如果只会饮酒，不会吟诗，或者只会吟诗，不会饮酒，那就只能半人半仙了。"游客们都兴奋地笑了起来。这种机智、风趣的讲解语言，不仅能融洽感情、活跃气氛，而且能增添游客们的游兴，获得一种精神享受。

　　（4）优雅文明。讲解用语要注意讲究优雅文明，切忌粗言俗语，切忌使用游客忌讳的词语。有的导游员由于平时文明修养不够，在讲解时不知不觉使用一些不文明的用语，如"那个老家伙""胖得像肥猪"等。如果改用文明词语就会优雅得多，如把"那个老家伙"改称为"那位老人家"；把"胖得像肥猪"改称为"胖得像弥勒佛的舅舅"等。

　　（5）浅显易懂。导游讲解的内容主要靠口语来表达，口语声过即逝，游客不可能像看书面文字那样可以反复阅读。只有听得清楚、听得明白才能理解，所以要根据口语"有声性"的特点，采用浅显易懂的口语化讲解。口语化的句子一般比较短小，虽然有时也有长句，但一般要在中间拉开距离，分出几个短句子来。例如："这座大佛高71米，头发就有14米长、10米宽，头顶中心的发髻可以放一个大圆桌，大佛的脚背有8米多宽，站100个人，一点也不拥挤。"句子多停顿几次，说起来就毫不费劲，因为一口气不可能说太多太长，否则，听者也会因句子太长造成理解上的困难。再如，广为流传的汉代司马相如与卓文君家书中句子短小精悍，令人叫绝，其文是这样的："一别之后，两地相思，说的是三四月，却谁知是五六年，七弦琴无心弹，八行书无可传，九连环从中折断，十里长亭望眼欲穿，百般怨，千般念，万般无奈把郎怨。万语千言道不尽，百无聊赖十凭栏，重九登高看孤雁，八月中秋月圆人不圆，七月半烧香秉烛问苍天，六月伏天人人摇扇我心寒，五月榴花如火偏遇阵阵冷雨浇花端，四月枇杷黄，我欲对镜心意乱，三月桃花随流水，二月风筝线儿断。噫！郎呀郎，巴不得下一世你为女来我为男。"导游讲解词多源于书面语言，这就要求导游人员在讲解之前或讲解之中把它改说成口头语。

（6）清楚圆润。首先，导游在讲解上力求吐字准确清晰，要正确运用自己的发音器官。发音器官是由呼吸喉头声带、共鸣腔和咬字器官组成的。这些器官在发音过程中协调配合得好，才能形成正确清楚的语音，否则就会含混不清。无论是普通话、粤语、闽南语，还是外国语都要力求发音准确，吐字清晰。正确处理好字和声音的关系，是口语表情达意的基本要求。其次，要讲究声音的清亮圆润，避免粗糙生硬、嘶哑的重喉音、鼻音和气声，正确运用呼吸器官和共鸣腔，使声音和谐、纯正、适度。

2. 导游语言的跨文化传播

导游语言的跨文化传播，是指导游人员必须全面、综合地把握和运用导游语言，使不同地域、不同民族、不同国家的游客都能够在导游的引导下获得所需要的文化知识。其主要体现在以下几个方面：

（1）语域宽广。导游词涉及的语言领域宽广，上至天文地理、古今中外，下至居民生活、逸闻趣事。这就要求导游员不仅知识面要广，而且要掌握多种多样的语言建筑材料——词汇及其综合运用。

（2）综合性强。综合性突出地表现在对不同类型的导游语言的综合运用上。导游员语言包括口头导游语言、书面导游语言、态势导游语言及副语言等。这些导游语言是一个有机结合的整体，不能分割为完全独立的部分来对待。聪明的导游人员在熟记导游词的同时，也能在实际讲解或进行其他交流时灵活调整自己的语言表达，并辅以体态、表情、眼神等，为交流对象传递完整和准确的信息，以强化表达效果。

（二）导游语言艺术

导游语言的艺术性在导游实践中可谓百花齐放，各具特色，具体可分为交际语言艺术、幽默语言艺术等。

1. 导游交际语言艺术

导游员在带团中所采用的语言表达内容、方式和方法等，会贯穿到导游交际的各个环节，对彼此产生非常重要的影响，进而影响到游客对于导游服务的评价。为充分发挥语言交际的各种表达技巧，营造融洽的交际气氛，取得良好的交流效果，导游员应当具备一定的导游交际语言技巧，特别是在见面问候、交谈、道歉、拒绝、劝说等情况下。

（1）问候的用语。导游员问候游客时应遵循的原则包括得体的原则、尊重的原则、通用的原则。

（2）交谈的用语。交谈是导游员与游客之间增进相互了解和友谊的一条重要途径。导游员在安排行程、组织活动、活跃气氛、解决矛盾、处理问题甚至在打发休闲时间的时候都要与游客交谈，可以说，交谈已经成为导游服务工作中必不可少的一个重要环节。

话题的选择是导游员能否顺利与游客展开交谈的前提条件。只有聊到双方都感兴趣的话题，导游员才能够引导游客说出心声。话题通常是在旅游活动开始之初，如与游客谈季节、天气、方言、民俗，与老年人谈谈养生之道，与女性谈保健美容、服饰，与西方游客谈中国的风土人情等，都可触景生情，经过层层推演，最后归纳到旅游这个话题上来。恰当的寒暄能促使双方产生一种认同心理，使一方接受另一方传递的情感。

交谈的基本要求：一是自然切入话题，少说多听，活跃气氛；二是建立认同感，与游客广泛对话；三是调节气氛，控制进程，善始善终。

（3）道歉的用语。导游员在带团工作中，任务繁重，人际关系复杂，再加上许多因素都可能影响旅游活动的顺利开展，难免说错话和做错事。如果自己的失误给游客带来了负面影响，导游员应及时向客人道歉。

一些情况下，出错的原因不在导游员，其他部门的接待和安排也可能是造成失误的主要根源。此时，导游员应以息事宁人的态度妥善处置，除原则性问题外，必要时要有替人受过的雅量，主动道歉，以自己的真诚和善意把影响降到最低。

道歉的主要方式有微笑道歉、说理道歉、行动道歉、泪水道歉等。不管采用何种道歉方式，道歉首先必须是诚恳的；其次，道歉必须是及时的，即知错必改；最后，道歉要勇于自责并把握好分寸。

案例 5-3：

一个旅游团因订不到火车卧铺票而改乘轮船，游客十分不满，在情绪上与导游形成了强烈的对立。导游面带微笑，一方面向游客道歉，请大家谅解，讲明由于旅游旺季火车票紧张的状况导致了计划的临时改变；另一方面，耐心开导游客，乘轮船虽然速度慢一些，但提前一天上船，并未影响整个游程，并且在船上能够欣赏到两岸的风光，相当于增加了一个旅游项目……

导游成功地运用了说理道歉分析方法，以诚恳、冷静的态度，幽默、风趣的语言，很快化解了游客的不满情绪。

（4）拒绝的用语。拒绝就是向游客说"不"。游客的性格各异，要求五花八门，有些合理要求作为导游员应当尽量予以满足，而有些要求却不尽合理，必要时导游员也要对客人说"不"。如何让客人在要求得不到满足时又能处之泰然，不至陷入尴尬境地呢？这就涉及几种符合礼貌服务的拒绝艺术。

①微笑不语。俗话说：上山擒虎易、开口求人难。遭人拒绝是最令人尴尬难堪的事，所以不论是何种情况，导游人员都不应直截了当地拒绝客人的要求。但有时客人提出的一些要求，我们又不得不拒绝，此时，微笑不语可谓是最佳选择。满怀歉意地微笑不语，本身就向客人表达了一种"我真的想帮你，但是我无能为力"的信号。微笑不语有时含有不置可否的意味，起到"此时无声胜有声"之效。

②先是后非。在必须就某个问题向客人表示拒绝时，可采取先肯定对方的动机，或表明自己与对方主观一致的愿望，然后再以无可奈何的客观理由为借口予以回绝。

案例 5-4：

在北京故宫博物院，一批外国游客看到中国皇宫建筑的雄伟壮观，纷纷要求摄影拍照，而故宫的有些景点是不允许拍照的，此时导游员诚恳地对客人说："从感情上讲，我真想帮助大家，但这里有规定不许拍照，所以我无能为力。"这种先是后非的拒绝法，可以缓解对方的紧张情绪，使对方感到你并没有从情感上拒绝他的愿望，而是出于无奈，这样游客在心理上容易接受。

③婉言谢绝。这是一种导游员采用温和的语言进行推托的回绝方式。采用这种方式回绝游客的要求，不会使游客感到太失望，避免了导游员与游客之间的对立状态。运用模糊语言暗示客人，或从侧面提示客人，其要求虽然可以理解，但却由于某些客观原因不便答复，为此只能表示遗憾和歉意，感谢大家的理解和支持。

案例5-5：

一位美国游客邀请某导游员到其公司工作，这位导游员回答说："谢谢您的一片好意，我还没有这种思想准备，也许我的根扎在中国的土地上太深了，一时拔不出来啊！"这位导游员也未明确表示同意与否，然而却委婉地谢绝了游客的提议。

运用这种拒绝方式时态度不能含糊，但口气要绝对委婉，坦诚相见地做好解释工作，此时的言行切忌模棱两可，不然会使游客产生误会，以为所求虽有难度但你仍有潜力和可能帮他解决。这样的后果势必给自己带来麻烦，浪费不必要的精力，也会给游客带来不满和反感。

拒绝客人的方法还有很多，如顺水推舟法，即拒绝对方时，以对方言语中的某一点作为拒绝的理由，顺其逻辑性得出拒绝的结果。顺水推舟式的拒绝，显得极有涵养，既能达到断然拒绝的目的，又不至于伤及对方的面子。

总之，在多数情况下，拒绝客人是不得已的行为，只要措辞得当、表达态度诚恳并掌握适当的分寸，客人是会予以理解和接受的。

（5）劝慰的用语。劝慰是指在旅游活动过程中，由于游客个人的原因或者导游员的原因，导致游客情绪低落，导游人员用语言进行劝说和安慰的工作。劝慰属于导游员的一种情感性服务，也是个性化服务的重要体现。导游员的劝慰工作主要有沟通式劝说、迂回式劝说、提醒式劝说、安慰式劝说等。

①沟通式劝说。导游员在原则问题上要是非分明。客人提出的某些问题涉及一定的原则立场，一定要给予明确的回答。如"一国两制""台湾问题"等，要是非分明、毫不隐讳，并力求用准确的回答澄清对方的误解和模糊认识。

案例5-6：

西方游客在游览河北承德时，有人问："承德以前是蒙古人住的地方，因为它在长城以外，对吗？"导游员答："是的，现在有些村落还是蒙语名字。"游客又问："那么，是不是可以说，现在汉人侵略了蒙古人的地盘呢？"导游答："不应该这么说，应该叫民族融合。中国的北方有汉人，同样南方也有蒙古人。就像法国的阿拉伯人一样，是历史原因形成的，并不是侵略。现在的中国不是哪一个民族的国家，而是一个统一的多民族国家。"这种沟通的方式让客人听了都连连点头。

②迂回式劝说。有些客人提出的问题很刁钻，使导游在回答问题时左右为难，这种情况下不如以静制动，或以迂回含蓄的语言予以劝说。

③提醒式劝说。在导游服务中，少数游客会由于个性或生活习惯的原因表现出群体意识较差的行为，如迟到、离团独自活动、走失、遗忘物品等。对这类游客，导游员应从关心游客安全和旅游团集体活动要求出发给予特别关照，在语言上要适时地予以提醒。提醒式劝说主要分为敬语式提醒劝说和协商式提醒劝说，前者是导游员使用恭敬口吻的词语，对游客直接进行的提醒式劝说，后者是导游员以商量的口气间接地对游客进行的提醒方式，以取得游客的认同。无论何种形式的提醒都应注意三点：首先应尊重游客，强化服务意识，保障游客安全；其次要委婉含蓄，融入情感，体现对游客的关心，使提醒能在愉快的气氛中被游客接受；最后，要适度幽默，点到为止。

④安慰式劝说。安慰是治疗心灵创伤的一剂良药，是所有导游人员都必须掌握的一种导游交际语言。要以爱心为基础，要求导游人员设身处地替游客着想，并能换位思考，真正帮助游客排忧解难，雪中送炭，避免雪上加霜。

案例5-7：

在承德普宁寺，一位游客一心一意地想拜菩萨，花钱请了两炷高香，但是在拆开包装的时候，一炷香却折了，游客的心情一落千丈，不知如何是好。导游员看见了，上前安慰他，佛家讲："香折免一劫"，你要放宽心。导游员适时的安慰式劝说，让游客心情顿时好了起来。如果此时导游员说出"唉，你这么不走运"之类的话，反而会给游客带来心理上的不安宁。

2.导游幽默语言艺术

（1）导游语言幽默艺术。幽默是一种智慧，一种才能，一种技巧。导游员的幽默，既是一种导游传递艺术，也是一种导游风格，更是导游员聪明才智的表现。在旅游过程中，人们期望轻松愉快。为了活跃气氛，这就要求导游员恰当地运用导游幽默语言，使游客获得精神上的快感和享受。幽默语言的运用，至少可以在三个方面取得事半功倍的效果：

①融洽关系。导游员面对的游客大都是初次接触，为了融洽关系，导游员必须主动与游客交流，如果此时导游员处理得幽默风趣，就能收到良好的效果。幽默就好比是导游员与游客关系的"润滑剂"。

案例5-8：

在一个旅行团即将结束在大连的旅游时，导游员说："你们即将离开大连，大连留给你们一样难忘的东西，它不在你的拎包和口袋里，而在你们的身上。请猜一下它是什么？"导游停顿了一下，接着说："他就是你们被大连的阳光晒黑了的皮肤，你们留下了友情，而把我们大连的夏天带走了！"话音刚落，游客群中响起了热烈的笑声和掌声。通过幽默的语言和富有诗意的想象，导游员为游客留下了深刻的旅游印象。

---

②寓教于乐。导游员运用巧妙的、出人意料的幽默语言、动作、表情，能够激发游客的兴趣，让游客在和谐、愉快的气氛中获得知识和体验。获得知识，受到教益，这是游客较普遍的旅游愿望。在导游过程中，导游员用幽默的语言进行讲解，能起到寓教于乐的作用。

案例 5-9：

在马来西亚，交通安全标语用亲切幽默的语言向人们宣传着安全行车的道理："阁下，驾驶汽车，时速不超过 30 千米，可以饱览本市的美丽景色；超过 60 千米，请到法庭做客；超过 80 千米，欢迎光顾本市设备最好的急救医院；超过 100 千米，请君安息吧！"

导游通过这样一则标语的讲解，既能够活跃气氛，又能够增加游客的交通知识。游客在笑过之余也会格外注意交通规则。

③调节氛围。在导游讲解过程中，导游员如果把幽默语言作为一种"兴奋剂"，那么游客低落、冷淡、不安的情绪就会得到有效的缓解。

案例 5-10：

旅行车在一段坑坑洼洼的道路上行驶，游客中有人发出抱怨。这时导游员说："请大家稍微放松一下，我们的汽车正在给大家做身体按摩运动，按摩的时间大约 10 分钟，不另收费。"一席话引得游客哄堂大笑起来。

要经过这样一段道路是不可改变的事实，怎样才能取得游客的谅解呢？导游员直白的解释不是不行，但效果恐怕很难预料，又有哪位游客愿意花钱买罪受呢？这位导游员通过幽默的口吻把一件本来不轻松的事情化解掉，而且巧妙地给出了经过这段路所需要的时间——10 分钟，忍一忍就过去了。可见，幽默而机智的宽慰，要比生硬、笨拙的劝说有效得多，一下就给客人增添了精神力量。

（2）导游语言禁忌。幽默导游语言运用得不妥，就会降低幽默艺术的效果，甚至产生"副作用"。因此，在运用幽默导游语言时，必须注意以下几个问题：

①勿取笑他人。人性中有一种弱点，即不愿意当成被取笑的对象，尤其是有生理缺陷的游客在这方面特别敏感。这是导游员在导游制造幽默氛围中最忌讳的一点。但如果导游员能主动把自己当成取笑对象，比如笑自己的缺点或失误（年轻的导游员要慎用这种幽默），就能避免误会，消除隔膜。因为最可靠无误的幽默是把目标对准自己，而且，取笑自己并不伤害自己的尊严，因为幽默本身就是一种有价值的思维品质，它表现为机智地处理复杂问题的应变能力。

案例 5-11：

游客在封闭的车上难免会散发一些气味，导游员小刘看到一些游客不适的表情后，给游客演绎了一段《三国演义》中"青梅煮酒论英雄"的故事，来化解尴尬。话说曹操请刘备喝酒，谈论天下谁是英雄，刘备心怀大志，窘于眼前的落魄，只能顾左右而言他，都被曹操否决了。曹操说："当今天下称得起英雄的只有两个人，一个是我，另一个就是——你！"刘备心中一惊，慌乱中手上的筷子掉到了地上，他弯下腰去捡，一不小心放了个响屁！刘备这个不好意思啊！这时，刘备的爱将赵云一个箭步冲上来，说："屁从云（赵云）中来！"话音刚落，关羽上前一步说："屁从雨（关羽）中来！""NO！NO！NO！屁是飞（张飞）来的！"张飞抢上前来大声喊着。

曹操那个羡慕啊！跟他的手下说，"你看人家主公有点闪失，手下个个冲上来担着，唉！"曹操的手下不屑一顾地说："哼，不就是个屁吗？"

有一天，曹操再次请刘备喝酒，席间好不容易挤出个不太响的屁，曹操瞅着他的手下心里那个急啊！这时，许褚跨前一步，大声说："屁是猪（褚）放的！"曹操气得瞪大了眼睛。手下众将领以为曹操着急了，徐晃又上前一步说道："屁是晃（晃）出来的！"典韦又上前一步大声道："屁是颠（典）出来的！"眼看着自己的爱将这样糟蹋自己，曹操气得就要晕过去了，这时，爱将郭图又上前一步说："屁是吐（图）出来的！"游客笑喷了，这位导游员没有取笑游客，而是让大家在笑声中回味。

②适度原则。幽默要把握一个适度原则，要控制好制造悬念的时间，引导好游客强烈的心理期待，然后突然使他们感到大出意料，却又在情理之中；要掌握分寸，注意不要唠唠叨叨说个没完；要注意场合，分清对象，幽默要根据不同人的性别、身份、地位、阅历和文化素养恰当表达。

③健康有益。正常的幽默应该格调高雅、言行文明、态度乐观、精神健康。那些低级趣味、嘲笑时世和挖苦他人的幽默都不可取。导游词不管幽默与否，都必须注意提高品位，以热爱祖国、热爱社会、热爱生活作为基本的出发点。因此，导游员要加强思想道德修养，以阳光、健康的精神面貌面对人生、对待生活、对待游客，用健康的幽默语言来塑造"民间快乐大使"的导游形象。

案例5-12：

一架飞机失事后的第二天，一批游客将飞往事故发生地城市，游客们难免有一种恐惧、不安的情绪。候机时，大家都沉默寡言。这时，导游员微笑着对客人说："请各位放心，我是大家的护身符，今天陪大家一同前往，保证一切顺利。请允许我再次向大家透露一个信息——我干了18年导游，坐过几十次飞机，还没有一次从飞机上掉下来。"客人们一听都笑了，恐惧不安的情绪顿时烟消云散，心情也愉快起来。

导游语言艺术风格既是导游人员语言艺术水平达到成熟阶段的标志，也是导游人员在语言艺术上应该努力追求的一种境界。

（三）导游讲解语言的技巧

无论是口头语言，还是书面语言，都有一个"声音"的问题，即读起来顺口与否，听起来悦耳与否。人们之所以喜欢百灵鸟，讨厌乌鸦，原因就在于百灵鸟声音欢快、清脆、悦耳，而乌鸦的声音沙哑、沉闷、哀伤。当然，音质是天生的，很难改变，然而，正确运用声音的技巧，却是每个人都可以学到的，有些人还能达到很高的艺术水平。意大利一位著名演员上台表演数数字的节目，从1数到10，当时观众认为这个节目平淡无奇，实在没有意思，可是这位演员一念，竟把全场人都吸引住了。观众听到的仿佛不是枯燥的数字，而是一个发自内心的倾诉，让人大为感动。这位演员表演成功的诀窍很简单：在数数字的时候，巧妙地运用了声音的技巧，充分发挥了它的传情作用。因此，要使自己的语言收到"声入心通"的效果，就要善于运用声音的技巧。

1.语速缓急适中

导游在讲解时，如果一直用同一语速，像背书似的，不仅会缺乏情感色彩，而且乏味，令人昏昏欲睡。因此，导游员讲解应善于根据讲解的内容、游客的理解能力及反应等来控制讲解语言的速度。

在导游员讲解中，需要放慢语速的场合：需要特别强调的事情；想引起游客注意的事情；严肃的事情；容易产生误解的事情；数字、人名、地名、人物对话等等。需要加快语速的场合：众所周知的事情；不太重要的事情；故事进入高潮时等等。

讲解语言速度的快与慢是相辅相成的，必须注意掌握节奏，急缓有致。讲得太快，像连珠炮似的，时间一长，听者精神高度紧张，特别容易疲劳，注意力自然就会下降。相反，讲得太慢，不能给人以流利舒畅的美感。要使讲解语言入耳动听，就必须注意控制语速，控制语速的技巧并不难掌握，把音节拉长，速度变慢，把音节压缩，速度变快。

案例 5-13：

光绪的凄苦，只有他的贴身太监王商能领会。一天晚上，王商趁慈禧熟睡之机，买通了看守珍妃的宫女，偷偷地将珍妃带到了玉澜堂同光绪见面。相见之下，两人有诉不尽的衷情，说不完的心里话，真是难舍难分。月过中天了，珍妃还不忍离去，真是相见时难别亦难啊。

就在这时，殿外传来小太监的咳嗽声，王商一听，不好！慈禧太后来了，怎么办？珍妃此时再走已来不及了……

讲解前面一段话时，语速应沉重迟缓一些，但当讲到后边一段时，就要注意加快语速，以渲染紧张气氛。

2.音量强弱得当

音量是指声音的强与弱。在导游过程中，如何调节好自己声音的音量，是语言表达的又一技巧。首先，要根据游客多少及导游地点、场合来调节音量。游客多时，音量要以使离你最远的游客听清为度，游客少时音量则要小一些。在室外讲解，音量要适当大些，在室内则要小一些。因此，导游人员平时要注意练声，从低声到高声分级练习，以便在不同的情况下掌握说话音量的大小。其次，要根据讲解内容调节音量。一是将主要信息的关键词语加大音量，强调其主要语义。例如，"我们将于8点50分出发"主要是强调出发时间，以提醒游客注意。二是故意压低嗓门，先抑后扬，制造一种紧张气氛，以增强感染力。例如，"这天晚上，天黑得不见五指，庙里静得出奇，突然，一阵电闪雷鸣划破夜空……"可见，音量大小调节得当，能增强语言的表达效果。但要注意的是，音量调节要以讲解内容及情节的需要为基准，该大时大，该小时小，不然便有危言耸听之嫌。

3.节奏变化灵活

节奏是导游员讲解中短暂的中止时间，即节奏变化。导游讲解时，并不是讲累了需要休息才停顿片刻，而是为了使讲解更能打动听众，突然故意中止讲解，暂时沉默下来。假如你一直口若悬河地说个不停，不但无法集中游客的注意力，而且也会让你的讲解变成催眠曲。反之，如果说话吞吞吐吐，老半天才说出一句话，或在不该停顿的地方停顿了，不仅会分散游客的注意力，而且容易产生语言上的歧义。

案例 5-14：

"现在，这里仍保留着用人祭祀河神的习俗，他们每年都要举行一次祭祀盛典。仪式时，众人将一位长得十分漂亮的小姑娘扔进河水之中。"导游员说到这里，故意停了下来。此时，游客脸上表现出了疑惑的神情，似乎是说："难道这里还保留着如此野蛮的风俗？"停了一会儿，这位导游员接着说："不过，这位姑娘是用塑料制作的。"游客们这才恍然大悟。

说出游客好奇的话，让节奏慢下来，使游客处于应激状态。恰到好处的停顿，能使后续的话语产生惊人的效果。

总之，导游员讲解时注意节奏的变化，可以使语言变得流畅而有节奏，收到"大珠小珠落玉盘"的效果。

4. 克服不良语言习惯

讲解时使用平时的口头禅，最妨碍整个讲解内容的连贯性，游客听起来也很不舒服。

案例 5-15：

这个，这个普济寺最早的名字叫、叫这个这个……不肯去，不肯去观音院。这个为什么叫这个，这个名字呢？这里有个传说，嗯……这个这个传说是，五代梁贞年间，有个和尚，叫这个这个……慧锷的，对，这个和尚是日本来的，到中国山西的这个这个五台山……

这种"这个这个"的讲解，听起来会使人焦躁不安，而且很难听懂讲解的真实内容。

造成不良口语习惯的原因主要有二：一是思维出现障碍，便用废话填空，说一段话，由于想的跟不上说的，大脑出现"短路"，不自觉地便重复一些字眼，如"这个""嗯""原来呢""结果呢"等，这些词不表达任何意义，只是用来延长思维的时间。二是用重复的方法填空。由于临时选择词语，寻找用词，或考虑其他因素（如是否得体等），边想边说就容易"卡壳"。如果对讲解内容熟悉，自然不会出现这种情况，如果不熟悉，在短时间内要回答游客的问题，就要靠临时调动平时所积累的知识，组合词语来加以表达，在这种情况下，就容易出现习惯的不良口语。

导游人员必须具有较强的口语表达能力，思维敏捷、口齿清晰、用词准确。即使对游客突然提出的问题不便给予确切的答复，也不要含糊其辞，用一些拖泥带水的习惯口头语来应付。

任务实施

1. 怎样吸引游客

导游员小刘在研究来自黑龙江一旅游团的资料时，注意到游客有机关工作经历和较高的文化层次，在游览昆明的石林风景区时重点讲解旅游团内大多数成员感兴趣的内容，用投其所好的讲解方法产生了良好的效果。

（1）简述概况法。该方法是对旅游城市或景区的地理、历史、欣赏价值等情况进行概括性的介绍，使游客对即将游览的城市或景点有一个初步的印象。

导游员小刘首先对昆明的石林风景区进行了简单概括性讲解，让初来乍到的游客对石林有了一个总体印象。

欢迎大家来到美丽的春城——昆明。下面，我将本团此次行程介绍一下。

第一天：上午我们将乘车到有"黑松林"之称的乃古石林观光游览，其中还有一座美丽的溶洞——白云洞。中午入住酒店，用餐及稍事休息后到石林景区的精华所在地——大小石林参观游览，我们还将带大家观看具有民族特色的撒尼歌舞和斗牛斗羊比赛。晚餐后参加大型民族歌舞大联欢——石林之夜，亲身体验一下彝家人的热情。

第二天：用完早餐后，我将带大家一睹珠江第一瀑——大叠水的风采。中午回到石林县城用午餐，然后参观撒尼人的母亲湖——长湖。下午各位将乘火车至大理。

第三天：早餐后乘船游洱海，品大理正宗白族"一苦二甜三回味"的三道茶，观歌舞表演，游小普陀、南诏风情岛。

第四天：早餐后乘车前往丽江。中餐后游览素有"东方威尼斯""江南水乡""高原姑苏"之称，以"家家流溪，户户垂柳"闻名于世的世界文化遗产——丽江古城。

第五天：游览大玉龙一线，游览茶马古道重镇——束河古镇，游览黑龙潭公园，游览生态文化民族村——东巴谷，领略东巴文化的源远流长。远观神圣巍峨的纳西人心中的神山——玉龙雪山。傍晚车行至大理，晚餐后乘坐火车返回昆明。

第六天：早餐后沿中国第一条穿越热带雨林的高速公路到达4A景点野象谷景区，游览时间2~3小时，游览蝴蝶园、蛇蜥园、猴园、百鸟园。参观树上旅馆，观赏独具特色的大象表演。观赏普洱茶茶艺表演——独树成林或丰源茶艺，时间为20~30分钟。下午游览4A景点原始森林公园，游览时间约为3小时，参观百米浮雕、孔雀放飞、爱伲山寨，参加具有当地民族特色的泼水狂欢、观赏九龙飞瀑、少数民族乐器表演、漫步热带沟谷雨林。

第七天：早餐后乘车返回昆明，游览世博园，下午结束愉快的旅程，大家将乘飞机返回家乡——黑龙江。

（2）画龙点睛法。该方法用于总结语或引导语，用精练的语言概括经典的独特之处。导游员小刘在游览昆明世博园的时候，就用了这种讲解方法。

纵观昆明世博园，可以用以下几点来概括：一个主题——人与自然迈向21世纪；两个标志——会徽和吉祥物"灵灵"；三大展区——国际、国内、企业展区；四大广场——迎宾广场、世纪广场、华夏广场、艺术广场；五大展馆——中国馆、人与自然馆、大温室、科技馆、国际馆；七大专题园——竹园、茶园、盆景园、药草园、树木园、蔬菜瓜果园、外花艺石园。

导游在讲解这段话的时候不要忽视讲解的快感。快感是原动力！这种快感是一种自我展示，是一种自我价值的体现，也正是因为有这种快感才让我们不断地进步。

（3）点线面结合法。"点"是景点，"线"就是游览线路，"面"就是与景点相关延伸的情况。讲解中既要有面的描述和线的引导，又要有点的说明，利用所讲之事、所见之景进一步延伸，扩展讲解的范围和深度。导游员小刘用此讲解方法将游客带到了神奇的"蝴蝶泉"。

小刘在讲解很大的景点时，因为要讲的内容很多，她把导游词分成小块，有主有次，什么地方讲什么，讲多久，有没有高潮，两个景点之间如何过渡都拿捏得很好。

游蝴蝶泉（如图5-1所示），不能不讲蝴蝶泉的"泉""蝶""树"这三景。

图5-1　蝴蝶泉[①]

先说蝴蝶泉水吧，蝴蝶泉最早叫"无底潭"，因为发生在这里一个动人的"雯姑与霞郎"的爱情传说，这潭爱的泉水才被称为"蝴蝶泉"。大家眼前看到的这一池清澈见底的泉水，就是从苍山山麓的岩缝砂层中渗透出来的，水质特别清冽，一出地表便汇聚成潭，一眼看去，泉水从细沙中的无数个泉眼中涌出，不时升腾起一串串气泡。这泉水奇就奇在冬不枯竭、夏不满溢。泉壁上方的大理石上，刻有一代文豪郭沫若题写的"蝴蝶泉"三个潇洒自如的大字。有意思的是，人们喜欢将蝴蝶泉看成是象征爱情的幸福泉，因此，都要将硬币投向池塘中，一试运气，你要是忠贞于爱情的话，那您投出的硬币一定会飘飘摇摇落在那一个个汩汩流出的爱的泉眼之上。

游蝴蝶泉当然要说"蝶"。据科学工作者考证，蝴蝶聚会是自然界生物传宗接代的一种自然现象。在蝴蝶泉景区内，蝴蝶种类繁多，每年三月到五月之间，正是蝴蝶泉边合欢古树开花释放花蜜的季节，也是各种蝴蝶交配繁殖后代的时间，它们从各处飞来采花蜜，同时雌雄交配，所以出现这种蝴蝶聚会的奇观。大的如巴掌，小的如蜜蜂，成串挂在泉边的合欢树上，彩蝶翻飞，如梦如幻。郭沫若1961年秋游蝴蝶泉时，曾写下"蝴蝶泉头蝴蝶树，蝴蝶飞来万千数，首尾连接数公尺，自树下垂疑花序"的著名诗句。当然，到蝴蝶泉看蝴蝶，最好的时节是每年的农历四月十五，这是白族人民自古相传的"蝴蝶会"。这一天，四面八方的蝴蝶都飞到这里来，竞妍争艳。如果你错过了"蝴蝶会"，那也没关系，我们现在就要游览的"蝴蝶馆"里真实地再现了蝴蝶泉边蝴蝶的生态、品种以及与蝴蝶有关的蝴蝶文化，为不能亲临"蝴蝶会"的游客提供了解蝴蝶奇观的珍贵资料。

再说"树"。大家看到的这株横卧于泉池上方粗大古朴的树叫"夜合欢树"，又叫"蝴蝶树"，已有200多年的树龄。每当春末夏初时节，古树开花，状如蝴蝶，且散发出阵阵诱蝶的清香味，吸引蝴蝶群集飞舞，一只只连须勾足，从枝头悬至泉面，形成一条条五彩缤纷的蝶串。这些蝴蝶，人来不惊，投石不散，令人称奇。古往今来多少文人墨客赞美过这株奇树，说这株合欢树的花朵是"静止的蝴蝶"。"蝴蝶会"期间，蝶与花争艳，花与蝶共舞，成为蝴蝶泉的一大奇观。

（4）分段讲解法。该方法用于范围大、讲解点多的景点分段分层次地进行讲解。

在前往景点的途中或在景点入口处的示意图前，导游员小刘介绍景点（包括历史沿革、占地面积、欣赏价值等），并介绍主要景观的名称，使游客对即将游览的景点有一个初步的印象，并有要一睹为快的要求，然后再到现场顺次游览。

各位朋友，如果说刚才我们是在天然雕塑博物馆中遨游的话，现在我们登上了石林另一个览胜点，建在约30米高石峰顶上的望峰亭。此时您是否找到了"会当凌绝顶，一览众山小"的感觉呢？此亭初建于1931年，重建于1971年。

---

① 图片资料来源：http://baike.baidu.com/view/40349.htm。

阿诗玛在哪里呢？您别急，阿诗玛就隐藏在这茫茫"林海"中，我们现在就一路寻去。途中还有许多奇景在等着我们。

绕过草坪，沿小路穿行，展现在我们面前的是波光粼粼的玉鸟池，阿诗玛在哪呢？各位正前方这尊天公传神杰作，她就是撒尼人心中的好女儿——阿诗玛。"阿诗玛"彝语意思是金子般美丽的姑娘。

阿诗玛是撒尼人最尊敬的理想人物。这里的石峰因她而多情，她又因石林而名扬天下。她的美，已化成奇花异景；她的情，已铸成永不衰败的艺术品。这尊石像现已成为我们云南旅游业的标志了。后人在这里刻下了毛泽东主席的咏梅绝唱，陪伴阿诗玛。

（5）触景生情法。借景生情、情景结合，营造气氛，激发游客想象力，将其思绪和感受导入特定的意境，包括两层含义：

第一层含义是利用所见景物，借题发挥，使游客产生联想。

各位朋友，现在我们静观长湖，各位不妨充分发挥自己的想象力，长湖像不像一位身材窈窕的少女静静地躺在青山翠竹的怀抱中？再看湖东北，有一座形似蘑菇的山峰，人称"磨盘山"，它像一尊威严忠厚的守护神，日月守护在长湖姑娘的身边。隐藏在松林中的众多小湖，在太阳下闪闪发光，仿佛是长湖姑娘佩戴的珠宝首饰。

第二层含义是导游讲解的内容要与所见景物和谐统一，使其情景交融。

关于大理的"风""花""雪""月"四大名景，有小诗一首将其串在一起，便于记忆，亦颇有情趣：下关风，上关花，下关风吹上关花；苍山雪，洱海月，洱海月照苍山雪。说到这里，请各位看一看我们白族姑娘的绣花包头。你可别小看它，它体现了大理四大名景，请看：微风吹来，耳边雪白的缨穗随风飘飘洒洒，显现了下关的风；包头上绚丽多彩的花朵，代表了上关的花；顶端这白茸茸的丝头，远远看去就像苍山的雪；整个包头的形状就如洱海上的弯月一样的明丽动人。

（6）引用名句法。引用名言、名句、典故，言简意赅且富有文采。

登上狮子亭，朝南可指点石海惊涛，苍茫浩瀚的大石林尽收眼底；向东可俯视湖光山色，烟波浩渺的石林湖"犹抱琵琶半遮面"。有道是"不登狮子亭，不算游石林；一登狮子亭，全身醉石林"。有人称石林是"中国风景之最"，与长江三峡、桂林山水和吉林雾凇并称为"中国四大自然奇观"，也有人说石林是"中国造园之源"。

（7）突出重点法。讲解时避免面面俱到，做到轻重搭配、详略得当、重点突出。主要突出具有代表性、游客感兴趣的景观，显示景点的新、奇、特的内容。在游览古城丽江的时候，导游员小刘就用了这种讲解方法，游客印象很深。

小刘在古城给大家讲了那么多，大家也看了那么多，但是马上就要进入古城了，怎么就没有看到城门呢？其实各位嘉宾是看不到的，这也是丽江古城的一奇，既看不到城门，也看不到城墙，因为古城根本就没有城墙和城门，因为纳西族的头领姓"木"，如果建了城墙和城门就变成了"困"字，所以古城没有城墙，也没有城门了。

2.怎样与游客沟通

（1）简洁明快的行程介绍，自己制造讲演的氛围，一个良好的氛围会让你越讲越有状态，所以事先应该用一些手段来吸引游客的注意力，提高游览兴趣。

欢迎大家来到美丽的春城——昆明。今天上午我们的旅游目的地是呈贡县斗南花市，带领大家看花、赏花、购花。中午用餐后，我们将前往昆明市内最大的佛教寺庙——圆通寺游览观光。明日的行程是前往石林，在那里逗留的时间是一晚两天，首先我们乘车到有"黑松林"之称的乃古石林观光游览，其中还有一座美丽的溶洞——白云洞。之后我们先住酒店，用餐后稍事休息，然后到石林景区的精华所在地——大小石林参观游览，届时，我们还将带大家观看具有民族特色的撒尼歌舞和斗牛斗羊比赛。晚餐后参加大型民族歌舞大联欢——"石林之夜"，亲身体验一下彝家人的热情。

明天用完早餐后，我将带大家一睹珠江第一瀑——大叠水的风采，中午回到石林县城用午餐，然后参观撒尼人的母亲湖——长湖，下午各位将乘"石林号"专列返回昆明。

最后一日，我们将游览九乡叠虹桥景区，观赏号称"世界奇观"的溶洞群，下午大家将乘飞机返回家乡——黑龙江。

（2）主动提出问题，寻找与游客产生互动话题，调动游览的积极性。

小刘今天要给大家介绍两个数字，一个是"四"，一个是"九"。

先说"四"。站在这里向东望去，眼前一片开阔，这便是中心四方街（如图5-2所示）。四方街是古城的中心广场，占地约五亩，为什么叫四方街？主要有两种说法：一种说法是因为广场的形状很像方形的知府大印，由土司取名叫"四方街"，取"权镇四方"之意；另一种说法是这里的道路通向四面八方，是四面八方的人流、物流集散地，所以叫四方街。那么，四

图5-2　四方街①

方街为什么这样有名呢？如果说我国北方有一条世界闻名的贸易通道——丝绸之路的话，我国南方也有一条被称为"茶马古道"的贸易通道，它是藏区以及丽江的马匹、皮毛、藏药等特产和南方的茶叶、丝绸、珠宝等商品的一条贸易通道，丽江古城是茶马古道上的重镇，四方街则是这个重镇的贸易中心。从古到今，四方街都是一个露天集市，这个集市从开始至今已有三百年的历史。清晨，早起的人们开始买早点，是朦朦胧胧正在伸懒腰的四方街；中午，买铜、买山货、买小吃的商贩组成繁荣的市面，这是精力旺盛的四方街；天刚黑，生意人回家了，又经过一次摩擦的五花石板还剩着人和阳光的余温，在桥头晒太阳的老人换成了孩童嬉戏，两侧酒吧又透出夜色的油光，这是化了妆的四方街；凌晨两点左右，四方街人去街空，小巷深不可测，只有流水之声高低起伏，这是素面朝天的丽江。

再说"九"。在我们中国，"九"无疑是个有神秘感的数字，天有"九重"，地有"九州"，官有"九品"，人有"九德"，九为天地之圣数。我国一些著名景区也与"九"字相关联，如九华山、九嶷山、九寨沟。

说到这里朋友们可要问了，你所说带"九"的一些中国著名景区，其"九"都有来历的，这"九乡"有何来历呢？

各位别着急，请看远方群山拥翠之处，那就是九乡了。九乡何以得名，人言人殊。一说此地原属石林县，行政区划为其第九乡，所以叫九乡。一说此处彝族聚居，彝族兄弟豪爽好酒，每家都酿有美酒——泡缸酒，并喜以酒敬客，宾客盛赞"酒香"，也把此地誉为

---

① 图片资料来源：http://www.uu97.com/yunnan/t/301587786121.html。

美酒之乡，谐音便呼作"九乡"。还有说这里有溶洞九十九，概而称之，就是九乡了。这三种说法您喜欢哪一种呢？

（3）语言幽默。讲解时在主题内容之外，导游员小刘会附加一些幽默风趣的内容活跃气氛。

各位请看，取经路上的唐僧也被石林美景吸引来了，正在那打坐念经呢，人们称它为"唐僧念经石"。看此石，如一只调皮的猴儿，看那嘴那脸，与真猴子形似神更似，人们称它为"悟空石"，原来唐僧的大徒弟正在此操练呢。沙和尚走得慢还没赶到，而猪八戒嘛，还躲在石林外偷懒睡觉呢。

看过《西游记》的朋友都知道孙悟空大闹天宫吧，当时孙悟空把太上老君的炼丹炉踢翻后，这"八卦炉"落到了乃古石林。各位请看，丹炉就在这儿，炉子底部还坏了一个角，这想必就是孙大圣踢掉的。

（4）制造悬念。讲解时提出让游客感兴趣的话题，导游员小刘故意引而不发，激起游客强烈的兴趣与愿望。

不同的寺庙有不同的风格，圆通寺就有三个与众不同的特点。第一个特点就是圆通寺的前身——补陀罗寺是中国最早的观音寺。另外两个特点是什么呢？待会儿到了圆通寺我会告诉大家。现在圆通寺到了，让我们进去看看吧。

（5）虚实结合。导游员小刘经常在讲解中穿插与景点有关的民间传说、神话故事或历史典故，提高讲解的趣味性。

彝族的密枝林是一个神秘的地方，它类似于汉族的宗庙，可它又是一片非常茂密的树林，彝族先民们就在这里祭祀神灵。

这是一片枝繁叶茂的树林，也就是彝族祭祀神灵的地方。彝族先民以捕猎为生，他们视虎为图腾，自称是虎的后代。因为彝族以捕猎为主，因而在他们每次打猎前都要祭密枝、祭猎神。彝族祭密枝、祭猎神的时间各地不同，而九乡彝族的祭密枝、祭猎神一般是在农历的二月初一、初二。在祭祀这天，彝族同胞们身穿虎皮，肩扛刀、叉、猎枪，聚集到密枝林，由毕摩诵读经文并献酒，据说这样神灵就可以保佑如愿以偿。猎神节还有一些活动，如摔跤、斗牛表演以及彝族传统的花灯节目。

据说，彝族的密枝林是不准女性靠近的，否则捕猎会一无所获。好在现在九乡的大多数彝族同胞已放弃了狩猎的生活，所以各位女士，你们现在可以和各位先生一样靠近这片神秘的"林地"，一睹彝族同胞祭猎神的场面。

（6）以熟喻生。小刘在讲解时以游客所熟悉的事物来介绍、比喻参观的事物，使游客产生熟悉感、亲切感，从而留下较深的印象。

说到长湖，看过中国第一部音乐电影《阿诗玛》的朋友应该还记得，电影中有这样一首插曲："阿着底是个好地方，高高的青松树长满了山冈，长湖的湖水哟又清又亮，湖边的翠竹修又长……撒尼人哟勤劳而坚强，高山上放牛又放羊，湖边采麻哟，田地里插秧忙，嘹亮的歌声传四方……"歌声中美丽的长湖就在我们眼前。"那……阿着底呢？"这位朋友问得好。在撒尼人的传说中，"阿着底"是个美丽的天堂，在远古的时候，撒尼人就无忧无虑地生活在那里，撒尼人心目中"金子般美丽的姑娘阿诗玛"就出生在那里。

（7）调动游客互动——说得容易做却难。导游在讲解的时候要随时留意游客的反应，发现有人注意力不集中的时候就问他问题，"×××大家知道吧？""您听说过××××吗？"谁不注意就问谁！讲的时候要兼顾大家的感受。根据讲解内容，导游员小刘经常引导游客参与，让游客自己去做、去思考，体验讲解的内容。

参观石林，随时间的不同，角度的变化，光线的强弱，会产生不同的景观。还要提醒大家，游览石林您可一定要发挥想象能力。

各位请看，这是个小小的池塘，大家发现塘里有何物？两头小水牛正在嬉戏，脊背时隐时现，一派田园情趣。这就是石林中的一景——青牛戏水。

这是"千年龟"，撒尼人说，见了它能"心想事成"，摸摸它会"长命百岁"。大家不妨一试，求得健康平安。

3. 怎样回答游客的问题

在旅游过程中，游客出于各种动机，经常会提出各种各样甚至有一些难度的问题，需要导游给予回答，遇到这种情况该如何应对呢？

首先，态度认真。对于游客提出的问题，导游员应认真对待，耐心回答，表示对游客的尊重与重视，并要善于有选择地将提问和讲解有机结合起来。

其次，是非分明。回答提问时，能够给予明确回答的，就要有理有据，毫无避讳地予以回答，澄清对方的误解和模糊认识。

再次，以问为答。对客人的有些问题，不直接给予肯定或否定的回答，而是以反问的形式，使对方从中得到答案。

最后，若对游客提出的问题导游员一时回答不出，作为导游员首先不要紧张以及流露出尴尬的神态，也不要望文生义或胡编乱造地瞎说一气，而应实事求是地向游客解释清楚，并及时查找答案，尽快答复客人。

旅游车正行驶在昆明市官渡区的辖区内。一位游客看到窗外的红土高原，感到疑惑，便向导游员小刘提出了问题："东北地区的土地是黑色的，这儿的土为什么是红色的？"导游员小刘针对他的问题，认真耐心地进行了解答。小刘说："云南地处低纬度地区，优越的气候条件和茂盛的植被及特殊的地貌条件给云南高原上的土壤提供了丰富的有机质。由于云南大部分地区地处亚热带、热带，热量丰富、降水丰沛，丰沛的降水不断冲洗着富含铝、铁等金属离子的成土母质，使其中易溶矿物大量分解、流失，湿热的气候加速了土壤中铁的氧化，活动性较差的铁铝氧化物残留了下来，把土壤染成红色。另外，我国东部土地呈青色，西北呈白色，东北呈黑色，中部的黄土高原呈黄色，因此就有'五色土'之说。"

点评：导游员小刘由于准备充分，回答详细准确，并根据游客的接受能力和需求进行解答，赢得了游客的信任与支持。

拓展阅读

1. 导游语言要做到"八有"

（1）言之有物。内容充实，有说服力，不讲空话套话。

（2）言之有理。摆事实，讲道理，以理服人。

（3）言之有据。有根有据，不胡编乱造，不弄虚作假。

（4）言之有情。语言友好，富有人情味，对游客亲切、温暖。

（5）言之有礼。语言文雅，谦虚敬人，礼貌待人。

（6）言之有神。语言形象，声音传神，引人入胜。

（7）言之有趣。说话生动、幽默、风趣。

（8）言之有喻。适当比喻、生动易懂、印象深刻。

（资料来源　佚名．导游讲解艺术［EB/OL］．［2011-03-12］．http://max.book118.com/html/2011/0312/102333.shtm）

2.导游知识讲解集锦

（1）世界著名的五大宫殿。

北京故宫，中国，始建于明永乐年间（1406年）。

莫斯科克里姆林宫，俄罗斯，建于1485年。

巴黎凡尔赛宫，法国，建于16世纪。

伦敦白金汉宫，英国，建于1703年。

华盛顿白宫，美国，建于1792年。

（2）中国的世界之最。

最古老的动物：熊猫（第四纪冰川时期）。

最古老的植物：银杏（银杏类起源于石炭纪）。

最大的峡谷：雅鲁藏布大峡谷（长504千米，最深6 009米，平均深度2 268米）。

最高的高原：青藏高原（平均4 500米，最高8 844米）。

使用人数最多的语言：汉语（13亿人）。

世界最早、最大的百科全书：明《永乐大典》（22 937卷，编于1403—1408年）。

最大的广场：北京天安门广场（40公顷）。

开凿最早、线路最长的人工运河：京杭大运河（始建于公元605年，长1 747千米）。

最大、最完整的古建筑群：北京故宫（72万平方米，建成于1420年）。

最长的人工建筑：长城（6 300千米，始建于春秋战国）。

（3）中国园林之最。

保存最好的皇家园林：北京颐和园。

现存最大的皇家园林：承德避暑山庄。

最大的人造园林：曲阜孔林（3 000亩）。

最大的天然园林：杭州西湖。

（4）中国四大名亭。

兰亭——绍兴西南兰诸山下。

醉翁亭——安徽滁县琅琊山。

陶然亭——北京宣武区西南。

爱晚亭——湖南长沙岳麓山。

（5）中国六大古都。

西安：周、秦、汉、隋、唐。

北京：金、元、明、清。

洛阳：西周、东周、东汉、曹魏、西晋、北魏。

南京：越、东晋、南朝的宋齐梁陈、南唐、明初。

开封：北宋。

杭州：南宋。

（6）中国戏曲。

十大古曲：高山流水、广陵散、平沙落雁、梅花三弄、十面埋伏、夕阳箫鼓、渔樵问答、胡笳十八拍、汉宫秋月、阳春白雪。

五大戏剧：《窦娥冤》（关汉卿）、《西厢记》（王实甫）、《牡丹亭》（汤显祖）、《长生殿》（洪升）、《桃花扇》（孔尚任）。

（7）世界十大结婚城市。

A.维罗纳

风景绮丽迷人的维罗纳（如图5-3所示）是意大利最古老、最美丽的城市之一。

维罗纳风靡全球得益于莎士比亚的名作《罗密欧与朱丽叶》，维罗纳就是罗密欧与朱丽叶的故乡，自然也成为世界青年男女膜拜的爱情场所。

图5-3　维罗纳[1]

B.奥比都斯

位于葡萄牙首都里斯本北部的奥比都斯曾是葡萄牙国王唐·狄尼斯送给王后唐娜·依莎贝尔的结婚礼物，因此也被称为"婚礼之城"。很多的葡萄牙人甚至全世界的情侣都纷纷把奥比都斯作为婚姻的起点。

图5-4　普罗旺斯[2]

C.普罗旺斯

普罗旺斯（如图5-4所示）是欧洲的"骑士之城"，得名于影片《屋顶上的轻骑兵》。意大利骑士安杰罗为革命事业逃至这里，知遇之恩使绅士与淑女宝琳娜的邂逅成就为一段乱世情缘……当宝琳娜与安杰罗再次相遇，在普罗旺斯广阔的土地上驰骋的时候，一切变得心旷神怡。

D.里约热内卢

多彩的里约热内卢造就了传奇无比的经典爱情。好莱坞新作《上帝之城》中犹太人阿泽和已婚的少妇间跨越两洲、经历半个世纪的爱情故事，让战争时期的里约热内卢不失浪漫，也给如今的"上帝之城"的浪漫增添了一份厚重。

E.科隆

科隆诞生于公元前1世纪的罗马时代，有"北方罗马"之称，因为一系列的教堂建筑又被看做"北方的耶路撒冷"。教堂作为神圣婚姻的守护者，人们在主耶稣面前许下一生不变的誓言。

F.斯特拉福德

恬静的斯特拉福德因莎士比亚而闻名，莎翁又以创造人间最绝美的爱情故事而被后人膜拜。这座风光妩媚的小镇赋予了后人美丽动人的爱的想象。

---

① 图片资料来源：http：//tieba.baidu.com/f?kz=1107669070。
② 图片资料来源：http：//hi.baidu.com/%D4%AA%D0%A1%E5%B7/album/item/c4864d8d7d1cbbe00f244494.html。

G. 雅典

雅典以天神宙斯的女儿、代表智慧正义和美的雅典娜而命名。而传说中雅典娜之子，也就是长着双翼，手拉神弓的爱神丘比特更是给神秘的山城赋予了浓浓的爱意。不仅是雅典娜神庙（如图5-5所示），雅典的一切无不闪烁着诱人的爱的光芒。

图5-5　雅典娜神庙①

H. 摩洛哥

卡萨布兰卡在西班牙语中的含义为"白色的房子"。作为摩洛哥第一大城市，好莱坞电影《卡萨布兰卡》更是让这座白色之城闻名世界。

I. 布拉格

布拉格（如图5-6所示）始建于文艺复兴时期，众多的罗马式、哥特式和巴洛克式圆塔形古老建筑至今仍保存完整。高高低低的塔尖，毗连成一片塔林，"百塔之城"由此得名。

图5-6　布拉格②

J. 济州岛

时刻洋溢着浪漫情调的韩国济州岛，拥有着使感情更醇更厚，爱情更美更浓的魔力，成为韩国新婚夫妇蜜月的首选之地。

（资料来源　佚名. 导游知识讲解［EB/OL］.［2009-02-23］. http：//www.51test.net/show.asp？id=560610&Page=4）

实践训练

实践训练：景区导游讲解训练

实训设计：

（1）将同学按每6～8人分成若干团队。

（2）将团队成员按角色分配为地接、全陪、游客。

（3）组织团队进行导游服务中的角色分工，按照教师提出的任务进行讨论，每个角色负责搜集、提炼本地旅游景点的特色知识及游览服务信息。

（4）每位同学团队设计"旅游团队进入景区景点讲解的基本程序、导游词讲解实训"。角色轮流互换训练，每个团队抽出1名同学汇报景区景点讲解的基本程序，选出1名同学作为团队导游讲解较出色的代表，展示团队导游讲解训练成果。教师按照测评标准进行点评。

评价考核：评价考核内容见表5-2。

---

① 图片资料来源：http：//www.szonline.net/channel/201109/20110907/377040.shtm。
② 图片资料来源：http：//www.bs-travel.com/destination/cityinfo.aspx?tid=64&cid=76。

表5-2　　　　　　　　　　　　　　导游语言技巧水平测试评分表

项目＼内容		A 级	B 级	C 级	分值	总分
导游口语讲解水平考核（满分60分）	表达状态	精神饱满，自信大方，能运用体态语	有自信，比较大方，有些体态语	缺乏自信，紧张、过于严肃，缺少体态语		
	语言规范	语言规范，话语清晰、明确、流畅、有力、严谨	语言比较规范，话语比较清晰、明确、流畅、比较严谨	语言不规范，话语不清晰、语声太弱、缺乏条理		
	语气语调	语气语调富于变化，讲解能吸引人	语气语调稍有变化，讲解略显单调	语气语调无变化，讲解气氛沉闷		
	口语特色	很能体现导游口语特色（启发性、鲜明性）	能体现导游口语特色，在启发性、鲜明性等方面略显不足	话语缺乏启发性、鲜明性		
	总体印象	充分发挥导游口语的表现力和感染力	在发挥导游口语的表现力和感染力上略显不足	对导游口语缺乏自控力，缺乏表现力		
导游口语应变技巧考核（满分30分）	语言针对性	能很好地体现导游口语的针对性、诱导性、说理性和感染性	导游口语的针对性稍差、诱导性不够、说理性不足、缺乏感染性	导游口语缺乏针对性，较空乏、讲不出道理来，游客听了会不以为然		
	偶然事件处理	较好地把握处理偶然事件的导游口语技巧，话语机敏，应变能力强	在处理偶然事件时话语不够机敏，反应慢，应变能力不强，但尚能应付	在处理偶然事件时犹豫不决，不知如何说话摆脱困境		
导游口语现场评价能力考核（满分10分）		能敏锐地感知导游职业口语的主要特征，评论有针对性	大体说出导游职业口语的某些特征，评论尚有针对性	不大了解导游职业口语的主要特征，评论不着边际		

课后自主学习

　　学生团队进行导游讲解实践训练，以自己家乡为例，选取具有代表性的景区景点，带领游客游览观光，完成游览服务流程、导游词设计及讲解的任务。每个团队选出一个人，进行课堂展示。

任务六

自然景观的导游讲解

任务目标

　　通过学习自然景观的类型和相关的自然景观知识，运用自然景观讲解的技能，根据任务情境，完成黄山之旅导游讲解任务。在讲解中激发学习自然景观的基本知识和训练景区景点讲解技巧积极性。

任务情境

　　2014年"五一"期间，18名游客从北方城市到黄山旅游，地接小李负责接待，希望此行能够领略"登黄山，天下无山"的境界。

相关知识

一、自然景观讲解的一般程序

1.旅游目的地自然景观特色概括
（1）自然景观的历史。
（2）自然景观的地位。
（3）自然景观的热点。

2.山自然景观导游讲解要点
（1）针对外观特征讲解。
（2）针对地质构造讲解。
（3）针对文化内涵讲解。

3.水自然景观导游讲解要点
（1）注重景观类型讲解。
（2）针对造景功能讲解。
（3）注意时代变迁讲解。

4.植物花卉自然景观讲解要点
（1）针对资源分布讲解。
（2）注重美的内涵讲解。
（3）注重品质内涵讲解。

二、自然景观的特色要点

1.自然景观的概念

自然景观是指一切具有美学和科学价值、具有旅游吸引功能和游览观赏价值的自然旅游资源所构成的自然风光景象。简单地说，自然景观就是大自然自身形成的自然风景，如地貌景观、水体景观、生物景观以及天气景观等。

2.自然景观的特点

（1）天赋性。一切自然景观都是大自然的鬼斧神工雕刻而成的。

（2）科学性。自然景观是由自然地理环境的各个要素组成的。自然景观的具体成因、特点、分布，都具有科学根据。

（3）审美性。一切自然景观都具有自然属性特征的自然美。

3.自然景观的类型

自然景观的组合形式复杂多样，不同的景观类型在讲解时要突出其独具的特色。

（1）原始自然美景观。包括山体景观、水体景观、动植物景观等，这类景观大部分分布在我国的西部和边境地区，深藏于崇山峻岭之中，不易发现，才使其原始风貌保持至今。像珠穆朗玛峰奇景、世界第一大峡谷雅鲁藏布大峡谷等。

（2）人文点缀自然美景观。主要分布我国东部经济较发达地区的自然景观，这类景观大都经过了人类的加工。如黄山、峨眉山、齐云山、鄱阳湖、杭州西湖等。

4.自然景观欣赏的三个层次

（1）自然景观美首先体现在形式上，包括对自然景观的形体、线条、色彩，观之能令人产生视觉美；对风声、雨声、涛声、鸟鸣声等大自然发出的各种自然声响，听之能令人产生听觉美；对植物花卉散发出的各种气味，嗅之能令人感到嗅觉美；对植物果实等特产，尝之能令人感到味觉美；对自然景观，触之能令人产生十分惬意的触觉美。

（2）自然景观美同时体现在独特的内容上，就是由具体的物体形象所表现出来的人类文明程度。许多风景区的名称如神女峰、老人山、夫妻岩、望儿峰，一些风景区的有关典故、传说，如登封嵩阳书院内"汉武帝封将军柏"传说故事等，都无不蕴含着前人的审美情感，都是人类文化发展的产物，在内容上给人以启迪，同时也具有了文化美。

（3）自然景观美的第三个层次是通过形式所表现出来的某些物体形象或意境的象征意义或象征美。象征是一种寓意或隐喻，如牡丹象征富贵，莲花象征高洁，竹子象征刚直、虚心，苍松象征刚强、长寿……象征美处在自然景观美的最深层次上。

导游员的任务就是要在认识和掌握自然景观美的三个层次基础上遵循形式美——文化美——象征美的思路去进行审美活动的讲解。

三、自然景观讲解技巧

（一）山体自然景观的讲解技巧

1.总体概括山体自然景观美讲解

山体自然景色美主要由七个字来概括：雄、险、秀、幽、旷、奥、奇。

山体高大、岩石陡峭，则产生雄伟之美感，如泰山。山体高陡，山峰座座如立，则产生险峻之美感，如华山。山势起伏蜿蜒，山体线条柔和，则产生秀丽之感，如峨眉山。山体山环水复，植被茂密，环境寂静，则产生幽静之美感，如张家界风景区。地貌平坦无垠，视野开阔，则产生旷远之美感，如岳阳楼上看八百里洞庭，水波浩渺。空间景观显得很封闭，四周崖壁环列，曲折而出，则令人产生神秘莫测的美感，如中岳嵩山自古就有"嵩山天下奥"和"奥岳嵩山"之称。景观为本身独有，独具一格，则产生奇特之美感，如黄山，以泉、云、松、石为特色，被称为"震旦国中第一奇山"。

2.突出山体自然景观独特美讲解

（1）色彩美。山岳景观除了以上七种形态之美以外，还有附着于形态之上的色彩美。所谓"春山如翡，夏山如翠，秋山如金，冬山如银"便是自然景观的季节变化所呈现出来的色彩美。再如岱岳泰山的四大景观"东看旭日东升，西看晚霞夕照，北望黄河金带，南看云海玉盘"。

（2）动态美。山岳自然景观的动态美，主要由流水、飞瀑和云雾等要素组成。如"船上看山如走马，悠忽过去数百群"，这是动态美的一种表现。山中观瀑，远望如匹练垂空，似为静态，近而观之，又如龙飞凤舞，充满活力，这也是动态美的一种表现。云在山谷升起，风吹云动，云动似乎山也在动，这种"云飞而地摇，车行而地转"的现象，构成"山在虚无缥缈间"的意境。

（二）水体自然景观的讲解技巧

1.明确水自然景观类型讲解

水自然景观类型主要有海洋景观、江河景观、湖泊景观、泉水景观、瀑布景观等。

2.突出水自然景观特色讲解

（1）海洋景观。我国的海洋景观除了台湾岛东岸直接濒临太平洋外，拥有渤海、黄海、东海、南海四个海域，北起鸭绿江口，南至北仑河口，大陆海岸线全长达18 000多千米。我国沿海岛屿约有6 500个，海岸线纵跨温带、亚热带、热带三个气候带。海滨景观多姿多彩，其中最富有代表性的海滨景观有北戴河海冰景观、大连海滨景观、青岛海滨景观、三亚海滨景观、厦门海滨景观等。

（2）江河景观。江河景观的特点由于它所处的地理环境特点和社会历史背景不同而不同。其中，以长江、黄河、珠江、黑龙江、富春江和京杭大运河等为我国著名的江河景观。

（3）湖泊景观。按照湖泊所含的盐分，分为淡水湖、咸水湖和干盐湖三大类。鄱阳湖、洞庭湖、太湖、洪泽湖、巢湖是我国五大淡水湖。青海湖是我国最大、最著名的咸水湖。察尔汗盐池是我国具有代表性的干盐湖。知名的湖泊景观还有杭州西湖、滇池、洱海、日月潭等天然湖泊以及人工建造的千岛湖等。

（4）泉水景观。泉是地下水的天然露头。泉水是造景育景的重要条件，给人带来幽雅、秀丽的景色，大理的蝴蝶泉、桂林的岩溶泉等都是代表。

温泉：凡水温超过20℃的泉水称为温泉。我国著名的温泉有北京小汤山温泉、南京汤山温泉、鞍山汤岗子温泉、西安骊山温泉、云南安宁温泉、广东从化温泉、重庆南北温泉、台湾北投温泉等。

冷泉：凡是水温等于或低于该地年平均气温的泉水称为冷泉。著名冷泉有镇江中冷泉、庐山古莲泉、北京玉泉、济南趵突泉。

矿泉：凡是泉水中富含有益于人体健康的矿物质成分和气体的泉水，称为矿泉。我国著名的矿泉有五大连池的药泉、崂山矿泉、三门峡温塘村的温泉、内蒙古阿尔山温泉等。

泉城：泉水可转化为溪、涧、河、湖，造就出更大的风景特色。在地下水—泉水—河水—湖水的转化过程中，形成了济南市的千佛山—趵突泉—大明湖三大主要景区，济南市也因此被誉为"家家泉水，户户垂柳"的"泉城"。

（5）瀑布景观。从河床纵断面陡坡或悬崖处倾泻下来的水称为瀑布。瀑布最大的特点是山水完美结合、融为一体。瀑布有三种状态：一是瀑布形态；二是瀑布声态；三是瀑布色态。三种形态所表现出来的意境是最具吸引功能的旅游资源，瀑布既表现了力量，又体现了柔美；瀑布既有粗犷，又含细腻；瀑布既磅礴大气，又潇洒活泼，使整个景区充满了活力。

我国最具代表性的瀑布除黄果树瀑布、壶口瀑布和吊水楼瀑布外，还有雁荡山瀑布，云南大叠水瀑布，黄山的人字瀑布、九龙瀑、百丈瀑三大瀑布，庐山的三叠泉瀑布、香炉峰瀑布，九寨沟的诺日朗瀑布以及台湾的乌来瀑布等。

宋代著名画家郭熙曾写道"山无云则不秀，无水则不媚……山得水而活，得草木而华，得烟云而秀媚"，说明了山景水色和谐的必要性。

（三）植物自然景观讲解技巧

1.明确植物自然景观功能

（1）植物美化风景区的功能。植物自然景观在风景区具有美化环境、分隔空间、塑造意境的功能。号称"地球之肺"的森林，不单自然景观丰富多彩，而且在涵养水源、调节气候方面有着特殊的作用。

（2）植物的造景功能。造景功能主要体现在"形、色、香、声、古、幽、光、影、奇、寓意美"等方面，能给游人带来极大的吸引力。

2.突出植物寓意特色的讲解

有些植物富有深刻的寓意，容易使人获得丰富的意境和多种美感。我国自古就有人通过植物来寄托自己的情感和理想，如借苍松表示高洁、刚强、长寿，用竹表示刚直、清高、虚心，以梅表示坚强、孤高，以荷表示洁身自好等。

另外，人们将松、竹、梅誉为"岁寒三友"；将玫瑰、蔷薇、月季誉为"园中三杰"；将报春花、杜鹃花、龙胆草誉为"三大名花"；将山茶花、梅花、水仙花、迎春花称为"花中四友"；将山茶、腊梅、水仙、迎春花称为"雪中四友"；称兰花、菊花、水仙、菖蒲为"花中四雅"；称梅、兰、竹、菊为"四君子"。

中国的名花还有各种誉称。例如，牡丹——花王；梅花——花魁；芍药——花相；兰花——空谷佳人；月季——花中皇后；水仙——凌波仙子；菊花——花中隐士；莲花——花中君子；海棠——花中仙女；山茶——花中妃子；桂花——花中月老；吊钟——百花盟主等。

案例6-1：

牡丹在历史上逐渐成为我国传统的观赏名花，这主要是由牡丹所独具的风采美和深刻的寓意美所决定的。牡丹的风采美主要指它的姿容（形）、色相（色）、幽香（香）等外在的美学特征；牡丹的寓意美是指超越花本身以外的象征美，这主要是指它的内在的美学特征。

内外兼修的牡丹在历史上获得了许多高雅的称号，如"国色天香"、"富贵花"和"花王"等。从唐代开始，牡丹名倾朝野，唐高宗曾召集群臣宴赏牡丹；武则天下令将牡丹佳品移植内宫供其欣赏；唐玄宗与杨贵妃夜游牡丹，还招来李白赋诗助兴。在北宋时，牡丹获得最高推崇，有"花王"之称。

花有花的精神内涵，花有花的生命寓意。牡丹的寓意美深受人们的喜爱，今天河南的洛阳、山东的菏泽均以牡丹为市花。

我国流行将农历十二个月以花名做代称的用法，正月——梅花，二月——杏花，三月——桃花，四月——蔷薇，五月——石榴，六月——荷花，七月——葵花，八月——桂花，九月——菊花，十月——芙蓉，十一月——山茶，十二月——腊梅。

我国的花木中，有传统的"花木五果"——桃、李、杏、梨和石榴，也有传统的四季花卉。如：春季开花的春梅、桃花、海棠和牡丹，夏季开花的石榴、荷花、紫薇和百合，秋季开花的菊花、芙蓉、桂花和玉簪，冬季开花的腊梅、天竹等。

（四）融入山、水、植物等自然景观和谐美讲解

山与植物配合，就可以"山借树为衣，树借山为骨"。例如，由花岗岩组成的黄山，与植物、水景交相辉映，奇石、青松、云海、温泉形成黄山独特的风景特点，被称为"黄山四绝"。"黄山四绝"因黄山而产生，黄山因"黄山四绝"而闻名。站在泰山顶峰，东看"旭日东升"，西看"晚霞夕照"，南看"云海玉盘"，北望"黄河金带"，正是这四种自然景观，组成了"泰山四大名景"。这些都是山、水、植物等自然和谐的物象。

1.用人文因素激活自然景观的生命的讲解技巧

（1）要恰当使用神话传说。神话传说与自然风景是相互依存的，一则好的神话传说能够帮助人们加深对自然景观美的认识，使自然景物经过神话传说而富有美的魅力。

（2）要适当联系历史传说。历史典故能够帮助人们加深对自然景观美的欣赏，丰富自然景物的美的意境，使人们从单纯的自然景色中体会到一种诗情画意，看到其中的历史文化美，给人以知识的启迪。

（3）要巧妙联系宗教传说。中国多名山，名山多古寺，素有"天下名山僧占多"和"有寺则有名"之说。因此，在中国旅游，必须游山，而游山又往往要游寺。寺因山而雄、险、奇、幽，山因寺而气象高古。

一是佛教、道教所追求的境界，有利于保护自然环境，优化生态环境，如泰山岱庙的壁画、石刻、碑、塔、窟、龛等构成了与自然景观和谐交融的人文景观。二是寺庙多因山就势、因境而成，调动了游人的审美视觉，充实了游人对自然景观的审美感受。例如，九华山的天台、峨眉山的金顶、泰山的南天门，都有高屋建瓴之势，从而增加了山的雄伟；临崖而建、凭险而居的华山南天门、下棋亭、长空栈道和以奇、悬、巧著称的恒山悬空寺，无不渲染出山的险峻；而"进山不见寺，入寺不见山"之称的鼓山涌泉寺，又平添了山的幽奥。

旅游就是在向人们打开一个新世界。在自然景观美和历史文化艺术美的咀嚼中，人们获得审美品位的提升。这种富于中国山水风韵和文化特色的景致，成了中国传统旅游的一种模式，至今仍吸引着众多游人。

2.用象征的寓意来激活自然景观的生命的讲解技巧

水是柔弱的、透明的，是人们生活中用途最广的。例如，"久旱逢甘霖""春雨贵如油"表达的是人们对水的渴望；"洪水猛兽""水火无情"表达的是人们对水的恐惧；"鱼水情深"表达的是感情至深；"落花流水"表达的是几多无奈。水是有情的，水是浪漫的，水是纯洁的，水是生命的源泉。水的文化已深深扎根在人们的思想里。

在讲解中，导游可将千百年来自然景观赐予人类的恩惠融入哲理性，多角度为游客讲解，深刻挖掘自然景观中所蕴含的力量，通过传神的语言和丰富的导游方法，把不同的寓意信息传达给游客。例如，孔子说的"仁者乐山，智者乐水"，老子说的"上善若水。水善利万物而不争，处众人之所恶，故几于道"。

用自然景观的意韵，引导游客进行人文精神的体验。如"问君能有几多愁，恰似一江春水向东流"（南唐·李煜《虞美人》），引导游客在游览中把旅游和景物自然结合起来，使旅游活动丰富而充满人情味。

任务实施

1.导游员小李介绍黄山风景游览行程

首先是黄山两日游程。

第一天：早晨8点乘空调旅游车赴黄山风景区，从前山的玉屏乘缆车上山，游黄山的"代表松"（迎客松、送客松、陪客松等十大名松），远眺莲花峰。经八百级莲花阶至玉屏峰，看狭窄陡峭的一线天，仰望天都峰，游光明顶至百步云梯等。晚上在山顶客舍住宿。

第二天：清晨起来饱览日出奇观，游始信峰风景区。在这里，可以欣赏"不到始信峰，不见黄山松"之美景，欣赏黄山黑虎松、连理松、龙爪松等奇松，观赏观音漂海、十八罗汉朝南海等景观。继续步行可到清凉台，欣赏到仙人下棋、丞相观棋、仙人进宝等景观，接着游西海排云亭等常规景点，后步行或自费乘云谷缆车下山，当日返回黄山市。

2.旅游景区的特色介绍

导游员小李对本次的接待任务做了充分的准备，根据游览的旅游景区特点，选择了不同讲解方法来提高游客游览的质量。

（1）概括法讲解黄山特色。

首先在前往景点的途中和在景点入口处的示意图前，导游员小李用概述法介绍景点，主要包括黄山的占地面积、欣赏价值、主要景观的名称等，使游客对即将游览的景点有一个初步的印象，使之有"一睹为快"的要求。

导游员小李在带领团队进入黄山自然景区的时候，紧紧抓住"黄山集各名山之长"的特色，突出对具有代表性的"黄山四绝"进行概括讲解，突出景点的独特之处，有的放矢，而不是面面俱到。

黄山风景区是我国著名风景区之一，世界游览胜地。泰山之雄伟，华山之险峻，峨眉之秀丽，衡山之烟云，庐山之飞瀑，雁荡山之巧石，黄山无不兼而有之。明代旅行家、地理学家徐霞客两游黄山，赞叹说："登黄山天下无山，观止矣！"又留下"五岳归来不看山，黄山归来不看岳"的赞誉。可以说，黄山无峰不石，无石不松，无松不奇，并以奇松、怪石、云海、温泉"黄山四绝"著称于世。黄山还兼有"天然动物园"和"天下植物园"的美称，有植物近1 500种，动物500多种。黄山的美，就是在这无穷无尽的变化中让游人着迷。您想了解黄山的全貌，那么，小李就在这春的季节，在这自然造化中带您去领略黄山，感受黄山。

点评：导游小李介绍黄山特色时，能够抓住重点，分别从审美角度、文化角度以及生态角度来展现黄山一枝独秀的形象美，并巧妙运用类比、突出重点、引用名句等讲解方法，突出黄山鲜明的特色。

（2）虚实结合法讲解黄山自然景观的历史文化。

一切自然景观都是大自然长期发展变化的产物，是大自然的鬼斧神工造就的结果。景观的历史典故，能够帮助游客加深对自然美的欣赏，丰富自然景物美的意韵。所以，景观的历史往往关系到景观的科学价值和欣赏价值，这也是吸引游客的重要因素。然而客观的历史陈述通常枯燥乏味，需要导游员通过讲解语言进行艺术渲染，讲述时力求准确生动，自然流畅地带领游客由古至今穿越时空隧道。做好黄山自然风景名胜区的历史讲解可用到以下方法：

从名称解释来突出特色。解释好景点名称，可以树立总体印象，起到提纲挈领的作用。例如黄山的名字，小李是这样介绍的：

黄山在古时被称作黟山，黟是黑色之意，因为山上岩石多为青黑色，古人就给它起了这样一个名字。相传中华民族的先祖轩辕黄帝在完成中原统一大业、开创中华文明之后，来到这里采药炼丹，在温泉里洗澡，因而成仙。唐朝著名的皇帝明皇李隆基非常相信这个说法，就在天宝六年（公元747年）下了一道诏书，将黟山改名黄山，意即这座山是黄帝的山。从此以后，黄山这个名字就一直用到现在。

点评：导游将地名解释、传说、史实灵活运用于讲解中，采用虚实结合的手法，由传说巧妙过渡到史实，既体现了黄山历史的悠久，又引发了游客思古之情，从而加深了对黄山的感情。

虚实结合法介绍黄山自然景区历史文化。文化不但塑造了中国名山，同时也是我们了解名山的有效手段，游览中国山岳离不开文化。中国名山所承载的文化内容齐全，类型多样，主要包括了中华传统历史文化、宗教文化、文学艺术等。其表现形式有：传说故事、名人行迹、碑碣艺术、摩崖石刻、诗词歌赋、建筑、书法、寺观庙堂等。

导游员小李这样介绍黄山历史：

黄山看起来年轻、清新，但却有着悠久的历史，古代的书籍、诗歌、绘画和雕刻都是很好的证明。李白并非是歌颂黄山的唯一诗人，明朝伟大的地理学家和旅行家徐霞客专门写了两本关于黄山的游记，清朝的大画家石涛留下了许多幅关于黄山的画。一代又一代人的题词随处可见，如"千姿百态黄山云""清凉世界""奇美""独具魅力的奇景"等等，这些诗一般的词汇配上优美的书法不仅仅装饰了黄山自然景区，而且它们本身就是一道道迷人的风景，给黄山增添了文化生命的活力。

虚实结合法就是导游在讲解中将典故、传说与现实介绍有机结合。所谓"实"是指景观的实体、实物、史实、艺术价值等，而"虚"则指与景观有关的民间传说、神话故事、轶闻趣事等。导游讲解中将典故、传说与景物介绍有机结合，即编织故事情节，从而产生艺术感染力，使气氛变得轻松愉快。

导游员小李向游客讲述了关于"猴子观海"的传说：

猴子观海（如图6-1所示）也叫猴子望太平，猴子为何要望太平呢？这里面有个故事。

原太平县城，叫仙源村，村中有一户叫赵德隆的书香人家，女儿名叫掌珠，生得聪明美丽。离仙源村不远的黄山北海深处有一个山洞，住着一个灵猴，在山中修炼了三千六百年，会三十六变。一天，灵猴见到掌珠生得俊俏，顿生爱慕之心。灵猴就变成一个白面书生，自称是黄山寨的孙公子，傍晚来到赵家门前，以天色已晚为由，要求借宿一夜。赵家老夫妇见他长得俊秀，斯文有礼，高兴地留他住宿，并设宴招待。酒饮三杯后，孙公子便向老夫妇陈述对掌珠的爱慕之情，央求纳其为婿，发誓侍奉二老颐养天年，老夫妇一听心中非常喜悦。经与女儿商量，掌珠对才貌双全的孙公子也很中意。次日

图6-1　猴子观海①

一早，老夫妇回了孙公子的话，孙公子听了欣喜若狂。灵猴回洞，思念掌珠心切，急忙把大小猴子都变成人，组成了一支浩浩荡荡的队伍，去仙源赵家迎亲。掌珠被抬到洞府，只见陈设富丽，宾客满座。夜深宴席散，孙公子被宾客拥入了洞房。一觉醒来，掌珠发现孙公子长了一身绒毛，大吃一惊。原来，孙公子酒醉，现出了猴子原形。掌珠非常恼恨，乘灵猴烂醉熟睡之机，向外逃走，直奔家中。灵猴酒醒后，知道自己露出了原形，惊逃了掌珠，便喝令众猴出洞寻找，追到山下芙蓉岭，也不见新娘的影子。灵猴自从失去了掌珠，朝思暮想，但又无计可施，只得每天攀上洞后的悬岩，坐在石上，朝着东北方向的太平县仙源村呆呆地望着。年深月久，便变成了黄山如今这一石景。

点评：导游员小李以"实"为主，以"虚"为辅，通过对"猴子观海"的讲述，将无情的景物变成有情的讲解。

制造悬念讲解热点。导游员讲解时常提出某些令人感兴趣的话题，但又故意引而不发，激起游客急于想知道答案的欲望，使其产生悬念的方法即为制造悬念法，即"欲知后事如何，且听下回分解"。

导游员小李在结束第一天的行程前告诉游客：

明天清晨我们一起观"黄山日出"，这是一个绝好的机会，看看哪位游客能将世界上唯一的"金球"变成手中的"珍珠"。

黄山日出（如图6-2所示）景观别具一格。黄山距东海400千米，山势高峻，云海常铺，是游人观日出的绝好地方。根据住宿地不同，可选择曙光亭、清凉台、狮子峰顶、丹霞峰顶、光明顶、玉屏峰为观日出的最佳位置。

图6-2　黄山日出②

凌晨，在上述位置上遥望东方，天空像抹上几笔白色的油彩，继而天边渐红，曙光妆露，丹霞辉映。渐渐地，烟云悄悄隐退，山形树影，时隐时现，天边已是火红一片，彩霞万象，有的像奔驰的骏马，有的像仙女飘荡，有的像玉树琼宫……千姿百态，遐想无穷。此时，游人屏住呼吸，架好相机，等待着激动人心的

---

①　图片资料来源：http://blog.sina.com.cn/s/blog_4c225b9f010009r1.html。
②　图片资料来源：http://blog.sina.com.cn/s/blog_4c225b9f010009r1.html。

时刻。忽然间，从海天相接处跃出一个红点，继而变成弧形光盘，在冉冉升起中变为半圆。刹那间，金光四射，一轮红日喷薄而出，霞光瑞气，照彻天宇，山峦、树木都沐浴着朝阳的金辉，闪烁异彩，令人眼花缭乱。

此时，导游员小李告诉大家，只要选择一个最佳位置，伸出你的手掌，让冉冉升起的太阳在你伸出的手掌上面，瞬间就会抓拍到世界上最大的一颗"珍珠"为你拥有的影像。游客们的兴奋情绪被调动起来，踊跃地相互帮助，留下这美好的一瞬。

点评：导游员小李制造的悬念，吊足了游客的胃口，使游客对第二天清晨的"观日出"充满期待，并且产生不虚此行的效果。

（3）准确定位法讲解黄山景观的地位。

导游员在介绍景观地位时，要力求正确清楚、准确、鲜明、生动，既可从宏观到微观介绍其地位，也可从远及近来讲解其地位，让游客产生不虚此行的满足感。

导游员小李在讲到黄山的地位时说：

黄山雄踞于风景秀丽的皖南山区，它以"三奇四绝"的奇异风采名冠于世。黄山气候宜人，是得天独厚的避暑胜地，是国家级风景名胜区和疗养避暑胜地。黄山1985年入选全国十大风景名胜。1990年12月，黄山被联合国教科文组织列入《世界自然与文化遗产名录》。2004年2月，黄山入选世界地质公园，蜚声中外，令世人难忘。2007年5月8日，黄山市黄山风景区经国家旅游局正式批准为国家5A级旅游景区。

点评：导游员用一系列事实说话，没有生搬硬套地讲述黄山有多奇特，而是开门见山地列举事实，并运用突出重点的讲解方法，用"黄山是第一个……"这样的句子突出其与众不同、首屈一指的地位，让游客从心底接受黄山的声望与地位。

（4）突出重点法讲解黄山自然景观的"四绝"。

游览一处景观，必然会介绍到景观的热点，热点景观是景区的灵魂，是整个游览活动的高潮部分，游客通常为此慕名而来。这时，导游员要善于把握语言，讲解时应把最有价值的东西体现出来，让游客觉得物有所值，不虚此行，坚信自己的选择是正确的。为了能够充分调动起游客的审美兴致，导游应把握好审美角度，活用语言修辞。欣赏自然景观主要从造型、色彩、听觉、嗅觉、动态、形象等几个方面捕捉审美特性。讲解时常用的修辞手法有比喻、比拟、引用、换算、映衬等。

例如，"看，那山上的迎客松正在微笑着，向我们伸出热情的手，欢迎远道而来的客人呢"就把迎客松比拟成人物，赋予了人的思想感情，增添了形象性。

导游员小李这样介绍"黄山四绝"：

说起"黄山四绝"，排在第一的当是奇松（如图6-3所示），黄山松究竟在什么地方出奇呢？首先，它无比顽强的生命力，你见了不能不称奇。黄山的松树，长在峰顶，长在悬崖峭壁，长在深壑幽谷，郁郁葱葱，生机勃勃。千百年来，它们就是这样从岩石中钻出来，深深扎根在岩石缝，不怕贫瘠干旱，不怕风雷雨雪，潇潇洒洒，铁骨铮铮，你能说不奇吗？其次，黄山松特有的天然造型令人称奇。每一处，每一株，在长相、姿容、神韵上，各不相同，都有一种奇特的美。人们根据它们不同的形态和神韵，分别给它们起了自然而又典雅有趣的名字，如迎客松、黑虎松、卧龙松、龙爪松、探海松……

怪石是构成黄山胜景的又一绝，在黄山到处都可以看到奇形怪状的岩石，这些怪石的模样千差万别，有的像人，有的像物，有的反映了某些神话传说和历史故事，都活灵活现，生动有趣……有些怪石因为观赏位置和角度变了，模样也就有了变化，成了一石二景，如在这边看这块石头叫"金鸡叫天门"，您站在那个方向看它就变成了"五老上天都"，而那个角度的"喜鹊登梅"，换到这个角度就变成了"仙人指路"，就是移步换景的缘故。

图6-3　奇松①

图6-4　云海②

云海（如图6-4所示）是黄山的又一奇观，黄山自古就有"黄海"之称。山以海名，谁曰不奇？奇妙之处，就在似海非海，山峰云雾相幻化，意象万千，想象更是万万千千！黄山云海不仅本身是一种独特的自然景观，还把黄山峰林装扮得犹如蓬莱仙境，令人置身其中，神思飞越，浮想联翩，仿佛进入梦幻世界……当云海上升到一定高度时，远近山峦，在云海中出没无常，宛若大海中的无数岛屿，时隐时现于"波涛"之上。对于身在其中的我们来说，这是一种奇巧美妙的幸运偶遇……

黄山的奇峰、怪石只有依赖飘忽不定的云雾的烘托才显得扑朔迷离，怪石愈怪，奇峰更奇，使它们增添了诱人的艺术魅力。

点评：导游把黄山的奇松人格化，生动、鲜明、贴切，紧紧地抓住了游客的兴致，并分别从黄山松的生命力、造型来突出黄山松的奇秀。在介绍怪石时，善于引导游客选择观赏位置，调整观赏角度和距离，既加深了游客的审美体验，又强化了黄山怪石的怪与绝。导游适时捕捉黄山云海的动态美，并在讲解过程适当地留白，给游客更多的遐想空间，增添了黄山云雾的神秘、奇幻感。

（5）总结提炼法讲解黄山自然景观的意义。

中国历来讲究"师法自然"，充分体现了自然山水的育人作用。导游员身兼知识的教导员角色，工作中强调求知和传知。在向游客介绍自然风貌的景观时，应尽量避免空洞的说教，要积极营造轻松愉快的环境和气氛，调动游客情绪，将游客已经游览过的景色进行总结提升，寓教于导。

黄山之美，是一种无法用语言来表述的意境之美，有着让人产生太多联想的人文之美。黄山之美，是艳阳高照下显现出的铁骨铮铮之阳刚美，是云遮雾绕下若隐若现的妩媚之美，是阳春三月里漫山遍野盛开的鲜花透出的浪漫之美，是雪花纷飞时银装素裹下的圣洁之美。黄山是大自然给予我们的礼物，是造物主给予我们的恩赐，所以我们在欣赏它，赞美它的同时，别忘了珍惜它，爱护它，让它成为历史的传承，成为子孙后辈的遗产。

点评：导游员在此处成功地塑造了传播的角色，能够含而不露，寄情于导，因势利

① 图片资料来源：http://blog.sina.com.cn/s/blog_4c225b9f010009r1.html。
② 图片资料来源：http://blog.sina.com.cn/s/blog_4c225b9f010009r1.html。

导，无形中把黄山的教育意义传播给游客。

拓展阅读

（一）五岳名山特色选读

1.泰山

泰山（如图6-5所示）位于山东省泰安市境内，又称东岳，总面积426平方千米，主峰海拔1 545米，气势磅礴，拔地通天，素有"五岳之首""天下第一山"之誉。在中华文明五千年的历史长河中，由于历代帝王封禅和民众朝拜，给泰山遗留下了极为丰富的人文景观，使泰山成为华夏文化的缩影。1982年，泰山被国务院列为第一批国家重点风景名胜区；1987年，泰山被联合国教科文组织列为世界自然与文化遗产；1991年，泰山被列入中国旅游胜地40佳；1998年，泰山被确定为全国首批文明风景旅游区示范点。

图6-5　泰山[①]

泰山山势雄奇，景色秀美，居五岳之首，故古时被称为"五岳之长""五岳独宗""五岳独尊"。在距今1亿多年前，泰山快速抬升，直到距今3 000万年左右，其轮廓才基本形成。历代帝王对泰山都非常尊崇，相传古时候有72位君主都是在泰山上会诸侯、定大位的。

泰山兼具古、丽、幽、妙，摩崖碑碣数不胜数，庙宇观堂满山遍布，山势壮丽，自然景观巍峨、雄奇、沉浑、险峻。全山有古建筑群20多处，历史文化遗迹2 000多处，历代文人雅士吟咏题刻和碑记无数。泰山的自然风光更是引人之处，泰山高峰峻拔，雄伟多姿，既是"天然山岳公园"，又是"东方历史文化缩影"。泰山山谷幽深，松柏漫山，著名风景名胜有天柱峰、日观峰、百丈崖、仙人桥、五大夫松、望人松、龙潭飞瀑、云桥飞瀑、三潭飞瀑等。

历代文人称赞泰山的诗词歌赋约有1 000余篇，题字刻石，随处可见。泰山，峰峦起伏，幽谷深壑，瀑布流鸣，雄中藏秀。泰山的主要风景名胜有：天门云梯、万仙楼、中天门、云步桥、对松山、仙人洞等。主要文物古迹有山麓的殿庙寺院及以上的玉皇顶、红门、斗母宫、五松亭、南天门等。泰山的古老历史，不仅仅表现在泰山本身具有的大量名胜古迹，而且也表现在泰山周围的文化。

泰山是中国文化的发源地之一，大汶口文化和龙山文化遗址均离泰山很近。泰山周围的物产丰富，既有煤、金、白石英等矿藏，又有松柏、银杏等各种林木资源。古老的泰山，群峰拱岱，古迹遍布，文物荟萃，在漫长的岁月中，渗透着极为丰富的历史文化。因此，它不愧是东方文化的代表，是中华民族的象征，是驰名中外的游览胜地，是天然的历史博物馆。

2.华山

西岳华山（如图6-6所示），位于陕西省华阴县城南，海拔2 200米，是中国五大名岳之一。秦、晋、豫三省交接处，南接秦岭，北瞰黄河，"远而望之若花状"，故有其名。又

---

　① 图片资料来源：http：//blog.sina.com.cn/s/blog_4c225b9f010009f7.html。

因其西临少华山，故称太华山。

自古华山一条道，由北向南，贯穿北峰、中峰、东峰、南峰、西峰约20千米。一路行去必经千尺幢、百尺峡、老君犁沟、上天梯、苍龙岭等绝险要道，可饱尝华山之险。此外，山上还有长空栈道、鹞子翻身等一般人闻所未闻的险境。若亲临其境，奇峰峭壁、险径危石、鬼斧神工必令游者不胜惊骇，叹为观止，不愧有"奇险天下第一山"之称。华山系一块完整硕大的花岗岩体构成，据《山海经》记载，"太华之山，削成而四方，其高五千仞，其广十里"。华山主峰有

图6-6　华山[①]

三：南峰"落雁"，为太华极顶；东峰"朝阳"，西峰"莲花"，三峰鼎峙，"势飞白云外，影倒黄河里"，人称"天外三峰"。云台、玉女二峰相辅于侧，三十六小峰罗列于前，虎踞龙盘，气象森然，文人谓之西京王气之所系。

华山文化底蕴深厚，内涵丰富，道教文化、杨氏文化、洞龛文化、围棋文化、碑石文化以及历史遗迹、神化传说和历代文人流传下来的诗文歌赋，构成了华山文化的主要内容。尤其是留传广泛的"沉香劈山救母""赵匡胤卖华山""吹箫引凤""巨灵劈山"等传说，让华山充满了神奇美丽的色彩。

华山是一座充满武侠精神的山岳，在中华文明发展史上，华山与黄河一脉相承，是华夏文明的发源地，经历了历史的磨砺，孕育了中华民族不屈的精神，华山挺拔的山势所透出的峻峭风骨，也折射出了北方汉子的威武气概。武侠小说宗师金庸先生更是有感于华山的仙气、灵气和神气，把武侠中的最高论剑比武放在华山，让华山飞扬着义气、威武的武侠精神。

近年来，华山的观光旅游业不断发展，赢得了许多荣誉称号，先后被列为"国家级重点风景名胜区"，被评为"全国文明风景旅游区示范点""国家AAAA级旅游区""中华十大名山""ISO 14000环境体系认证景区"等称号，赢得了海内外游客的青睐和赞誉，已成为当前热门的旅游景点。

图6-7　衡山[②]

3.衡山

南岳衡山（如图6-7所示），素有"五岳独秀"之美誉，既是举世闻名的佛教圣地，也是千百年来的文化名山；既是军事上的天然防卫要塞，也是古今中外的旅游避暑胜地。衡山位于湖南省衡阳市南岳区，海拔1 300.2米。由于气候条件较其他四岳为好，处处是茂林修竹，终年翠绿，奇花异草，四时飘香，自然景色十分秀丽，因而又有"五岳独秀"的美名。清代魏源在其所作《衡岳吟》中说："恒山如行，岱山如坐，华山如立，嵩山如卧，惟有南岳独如飞。"这是对衡山的赞美。

南岳之秀，在于无山不绿，无山不树。那连绵飘逸的山势和茂密的森林，四季常青，

就像一个天然的大公园。明代钱邦芑在其游记中写道："诸松茂一山，则山暗。一山或未能丛，则两山映之，能暗崖石。森沉多如幽斋结构，至于水蒲溪毛，宛如盘秀。步步怀新。度三十余里，声影光三绝。"其文描绘了南岳独特的风情。祝融峰之高、藏经殿之秀、水帘洞之奇、方广寺之深堪称"南岳四绝"；春观花、夏看云、秋望日、冬赏雪为"南岳衡山四时佳景"。南岳衡山还有许多名胜古迹和神话传说，形成丰富多彩的文化沉积，宛如一座辽阔的人文与山水文化和谐统一、水乳交融的人文宝库。

  1982年，衡山作为我国著名的自然景观和人文景观，以衡山风景名胜区的名义被国务院批准列入第一批国家级重点风景名胜区名单；2000年，衡山成为全国首批4A级旅游区；2001年，衡山获得全国顶级、湖南唯一的"全国文明风景旅游区示范点"殊荣；2006年2月，衡山入选首批国家自然与文化双遗产名录；2006年，衡山被评为中国最值得外国人去的50个地方之一；2007年3月，衡山成为全国首批5A级风景名胜区；2007年8月1日，衡山经国务院批准列为国家级自然保护区；2008年，衡山被评为最受群众喜爱的中国十大风景名胜区。

  4.恒山

  恒山（如图6-8所示）又名玄岳，位于山西省大同市浑源县境内，集雄、奇、幽、奥特色为一体，以

图6-8 恒山[1]

"奇"著称。恒山风景名胜区总面积147.51平方千米，拥有功能各异、景色纷呈的旅游小景区15个，主峰天峰岭海拔2 016米，为北国万山宗主。

  五岳中素有"恒山如行，泰山如坐，华山如立，衡山如飞，嵩山如卧"之说。中华五千年的文明追溯，恒山历史悠久，文化灿烂，民俗独特，自然和人文景观兼胜，素有"人天北柱""绝塞名山""道教第五小洞天"之美誉。恒山曾名常山、恒宗、元岳、紫岳。据史书记载，早在四千多年前舜帝北巡时，遥望恒山奇峰耸立，山势巍峨，遂叩封为北岳，为北国万山之宗主。恒山山脉源于阴山，横跨塞外，东连太行，西跨雁门，南障三晋，北瞰云代，东西绵延五百里，号称一百单八峰。倒马关、紫荆关、平型关、雁门关、宁武关虎踞雄险，是塞外高原通向冀中平原之咽喉要冲，也是自古兵家必争之地。

  登上恒山，苍松翠柏、庙观楼阁、奇花异草、怪石幽洞构成了著名的恒山十八胜景。十八胜景各有千秋，犹如十八幅美丽画卷，展现在游客面前。尤其是世界一绝的天下奇观悬空寺，令游客如处于世外桃源，流连驻足。

图6-9 嵩山[2]

  5.嵩山

  嵩山（如图6-9所示）属伏牛山脉，其主体在今登封县境内，东邻省会郑州，西邻九朝古都洛阳。嵩山古称外方山，周平王东迁洛阳后，以左岱（泰山），右华（华山），嵩山

---

  ① 图片资料来源：http://blog.sina.com.cn/s/blog_4c225b9f0100h6xd.html。
  ② 图片资料来源：http://blog.sina.com.cn/s/blog_4c225b9f0100aj97.html。

位于中央，是为天地之中，故定嵩山为中岳。武则天天册万岁元年（公元695年）封禅嵩山时，改中岳为神岳。北宋以后，又称之为中岳嵩山。嵩山之顶名曰峻极，海拔1 492米，古有"崧高维岳，骏极于天"之说，站在峰顶远眺，北可望黄河之雄，南可望山川之秀。

中岳嵩山，群峰挺拔，气势磅礴，景象万千。由峰、谷、涧、瀑、泉、林等自然景象构成的中岳二十景，嵩门待月、箕阴避暑、石淙会饮等，这些自然景观或雄壮魁伟、秀逸诱人，或飞瀑腾空、层峦叠嶂、多彩多姿。嵩山林木葱郁，一年四季生机盎然。峻极峰上松林苍翠，山风吹来，呼啸作响，轻如流水潺潺，猛似波涛怒吼，韵味无穷。嵩山秋色，少室红叶更是迷人。少室山山势陡峭险峻，奇峰异观，比比皆是。

少室山景，以峰奇、路险、石怪、景秀而著称天下。山中群峰争艳，千奇百异，有的拔地而起，有的逶迤连绵，有的像猛虎蹲坐，有的似雄狮起舞，有的若巨龙睡眠，有的如乌龟爬行，峰峦参差，峡谷纵横，三千米栈道穿梭山腰，山道弯弯，宛若丝带逶迤在崇山峻岭中。从山南北望，一组山峰，互相叠压，状如千叶舒莲。少室山的南面，山姿很像古人戴的忠靖冠，所以宋代对其又有"冠子山"之称。少室山东侧山峰，参差错落，人们依其山势，取名为"石榴嘴"。山顶有个三皇寨，寨中有一座盘古洞，供奉着中华民族的三位先祖——黄帝轩辕氏、伏羲氏和炎帝神农氏。寨顶上边，还有5平方千米绝少有人涉足的原始森林，林茂花繁，山泉潺潺。少林武术名扬天下。少林寺，不但是声名显赫的佛教圣地、禅宗祖庭，而且是闻名中外的少林武术发源地。少林功夫以自己丰富的内涵，独特的风格，威震武林，名冠天下。

嵩山的一山一水，都留下了各个时期的名胜古迹和美丽动人的故事传说，为伟大祖国的壮丽河山和悠久历史增添了数不尽的耀眼光辉。

（二）低碳旅游

1.低碳旅游

顾名思义，低碳旅游即是一种降低"碳排放"的旅游，也就是在旅游活动中，游客尽量降低二氧化碳排放量，即以低能耗、低污染为基础的绿色旅行，是环保旅游的深层次表现。其中包含了政府与旅行机构推出的相关环保低碳政策与低碳旅游线路、个人出行中携带环保行李、住环保旅馆、选择二氧化碳排放较低的交通工具甚至是自行车与徒步等方面。

"低碳旅游"概念的正式提出，最早见于2009年5月世界经济论坛"走向低碳的旅行及旅游业"的报告。该报告根据世界旅游业以及航空、海运和陆路运输业的联合调查完成。报告显示，旅游业（包括与旅游业相关的运输业）碳排放占世界碳排放总量的5%，其中运输业占2%，纯旅游业占3%。目前，国务院通过了《国务院关于加快发展旅游业的意见》，就是在节能减排的大背景下，国家为配合低碳经济发展而进行产业结构调整的一个信号，而旅游业将成为最大的受益行业。与其他行业相比，旅游业很早就有了"无烟工业"的美称，本身属于服务行业，占用资源少，卖的又是环境和文化，而这恰恰与节能减排的目标相吻合。

事实上，在实践层面，民间的低碳旅游早已进行。多年前，在九寨沟等旅游景区，禁止机动车进入，改以电瓶车代替，以减少二氧化碳排放量。九寨沟能够多年一直保持清澈见底的水，与其采用统一的环保大巴不无关系。不过，对于正在摸索低碳旅游可行性措施的旅游业界来说，要将现有的整体上比较粗放的旅游发展方式彻底扭转到低碳、环保的发展道路上来，需要做的文章还有很多。

作为旅游主体的广大游客，要为低碳旅游出把力，则相对容易得多。假日去郊外的游客，只要稍稍改变一下习惯，在汽车后备箱中放上一辆折叠自行车，开车至郊外，改骑自行车，去体验野外的自然风光，便能在回归自然的同时，切实为低碳旅游做出贡献，这也是每个人都能采取的最简约的低碳旅游方式。越来越多的城市居民开始自觉地把低碳作为旅游的新内涵，出行时多采用公共交通工具；自驾外出时，尽可能地多采取拼车的方式；在旅游目的地，多采取步行和骑自行车的游玩方式；在旅途中，自带必备生活物品，选择最简约的低碳旅游方式，住的时候选择不提供一次性用品的酒店。

2.旅游减碳技巧

◆ 计算你的碳排放量
◆ 绿色行车
◆ 正确的航空之旅
◆ 拒绝包装
◆ 穿上套头衫
◆ 算算有多少垃圾
◆ 认养一处冰川
◆ 计算食物里程
◆ 和农民交朋友
◆ 请做素食者
◆ 隐身大自然
◆ 收获阳光
◆ 骑自行车
◆ 拼车
◆ 共洗盆浴
◆ 接雨水
◆ 认识标签
◆ 乘火车
◆ 徒步旅行
◆ 准备救生包
◆ 战高温
◆ 学会以货易货
◆ 出行多乘公交车
◆ 说服你入住的酒店停止使用一次性筷子等

（资料来源　佚名．旅游减碳技巧［EB/OL］．［2015-11-20］．http：//baike.baidu.com/view/3077292. htm，经过加工整理）

（三）中国地域特色文化

◆ 北京是京都文化、胡同文化、皇城文化、官场文化
◆ 天津是卫成文化、津味文化

◆ 山西是晋商文化、习武文化

◆ 东北是黑土文化、土炕文化、边域文化

◆ 上海市海派文化、移民文化、都市文化

◆ 江苏是长江文化、吴越文化

◆ 苏州是园林文化、水乡文化、丝绸文化

◆ 南京是古都文化、秦淮文化

◆ 杭州是西湖文化、水产文化、江南文化

◆ 福建是闽南文化、闽越文化

◆ 山东是齐鲁文化、儒家文化

◆ 河南是大河文化、中原文化

◆ 湖北是荆楚文化、集市文化

◆ 湖南是湖湘文化、伟人文化

◆ 广东是南粤文化、岭南文化

◆ 广州是商人文化、改革文化

◆ 深圳是特区文化、新潮文化

◆ 四川是巴蜀文化、盆地文化

◆ 重庆是巴渝文化、火锅文化、山城文化

◆ 陕西是西北文化、高原文化

◆ 澳门是旅游文化、博彩文化

◆ 香港是中国文化、国际文化

◆ 西安是黄河文化、古都文化

◆ 成都是盆地文化、西蜀文化

◆ 广西是壮族文化、山水文化

◆ 云南是民俗文化、植物文化

◆ 贵州是山地文化、古朴文化

◆ 西藏是雪域文化、宗教文化

◆ 新疆是西域文化、歌舞文化、古玉文化

◆ 内蒙古是草原文化、蒙古包文化

◆ 大连是足球文化、服装文化、洋派文化

◆ 海南是海岛文化、休闲旅游文化

（资料来源　李灵资. 趣味导游顺口溜［M］. 北京：旅游教育出版社，2005）

（四）中国地理谜语

◆ 一路平安——旅顺

◆ 风平浪静——宁波

◆ 日近黄昏——洛阳

◆ 八月飘香香满园——桂林

◆ 夸夸其谈——海口

◆ 千里戈壁——长沙

◆ 大家都笑你——齐齐哈尔

◆ 珍珠港——蚌埠

◆ 带枪的人——武汉

◆ 船出长江口——上海

◆ 金银铜铁——无锡

◆ 银河渡口——天津

◆ 久雨初晴——贵阳

◆ 两个胖子——合肥

◆ 双喜临门——重庆

◆ 努力炼钢——大冶

◆ 拆信——开封

◆ 东西北三面堵塞——南通

◆ 海中绿洲——青岛

◆ 空中码头——连云港

◆ 泰山之南——岳阳

◆ 逆水行舟——上杭

◆ 突飞猛进——腾冲

◆ 春水碧如蓝——青海

◆ 江淮河汉——四川

◆ 黄河解冻——江苏

◆ 东南北——西藏

◆ 宝树丛丛——吉林

◆ 终年积雪——长白

◆ 见脸不见发——包头

◆ 持久和平——长安

◆ 鹰击长空——高雄

◆ 谈天的都市——聊城

◆ 分明在湖上——日月潭

◆ 基本一样——大同

◆ 水陆要塞——山海关

◆ 君子之交——淡水

◆ 平安之地——泰州

◆ 白日依山尽——沈阳

◆ 全面整顿——大理

（资料来源　佚名. 地理谜语、中国皇帝［EB/OL］.［2011-09-02］. http：//wenku.baidu.com/view/107dd66d58fafab069dc0263.html，经加工整理）

实践训练

实践训练：旅游景区讲解服务训练

实训设计：

（1）将同学以寝室为单位分成若干团队。

（2）每个团队选出一名团长，将团队成员进行导游员的角色分配。

（3）每个团队依据导游服务景区讲解的基本程序和讲解技巧，设计自然景观讲解词，运用不同的讲解技巧进行训练讲解。

（4）每个团队成员在寝室或其他地方进行现场轮流演练。

（5）专业教师组织同学进行抽签讲解。

评价考核：评价考核内容见表6-1。

表6-1　　　　　　　　　　**导游员自然景观讲解技能评价考核**

内　容			评　价	
学习目标	评价内容	分　值	团队成员评价	教师评价
基本知识	导游带团游览自然景观的基本程序	10分		
	导游自然景观景区讲解方法的运用	10分		
专业能力	介绍典型自然景观的特色	10分		
	团队讲解服务的技巧	10分		
通用能力	导游语言表达能力	10分		
	团队应急问题解决能力	10分		
	导游服务创新能力	10分		
	导游的沟通协调能力	10分		
职业态度	工作态度	10分		
	团队合作意识	10分		
努力方向		建　议		

课后自主学习

根据下面素材，学生团队完成自然景观的导语设计、景点讲解。每个团队选出一人，课堂展示。

在国庆期间，大连某旅行社地接小黄接到一个接待任务。该旅游团是从上海宝洁来大连的一个12人旅游团队，主要由4个家庭组成，有中青年夫妇、孩子等，计划在本地旅游2天，团队希望能够多游览一些当地的自然景观。

任务七

人文景观的导游讲解

任务目标

通过学习人文景观讲解的基本程序，将人文讲解的历史背景、景点特色、景点地位、景点价值和名人评论等要素运用到"桂林旅游团的北京之行"的讲解中。运用人文景观导游讲解技巧，提升导游讲解的质量。

任务情境

2015年7月21日，导游员小张接待了从桂林来北京的18人团队。该团队来北京的行程是四晚五天（行程表见表7-1），参观的景点有世界上最大的城市中心广场天安门、世界上保存最完整及规模最大的皇家宫殿建筑群故宫、世界七大奇迹之一的长城等历史人文景观，也有鸟巢和水立方这两个著名的奥运场馆建筑的现代人文景观。最后参观的是中国国家博物馆。

表7-1 北京四晚五天行程

日 期	游览景观	住宿等级
第一天	接团，入住酒店；游览北京藏传佛教最大的也是唯一由王府改建的寺院雍和宫	谭家酒店（三星）
第二天	游览世界上最大的城市中心广场天安门、世界上保存最完整及规模最大的皇家宫殿建筑群故宫、鸟巢及水立方这两个奥运场馆建筑	谭家酒店（三星）
第三天	游览古代世界七大奇迹之一长城、埋葬古代帝王最多的十三陵、参观清代专为皇家御药房进药和提供医疗服务的北京同仁堂	谭家酒店（三星）
第四天	游览清代皇家园林的典型代表颐和园，参观最具皇家特色的典型工艺产品景泰蓝的制作	谭家酒店（三星）
第五天	游览世界上最大的皇家祭天场所天坛，参观国家博物馆，送团	

备注：北京地方接待价格860元，包括旅游景点第一道门票，9正4早的餐费（餐标为早餐5元、正餐20元），三星级酒店4晚住宿、豪华空调旅游车、导游服务等

相关知识

一、人文景观讲解的一般程序

1.人文景观游览一般程序

（1）游览的准备阶段。根据人文景观的特点、游客构成、时间要求正确选择游览线路。

（2）游览的初级阶段。运用导游技巧，选好合适的位置引导游客游览。

（3）游览的高潮阶段。把握时间、调整游客情绪，运用精彩、流畅、幽默的语言讲解。

（4）游览的享受阶段。留下时间让游客体味，适时引导游客学会赏景。

（5）游览的升华阶段。在适宜的场合，引领游客忆景。

2.正确、有效地讲解景观信息

（1）向游客传达的信息要正确、有效，并且是游客乐意听或喜欢听的信息。

（2）向游客讲解时要把握人文景观的历史特征、突出时代特征。

（3）要抓住景观的热点展开讲解，激发游客听景的兴奋点。

二、人文景观讲解的要点

1.人文景观的历史

人文景观的历史，就是景点何时所建，当时的社会状况如何。人文景观是千百年来劳动人民智慧的结晶，是人类社会发展历史的特征，其内容、形式、结构、格调、布局和风格无不带有深深的历史烙印，对游客具有强烈的吸引力。例如，万里长城是历史上我国各族人民抵御"外族"侵扰而兴建的防守工程；丝绸之路反映了我国与西域各国进行经济往来、物资交流的历史要求；古运河则反映了当时我国东部地区的经济发展和南粮北运的历史事实。因此，在导游讲解过程中，必须突出人文景观鲜明的地域性和时代性，使其成为现代游客了解历史和民族文化的一个窗口。

2.人文景观的地位

人文景观的地位，就是景点在世界上以及在国内、省内、市内处于何种地位，是国家哪一类的文物保护单位。人文景观既包括有形的事物，同时也包括无形的精神，它是人类历史的见证，其发展是随文化的发展、变迁而发展的。正因为自身独特的民族性、地域性和文化传承性，使其具有了独特性，在人们心中占有独一无二的地位。如中国的长城、兵马俑、北京故宫以及埃及的金字塔等。因此，通过独特性的介绍，向游客介绍景观的价值所在。

3.人文景观的热点

俗话说：看景不如听景。随着社会经济的发展，游客的旅游动机进一步向社会情趣、获取异地知识等方面转化。如何将祖国的美丽风光、文化古迹等景区的热点通过导游人员展现出来，让游客慕名而来，满意而归？这就需要导游人员善于捕捉旅游景区、景点的热点及焦点，经过其有的放矢的渲染，将景观热点转化成精神财富，让其焕发新的生命力。

三、人文景观特色讲解

1.人文景观的概念

人文景观又称文化景观，是指人们在日常生活中为满足其需求，利用自然界所提供的材料，在自然景观的基础上叠加了自己所创造的文化产品所形成的景观。人文景观是人类社会生产、生活等活动所留下来的具有观赏价值的艺术成就和文化结晶，是人类对社会发展过程所创造的文化产品的美感展现，是一定的地理条件和社会环境下人类政治、经济、军事等各项文化活动的积淀与遗存。

2.人文景观的特点

人文景观可供人们游览、观赏、猎奇，更可以作为考古、教学和科学研究的对象。一个国家或地区独特的民族状况、历史发展、文化艺术以及物质文明、精神文明等的内容，都可以构成人文景观。人文景观具有明显的时代性、民族性、地方性和高度的思想性、艺术性、活跃性，具有顽强的生命力。

（1）历史性。人文景观多体现了人类社会发展过程中的生活事物和行为特征，其内容、形式、结构、格调、布局和风格无不带有深深的历史烙印。

（2）民族性。人文景观是在特定的地理环境和特定的历史时期形成的。就其自身文化和观赏价值而言，不同的民族具有不同的生产生活方式、不同的价值观，所以不同民族所创造的民居、服饰、礼仪、歌舞、生产工具等人文景观必然要反映本民族的特色和意志。因此，各国、各地区的人文景观具有自身的独特性，也具有民族性。

（3）地域性。人文景观的地域性，一方面是指在特定民族区域内人文旅游资源景观表现不同，另一方面是由于自然环境差异，导致人文景观的不同。

（4）科学性。人们在自然环境的基础上创造的文化景观具有严谨的科学性，表现为地理环境与区域文化景观的和谐。例如，北方居民考虑干旱、风沙、强日照等影响，房屋多南向；南方居民考虑气候湿润的影响，多建"杆栏式"房屋。人文景观的科学性还表现在工程和造型的合理性与艺术性的有机结合上，如宫殿建筑群的主从、高低、造型、色彩等方面都十分和谐。

（5）继承性。人文景观的发展是随着文化的发展、变迁而发展的，每一个社会都有其相适应的文化，并随着生产的发展而发展。文化的发展有其历史的连续性，物质生产的连续性是文化发展的历史基础。在不同的环境背景下，人类创造了灿烂、辉煌的文化景观，并在发展中不断地累积、革新。

3.人文景观的类型

人文景观包括建筑、城市、村寨、园林、陵墓、遗址等可触、可视的物质景观，同时也包括山水文学艺术作品、民风民俗、民间传说、戏曲、社会风情、少数民族文化等抽象的非物质人文景观。按类型，人文景观主要分为：历史遗迹景观、宗教文化与艺术景观、建筑与园林景观、社会风情以及现代产业景观等。

（1）历史遗迹景观。历史遗迹是人类文明活动的踪迹，反映了不同历史时期的文化和事件，包括古人类遗址、陵墓、古城等类型。

（2）建筑与园林景观。建筑是文化景观中最具有说服力和代表性的因素之一。建筑成为历史文化的重要承载体，具体内容包括古代建筑、大型工程、民居建筑、园林建筑等。

（3）宗教文化与艺术景观。宗教建筑是在人类发展历史中逐步积累形成的，世界上各地区的宗教建筑保存相对较为完善，往往体现着时代的建筑艺术高峰，宗教建筑的艺术成就及宗教活动对游客都具有较强的吸引力。

（4）社会风情与传统节庆景观。社会风情与传统节庆景观是人类文明的重要组成部分，社会风尚是一个地区民族在特定的自然和社会环境下，在生产、生活和社会中所表现出来的风俗习惯，反映了社会风貌、社会教育，能使游客获得与众不同的感受，满足其猎奇心理。

（5）现代人造景观。随着现代旅游业的发展，游客对景观的需求也在不断产生新的变化。在科学技术高度发展的今天，人们可以通过不同的手段和方法，创造性地建设一些具有特殊吸引力的景观，如代表性的人造公园、主题乐园及娱乐活动场所等等。

4.人文景观美的欣赏

人文景观是千百年来劳动人民智慧的结晶，在赏析过程中，除了对其显性的形象直观欣赏外，更多的是要对其中的文化内涵、历史价值等隐性因素进行准确的揭示。

（1）协调美。人文景观的美不是孤立的，它与其他景观的有机配合、与自身的各种景观形式的合理协调，构成了丰富多彩的表现形式，形成了与众不同的艺术魅力。

（2）统一美。人文景观是整体统一的，是由各式各样的单体组成的一个整体。人们在欣赏过程中，既可以将其中的单体作为审美对象，欣赏单体的特色及文化内涵，也可从整体的角度来欣赏其深刻的艺术内涵。

（3）艺术美。人文景观的艺术美主要表现在其造型美、装饰美、表现美等方面。在对人文景观欣赏的过程中，要注意各类艺术美的表现形式、内在含义及象征意义。

（4）创造美。人文景观无一不凝结着劳动人民的聪明智慧，体现了人类在生产、生活和艺术实践中的无穷创造力。

四、人文景观讲解的技巧

1.导游特色讲解方法灵活运用

（1）分段讲解法。对于次要的景点，导游员可以采用点到为止的讲解，但对于重点游览的景点就不能面面俱到地介绍，而应采用分段讲解法。分段讲解法是指将一处大的景点分为前后衔接的若干部分来分段讲解。导游员在快要结束这一景区游览的时候，适当地讲一点下一个景区，目的是为了引起游客对下一景区的兴趣，并使导游讲解环环相扣。

案例7-1：
　　旅游团队游览颐和园的参观路线一般由东官门进，从如意门出，所以通常导游员分三段进行讲解，即分为以仁寿殿为中心的政治活动区、以慈禧的寝宫乐寿堂和戊戌变法失败后的"天子监狱"为中心的帝后生活区、以昆明湖和前山（长廊、排云殿至佛香阁的中轴线和石舫）为主要对象的游览区。

（2）针对性的讲解。在导游过程中，导游员对景观的热点、景观的特色、景观的独到之处，进行有针对性的讲解，便于画龙点睛地探索其中美的内涵。对于人文景观而言，不像自然景观那样往往可以直观赏析，而恰恰是那些景观所包含的、游客不可能直观看到的内容，才是人文景观最大的特点和引人之处。

第一，要针对景点热点进行讲解。

突出代表性。对人文景区游览规模较大的景点，导游员要做好前期讲解的计划，确定重点讲解的景观。这些景观既要有自己的特色，又能概括景区全貌。

突出与众不同之处。同为佛教寺院，其历史、宗派、规模、结构、建筑艺术、供奉的佛像各不相同，导游员在讲解时应突出介绍其与众不同之处，以有效地吸引游客的注意力，避免产生雷同的感觉。

第二，要针对游客进行讲解。

导游员在研究旅游团的资料时，要注意游客的职业和文化层次，以便在游览时讲解旅游团内大多数成员感兴趣的内容。投其所好的讲解方法往往能产生事半功倍的效果。

> **案例7-2：**
>
> 游览故宫时，面对以建筑业人士为主的旅游团，导游员除了介绍故宫的概况外，重点讲解了中国古代宫殿建筑的布局特征、故宫的主要建筑及其建筑艺术，还介绍了重点建筑物和装饰物的象征意义等。将中国的宫殿建筑与民间建筑进行比较，将中国的宫殿与西方宫殿的建筑艺术进行比较，不仅大大吸引了游客兴趣，而且也使导游讲解的层次大为提高。
>
> 如果面对的是以历史学家为主的旅游团，导游员应更多地讲解故宫的历史沿革及在中国历史上的地位和作用，以及在故宫中发生的重大事件等。

（3）触景生情法。触景生情法就是见物生情、借题发挥的一种导游讲解方法。它包含两层含义：其一是导游员不能就事论事地介绍景物，而是要借题发挥，利用所见景物使游客产生联想；其二是导游讲解的内容要与所见景物和谐统一，使其情景交融。

> **案例7-3：**
>
> 当旅游团经过故宫太和门广场，来到高大巍峨的太和殿时，导游员这样解说：朋友们，想象一下皇帝登基时的壮观场面——金銮殿香烟缭绕，殿前鼓乐喧天，广场上气氛庄严肃穆；皇帝升殿，文武百官三跪九叩，高呼万岁万万岁。游客朋友们，在电视电影上是否看到过末代皇帝溥仪三岁登基时被这隆重的场面吓得直哭，闹着要回家，而他的父亲连说"快完了、快完了"哄他的历史趣闻？其寓意多么微妙啊！
>
> 导游员使用了触景生情法，重在发挥，游客望着宏伟的太和殿，听着导游员风趣的讲解，发出欢快的笑声。当然，导游员要自然、正确、切题地发挥。

（4）问答法。在导游讲解中，导游员应根据不同的情况，有意识地创造一些情境，提出一些问题，激活游客一探究竟的强烈愿望，使游客由被动地听变成主动地问，使景物在游客的脑海中留下深刻的印象，同时也使导游的讲解过程生动活泼。

①自问自答法。自问自答法是由导游员自己提出问题并作适当停顿，让游客猜想，但并不期待他们回答，这样只是为了吸引游客的注意力，促使游客思考，激起游客的兴趣，然后再通过简洁明了的回答或生动形象的介绍，给游客留下深刻印象。

案例 7-4：

刚才有的朋友问西湖的水为什么这样清澈纯净？这就要从西湖的成因讲起：在12 000年以前，西湖还是与钱塘江相通的浅海湾，西湖周边的吴山和宝石山是环抱这个海湾的两个岬角。由于潮水的冲击导致泥沙淤塞，海湾和钱塘江逐渐分隔开来，西湖的湖形在西汉时期已基本固定，而到了隋朝时期才算真正固定下来，地质学上把这种由浅海湾演变而成的湖泊称作潟湖。此后，西湖通过山泉水的冲刷，再历经白居易、苏东坡、杨孟瑛、阮元等发起的五次大规模的人工疏浚治理，终于从一个自然湖泊发展成为风光秀丽的半封闭的浅水风景湖泊。

②我问客答法。我问客答，即由导游提出问题，导游员引导游客回答或讨论的方法。第一，这种方法要求导游员善于提问题，游客对所提的问题不会毫无所知，但会有不同的答案。第二，通常要回答的内容不会很难，只要导游员稍加提示，客人就可以回答出来。第三，导游员要诱导客人回答，但不要强迫回答，以免尴尬。第四，游客的回答不论对错，导游员都不应打断，要给予鼓励，最后由导游员讲解。

③客问我答法。客问我答，即游客提出问题，导游员回答游客问题的方法。第一，导游员要欢迎游客提问，这样可以减少导游员的"独角戏"，增加与游客交流的机会。第二，当游客提出某一问题时，表示他们对某一景物产生了兴趣，导游员对游客提出的问题不能取笑，更不能显出不耐烦，而是要善于有选择地将提问和讲解有机地结合起来。第三，导游员要掌握主动权，不要让游客的提问干扰了导游员的讲解，一般只回答一些与景点相关的问题。在引导游客提问时要巧妙地设定问题的范围。

④客问客答法。客问客答，即游客提问，由导游员引导其他游客回答问题的方法。当游客提出某一问题的时候，导游员没有立即作出回答，而是把这个问题又转给其他的游客来回答，这样能调动游客的积极性。当然，导游员要扮演好"导演"角色。

（5）制造悬念法。导游员用制造悬念来吸引游客的注意力，最后才把悬念揭开，使游客由衷地发出"原来如此"的感叹。

案例 7-5：

在介绍少林寺塔林时，导游员说："当年乾隆皇帝游历少林寺时，500多名侍从也没能查清楚少林寺到底有多少座塔！"说到这里，导游员没有继续向下说，给游客留下一个问号。游客不禁暗自猜想：到底有多少塔呢？为什么500人也没有数清楚呢？塔林游览完毕，导游员补充说："大家数清楚了吗？现在塔林有255座塔。当年乾隆皇帝来时这里古木参天、野草丛生，皇帝让一人抱一塔，有的两三人抱的是同一座塔而不知道，所以最终也没弄清楚到底有多少座塔。"

（6）类比法。类比法就是以熟喻生，达到类推比较的导游手法。导游员用游客熟悉的事物与眼前的景物相比较，会使游客感到亲切，可以达到事半功倍的导游效果。

①同类相似类比。将相似的两事物进行比较。导游员在实际讲解中，针对不同国家的游客，可将北京的王府井大街比作日本东京的银座、美国纽约的第五大街、法国巴黎的香榭丽舍大街；把上海的城隍庙比作日本东京的浅草；参观苏州时，可将其比作威尼斯（马

可·波罗将苏州称为"东方威尼斯");讲到梁山伯与祝英台或《白蛇传》中的许仙与白娘子的故事时,可将其比作中国的罗密欧与朱丽叶等等。

②同类相异类比。将两种事物比较出规模、质量、风格、水平、价值等方面的不同。例如,在讲解中,有的导游员将唐代的长安城与东罗马帝国的首都君士坦丁堡在规模上相比,将秦始皇皇陵地宫宝藏同古埃及第十八王朝法老图坦卡蒙陵墓的宝藏在价值上相比;将北京的故宫和巴黎的凡尔赛宫在宫殿建筑、皇家园林风格艺术上相比;将颐和园与凡尔赛宫花园相比。

对同样的两种景物,如果要比较的是相同之处,则可以选择同类相似类比;如要比较的是不同之处则可选择同类相异类比。这两种方法可以同时使用,并不矛盾。

③时代之比。导游员在导游讲解时,可进行时代之比。由于各国计年方式不同,在介绍历史年代时应注意游客的理解程度,要采用游客能理解的表述方式。

案例7-6:

以故宫的建设年代讲解为例。

第一种介绍:故宫建成于明永乐十八年。外国游客听了效果不会好,因为一般不会有几个外国游客知道这究竟是哪一年。

第二种介绍:故宫建成于1420年。讲解的效果比第一种好一些,这样说起码给了一个通用的时间概念,给人历史久远的印象。

第三种介绍:在哥伦布发现新大陆前72年,莎士比亚诞生前144年,中国人就建成了面前的宏伟建筑群——故宫。讲解效果最佳。

第三种介绍方法不仅便于外国游客记住故宫的修建年代,留下深刻印象,还会使外国游客产生中国人了不起、中华文明历史悠久的感觉。

④换算比较。换算就是将抽象的数字换算成具体的事物,这样方便游客理解。

案例7-7:

在介绍故宫的时候,如果导游员直接说故宫的房间相传有九千九百九十九间半,这个数字太过于抽象,不太好理解。可以进行这样一个换算:"如果让一个婴儿从出生的第一天开始每天晚上住一间的话,等他全部房间都住完,他已经27岁了。"这样介绍的话,游客就会发出由衷的感叹。

(7)画龙点睛法。用凝练的语句概括所游览景点的独特之处,给游客留下深刻印象的导游手法称为画龙点睛法。游客听了导游讲解,观赏了景观,既看到了"林",又欣赏了"树",一般都会有一番议论。导游员可趁机给予适当的总结,以简练的语言,甚至几个字,点出景物精华之所在,帮助游客进一步领略其奥妙,获得更高的精神享受。

案例7-8:

游览颐和园时,导游人员既要讲解张扬之美——佛香阁之高、长廊之长、昆明湖之宽阔、四大部洲之神秘,也要描绘颐和园的含蓄之美——灵秀的园中之园、神奇的岛中之岛、美妙的太湖奇石、造型各异的大小桥梁以及点缀在园中各处的亭台楼阁。

　　导游员如能将颐和园如盛宴般介绍开来，游客得到的就不仅是园林之美的感受，而是中国文化博大精深的感叹了。游客听完这样的讲解，除了会对颐和园大加赞赏外，一定会议论纷纷，这时导游员可以指出，中国古代园林的造园艺术可用"抑、添、对、借、障、框、漏"七个字来概括，并帮助游客回忆在颐和园中所见到的相应景观。

　　这种方法能起到画龙点睛的作用，不仅加深了游客对颐和园的印象，还可使其对中国园林艺术有初步了解。

任务实施

1.介绍北京之行第一天游览安排

导游员小张这样介绍：

　　各位游客朋友，我们所在之处就是北京的心脏地带——世界上最大的城市中心广场天安门，背后的这座高耸的碑柱就是人民英雄纪念碑（如图7-1所示），我们今天的北京之旅就将从这里开始。在正式游览之前，我先介绍一下今天的行程安排。我们将先参观毛主席纪念堂、人民大会堂，接下来我们游览世界上保存最完整、规模最大的皇家宫殿建筑群——故

图7-1　人民英雄纪念碑①

宫；午饭在故宫里解决；下午从故宫出来后，我们去参观堪称"世界之最"的两个奥运场馆建筑——鸟巢和水立方，切身感受一下奥运气息。

　　点评：

　　（1）介绍行程安排的内容。如果当天游览多个景点，在游览之前要向游客介绍今天的大致行程安排，有助于游客做到心中有数，心怀憧憬；如果是游览一处旅游景点，游览之前也要向游客大致介绍景点概况和独特空间布局等，有助于游客尽快地进入情境，并且带着一份好奇的心情一探究竟。

　　（2）介绍行程安排的技巧。北京的人文景观创造的是一种意境、一种气势，需要游客全面体验，才能见其宏伟。所以，在介绍行程安排和景点概况时，导游员小张强调了每一处人文旅游景观最大的特色，讲解时运用修饰语加以说明，这样既锻炼了语言表达能力，也提高了游客的积极性。

2.北京故宫景观的历史

　　导游员小张针对北京故宫这一规模较大的人文景点，从故宫的历史背景入手，按照故宫的结构、格调、布局和风格逐一展开，每一处景观的讲解无不带有深深的历史烙印，对游客具有强烈的吸引力。

　　……相传故宫始建于公元1406年，1420年基本竣工，为明朝皇帝朱棣始建。它又名紫禁城，今天人们称它为故宫，意为过去的皇宫。从清朝末代皇帝爱新觉罗·溥仪被迫宣告退位，上溯至1420年明朝第三代永乐皇帝朱棣迁都于此，先后有明朝的14位、清朝的

---

　　①　图片资料来源：http://www.dongbeifeng.com/bbs/read.php?tid=28288。

10位共24位皇帝在这座金碧辉煌的宫城里统治中国长达五个世纪之久。帝王之家，自然规模宏大、气势磅礴，而其正是几百年前劳动人民智慧和血汗的结晶。

故宫初建时，被奴役的劳动者有工匠十万、夫役百万。在当时社会生产条件下，能建造这样宏伟高大的建筑群，充分反映了中国古代劳动人民的高度智慧和创造才能。同时，为了保证修建故宫所需的原材料供应，耗用了大量的人力、物力。如所需的木材，大多采自四川、广西、广东、云南、贵州等地，无数劳动人民被迫在崇山峻岭中的原始森林里伐运木材。所用石料多采自北京远郊和距京郊二三百里的山区，每块石料往往重达几吨甚至几十、几百吨，如现在保和殿后檐的台阶，有一块云龙雕石（如图7-2所示）重约250吨。下面，请大家把思绪拉回现实来游览这座世界宫殿吧！

图7-2 云龙雕石[①]

点评：

（1）导游小张很好地把握了人文景观的历史，讲解中突出了时代特征，有助于理解人文景观本身和探寻人文景观所蕴含的历史文化底蕴。

（2）导游小张在讲解中除了涉及景观本身，还讲到了人文景观背后的故事或传说。这样不仅体现了文化内涵的延伸性，而且也增添了趣味性。

（3）导游小张在讲解中联系到当时劳动人民的血汗和智慧，将其内容口语化，口语化的东西让人听着舒服，拉近了游客与故宫的心理距离感与时空感，通俗易懂，不会使游客觉得索然无味。

3.北京故宫人文景观的地位

北京故宫人文景观规模宏大，它是人类历史的见证，在人们心中是独一无二的。因此，导游讲解比较特殊，有很大的发挥空间。小张在带领游客游览中，灵活运用讲解技巧，不失时机地向游客讲解景观地位的价值所在。

图7-3 故宫[②]

小张这样介绍：

帝王之家，自然规模宏大，气势磅礴。时至今日，故宫（如图7-3所示）是世界上规模最大、保存最完整的古代皇家宫殿建筑群，被誉为"世界五大宫之首"。由于这座宫城集中体现了我国古代建筑艺术的优秀传统和独特风格，所以在建筑史上具有十分重要的地位，是建筑艺术的经典之作，1987年已被联合国教科文组织评定为世界文化遗产。有的游客会问，那其他四大宫殿是哪里呢？嗯，某游客已经说了几个，正是法国凡尔赛宫、英国白金汉宫、美国

---

① 图片资料来源：http://www.cnzozo.com/pic/beijing100/2007/p070231975_38.shtml。
② 图片资料来源：http://010tianma.cn/Article/UploadFiles/200811/20081120094950657.jpg。

白宫、俄罗斯克里姆林宫。想必大家已经等不及一览这座世界宫殿的真面貌了，请跟随我继续往前走。

　　点评：（1）导游员小张在讲解故宫的历史地位时，注意突出景观的独特地位，句句紧扣故宫的特征，自豪地从世界范围、建筑地位、文化艺术方面把故宫的地位讲解得无可替代。

　　（2）灵活运用导游讲解方法。"有的游客会问，那其他四大宫殿在哪里呢？"小张讲解中运用的"提问法"取得了很不错的效果，一是拉近了与游客的距离，二是活跃了气氛，同时更扩展了游客的知识面，他们会从心里更加认同导游的讲解。

4.现代人文景观的热点

　　现代人文景观的特色和独到之处，也是景观讲解的热点。了解这些特点，便于画龙点睛地讲解其中"美"的内涵。在讲解现代人文景观鸟巢（如图7-4所示）时，既要突出鸟巢景观本身最大的特点，又要使游客对鸟巢景观有一个全面的了解。在这里，导游员小张运用类比法，将其与类似的典型景观或景物进行对比讲解，先说明其共同点再突出其差异性，在突出特色的同时又增强了说服力。

大家现在看到的就是目前世界上跨度最大的钢结构建筑、第29届奥林匹克运动会的主会场、国家体育场——"鸟巢"（如图7-4所示）。虽然29届奥运会已经闭幕，大家对于鸟巢已经耳熟能详了，但想必大家一定想身临其境地感受一下它的存在吧！接下来，大家就跟随我进去看看吧……鸟巢举办过多场歌星演唱会，你们知道鸟巢一天运行费用是多少吗？（游客相互猜着）导游说：大约70万元人民币。

图7-4　鸟巢①

　　我先来讲讲鸟巢的基本情况吧。鸟巢的建筑面积25.8万平方米，用地面积20.4万平方米，能容纳观众10万人。它与国家游泳中心（俗称"水立方"）分列于北京城市中轴线北端的两侧，共同形成相对完整的北京历史文化名城形象。这两个堪称"世界之最"的场馆建筑，无疑将为世界留下崭新的"奥运建筑遗产"。只有近距离观察鸟巢，才能体会到工程建设的复杂与精密。

　　鸟巢的特殊结构在于：鸟巢钢结构所使用的钢材厚度可达11厘米，以前从未在国内生产过。另外，在鸟巢顶部的网架结构外表面还贴上了一层半透明的膜。使用这种膜后，体育场内的光线不是直射进来的，经过漫反射，光线更柔和，既解决了照明问题，还解决了场内草坪的维护问题。更独具匠心的是，鸟巢把整个体育场室外地形微微隆起，将很多附属设施置于地下，这样既避免了下挖土方所需要的巨大投资，而隆起的坡地在室外广场的边缘缓缓降落，依势建成热身场地的2 000个露天坐席，与周围环境有机融合，节省了投资。从外观上看，仿若树枝织成的鸟巢，其灰色矿质般的钢网以透明的膜材料覆盖，其中包含着一个土红色的碗状体育场看台。在这里，中国传统文化中镂空的手法、陶瓷的纹路、热烈的红色与现代最先进的钢结构设计完美地融合在一起，赋予体育场以不可思议的

---

　　① 图片资料来源：http://www.jnxht.com/bbs/viewthread.php?tid=3564。

先进性和无与伦比的震撼力。

大家知道鸟巢的象征意义吗？还是让我来告诉你们吧！许多看过鸟巢设计模型的人这样形容：那是一个用树枝般的钢网把一个可容纳10万人的体育场编织成的一个温馨鸟巢！用来孕育与呵护生命的"巢"，寄托着人类对未来的希望。这种均匀而连续的环形也将使观众获得最佳的视野，带动他们的兴奋情绪，并激励运动员向更快、更高、更强冲刺。在这里，"人"被真正赋予中心的地位。鸟巢被《泰晤士报》评为全球"最强悍"工程……

点评：导游员小张充分调动了游客的眼球和想象力。通过生动的解说激发了游客的想象力，使游客的思绪进入导游安排的特定的意境中，达到探寻历史、体悟文化的境界。在游览讲解过程中，导游员小张主动去引导游客审美，使其特色贯穿于讲解始终，使游客对"热点"的期待得到满足。

5.人文景观的意义

同自然景观一样，人文景观可供人们游览、观赏、猎奇，更可以作为考古、教学和科研的对象，具有很大的历史、文化、旅游欣赏价值和意义。其中，教育功能比较突出，尤其是通过对人文景观的讲解，可以发挥人文景观的延续教育性。因此，导游员在讲解中要能客观地介绍历史，并恰当地结合现实，做到借题发挥，有的放矢，把人文景观的学术价值、思想价值充分地展现在游客面前，使游客的思想得到升华。

对于中国国家博物馆（如图7-5所示），导游员小张这样介绍说：

中国国家博物馆位于天安门广场东侧，与人民大会堂遥相呼应。2003年2月，它在原中国历史博物馆和中国革命博物馆两馆合并的基础上组建而成，以历史与艺术并重，集收藏、展览、研究、考古、公共教育、文化交流于一体，隶属于中华人民共和国文化部。

中国历史博物馆的前身是1912年7月9日成立的"国立历史博物馆筹备处"。1949年10月1日，在中华人民共和国成立的同日，其更名为

图7-5　中国国家博物馆[①]

"国立北京历史博物馆"，1959年更名为"中国历史博物馆"。中国革命博物馆的前身为1950年3月成立的"国立革命博物馆筹备处"。1960年正式命名为"中国革命博物馆"。1959年8月，位于北京天安门广场东侧的两馆大楼竣工，为建国十周年十大建筑之一。同年10月1日，在国庆十周年之际，开始对外开放。

中国国家博物馆坚持"以人为本"的建设发展理念；以"贴近实际、贴近生活、贴近群众"为原则；坚持"与我们这样一个大国地位相称，与中华民族悠久的历史和灿烂的文明相称，与蓬勃发展的社会主义现代化事业相称，与广大人民日益增长的精神文化需求相称"的建馆方向；以"国内领先、国际一流"为建馆目标；坚持"人才立馆、藏品立馆、业务立馆、学术立馆"的办馆方针。

中国国家博物馆是世界上建筑面积最大的博物馆，将会在保护国家文化遗产、展示祖

① 图片资料来源：http://baike.baidu.com/view/30295.htm。

国悠久历史、弘扬中华文明、进行爱国主义教育、开展对外文化交流、体现中华文化软实力等方面发挥积极而重要的作用。为适应构建公共文化服务体系和建设学习型社会的需要，将成为广大公众特别是青少年学习历史和文化知识、接受文明熏陶、进行终身学习的文化阵地和课堂。中国国家博物馆作为北京的标志性建筑之一，在相当长时期内，也将成为参观旅游的热点地区。

2007年3月至2010年年底，中国国家博物馆进行了改扩建工程。改扩建后的馆舍总建筑面积近20万平方米，硬件设施和功能为世界一流，藏品数量为106万件，展厅数量为48个，设有"古代中国""复兴之路"两个基本陈列，设有十余个各艺术门类的专题展览及国际交流展览。

当您徜徉于历史与艺术的长河中，一定会惊叹五千年中华文化的辉煌和灿烂，赞美世界文明的流光与异彩，感受艺术的纯真与大美，获得身心的愉悦。

点评：对于中国国家博物馆的重新开放，导游员小张规范、准确地给游客介绍了场馆的人文思想特征，讲解内容联系时代发展主题和热点，突出了国家博物馆重要的珍藏功能和文化艺术价值。

拓展阅读

1.北京的老字号

北京是我国六大古都之一，中华民族在这里创造出了辉煌灿烂的文化，老字号商贸文化现象则是人文景观中重要的组成部分。

老字号的诞生，源于商贸的兴盛。明朝定都北京后，在永乐年间修筑了内城，嘉靖年间又加筑了外城，基本形成了北京数百年前的城市格局。当时，大运河航运直达城内，陆路交通四通八达，全国客商云集而至，形成了以西单、东四、鼓楼前为闹市的商贸中心。

据《明宣德实录》记载，为活跃京城商贸，朝廷曾从南京动迁2.7万商户，于前门、鼓楼等地招商居货，建店置铺，使各地商货于京产销。如今，苏州胡同、镇江胡同、陕西巷、山西街等，这些自明初至今未改的地名，印证了当时这一举措。据传，由明宰相严嵩题写匾牌的鹤年堂药店、六必居酱园，是至今仍经营的老字号，已有近500年历史了。

清康熙、乾隆、嘉庆年间，北京的商贸经济发展到了鼎盛时期，驰名中外的老字号如月盛斋、烤肉宛清真饭庄、同仁堂药店、马聚源帽店、荣宝斋及湖广会馆大戏楼等，声名远播，且数百年不衰。北京800多年特有的古都经济中心的优势，使众多老字号得以生存发展，成为全国著名老字号的集中地点之一。

老字号不仅是一种商贸景观，更重要的是一种历史传统文化现象。"不到长城非好汉，不吃烤鸭真遗憾"，使全聚德成为北京的象征。而京城民间歇后语，如"东来顺的涮羊肉——真叫嫩""六必居的抹布——酸甜苦辣都尝过""同仁堂的药——货真价实""砂锅居的买卖——过午不候"等，生动地表述了这些老字号的品牌特色。

作为数朝古都和新中国的首都，历代名人几乎都在这里留下了踪迹，而许多老字号都与这些历代名人有着种种渊源。远至封建时代的皇帝重臣、学人名士，近到当代的国家领袖、社会名流，都为老字号增添了独有的色彩，使北京的老字号成为京城文化的一脉。一些著名老字号，已经编成了书、演成了戏，它们的故事家喻户晓。老字号已成为北京的特色文化现象。

　　大多数老字号都是山南海北、全国各地的人在京创建的，它们融汇各地、各民族的特色，形成了一大商业景观。这里既有苏杭的绸缎、安徽的茶叶、江西的瓷器、广州的海货，也有山东的饭馆、东北的烤肉、山西的药店、山东的糕点……无论何方人士，在京城都能寻找到家乡特色的老字号。

　　正是这些不同特色的老字号，汇聚成了京城老字号商业文化的魅力。老字号在形成发展过程中创出了独特的经营之道，成为一种知名品牌。这种老字号品牌是一种无形资产，它的含金量是难以估算的。北京人曾经有"头戴马聚源，脚蹬内联升，身穿八大祥"之说，就是品牌的魅力的最好体现。

　　当然，对老字号的商业价值和文化价值，并不是所有人都能认识的。"文革"时一些老字号曾被更名换姓，其经营特色也被批判掉，使老字号损失惨重。改革开放以来，不少老字号都恢复了原名，各自挖掘传统品牌优势，走上发展之路。近些年来，有关部门对老字号的继承和发扬做了大量的工作。随着社会主义市场经济的有序发展，老字号的市场竞争优势正越来越显现。为弘扬民族优秀传统文化，我们应加强对老字号传统文化的研究，继承和发扬老字号的特色经营之道，激发老字号在市场竞争中的活力，让老字号成为北京永远的亮丽人文景观。

　　（资料来源　佚名. 京城老字号命名趣闻［EB/OL］.［2011-11-02］. http：//www.beijing.gov.cn/jhlzh/lzh/shmzlzh/ys/t664986.htm）

　　2. 雍和宫

　　大家可以带着人文景点的六要素来读读下面的导游词，模拟游览雍和宫（如图7-6所示）。

　　各位游客大家好，我是你们的导游！今天大家将跟随我一起去游览雍和宫。雍和宫坐落在北京北二环，西临孔庙与国子监，占地面积约6.6万平方米，它是北京现存规模最大的一座藏传格鲁派皇家寺院。雍和宫曾是乾隆皇帝的出生地，不仅具有皇家寺院的气派，现在更以深厚的藏传佛教文化吸引着世界各地的游客，所以我们可能会看到很多金发

图7-6　雍和宫[①]

碧眼的外国人慕名前来参观，并且也会看到许多明星前来游览。

　　我们现在看到的这片景区在明代叫太保街，这里曾是明朝太监们的官房。到了清代，康熙皇帝把此地分封给了他的四皇子胤禛，因为胤禛是和硕雍亲王，所以此地也称为雍王府。在胤禛继位后，雍王府变成了潜龙邸，雍正下旨将雍王府扩建为行宫，并赐名为雍和宫。

　　在行宫时期，雍和宫是"粘杆处"，说白了就是一个特务机关。这里面的侍卫个个身怀绝技、武艺高超，专为雍正捉拿异己，捕杀政敌。

　　虽说雍正杀人不少，但他在历史上也称得上是一位明君。他在位时，废除了满族贵族的许多特权，但也进行了太多杀戮，相传甚至杀掉了自己的亲生儿子弘时。也正因为雍正生前杀戮太重，所以他的儿子乾隆皇帝在咨询了西藏章嘉活佛之后，遂将雍和宫改为黄教

（格鲁派）的寺院，愿借舍宅为寺的功德超度乃父的在天之灵。

　　说到这里，我要介绍一下这位著名的章嘉活佛，章嘉活佛一生颇具传奇色彩，并且在康乾盛世中创造了不可磨灭的功勋。在我国蒙藏地区有四大活佛，班禅、达赖分管前藏、后藏，章嘉活佛分管青海，还有一位大活佛分管蒙古，这些活佛都以灵童转世制而世代相传。这位章嘉活佛的前世二世嘉曾是雍正皇帝的老师，而在老章嘉圆寂后，他的转世灵童三世章嘉在青海郭隆寺被指认。七岁时，因为他所主持的寺院参加了反对清王朝的叛乱而遭到清军围剿，年幼的小活佛被几名近侍僧人保护着躲到了附近的山洞里。雍正皇帝命人将小活佛找到并护送到京，清军接旨后四处贴出布告，限时交出小活佛，否则将村庄寺院荡平。闻此讯后，躲到山洞里的僧人哭作一团，认为不论下山与否都难免一死。在此情况下，小活佛不愿连累别人，挺身而出，毅然走下山来，见到清军毫无惧色，对答如流，这引起了清军大将的惊诧，同时也非常喜欢这个小活佛。他们将小活佛护送到京后，雍正皇帝召见他时，见到这位小活佛彬彬有礼，十分天真可爱，不由得将小活佛抱在了怀里。

　　雍正皇帝给小活佛很多特殊的赏赐，最主要的是让小活佛与他的第四子弘历（就是后来的乾隆皇帝）一同学习。因为章嘉活佛与乾隆皇帝自幼同窗，自小就建立起了纯真、深厚的友谊，所以在他们成年后，各自登上了政、教高位后，便终生合作，配合默契。章嘉活佛一生参与解决了当时的许多民族、宗教问题，往往是受命于危难之时，所以在他的身份感召和努力下，当时清朝出现了空前的民族大团结的局面，这也为今日民族大团结的格局立下了汗马功劳。

　　当时京城的百姓对章嘉活佛的崇信也到了惊人的程度。据史料记载，当时人们看到章嘉活佛的马车过来，都争相把手绢铺在地上，让车轮从上面压过，以此作为福运。

　　现在，我们看到的雍和宫的主体建筑依次是：牌楼、辇道、昭泰门、铜兽、天王殿、铜鼎、碑亭、须弥山、雍和宫、永佑殿、法轮殿、万福阁。

　　在过去，雍和宫整座建筑分为东西中三部分。

　　在东部，南面称为连房，是喇嘛学僧们的起居住所；北面是东书院，是古朴典雅的园林式建筑，相传东书院内的如意室就是乾隆皇帝的出生地。

　　西部曾是雍和宫的佛教护法关帝的庙宇。大家可能奇怪，关老爷是武财神，怎么变成了佛门的护法了，其实在《三国演义》里面"玉泉山上关公显圣"一章讲出了前因后果。据说，关羽被孙权大将吕蒙活捉后，孙权本欲劝降，但他的手下谋士力阻，说想当年曹孟德三日一大宴五日一小宴，关羽不也是过五关斩六将离他而去吗？孙权听到此处，就命人将关羽斩首并将其头高悬城楼以灭蜀国士气。但是关羽死后魂魄不散，魂魄一直飘至荆门玉泉山。玉泉山上有一老僧，法名普净，原是汜水关镇国寺中住持，当年关羽过五关时，曾在汜水关险些被害，正是这位普净长老搭救，后来长老因救关羽而躲难云游天下，来到这个玉泉山，结草为庵，每日与诸徒讲经论道。一天半夜，长老正在庵中静坐，忽闻空中有人大呼："还我头来！"普净仰面观看，只见关公魂魄飘荡至此。就以手中拂尘点指曰："云长安在？"关公认出长老说："向蒙相救，铭感不忘，今关某遇祸而死，愿求清诲，指点迷途。"普净曰："昔非今是，一切休论；后果前因，彼此不爽。今将军为吕蒙所害，大呼还我头来，然则颜良、文丑，五关六将等众人之头，又将向谁索耶？"于是关公恍然大悟，稽首皈依成为佛门的护法尊神。

感谢这一路大家对我工作的支持和配合，希望你们旅途愉快！

（资料来源　佚名. 雍和宫导游词 [EB/OL]. [2010-02-12]. http：//www.qianggen.com/2010/0212/7369.html）

3. 现存长城

现存长城共9座，分别是八达岭长城、慕田峪长城、司马台长城、金山岭长城、山海关长城、嘉峪关长城、虎山长城、九门口长城、大同长城等。

（1）八达岭长城。位于北京延庆的八达岭长城是明长城中保存最完好、最具代表性的一段。这里是重要关口居庸关的前哨，海拔高度1 015米，地势险要，历来是兵家必争之地，是明代重要的军事关隘和首都北京的重要屏障。登上这里的长城，可以居高临下，尽览崇山峻岭的壮丽景色。迄今为止，已有包括尼克松总统、撒切尔夫人在内的三百多位知名人士到此游览。

（2）慕田峪长城。慕田峪长城位于北京市怀柔区，距北京城73千米。作为北京著名长城景点之一，它是明朝万里长城的精华所在。慕田峪长城的构筑有着独特的风格，这里敌楼密集，关隘险要，城墙两侧均有垛口。

（3）司马台长城。司马台长城位于北京市密云县东北部的古北口镇，距北京120千米。司马台长城由戚继光督建，它东起望京楼，西至后川口，全长5.4千米，有敌楼35座，整段长城构思精巧，设计奇特，结构新颖，造型各异，堪称万里长城的精华。1987年，司马台长城被列入世界遗产名录，属于国家级重点文物保护单位，是我国唯一保留明代原貌的古建筑遗址。

（4）金山岭长城。金山岭长城位于距北京市区140千米的密云县与河北滦平县交界的燕山山脉之中。它西起龙峪口，东止望京楼，全线10.5千米，沿线设有建筑各异的敌楼67座，烽火台2座，大小关隘5处。这里敌楼密集，一般50～100米一座，墙体以巨石为基，高5～8米，并设有拦马墙、垛墙和障墙，形式多样，各具特色，被誉为"万里长城，金山独秀"。

（5）山海关长城。山海关长城位于举世闻名的万里长城的入海处。现属山海关境内的长城全长26千米，主要包括老龙头长城、南翼长城、关城长城、北翼长城、角山长城、三道关长城及九门口长城等地段。老龙头长城是长城入海的端头部分，有"中华之魂"的盛誉。

（6）嘉峪关长城。嘉峪关长城是明代长城最西端的起点，建于明洪武五年（公元1372年），是目前保存最完整的一座城关，河西第一隘口，有"天下第一雄关"的美名，也是丝绸之路上的重要一站。城关是由内城、外城和城壕组成的完整军事防御体系，现在看到的城关以内城为主，由黄土夯筑而成，外面包以城砖，坚固雄伟，城关两端的城墙横穿戈壁，在这里可以体会到大漠孤城的苍凉。

（7）虎山长城。虎山位于辽宁省丹东市城东15千米的鸭绿江畔，面积4平方千米，主峰高146.3米。虎山峰顶是万里长城的第一个烽火台，站在烽火台上环顾四周，朝鲜的义州城、中国的马市沙洲和连接丹东与新义州的鸭绿江大桥清晰可见。

（8）九门口长城。九门口长城坐落在辽宁省绥中县李家乡新台子村，距山海关15千米，全长1 704米。其南端起于危峰绝壁间，与自山海关方向而来的长城相接。自此，长城沿山脊向北一直延伸到当地的九江河南岸，在宽达百米的九江河上，筑起规模巨大的过河城桥，由此继续向北逶迤于群山之间。"城在水上走，水在城中流"便是人们对九门口长城的形象描述。

（9）大同长城。明代大同为九边重镇之一，战略地位十分重要。大同明长城主要建于嘉靖年间，由宣大总督翁万达创修。大同镇长城东起天镇县东北镇口台，西至丫角山（今内蒙古清水河子上村东山），全长335千米。据《三云筹俎考·大同总镇图说》统计，大同镇先后修大边、二边516.3里；内五堡、外五堡、塞外五堡、云冈六堡等主要城堡72座（城20，堡52）；边城776个；火路墩833个。明内、外长城在大同境内总长为400多千米，为山西省重点文物保护单位。

（资料来源　佚名. 关于长城的资料［EB/OL］.［2011-07-23］. http://www.tom61.com/xiaoxuezuowen/kewaituozhansucai/2011-07-23/14979_3.html）

4. 明十三陵

十三陵是明朝十三个皇帝的陵墓。明朝历经十六帝，为什么叫十三陵呢？这要追溯一下明朝的历史。明朝开国皇帝朱元璋建都于南京，死后葬于南京钟山之阳，称"明孝陵"。第二帝即建文帝朱允炆，因其叔父朱棣以"靖难"（为皇帝解除危难之意）为名发兵打到南京，建文帝不知所终，有人说出家当了和尚，总之是下落不明（这在明朝历史上是一个悬案），所以没有陵墓。第七帝朱祁钰，因其兄英宗皇帝被瓦剌所俘，在太后旨意和大臣的拥护下当上了皇帝。后来，英宗被放回，在心腹党羽的策划下，搞了一场"夺门之变"，英宗复辟。朱祁钰死后，英宗不承认他是皇帝，将其在天寿山区域内修建的陵墓也捣毁了。而以"王"的身份将他葬于北京西郊玉泉山。这样，明朝十六帝有两位葬在别处，一位下落不明，其余十三位都葬在天寿山，所以称"明十三陵"。

5. 景泰蓝

（1）警惕景泰蓝赝品。收藏景泰蓝，除了认清年代外，在器型的选择上应以人物、动物为首选。从20世纪的60年代开始，景泰蓝出现仿制品，主要仿造清代乾隆时期以后的器物。景泰蓝使用的主要颜料为珐琅色料，伪造者为降低成本，往往用其他色料代替。伪造的一般方法是：先制成铜胎，并用铜丝掐成各种图案，接着将普通颜料研磨后填入灼烧，烧成后镀金，再用细石将表面的硬棱磨掉。各道工序完成后还要在其表面涂上一层杏干粥，使其生锈。数十天后把表面的锈除去，再用胭脂油擦一遍，其颜色和光润程度可与旧器物相混淆，但藏家只要仔细观察，便能分辨真伪。

（2）设计与质料同样重要。景泰蓝以明代的制品为佳，凡是明代的制品，它的质料都是透亮而不发磁，而大绿一色，其透亮则更比他色更为厉害。它的特性与玻璃略同，绿色象油绿的翠玉，红色像昌化的鸡血，紫色犹深色的紫晶，蓝色类似于蓝靛，白色类似凝脂，浅绿色发蓝，黄色与生姜汁略掺黄米相同；其丝胎皆是黄铜，镀金为大镀；器物上均有沙眼。到了乾隆时期，无论何种颜色，它的料都是不透亮而发磁，因为明代透亮的料子到此时已经见不到了。所以，清代所制景泰蓝的丝胎多是红铜，它的镀金亦是火镀，乾隆时期所制的以黄白两色为最佳，其黄色黄而发干，与煮熟的鸡蛋黄相同，后来仿制的，多是黄中发绿或发红，与乾隆时的干黄色不相似。乾隆时期的白色也最难仿制，其中原因有两点：一是因其白色与东渠石色没有差异，仿者须用六品顶珠制成，然而顶珠不易得到，二是因其白色白而且干，虽然后来也发明一种干料，但烧时不易熔化，相比其他材料，吃火特别厉害，如果不是精良的工匠制作，器物极易受伤。

　　跟随张同禄大师制作景泰蓝近30年的高级工艺师李佩卿说，小作坊没有资深设计师，如果没有大师的指导，从图案、花纹到做工都非常粗糙。张同禄大师画的就特别生动，这种设计都是基于大师艺术修养才能设计出来的，即使抄袭也不会精细到这种程度。

　　（资料来源　百度百科.景泰蓝［EB/OL］.［2016-03-06］.http://baike.baidu.com/view/16328.htm#5.经加工整理）

　　6.北京人文景观集锦

　　（1）历史。50万年前周口店出现"北京人"。春秋战国时期为燕国都城，称蓟。辽为陪都，称南京，又名燕京。金建都于此，号中都。此后800年，元称大都，明、清称京师，曾改称为北平、北京。

　　（2）地理。位于华北平原北端，东经116°25′，北纬39°54′，面积16 410平方千米，市中心海拔43.5米，年均气温11.5℃，东距渤海150千米。东南部为平原，西北部为燕山、太行山山地。属暖温带半湿润大陆性气候，1月平均气温-9℃～-4℃，7月气温25℃左右，年平均降水量480毫米左右。主要有汉、回、满、蒙古等民族。

　　（3）小吃。爆肚、灌肠、豆腐脑、豆汁、炒肝、面茶、羊头肉、卤煮火烧、艾窝窝、蜜麻花、炸糕、豌豆黄等。

　　（4）文化。京剧融南北戏剧之长，形成行当齐全、表演精湛、内容广泛、人才辈出的艺术，是中国戏剧的代表剧种。评剧生活气息浓郁，刻画人物细腻生动，唱腔甜润，深受欢迎。北京人民艺术剧院的"京味话剧"具有鲜明的地方特色，表演炉火纯青，备受海内外观众赞誉。相声艺术则以辛辣幽默征服了广大群众。

　　（5）北京之最。

　　①最长的防御城墙——万里长城。

　　②现存规模最大、保存最完整的宫殿建筑群——故宫。

　　③最大的城市中心广场——天安门广场。

　　④最大的祭天建筑群——天坛。

　　⑤造景丰富、建筑集中、保存最完整的皇家园林——颐和园。

　　⑥建国最早的皇城御园——北海。

　　⑦保存完整、埋葬皇帝最多的墓葬群——十三陵。

　　⑧发现直立人化石、用火遗迹和原始文化遗存最丰富的古人类文化遗址——周口店北京猿人遗址。

　　⑨收藏石刻经版最多的寺庙——云居寺。

　　⑩铭文字数最多的大钟——永乐大钟。

　　（资料来源　万小鱼.北京人文景观集锦［EB/OL］.［2006-05-15］.http://bbs.55bbs.com/thread-360897-1-1.html）

　　7.各地之"怪"风俗

　　（1）云南十八怪①

　　云南第一怪，鸡蛋用草串着卖。鸡蛋如此包装不易破碎，而且恰似一件奇特的艺术品。

　　云南第二怪，粑粑饼子叫饵块。捣一捣再烤一烤，抹点酱还特别香，这种携带方便可

――――――――――
　　①　图片资料来源：http://www.nongli.com/Doc/0503/1817850.htm。

口的食品叫"饵块"。

云南第三怪，三只蚊子炒盘菜。森林里、草沟中，草木枝叶茂盛，养育出的蚊虫个头非同一般。

云南第四怪，石头长到云天外。石林风光天下绝景，鬼斧神工令人不可思议。

云南第五怪，摘下草帽当锅盖。用草编织而成的帽子当锅盖不仅捂得严，还能给食物一种清香。

云南第六怪，四季衣服同穿戴。长年温度不变的气候造就了人们衣着的多姿多彩。

云南第七怪，种田能手多老太。险峻的高原造就了勤劳勇敢的各族人民，其中妇女尤为能干。

云南第八怪，竹筒能做水烟袋。这玩意儿颇具科学性，既保持了旱烟的醇香，又用水过滤了其他杂质，而且发出的"咕噜"声音很好听。

云南第九怪，袖珍小马有能耐。这里土生土长的牲口个头小，但是能驮能爬山，本事非凡。

云南第十怪，蚂蚱能做下酒菜。把蚂蚱做成美味，炸得焦黄，张嘴一咬……

云南十一怪，四季都出好瓜菜。土地肥沃，气候温和，几乎任何时候都能出产优质蔬菜。

云南十二怪，好烟见抽不见卖。云南人为自己出产的第一流卷烟感到自豪，却也为在自己家门口买不到而感到困惑。

云南十三怪，茅草畅销海内外。山里的东西样样都是宝，改革开放使它们获得了新生。

云南十四怪，火车没有汽车快。山高路险，常常使现代化的交通工具有劲使不上。

云南十五怪，娃娃出门男人带。这里的汉子爱妻爱儿成为风尚，"模范丈夫优秀爹"在街头比比皆是。

云南十六怪，山洞能跟神仙赛。云南独特的地貌使得这里山洞众多，且洞内幽静清爽，胜似神仙居留之地。

云南十七怪，过桥米线人人爱。滚烫的鸡汤配之以生肉、生菜和米线构成了云南最有名的风味小吃。

云南十八怪，鲜花四季开不败。云南冬暖夏凉，四季如春，是鲜花的海洋。

（2）云南吉鑫园十八怪①

吉鑫之一怪：边吃米线边拍卖，　　吉鑫之十怪：大理石头当画卖，

吉鑫之二怪：刀山花杆擂台赛，　　吉鑫之十一怪：博士帽子茶馆戴，

吉鑫之三怪：松茸成了天皇菜，　　吉鑫之十二怪：过桥宫里有村寨，

吉鑫之四怪：歌舞成了下酒菜，　　吉鑫之十三怪：滇味宴席百家菜，

吉鑫之五怪：锅盖当做帽子戴，　　吉鑫之十四怪：舒筋活血爱尼寨，

吉鑫之六怪：四季鲜花也是菜，　　吉鑫之十五怪：翡翠黄金煎饼卖，

吉鑫之七怪：竹虫蜂儿炸盘菜，　　吉鑫之十六怪：牛奶做成扇子卖，

吉鑫之八怪：烟筒装酒真奇怪，　　吉鑫之十七怪：土锅通洞蒸鸡卖，

吉鑫之九怪：毛泽东厨师本姓解，吉鑫之十八怪：过桥米线看家菜。

不奇不怪，不使人爱。说也怪、道也怪，吉鑫园也有十八怪。不信请你走到吉鑫来，看看到底怪不怪。

（3）陕西十大风俗习惯②

俗话说，"百里不同风，十里不同俗"。在陕西这块黄土地上，由于气候、经济、文化等多方面原因的影响，陕西人（关中人）在衣、食、住、行等方面，形成了一些独特的生活方式。外地人对此十分好奇，经过汇集称之为"陕西十大怪"（即"关中十大怪"）。

陕西一大怪——面条像裤带。三秦面条真不赖，擀厚切宽像裤带；面香筋道细又白，爽口耐饥燎得太。关中人吃面，喜欢将面和硬揉软、擀厚、切宽。这种面煮熟以后，捞在碗里，无论是浇臊子，还是泼油辣子，吃起来都很光滑、柔软、有筋性，既可口又耐饥。人们脖子一伸一缩，呼噜噜吞进肚里，吃饱吃胀，饱嗝一打，顿时浑身上下都是力气，拉架子车、上山扛石头，五六个小时不吃不喝也不觉得饿。

陕西二大怪——锅盔像锅盖。饼大直径二尺外，又圆又厚像锅盖。陕西把饼叫锅盔，里酥外脆易携带。做锅盔，面要和得很硬，硬得用手都揉不动，要借用木杠来压揉，然后放在直径2尺以上的大锅中慢

—————
① 资料来源：http://travel.poco.cn/travel_lastblog.htx&id=3250328。
② 图片资料来源：http://blog.sina.com.cn/s/blog_4cd389610100ryi5.html。

慢烤制而成。这样，烙成的锅盔外脆里酥，清香可口，放上十天八天也不会变味。

陕西三大怪——辣子是主菜。虽说湘川能吃辣，老陕吃辣让人怕；辣面拌盐热油泼，调面夹馍把饭下。"油泼辣子"看着红、闻着香、吃着辣，既能用来调面，又能夹馍吃。人们常说"油泼辣子冰冰面吃着燎（好）着咧！"

至于说辣子，一般人都以为是湖南人、四川人能吃辣椒。其实四川人只是把辣子当成一种调料，而在陕西"油泼辣子"却是一道正经八百的菜肴。就连西安城里家家户户前也是挂满一串串喜人的红辣椒。

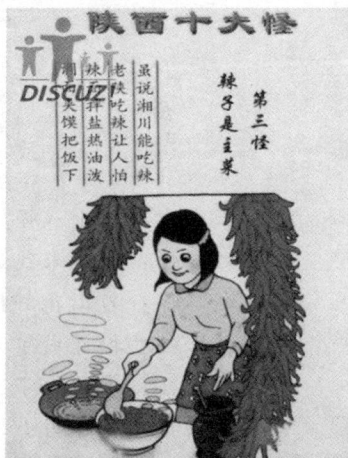

陕西四大怪——碗盆难分开。老陕饭碗特别大，面条菜肴全盛下；一碗能把肚填饱，老碗会上把话拉。陕西人（老陕）吃饭，喜欢用一种耀州产的直径近1尺的白瓷青花大碗，当地人称为"老碗"。这种老碗甚至比小盆还大，所以往往碗盆难分。在关中农村，每到吃饭时，村头、庄前、树下，男人们就端着大老碗（一碗汤饭外加两块馍足有六七两），蹲在一起，津津有味地边吃饭边说话，这就是有名的"老碗会"。在农村，人们劳动强度大，干活出力多，吃饭也多，所以出门用老碗盛一下就够了，不用再回家去盛饭，省了不少麻烦。

陕西五大怪——手帕头上戴。陕西农村老太太，花格手帕头上戴；防晒防尘又防雨，洁手擦汗更风采。

在反映陕西人以前生活的"西部片"中，经常看到戴羊肚毛巾、身穿对襟夹袄的老汉及老年妇女头上都戴着（顶着）一块黑色或白色的帕帕（手帕）。你如有幸到关中农村，这里的情形和你在电影里看到的一模一样。原来陕西地区盛产棉花，当地人习惯把用棉花织成的手帕戴在头上，它既可防尘、防雨、防晒，还可以擦汗、擦手和用来包东西，真可谓既经济实惠又方便。

陕西六大怪——房子半边盖。乡间房子半边盖，省工省钱省木材；遮风避雨又御寒，冬暖夏凉好运来。

无论是在西安城还是陕西农村，都随处可见"一边盖"的房子。何为一边盖？一般的房子房顶为人字形，可是陕西的房子却是人字的一撇。据说因为陕西干旱少雨，所以这一边盖的房子能让珍贵的雨水全部流到自家的田地里，正所谓"肥水不流外人田"。另外，近百年来陕西农业发展缓慢，人口却迅猛增加。农村中原来聚居生活的家庭因土地面积有限，而人口众多，住宅紧张，于

是便形成了房子"半边盖"的历史。

陕西七大怪——姑娘不嫁外。长安建都十几代，人杰地灵春常在；风调雨顺生活好，陕西姑娘不对外。据说关中地区土地肥沃，所以极少有人为生存而奔波于他乡异地。因而有"老不出关（潼关），少不下川（四川）"的谚语，久而久之，不仅男人们不外出远行，就连姑娘们也不远嫁他乡。

陕西八大怪——不坐蹲起来。老陕脾气真古怪，有凳不坐蹲起来；问他为啥不坐着，太阳晒着很自在。由于关中的男子们一日三餐都要蹲在一起开"老碗会"，一蹲就是一个多小时，加之人们冬天喜欢蹲在背风向阳的地方"晒暖暖"或者"丢方"、下棋，于是关中人就养成了"蹲"的习惯。外地人说这是"板凳不坐蹲起来"。实际上是人们劳累后歇息的一种习惯。

陕西九大怪——睡觉枕砖块。三秦大地庄稼汉，不爱软枕爱硬砖；冰凉坚实有奇效，醒脑提神金不换。在陕西这块黄土地上，由于气候、经济、生活等多方面原因的影响，人们睡觉喜欢枕着泥土制成的硬的砖头，既凉快，又吸潮。

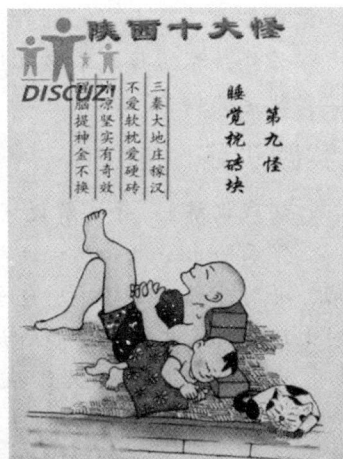

陕西十大怪——唱戏吼起来。民风淳朴性彪悍，秦腔花脸吼破天；台下观众齐欢畅，不怕戏台要震翻。唱戏，指秦腔。其特点是高昂激越、强烈急促。尤其是花脸的演唱，更是扯开嗓子大声吼，当地人称之为"挣破头"。外地人开玩笑："唱秦腔，一是舞台要结实，以免震垮了；二是演员身体要好，以免累病了；三是观众胆子要大，以免吓坏了"。吼戏者，脸红脖子粗，吼得"走火入魔"，但只要观众叫声"好"，这吼戏者的高兴程度不亚于获得了大奖。人们认为，这才是真正的秦腔，听起来过瘾、解馋、"燎得太"。

（4）东北十大怪①

烟囱安在山墙边，窗户纸糊在窗外；

四块瓦片头上盖，反穿皮袄毛朝外；

十八岁姑娘叼烟袋，大缸小缸腌酸菜；

---

① 资料来源：http://www.nongli.com/Doc/0503/1817232.htm。

草坯房子篱笆寨，下响睡觉头朝外；

养活孩子吊起来，宁舍一顿饭不舍二人转。

除第十怪反映了东北人的生活状态以及自得其乐的性格以外，前九怪都与东北的地理环境分不开。东北地区地处我国高纬度地区，紧靠西伯利亚冷空气发源地，三面环山的半封闭地形又不利于冷空气的外泄，因而冬季严寒漫长。

在住的方面，烧煤是抗寒的有效办法，烟道通过全屋，延伸至墙边引出排烟，既可以使室内有充分的热量，又不至于使烟雾进屋。因室外低温处于永冻状态，窗户纸糊在窗外不容易破损。如果粘在室内，室内温度高很容易结霜并融化，纸就容易损坏。另外，纸糊在窗户外，即使外面风再大也不容易将其吹掉。

在穿的方面，东北毡帽四边有特别的长舌，可以防风保暖；用山羊皮做的袄，羊毛细密，朝外反穿自然更舒服。

在吃的方面，因为冬季漫长，气温低使农作物根本无法生长，腌渍的酸菜是冬天传统的下饭菜。

漫长的冬季没有什么农活可干，文化生活贫乏，在家的姑娘因太闲也养成了抽烟的习惯。

东北开发较晚，原始森林中野兽很多，经常出入居民区。为了防止野兽，即使是晚上睡觉也要十二分小心，把头朝外以便听到门外动静。

另外，养活孩子吊起来，是指把孩子放在"悠车子"里，让孩子好好地睡觉。悠车子其实就是"摇篮"。

实践训练

实践训练1：导游解说词创编训练

下面给出一段介绍大连旅顺白玉山景区的导游解说词，每一位同学必须熟记此段导游词，并对此段导游词中所包含的知识点和人文景点讲解内容进行提炼，根据提炼的关键词对大连其他人文景观导游解说词进行创编和改编。

白玉山景区位于大连旅顺口区中心，是国家4A级景区、省级文物保护单位、大连十大风景名胜区之一。白玉山塔是白玉山景区的主要景观，原名为"表忠塔"。日俄战争结束后，为祭祀侵略者亡灵，美化侵略战争，欺骗日本国内民众，由侵略战争头目乃木希典和东乡平八郎发起并强抓两万多名中国劳工于1907年6月开始修建该塔，历时两年半，耗资25万日元，于1909年11月建成。与此同时，塔北侧还建有一座"纳骨祠"，祠内原存有两万多箱日军骨灰。景区内保存有一门德国克虏伯兵工厂生产的口径为210毫米的加农炮，这是1881年清军从德国购进的老铁山备炮，后被日军搬运至此。景区内的奇石馆展示的500多块奇石大都是本地特有的鹅卵石，形态各异，令人叹为观止。百鸟园里"斗鸡"和"孔雀放飞"的表演项目别具情趣。海军兵器馆馆藏600多种、千余件展品，堪称"近代兵器世界"。登上白玉山举目远眺，旅顺口的旖旎风光以及新老市区全貌尽收眼底。

实践训练2：人文景观讲解技能训练

实训设计：

（1）将学生按每6~7人一组分成若干团队。

（2）每个团队选出队长，将团队成员进行分工，按角色分为地接、全陪、游客。

（3）组织团队中各角色按照教师给出的任务进行讨论，每个角色搜集、提炼并编排北京五日游线路的景点导游词，总结讲解知识和讲解方法。

（4）每个团队选一名代表现场讲解，注意突出人文景观的讲解要素以及多种讲解方法的综合运用，最后由老师点评。

评价考核：评价考核内容见表7-2。

表7-2　　　　　　　　　　　**导游员人文景观讲解技能评价考核表**

内　　容			评　　价		
学习目标	评价内容		分　　值	团队成员评价	教师评价
基本知识	人文景观讲解要素		10分		
	人文景观讲解方法		10分		
	相关景点历史文化知识		10分		
专业能力	景点轮廓介绍能力		10分		
	景点实景讲解能力		10分		
通用能力	导游语言表达	准确适中 通俗流畅 生动灵活 正确运用体态语 符合游客语言习惯	15分		
	导游语言规范	发音准确 用词达意 符合语法	10分		
	导游讲解能力	准确性 针对性 生动性 多样性 灵活性	15分		
职业态度	工作积极态度		5分		
	团队合作意识		5分		
努力方向			建　议		

课后自主学习

1.学生团队自选一处人文景观，完成其导游讲解设计。

2.在导游讲解方法上，考虑运用一些其他方法，如概况法（平铺直叙法）、简述法、详述法、引而不发法、引人入胜法、引用名句法、课堂讲解法（例如专题讲座）、由点及面法、由此及彼法、联想法等等。

项目三

饭店用餐

任务八

用餐服务

任务目标

熟悉饭店用餐服务的基本程序和旅游团队游客用餐的基本流程，能够以导游员身份运用饮食知识熟练介绍当地餐饮特色，引导游客用餐。

任务情境

2014年春节期间，20名游客从北方城市到海南旅游，地接导游员小刘负责接待。北方游客希望能够品尝到当地特色饮食，并能够在异地他乡吃上一顿大年三十的年夜饺子。通过完成节日海南游的用餐任务，激发学生学习饮食基本知识的兴趣并掌握介绍游客用餐的服务技巧。

相关知识

一、饭店用餐基本程序

1.餐厅提供散客中餐服务基本程序

热情迎客—上茶递巾—接受点菜—开单下厨—酒水服务—上菜服务—巡台服务—上甜品、水果—准确结账—礼貌送客。

2.餐厅提供旅游团队团餐服务基本程序

迎宾引座—桌面服务—茶水小吃—跑菜服务—游客就餐—结账送客。

3.导游员带领旅游团队用餐服务的基本程序

介绍用餐饭店的特色—提醒游客遵守用餐时间—照顾特殊需要游客—查看用餐状况—把握用餐节奏—办好签单事宜。

二、饭店用餐基本技巧

1.介绍用餐饭店的特色

饭店是为旅客提供住宿和餐饮服务的场所。随着经济的发展以及生活水平的提高，游客对饭店的用餐要求也越来越高，饭店特色餐饮服务的特点因此也就越来越突出。作为一名导游员，需要了解饭店用餐基本知识，将知识灵活运用到各种类型的旅游团队用餐服务中，以赢得客人的认可。导游员在饭店的介绍中，要突出饭店特色，掌握技巧。

老饭店——历史悠久，牌子响亮，服务规范，是身份的象征。餐饮介绍突出老字号的地方特色。

新饭店——设备齐全，装潢考究，虽不知名但用餐实惠、舒适。餐饮介绍突出现代餐饮特色。

闹市区——交通方便，商铺集中，夜生活丰富，自由活动好去处。餐饮介绍突出快捷、可口等特色。

僻静区——闹中取静，环境幽雅，空气清新，休闲度假的最好选择。餐饮介绍突出幽静、自然等特色。

这只是在饭店类型介绍中可能用到的讲解技巧，但是如果在饭店用餐时客人对用餐不满意，作为导游员就只能随机应变了。

2.提醒游客遵守用餐时间

导游员要视旅游活动的安排、交通畅通情况或旅游景点人流情况，提醒游客要遵守用餐时间。如果因为游客用餐习惯等原因，提出提前或推迟用餐时间的要求，导游员要积极与餐厅联系，视餐厅具体情况处理。一般情况下，导游员要向旅游团说明旅游餐有固定用餐时间，提早或推迟用餐须酌情安排，有时是要另付服务费的。

3.照顾特殊需要游客

由于生活习惯、身体状况、宗教信仰、民族习俗等各方面原因，来自不同国家和地区的游客会在餐饮方面提出种种特殊要求，若游客的特殊用餐要求在旅游协议书上有明文规定，就应该提前与饭店联系做好准备，落实兑现。

如果是旅游团到达后才有人提出的特殊用餐要求，则需视情况而定。由导游员与用餐饭店联系，在可能的情况下尽可能满足游客需求；确实有困难的，导游员应向游客说明情况，并协助其解决。如建议他到餐厅自己点菜，或购买相应的食品，但应事先说明费用自理。

如果游客生病，导游员应主动与饭店联系，对游客表示出特别的关怀和照顾。如果逢年过节，可向旅行社请示，适当地增加或调整具有地方特色的餐饮以示人文关怀。

案例 8-1：

2012 年，我们旅游团在新加坡进行旅游培训 15 天，恰巧赶上在新加坡过中国的腊月二十三的小年。这时，有一个游客找到领队说："我们团队有个小小的建议，能不能为我们安排一顿中餐，敬敬我们的灶王爷，我们的肚子有些想家了。"随即，领队将这个要求转达至旅行社。第二天，旅行社将原定的我们自行用餐与另一天的团队用餐调整了一下，将用餐安排在新加坡南洋理工大学的中餐厅里。看着餐厅里高悬的中国式大红灯笼、鲜艳烫金的福字，在地道的中国年味儿中品尝美食，游客说：我们感觉太爽了。

点评：在本案例中，旅游团在新加坡进行旅游培训都很满意，但导游人员忽视了游客会产生"饮食疲劳"。通常，人们在异地访问或旅游时，"每逢佳节倍思亲"的心理会使游客在特殊节日对家的渴望情绪高涨，而这正是导游人员最好的服务表现阶段。因此，在这个节日安排一顿地道的中国特色的中餐，让所有的人产生归属感，这对旅游团队的服务质量是极大的提升，会为旅行社赢得很好的口碑。

4.查看用餐状况

在游客用餐过程中，地接导游员要随时观察游客用餐的情况，适当地增加主食、汤、茶水等，还可以简要介绍餐桌上具有地方特色菜肴的吃法。

案例8-2：

一个旅游团来到海滨城市大连旅游，在用餐快结束时，地接小刘发现游客对桌子上的一盘大连地方海鲜"虾爬子"都没动筷，就说"这是大连最好吃、最鲜美的虾，你们为什么不吃呢？"一位游客说："这东西看起来像蜈蚣，能吃吗？"游客都附和说不敢吃。见此情况，地接小刘就招呼游客坐下，一边讲"虾爬子"的吃法，一边将"虾爬子"身上的壳扒下来做示范，让大家品尝。游客试着尝了之后，都赞不绝口。

点评：在本案例中，导游员小刘一直忙着帮助游客"催菜"，忽视了游客品尝当地特色菜的需求。游客通常对当地的特产都会产生兴趣，但是不敢贸然尝试，这个时候就需要地接导游细心地介绍，让游客尽情享受地方特色美食。

5.把握用餐节奏

案例8-3：

一个旅行团的游客正在用餐，没有安排酒水。当邻桌别的旅游团上了酒水后，该旅行团的游客们很不满，喊来导游员，质问道："我们为什么没有饮料？"其实，一般旅行团的餐费报价里都是不含酒水的。导游员在向邻桌旅行团游客了解情况后，就向自己的旅行团解释说："那个旅行团里今天有人过生日，领队请大家共同庆祝一下。另外，我们想用最短的时间安排大家用午餐，将节省的时间花在景区里，所以不建议大家自费买饮料。"

点评：在这里，导游员使用了澄清式解释，既将没有安排酒水的原因解释得很清楚，又将用餐时间与参观景区的时间安排作了合情合理的提示。

当前，特别是在旅游旺季，景区景点的人流较多，对旅游活动的安排要考虑到交通状况。导游员要适当地安排好用餐时间，把握用餐节奏，提醒游客用餐的具体时间及乘车的时间等，但是又不能过分地催促游客，以免引起反感。所以，能否安排好游客用餐时间，把握好用餐节奏，对导游员是一个很大的考验。

6.办好签单事宜

导游员在客人用餐完毕后陆续返回旅游车之前，对发生特殊消费的，要注意提醒游客及时结账。导游员到餐厅前台取出旅行社的餐饮结算单（见表8-1），在上面填写好相应的内容，将其中盖有旅行社业务章的一联交给餐厅留存。

表8-1 　　　　　　　　　　　旅行社餐饮结算单

旅行社名称	夏之河旅行社	导游员签字			
团　号	GS2008-01-20	团队人数	20	用餐标准	15元/人
客人人数	18大人、2小孩	餐费小计		烤　鸭	50×3
地接导游	1人	餐费小计	5元	东坡肉	
司　机	1人	餐费小计	5元	大排档	
全　陪	1人	餐费小计	5元	风味小吃	
餐费合计：（18×15）＋（2×7.5）＋（3×5）+150=450（元）					

为了改进饭店餐饮的服务质量，有的旅行社和饭店需要了解游客用餐的特色要求，团队游客可以填写旅游团队团餐用餐评价表（见表8-2），随时对用餐情况进行反馈。

表8-2
旅游团队团餐用餐评价表

旅游团名称		日 期		导游员	
请在每栏其中一项里打"√"					
评价项目	很满意	比较满意	满　意	不满意	很不满意
干净、质量好					
准备良好					
服务和上菜好					
提供多样选择					
在每天合适的时间提供					
当有要求时能快速服务					

任务实施

"民以食为天"，一名导游员需要成为一名美食家。接下来，我们以来自北方的游客在海南过春节用餐为例，介绍一下导游人员如何为游客提供用餐服务。

1.介绍中餐特色

介绍美食，首先介绍的是中餐文化，它的发展和中华五千年文明史息息相关。世界上有一种说法：凡是古老文明的国家，必有美味可口的佳肴，还有民族特色。吃法国大菜，人们主要吃其"味道"，主要满足"口"；吃希腊美味，主要吃其"气味"，满足"鼻"；吃日本料理，主要吃其"形式"，满足"眼"。若吃中餐，那么几个方面就都满足了，中餐最讲究色、香、味、形、声、器六个字。在外国有个笑话，说世界上幸福男人必有四个条件：拿美国工资、娶日本妻子、住英国房子、吃中国饭菜。可见世人对中餐评价之高。

东西南北中，吃在全中国，大凡名胜之地，肯定会有与景色相关的名菜。例如，山东名菜有曲阜孔府三大宴（家宴、喜宴、寿宴）等，广东名吃有脆皮乳猪、荔浦扣肉等，江南名菜有西湖醋鱼、龙井虾仁、绍式小扣、西湖莼菜、南京板鸭、无锡脆鳝、苏州卤鸭等，安徽名吃有黄山炖鸡、芙蓉蹄筋、符离集烧鸡等，还有北京烤鸭、天津包子、西安饺子等也都是风味名吃。

2.海南用餐安排

那么，如何让游客了解海南的饮食文化并品尝当地的美食呢？地接小刘对这几天的游客用餐是这样安排的：

第一天（年三十）晚餐：年夜饭、文昌鸡、东坡肉；

第二天（初一）午餐：特色南山素斋；

第三天（初二）午餐：当地小吃、特色苗族三色饭；

第四天（初三）晚餐：大排档。

3.海南春节用餐讲解服务

下面是地接小刘的导游词（部分）：

海南美食特色有琼海加积鸭、文昌鸡、澄迈福山烤乳猪、乐东黄流老鸭、椰子煲鸡等，同时海南的小吃也是一大特色。当然，如果经过我家，可以吃到我母亲亲手做的客家酿豆腐。一般零散的小摊不要去光顾，注意饮食卫生，确保旅游时快乐来、快乐回。

有不少游客喜欢海南的风味小吃，我们在初三午餐为大家安排到海南风味小吃街进餐，在那里可以揽尽椰岛特色美食，价格比较优惠。喜欢大排档的朋友们别着急，在初四的晚上为你们安排了海南大排档。

海南一行正赶上春节，我们旅行社在这几天里一定让大家品尝到不一样的南方年味。

（1）海南之行第一天晚餐：大年三十年夜饭

在海南，无论多拮据的人家，腊月三十，借钱借米也要杀鸡杀鸭，红烧肉、猪蹄子、荤菜、素菜七大盘八大碗地摆满香炉前的八仙桌子上。祭祖先仪式完毕后，便放鞭炮，待饭菜已凉透后才拿下来全家围着火炉吃年饭（俗称"围炉"）。年饭从下午四时许一直吃到晚上七八时。

大年三十这天晚上，来自北方的游客非常想吃一顿团圆饺子，感受一下过年的味道。全陪小王将团队游客的想法同地接小刘沟通，小刘告诉大家旅行社已经安排好了。之后，地接小刘带领团队游客去亚龙湾假日酒店，吃了一顿南方的年夜饭，感受到了南方的年味。

地接小刘告诉游客，海南的年夜饭一般少不了两样东西：一样是火锅；另一样是鱼。火锅沸煮，热气腾腾，温馨撩人，说明红红火火；"鱼"和"余"谐音，是象征"吉庆有余"，也喻示"年年有余"。还有萝卜俗称菜头，祝愿有好彩头；龙虾、爆鱼等煎炸食物，预祝家运兴旺如"烈火烹油"。最后一道菜多为甜食，祝福往后的日子甜甜蜜蜜。这天，即使不会喝酒的，也多少喝一点。餐后有水果，椰子、菠萝蜜、火龙果等摆满盘子，形状十分讲究。

另外，酒店提供的饺子与北方的饺子不一样，北方的水煮饺子端上来热气腾腾，很有年的气氛；而南方的饺子不是用水煮，而是用油煎，就像北方的水煎包子。就在大家感到稍有点遗憾的时候，导游员小刘是这样解说的：

各位来自北方的朋友们，感受到年的味道了吧？年的味道其实就是一年事业的积累，情感的沉淀，亲情的欢聚，疯狂的滋味。我们远在天涯海角，感受到了人生中不一样的一个年，无论是回忆，是总结，是憧憬，是懊悔，其实这一切，就是你一年的感觉。我们现在吃的年夜饭的味道，永远不尽相同：比较成功的人可能会走进五星级饭店，享受的不一定是可口的饭菜，而是那份温馨、豪华、精致、浪漫的感觉；疲于事业的人，可能要选糯米的芳香或豆捞的鲜香，为的是轻松地叹息一下，一吐一年的沉重；热情好客的人，会主动招呼亲朋好友，找到一家中餐馆，在欢聚中相约下一年的互助行动；命运坎坷的人，或许会约上少数亲友，在一起欢聚中思考人生的命运。

人生百味，就是一个人年夜饭的味道。尽情地吃吧！细细地品味吧！现在就为我们的年夜饭疯狂一次吧！假如在这疯狂中找到了你要的答案，即使多花些钱又有何妨呢？

点评："独在异乡为异客，每逢佳节倍思亲"，导游员小刘的这番关于年的味道的导游词，感情细腻、真挚，利用自己丰富的经验，激起游客个人关于年味的回忆，巧妙地对主题进行了挖掘、引申、升华，使过年的主题强调得更突出，给游客以启迪。

（2）海南之行第二天（正月初一）午餐特色：南山素斋

海南过春节初一凌晨，无论老少都得起床吃"斋饭"（意为清净洁白以怀念祖先）。也意味着可化解一年之"灾"，主食为米酒、米饭、青菜、粉面、葱蒜等。而且，正如北方人过年必吃鱼（年年有余）一样，吃的东西还须有吉祥寓意，其中必有清炒茄子（茄子，海南话寓意一年比一年好）、清炒水芹菜（"芹"与"勤"谐音，祈望全家在新的一年勤勤劳劳）、长粉丝（寓意过日子细水长流）、黄黄的像金元宝状的豆腐干（寓意招财进宝）……

下面是地接导游小刘对于南山素斋的导游词。

今天中午我带领朋友们去品尝海南唯一的素斋品牌——南山素斋。听到吃素，朋友们想到了什么？南山素斋融寺庙素斋、宫廷素斋和民间素斋精华于一体，精雕细琢的功夫可以让你大开眼界。在那里，你可以体会到温馨细致的小妹妹餐饮服务和大名鼎鼎的师傅厨艺。据说，南山素斋取材于天然无公害的绿色食材，大部分材料为豆制品，用大豆分离蛋白粉，经过科学的配比，采用先进的生产工艺制作而成。造型形象逼真，肉性口感丰满，味道独特，同时有着特殊的素食香气，鲜香浓郁，吃在嘴里回味持久，绝对与想象中的僧人朴素的白饭清汤相去遥远。据师傅介绍，在材料的选取上，都是经过科学的营养搭配来考虑的，营养全面，匠心独具。在这里除了吃之外，主要是感受饮食文化更高的层次。信佛的人在每月初一、十五有吃素的习惯。在行程中，偶尔尝一顿，怀一份真挚的心，感受饭桌间洋溢的感恩与惜福，放下与快乐，未尝不是一件好事，卸下重装轻松上路，会走得更稳更快吧！

（3）海南之行第三天（初二）午餐：海南小吃

初二是出嫁的女儿偕同丈夫和孩子回娘家拜年的日子。这一天，家中其他人（特别是长辈）都得在家，接受拜贺。岳父岳母得准备丰盛的家庭筵席来招待，下午女儿女婿走时，还得用红纸包的糖果、年糕等给女儿做"迎路"。

海南每个市、县一般都会有自己特色的代表小吃。就像五指山的小吃有南瓜饭、南瓜饼、苗家三色饭、黎家竹筒饭等，主要体现为黎苗饮食文化；海口有海南粉、灵山粗粉、加积牛腩粉、海口汤粉、陵水酸粉等；而海南锦山牛肉干、锦山尖堆等是文昌小吃的代表，代表了热带岛屿居民饮食特征；鸡屎藤粑仔、椰香高粱粑是琼海小吃的代表。

（4）海南之行第四天（初三）晚餐：大排档（如图8-1所示）

海南的大排档不仅是一种饮食习惯，更是人们的一种生活方式。海南的天气也成全了海南的大排档。在一排排椰树、槟榔树下，即使还有太阳悬在空中，也能享受房前街旁的一处处荫凉，而傍晚日落后更有阵阵海风袭来，清新湿润的空气，摇曳着巨大叶片的热带植物，昏黄的街灯，叫人松弛了身子，放松了精神。

图8-1　大排档①

---

①　图片资料来源：http://www.tohainan.net/Article/Exploration/200911/21160.shtml。

　　真正的海南大排档是地道的家常菜。例如，尽管天热，海南人更喜欢围在火锅旁大过"东山羊"的瘾，几片东山羊肉下锅，放下一片片白萝卜，从翻滚着的热锅里夹起来味道十足的肉片、萝卜片，呷一口啤酒，十分惬意。桌子上的菜也大都清淡，一盘盘"文昌鸡""加积鸭""和乐蟹"伴着"东山羊"，海南四大名菜在这里荟萃，让游客大呼过瘾。

拓展阅读

　　1.海南旅游特色美食：特制海南东坡肉（如图8-2所示）

　　据说驰名全国的"东坡肉"是由苏轼亲手制作，始创于黄州。后来，随着苏轼的升迁，此菜传遍大江南北。海南岛一些地方，也盛行吃"东坡肉"。传说苏轼一向喜食猪肉，有一次家里来客人，他即烹制猪肉飨客，把猪肉下锅，放水放调料后，以微火慢慢煨着，便与客人下起棋来，两人对弈，兴致甚浓，直至局终，苏轼才恍然想起锅中之肉。他原以为一锅猪肉定会烧焦，急忙进厨房，顿觉香气扑鼻，揭锅一看，只见猪肉色泽红润，汁浓味醇。品其便醇香可口，糯而不腻，博得客人们高度评价，苏轼本人也由此得到了启发，尔后如法炮制，同样味美。他还将烹制这道

图8-2　东坡肉[1]

菜的经验进行总结，写了一首《食猪肉》，诗云："慢着火，少着水，火候足时它自美。"由于苏轼的名望，特别在知识分子中间被传为美谈。菜因人传，故人们将他所创的这种香美软烂的佳肴——红烧肉，命名为"东坡肉"。

　　海南也有传说，称是苏轼被贬到海南儋州时，自行研制了一道菜叫"东坡肉"，肥肉很多。东坡肉从形状上看起来和红烧肉差不多，但东坡肉最大的特点就是香气扑鼻，肉质酥烂，肥而不腻，就连不敢吃肥肉的人也能吃上一大块。

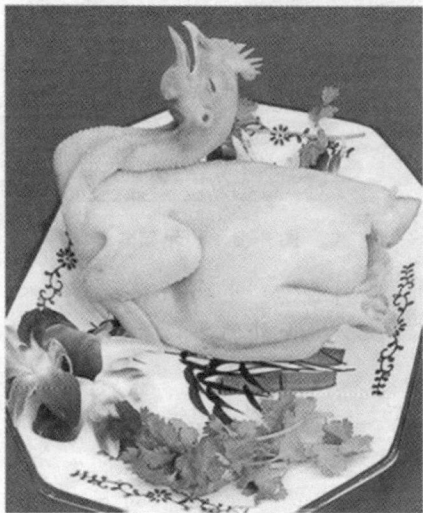

图8-3　文昌鸡[2]

　　2.海南四大名菜

　　（1）文昌鸡（如图8-3所示）。文昌鸡是中国最佳食用型鸡种之一，在海南素有"没有文昌鸡不成席"之说。鸡食榕树籽而肥，放养8～9个月再用笼圈于安静避光之处，饲以花生饼、椰肉丝、蕃茨、米饭等催肥。食文昌鸡以白切为主，另有椰汁郭鸡、酥鸡炸子鸡等。其白切加工方法和佐料非常独特。白切文昌鸡皮黄且脆，肉嫩且美，骨酥且鲜。

　　关于文昌鸡，其成名有两种说法。一种传说是：1936年，国民政府财政部长宋子文回乡探亲，准备在文昌召开一次全岛性大会，各县选送佳肴。恰逢"西安事变"，大会未开成，但宋子文把部分美食带回广州，供众官员品尝，文昌鸡由此名扬东南亚。另一种

---

　　① 图片资料来源：http://www.hgchibi.com/ly/3814/disp.asp?sort=4&classid=31859&articleid=60717&lug=1。
　　② 图片资料来源：http://xincailan.com/comment-3634-discuss-commentlist.html。

说法是：传说清朝海南锦山地区有一人在江浙做大官，某年春节回家探亲，将要离家时到文昌潭牛天赐村拜访老学友。这位学友用正宗的文昌鸡款待他，还选了几只文昌鸡让其带回江浙，款待亲朋好友，文昌鸡从此出名。

（2）加积鸭（如图8-4所示）。加积鸭产于琼海市，又称"番鸭"，据传300多年前由华侨从马来西亚引进。该鸭红冠黄蹼，羽毛黑白相间。由于琼海市加积地区养鸭的方法与其他地方殊异，故其脯大、皮薄、骨软、肉嫩、脂肪少，食之肥而不腻，营养价值高，因此人们把加积地区饲养的番鸭称为加积鸭。白切鸭、板鸭、烤鸭三食法俱佳。海南民间把加积鸭视为补虚劳之药食，取冬虫草一起炖食之，有养胃、补血、生津之功效。

图8-4　加积鸭①

图8-5　东山羊②

（3）东山羊（如图8-5所示）。东山羊产于万宁县东山岭，毛色乌黑，肉肥汤浓、腻而不膻。其美味据传是因羊食东山岭特产鹧鸪茶等稀有草木所至。东山羊自宋朝以来就已享有盛名，并曾被列为贡品。东山羊的食法多样，有红焖东山羊、清汤东山羊、椰汁东山羊等，各具特色，皆是难得的美味。

（4）和乐蟹（如图8-6所示）。和乐蟹产于万宁县和乐镇一带海中，膏满肉肥为其他蟹种罕见，特别是其脂膏，金黄油亮，犹如咸鸭蛋黄，香味扑鼻，营养丰富。和乐蟹食法多样，最常见食法是清蒸，蘸以姜蒜醋配成的调料，原汁原味，美在其中。

与内地河蟹相比，和乐蟹有两个特点：一是脂膏几乎整个覆于后盖，膏质坚挺；而内地河蟹膏质烂软，为块状，数量显然比和乐蟹少。二是和乐蟹比内地河蟹肉质优而量多。此外，曲口青蟹、花蟹和陵水的琵琶蟹（一种直行的蟹）也都很有名。

图8-6　和乐蟹③

3.世界各国千奇百怪的年夜饭

实际上，大多数国家的人们每到新年时，或一家团聚在家中或呼朋引伴齐聚在广场载歌载舞、彻夜狂欢，在倒计时声中迎接新年的到来。当然，在这样欢乐、祥和的气氛里，各式各样的美餐不可缺少。国外的年夜饭千奇百怪，吃法也五花八门。

英国：除夕之夜举办的"迎新宴会"，便是庆祝方式之一。这种宴会分为"家庭宴会"和"团体宴会"两种。宴会通常是从除夕晚上8点钟开始直至元旦凌晨结束。宴会上有各种各样的美食和点心，供人们通宵达旦地开怀畅饮。

---

① 图片资料来源：http://travel.sina.com.cn/food/2009-02-17/172862580.shtml。
② 图片资料来源：http://travel.sina.com.cn/food/2009-02-17/172862580.shtml。
③ 图片资料来源：http://guides.sunnychina.com/guidesinf2010-1-18。

法国：法国人以酒来庆祝新年，人们从除夕开始狂饮，直到1月3日才终止。法国人过年时还有一种习惯，家中的酒瓶里不能剩酒，否则被认为来年就要交厄运。

西班牙：西班牙有"饱口福，到节日"的口头语。在新年来临之际，他们喜欢吃鸡、鱼、虾及水果、蔬菜，尽量做到品种丰富。午夜来临，十二点的钟声刚开始敲第1响，每个人就开始吃12颗葡萄，必须在第10响之前把葡萄吃完，这样新年就会快乐。

俄罗斯：大多数俄罗斯人喜欢在家过年，享用平时难得品尝的"俄国大菜"。男人们这时痛饮伏特加，女人们也会凑热闹，浓烈的伏特加不仅可以温暖身体，而且会驱走他们身上、心理的寒气，带来一个热辣辣的新年。

印度：在新年这天实行禁食，从凌晨直到午夜。过了午夜，各家才品尝准备好的饭菜，互相祝贺新年。

日本：在除夕钟声敲响108下之际，各家各户就竞相吃起长面条。据说，谁家的面条长，来年的运气就好。

新加坡：年夜饭时千家万户都举家围坐，端出大盆年糕，大吃特吃。当地人取"年糕"与"年高"之通，"为年年长高"祈祷祝福。

菲律宾：年夜饭时所有人家都要"举家齐动手，一齐做鸡饭"。

意大利：年夜饭时家家户户大吃蜂蜜汤团，谁吃得多，谁就幸福多。

希腊：过年时，全家人围坐一起烤一个特大面包来分享。这面包里藏一枚分币，谁吃到它，谁就会生活富有，来年吉祥。

4.我国的年夜饭

除夕之夜，无论相隔多远，工作有多忙，人们总希望回到自己家中，吃一顿团团圆圆的年夜饭。实在不能回家的，家人们也总是为他留一个位子，留一副碗筷，表示阖家欢聚。"年夜饭"又叫"合家欢"，俗话说得好，"打一千，骂一万，三十晚上吃顿饭"。

按照我国民间的传统习惯，年夜饭的吃食很有讲究，通常有馄饨、饺子、长面、元宵等。

馄饨：新年吃馄饨取其开初之意。传说盘古开天辟地时，"气之轻清上浮者为天，气之重浊下凝者为地"，结束了混沌的状态，才有了宇宙四方。还有就是择取"馄饨"与"浑囤"的谐音，意思是粮食满囤。

饺子：饺子是我国的传统食品之一。古时只有馄饨而无饺子，后来将馄饨做成新月形就成了饺子。在唐代，吃饺子的习惯已经传到我国的边远地区和周边各国。除夕夜，十二点钟声一敲响，就开始吃饺子，因此时正是子时，取其新旧交替、子时来临之意。

长寿面：长面，也叫作长寿面，新年吃长寿面，寓意预祝寿长百年。古代的一切面食都称饼，所以汤面起初也叫汤饼，最初的面片不是擀成的，而是将和好的面用手撕成片扔进锅里，这与现在北方吃的"猴耳朵"的做法差不多。到了唐代以后，开始用案板擀面，才渐渐有了长面、短面、干面、素面、浑面、挂面等。

不少地方在吃年夜饭的时候还搭配些副食，以讨个吉利的口彩。如吃枣（春来早）、吃柿饼（事如意）、吃杏仁（幸福来）、吃豆腐（全家福）、吃三鲜（三阳开泰）、吃长生果（长生不老）、吃年糕（年高年高，一年比一年高）等。

实践训练

实践训练：用餐服务的基本程序和旅游团队游客用餐的基本流程

实训设计：

（1）明确训练任务，按每6～8位同学一组分成若干团队。

（2）每个团队选出队长，制订团队训练计划和规则。

（3）将团队进行导游服务中的角色分工：地接、全陪、饭店服务员、游客若干。

（4）按照老师提出的任务进行讨论，每个角色搜集、提炼当地旅游的餐饮特色知识和用餐服务信息。

（5）每个学生团队设计"旅游团队用餐服务的基本程序和地方饮食特色导游讲解"。

（6）每个学生团队进行服务流程与特色餐饮讲解展示（每个团队限时5分钟），教师点评。

评价考核：评价考核内容见表8-3。

表8-3 饭店用餐导游服务技能评价考核

内 容		评 价		
学习目标	评价内容	分 值	团队成员互评	教师评价
基本知识	旅游团队团餐服务基本程序	15分		
	导游员带领旅游团队用餐服务的基本程序	15分		
专业能力	介绍用餐饭店的特色	20分		
	团队用餐服务的讲解技巧	10分		
通用能力	导游语言表达能力	20分		
	导游服务创新能力	10分		
职业态度	工作积极态度	5分		
	团队合作意识	5分		
努力方向		建 议		

课后自主学习

1.熟悉旅行社餐饮结算单的详细内容。

2.根据不同旅游团队的情况练习填写旅行社餐饮结算单。

3.加强旅游团队用餐服务特色讲解训练。

4.根据下面素材，学生团队完成旅游团队用餐服务的导语设计、餐饮介绍、个别游客要求处理（每个团队选出一名代表，课堂进行5分钟展示）。

在春节期间，地接小周接到接待任务。该团队是从黑龙江大庆油田来的一个16人旅游团队，主要由4个家庭组成，有老人、孩子、中年夫妇等，在本地旅游三天，团队游客希望能够品尝到当地的特色饮食。

项目四

旅游购物

任务九

购物服务

任务目标

　　进行导游员导购讲解的内容和技巧训练，根据任务情境给出的信息明确任务目标，运用导游购物讲解的基本知识和基本技能完成旅游团的导购任务。

任务情境

　　大连假日国际旅行社的导游员小李接待了一个黑龙江旅游团，在团队离开的前一天，有人提出想购买一些大连的海鲜和其他土特产带回家。

相关知识

　　购物是旅游过程中的一项重要活动，也是游客的重要需求。游客每到一地，都希望购买当地的一些旅游纪念品和土特产品，或馈赠亲友，或自己保留。游客购买到了自己满意的物品，就会得到一种心理满足。然而，如何能购买到满意的物品，导游员自然就成了游客最直接的咨询与依赖对象。只要导游服务好，游客一般并不排斥购物。因此，导游员在满足旅游团购物方面具有十分重要的作用。

一、旅游团购物的形式

　　旅游团在旅游地购物主要通过三个途径完成。

　　（1）计划内购物。计划内购物是指在旅游团的接待计划中明确规定的属于旅游团旅行计划内的购物。这种类型的购物在合同中事先已经注明，游客对这种安排事先知晓，一般购买的都是当地最知名、最有特色的商品或旅游纪念品。计划内购物是旅游团活动内容的重要组成部分，对商店的要求是规模大、价钱公正、质量有保证。

> **案例9-1：**
> 　　作为云南唯一零售商场示范单位，"七彩云南"位于昆明至石林公路旁，距昆明12千米，是集旅游商品生产、旅游休闲、旅游观光和餐饮为一体的大型综合性旅游购物场所。来自全国各地的旅行团，几乎都会被导游带到"七彩云南"，这里既有百年老店"庆沣祥"茶庄，还有银饰、玉器、土特产、中药材等各类购物馆，游客可以根据自己的需要自由选择购买。在这里，商品明码标价，货真价实，开具发票。自1999年开业以来，"七彩云南"以其规范经营、诚信服务赢得了社会各界的高度赞誉，获得了良好的社会效益和经济效益。

（2）计划外购物。计划外购物是指在旅游团的接待计划中没有明确规定或限制的情况下，为满足游客的需求而临时安排的购物活动。这种类型的购物灵活性较大，导游员可以根据旅游行程时间的松紧程度、游客要求的强弱程度和购物商店的分布情况灵活安排。导游人员在安排计划外购物时，要征求领队或全陪的意见，在领队、全陪同意的情况下，按大多数游客的要求，认真地安排好购物，以满足游客的需要。

（3）自由活动购物。每一个旅游团都会安排一定的时间给予游客更多的自由活动机会，而游客常常利用这段自由活动的时间进行购物。当导游人员安排游客在自由活动时间购物时，一定要提醒游客注意保护自己的人身和财产安全，讲明注意事项，规定详细的集合时间与集合地点，尤其是在景点周围购物时，导游人员要密切注意游客的动向，如发生纠纷，导游人员应立即前去解决处理，有效地保护游客的利益，避免不必要的麻烦。

二、导游购物讲解服务技巧

案例9-2：

对于旅游行程中"被安排"的购物，游客会持何态度呢？2010年12月，木易（媒体资深人士）应邀参加重庆某旅行社组织的丽江—香格里拉双飞五日大型考察活动。行程前两天，计划游览玉龙雪山、丽江古城以及束河古镇，由丽江地区的导游负责接待；行程后三天，考察虎跳峡、游览普达措国家森林公园以及独克宗古城等景点，由香格里拉地区导游负责接待。

"在这次行程中，两个导游不同的接待方式以及所产生的不同的后果，给我留下了深刻印象。"木易回忆说。

那天，木易从重庆飞抵香格里拉机场。刚下飞机，穿着藏族服装的香格里拉导游手捧洁白的哈达，满面笑容迎上来，让人感觉很亲切。负责接待媒体团的是一个叫阿郎的帅小伙。将大家领上旅游大巴后，他负责给大家分发矿泉水、行程表。车子启动后，经过自我介绍，阿郎便换着法子与大家互动。

从香格里拉开往丽江近四个小时的车程中，欢歌笑语充满了整个车厢，原本枯燥的旅程充满乐趣。车到丽江，换成当地导游接待。下车前，阿郎仍不忘祝福大家在丽江有个好行程，并嘱咐游客带好随身携带物品，期待丽江行程结束后与大家再聚香格里拉。有了这么愉快的开头，大家对之后的行程充满期待。但是，第二天负责接团的丽江一位康姓导游却让整个团队开始失望。为了看玉龙雪山，第二天早上游客们五点半就起床了。用完早餐上车后，随团的丽江导游的第一句话——"平时我是负责接待日本团的，公司临时抽调我回来接待大家"，就让游客们有些不满。真正不能忍受的，是接下来一整天的行程。

导游一直在想方设法推荐购物，找他买东西怎么打折，到古城哪家酒店报他的名字可以打几折，让大家愈发反感。加上游览景区时间短，购物城考察时间却十分充裕，搞得整个团队十分苦恼。这样的后果是什么呢？到了购物城，大家基本不购物，甚至其他车上游客找该导游代购的商品也都退了。团友们去古城酒店消费，也不报导游的名、不去导游说的店购物。在离开丽江前往香格里拉的路上，游客们甚至不愿意再让这位导游上车。

与此相反的是接下来的香格里拉行程。导游阿郎的服务让每名团员都很开心。阿郎很少涉及购物的内容，而是围绕香格里拉的历史文化、旅游特产展开生动解说，给大家留下深刻印象。

这样的后果又是什么呢？导游没要求游客购物，游客却主动要求进店购物。记得团队离开时，光是药材、特色旅游食品，就买了好几万块钱的。不仅如此，大家都觉得导游阿郎的服务特别好，每个人还主动给了阿郎100元小费。

（资料来源　田凤．游客愿意为导游好的服务买单［EB/OL］．［2011-06-15］．http：//www.tohain-an.net/Article/Experts/lxs/201106/43362.shtml.略有修改）

其实，只要导游服务质量好，作为游客，并不一定排斥购物。但是，如果导游服务态度不好，又强行要求游客购物的话，游客肯定特别反感，更别提配合导游去购物了。说白了，就是一个导游销售技巧的问题。如果在介绍景点的同时巧妙地融入购物内容，就会让游客自然地产生购物的需求。所以，导游员在引导游客购物过程中，要严格地按照导游服务程序执行，真正做到既满足游客需求，又保障游客的利益。

1.做好知识储备，突出商品文化内涵介绍

首先，在进行导购讲解时，导游员除了要了解物品的名称、品牌，还应了解其品牌内涵，若有可能还应了解生产企业的基本情况。

案例9-3：

一次去云南玉溪参加会议，会议主办方安排大家到云南红塔集团香烟生产基地参观。导游说："我们这个团里有吸烟的吗？"游客回答说有。"家人有吸烟的吗？"游客也回答说有。这个时候，导游的表情很严肃，放慢语速说："好，回去告诉家人，吸烟危害健康！"游客都笑了。导游接着说："有段顺口溜是这样说的，'买了山水画，增长新文化；买了西瓜霜，不怕嘴长疮；要想家业兴，多买真水晶；披金显富贵，戴玉保平安；买了好珠宝，好运跟着跑；请上玉貔貅，出门不会忧；工艺品银饰，摆设上档次；攀比不会输，最好选南珠；平时喝好茶，绝对保护牙；经常喝好酒，精神好抖擞；香烟不离嘴，思考是大事！'大家知道香烟是怎样生产出来的么？今天带领大家去看的这个香烟工厂的现代化生产线会让你大吃一惊的！"

点评：导游员对香烟危害健康的提示让游客会心一笑，将一个严肃的问题用一段顺口溜将它变成娱乐话题，也激发了游客想去一探究竟的好奇之心。

其次，导游员要了解商品的历史、文化承载和动人传说。因为中国的一些传统旅游商品都有悠久的历史，是在历史长河中锤炼而成的，如中国的丝绸、刺绣产品等。在中国，特色传统旅游商品往往都附载有动人的传说故事，同时承载了不同时期人们的美好愿望和文化特色，如中国传统的陶瓷制品、玉器、绣品等等。例如，佛界有三宝：佛、法、僧。佛教还有七宝：金、银、琥珀、珊瑚、砗磲、琉璃、玛瑙。民间还有一种传说，国得三宝而国泰，民得七宝而民安。

最后，导游员要了解一些旅游商品生产制作的工艺特色，如中国传统的风筝的制作、功夫茶、普洱茶工艺特色以及民间谚语等。例如，关于茶的民间谚语有："酒吃头杯，茶吃二盏；好茶一杯，精神百倍；茶水喝足，百病可除""吃生萝卜喝热茶，大夫改行拿钉耙""春茶苦，夏茶涩，要好喝，秋露白；隔夜茶，毒如蛇""晚餐少喝水，睡前不饮茶"。

在讲解过程中既要掌握商品的优点，又要了解商品的缺陷。特别是在向游客介绍食品和保健品时，一定要实事求是，最好请专家指导。

同时，导游员在导购讲解中要了解商品的品质、商品使用及保养的基本方法和技巧。所以，导游必须学习很多知识，不要等客人问起来一问三不知，让客人产生不信任感，如大连的导游要学会海参、鲍鱼的甄别，云南的导游要学习翡翠、玉石的鉴别，北京的导游要学习景泰蓝的知识，杭州的导游要学习丝缎的鉴赏，东北的导游要学会人参的挑选等。

案例 9-4：

中国最大的钻石产地在哪里？在我们大连！亚洲最大的钻石产地在哪里？还是我们大连！在大连下辖的瓦房店市，那里有一个亚洲最大的钻石矿，储量占全国一半以上。该矿所产的钻石无色透明，多呈八面体和十二面体，也有世界上罕见的四面体，且纯度和刚度均为世界一流。产品主要用于首饰加工，在国内很少见，因为90%销往比利时、美国、法国、意大利、日本、新加坡、韩国、中国香港、中国台湾等国家和地区。

我们中国人有一种崇尚舶来品的心理，买钻石首饰喜欢到意大利、法国等发达国家，殊不知，他们国家的女士们佩戴的首饰有很多就是我们大连的产品呢。

关于钻石的价值，钻石以克拉（1克拉＝0.2克）为计量单位，比同等质量的黄金价格要贵几倍甚至几十倍。钻石之所以如此珍贵，首先是因为它具有非凡的特性。钻石在希腊语中是"不可摧毁""不可战胜"之意。现已证明，它是世界上已发现的最坚硬耐久的物质。同时，它又以晶莹剔透、光泽神奇和完美无缺的表征，被人们赋予爱情、自信和成功于一身，是尊贵和富有的标志。

古希腊有这样一个传说：钻石遍布在山谷中，由巨蛇守护，凡人的眼睛只要看到巨蛇，便会死在它的目光里，只有机智勇敢的人才能摆脱它的守护获得钻石。在古罗马的一篇有关钻石谷的文章中提到，亚历山大在征战印度时，曾到过钻石谷。他机智地命令士兵用镜子把蛇的目光反射给蛇自身，将蛇杀死，然后将羊肉块丢进山谷，秃鹰抓起羊肉飞上了天空，亚历山大又命令士兵跟踪秃鹰，射杀它们，从而获取了钻石。钻石的永恒持久又恰恰象征婚姻美满，爱情不渝，所以钻石又多被作为婚约的信物和结婚纪念日的贺品。

近年来，人们又发现了一个秘密：钻石对人体有一定的医疗保健作用。宝石含有对人体有益的物质，譬如水晶能使人的肌肉和精神放松；蓝宝石可以缓解人的呼吸紧张；红宝石和绿宝石可以提高人的生育能力，并使人的精力显得旺盛等。

那么，如何判断钻石的优劣呢？评判钻石的优劣有四个基本标准，行话叫"4C"。4C指重量、净度、色泽和切工。判断刀工优劣的方法是拿起钻石，凝视跳动在顶面的光芒，切工精美的钻石辉煌炫目，不会因镶嵌或款式不同而隐没华彩；钻石的净度是指内含杂质的多少，最高的为S级，放在放大镜下很难看到内含物。

　　美国一位著名的鉴赏家指出，一个人喜欢什么样的钻石，与他的性格有关——喜欢圆形钻石的人，委婉贤淑，属贤妻良母型；喜欢梨形钻石的人，性情活泼，勇于创新；喜欢心形钻石的人富于幻想，充满艺术细胞；喜欢方形钻石的人，处事严谨，有领导才能；喜欢楔尖钻石的人，魄力十足，事业心强；喜欢卵形钻石的人，个性独立，与众不同……

　　点评：导游员时而是样样通的杂家，时而是心理学家，时而是艺术品鉴赏家，时而是营销专家。上得厅堂，侃侃而谈国家事；下得民间，柴米油盐酱醋茶。购物介绍对导游员的基本素质要求很高。其实，导游员在游客心目中的形象和一位教师在学生心目中的形象是一致的，信其师才能信其道，道理相同。

2.合理安排购物时间

　　无论是计划内购物、计划外购物，还是自由活动购物，导游员对购物安排都不能过于频繁。导游员的导购服务必须建立在游客"需要购物、愿意购物"的基础上。安排购物的最好时间是整个行程快结束的时候，因为一般情况下此时游客的购物兴趣最大，在这个时候促销的效果最好。所以，事先作出安排，充分利用这个情绪阶段是导游员导购成功与否的关键。另外，已经安排好的游览行程顺序最好不要因为入店购物而更改，否则可能会带来不必要的投诉。

　　案例 9-5：

　　某旅游团在大连游览时，导游员先安排该团进行了 2 个小时的购物，然后才带团来到大连老虎滩海洋公园游览，到达时已接近下午 4 时。由于该时段园区部分场馆的动物表演已经临近最后一场，也就意味着游客不可能看到园中所有场馆的表演，游客们感到游览时间安排太少，而购物时间安排得又太长，完全是导游员的责任，于是向旅行社提出投诉，并强烈要求第二天重游老虎滩海洋公园。

　　点评：这种结果的发生，完全是因为导游人员在时间安排上存在失误，失误主要有两点。第一，在没有完成主要游览行程时就安排购物；第二，购物时间安排过长，影响了正常的游览。一般情况下，游客通过游览得到了审美享受，心情舒畅，然后再安排购物，自然会使旅游更为圆满。购物与游览对于旅游团来讲，都是重要内容，但是从游客的目的看，购物一般都是依附在游览上的安排，因此要分清主次，先主后次。

3.慎重选择购物商店，协助办理大件托运服务

　　导游员应该为游客选择正规的货真价实的购物店，帮客人挑选满意的商品，以免发生不必要的投诉、退货、赔款等情况。另外，当游客挑选并购买了自己比较满意的商品时，一定要提醒游客索要发票。对于不好随身携带的大宗物品，可协助游客办理相关托运手续。

　　案例 9-6：

　　游客冯先生向当地消协投诉某导游存在欺诈行为。他在参加某旅行社组织的九寨沟旅游时，导游安排游客到药房购物，事前导游把该药房吹嘘得神乎其神，说这里的药

天下难买，药房还有神医专治糖尿病。

到了该药房，按照坐堂医生的处方，冯先生花了5 000多元买了12天的药，其中灰兜芭每斤售价780元。其实这种药在别处同样可以买到，在峨眉山每斤只卖100元，价格相差悬殊。

武汉游客方先生也向消协投诉了导游的欺诈行为。今年5月4日，他到九寨沟旅游时，导游员称，按旅游局统一安排要去三个地方购物，其一就是位于汶川的某水晶制品公司。在导游员的极力推荐下，他花了600元钱购买了标价3 680元的"鲤鱼跳龙门"水晶工艺品，回家后才发现并不是水晶而是塑料的，于是投诉该公司，但该公司拒绝兑现"假一赔二"的承诺。

点评：这些真实的新闻案例所揭示的是游客在异地旅游购物中上当受骗的现象，从另一个侧面也反映了导游员的道德素质和责任感缺失问题。游客来到陌生环境游览，导游员应该本着为游客服务、让游客满意、对游客负责的态度进行导购服务。

（资料来源　毛朝敬.千万别让导游给"涮"了［EB/OL］.［2010-09-19］.http://www.tianya.cn/techforum/content/843/22350.shtml)

三、导游导购时应注意的问题

1.导购前后态度要一致

导游员无论是在车上、景点、餐厅，还是在购物中心，服务质量和服务态度要一致，不论游客购买与否，买多买少，一定要把细致的服务贯彻到底，不能用是否给自己带来"好处"作为衡量标准。

案例9-7：

某市导游王某在一次接团过程中，说话很少，从机场到酒店的过程总共就讲了5分钟。下午到一个市内景点也没讲多少，游客对此有点不满。第二天，旅游团计划去一个本市较有名的景点，开车之后王某介绍了几句当天的行程就坐下了。但到了半路接近一个休息购物点的时候，他却突然来了精神，拿过话筒第一句话就是："你们想买玉吗？"游客都不吱声，本来大家就对购物反感，他之前也根本没和客人建立感情，加上突然这样一问，游客对导游的印象更差了。看客人没反应，王某接着说："我带你们到前面一个店去买玉，那里特别便宜。"游客还是都不吱声，车内气氛紧张。有游客就打圆场说："还是先去景点吧，回来有时间再去看看。"他却说："那是休息点，不去也得去！"车里顿时鸦雀无声。到了休息点司机要停车的时候，旅游团的全陪突然大声说："我们不要休息，全体不上厕所，往前开！"结果可想而知，这个团的全程购物记录为零。

点评：现代社会中，很多游客都有着丰富的旅游经历，对旅游购物已经比较敏感，导游在导购时应该严格按照规范做好服务工作，讲解景点和讲解购物应同样热情，认真负责，否则游客会产生不满情绪。在本案例中，导游员在介绍景点时简单冷漠，谈到购物就激动热情，理所当然会引起游客的猜疑，所以要想做好导购工作的前提就是讲解景点也应周到细致，前后态度要一致。

2.导购讲解要把握时机

导游在讲解购物前要有铺垫，以吸引游客的注意力，给游客一个自由想象的空间，不能在导购开始的时候才进行讲解。

案例 9-8：

北京的一位导游员接团后从机场到市区一个多小时里一直不停地讲解北京的风土人情，赢得了游客的一致好评。在讲到当地的风物特产时，他穿插介绍了些北京的特色物件，使得游客在不知不觉中对北京独特的工艺品有了好感，有了一睹为快的冲动。如讲到景泰蓝，他完全是以一种介绍北京的历史文化的态度，从景泰蓝的产生到制作的神奇过程，包括一些历史上的传说故事，都讲得绘声绘色，让游客恨不得马上一睹真容。

过了两天，旅游团去长城的时候路过景泰蓝购物店，他先问客人："我们马上要经过景泰蓝厂的门市了，大家有没有兴趣看看？"因为他前两天讲得那么好，客人都极有兴趣，于是纷纷表示要去。下车以后，他不是急着让客人买，而是说："我带你们去开开眼，见识见识景泰蓝中的珍宝，一个花瓶就要几十万元！"大家听了，觉得自己不可能买几十万元的东西，所以也不会被宰，开开眼谁不想啊，于是就纷纷跟着他进了商店。

进去的时候，他会偶尔停下来，指着某件产品对大家说："还记得我给你们讲过的掐丝工艺的讲究吗？看，这样的掐丝做得就不太好，一定是新手做的。看！旁边这件就比较好了。"众人都聚拢过来纷纷议论、比较。然后他又指着另一件："看，这个花瓶上面这一块色彩很少见啊，大家都知道陶瓷釉彩烧制后会变色，有时会出现出人意料的少见色泽，这一块就比较稀罕了，我来了这么多次都很少见到啊！"刚说完，就有游客把这个小花瓶拿在手里跑去问价了。

他对于那些阿姨们也很有一套，看她们在柜台间犹豫不决的时候，就走过去说："你们不要买太重的东西啦，路上拎得太辛苦，我带你们看些小东西。"然后他带她们到景泰蓝首饰柜台，那里有很小的鸡心挂件，一个才几元钱，哪个阿姨会不舍得花这几个钱给女儿孙女们带去一件小礼物呢？而她们一旦放开了手，常常就收不住的，接着就手镯啊、项链啊、头花啊，呼呼啦啦地买了一大堆。而一旦有人开买，其他人也就忍不住了，而且相互比较价格，见对方某物买得便宜就立即拉着她去帮自己也照那个价钱买一件。

到了最后，导游员拼命叫大家出发，拉回了这个，那个又回去了，在店里足足逗留了两个多小时。在车上，大家都在分享着购买到喜欢的物品的喜悦，相互传看，相互比较，心情好极了！虽然晚饭时间都推迟了，大家却很开心。

点评：导游员在为游客进行导购服务时一定要有责任心和耐心，要从游客的角度考虑问题，转移话题时要不露痕迹，在潜移默化中培养游客对当地特产的兴趣爱好，而不是急于求成，为推销而讲解。

3.客观介绍导购商品

导游将旅游团带进购物店门口的时候，购物店的工作人员一般会发给每个团队成员一张所谓的"优惠卡"，其实就是旅游企业和导游员的购物提成卡，大部分游客都心知肚明。进去后，导购人员会给游客讲解店内物品各种好处、妙处、神处。有的游客经不住讲解员这样的"狂轰滥炸"，买了，上当了。理性消费在这里就成了"理想"消费。因此，导购的口碑越来越差。甚至有的游客把怒气都发泄到导游员身上，甚至这样来调侃："旅游路上要防火、防盗、防导游。"

案例 9-9：

某旅游团在新疆旅游，当团队行程进行得差不多的时候，导游员对游客推荐说："大家都知道天山雪莲，我们这里有一个研究所专门研究它的药用价值，就算不买也可以见识一下雪莲的真面目，大家有没有兴趣？"如果行程安排较轻松，一般大家都会抱着看看去的心态去研究所。

到了研究所，导游员请来一位老教授给大家讲讲雪莲的药用价值。老教授一开口就说："有些人把天山雪莲讲得像天上的灵药一样，什么病都治，但是我告诉你们，它只治一种病，那就是风湿性关节炎。另外，它对痛经有一点点效果，其他吹嘘的作用都是假的！"他这个开场白把大家都给镇住了，也把游客的注意力都抓住了。原来以为又是常规的狂吹产品效果的推销，谁知这样让人耳目一新。他又说："另外，我要告诫各位游客，你没有这两种病的请不要买我们的雪莲，因为雪莲来得太不易了，给没有这种病的人买了去，而得这个病的人就买不到药了，请你们不要浪费我们天山的宝贝！"哇！又是一语惊人，很多游客走了这么多地方真是第一次听到劝阻顾客不要买产品的。

接着他又说："大家知道吗，雪莲一定要生长在 4 800 米雪线以上的才有这样的药效，在这条线以下的虽然样子长得一模一样，但药效却完全不同，或者说基本上没有药效。我们去采的雪莲才是正品。那里海拔高、气温低、会雪崩，有冰缝，雪莲又极少，它的种子在零度时发芽，幼苗能经受零下20摄氏度的严寒，五年才能开花。有时我们跑好几天才能采到几朵，真的不想把它们浪费在没有这种病的人身上。另外，没有这个病的人吃了雪莲，治不好他的病，就到处去说雪莲没有效，这也是我们搞雪莲研究的人不想看到的，所以我真诚地告诉大家，只有患这种病的人才能买。"

然后他说："下面请大家举举手，我数数想要的有几位，再让工作人员去拿几盒，价钱是比较贵的，全株两棵为一盒，400元。吃的方法是把全株在盒子里揉碎，用纸分包成20小包，每天煲一包，连吃20天为一个疗程，一般的病情就好了。如果是病程较久或较重的吃两个疗程，也应该就好了。如果有人还没好，那就是你的病不适合雪莲治，就请不要再吃了。"由于游客都已被他的话打动，所以举手的人很多。他说："怎么这么多人，不会一个团有一半人都得了风湿性关节炎吧？"于是就有游客连忙辩白说是帮亲戚买的，然后他才让人去拿。

盒子拿来打开一看，果然是整株的干品，连梗带叶带花瓣，约有40厘米高，一朵花大约有一个男人的拳头那么大，白而薄的花瓣，与四川等地卖的毛茸茸的雪莲完全不一样。原来雪莲分好多种的，有绵头雪莲、水母雪莲、毛头雪莲等等，这种是其中最出名的"大苞雪莲"。于是游客们纷纷开始掏钱，当时没有举手的人现在也开始不安起来，觉得自己没买实在是错过了一个宝贵机会。

　　点评：导游在讲解过程中全面介绍了商品的优缺点，抓住了一些游客的心理，因此游客对导游和产品都产生了信任，所以促销的效果较好，这样的导购真的值得推广。

4. 向游客介绍一些防骗防宰的窍门

　　导游员应充分利用自己是当地人的优势，给游客介绍一些防骗防宰的小常识。如有些地方的小摊贩会把已损坏的商品掩饰好，放在最前排然后冤枉游客。导游员应提醒游客不想买的不要动手，想买的让摊主拿给你看；不想买的东西千万不要去还价，还了价再不买是很麻烦的，当地小贩常常成帮结派，游客没必要惹麻烦。另外，如果发现有商贩跟着走，千万不要与其交谈，他们会很乐意地开始给你介绍景点，做了你的"义务"导游，当然，最后你就要付出代价。

　　案例 9-10：

　　一次去海南旅游，在旅游车即将到达旅游景点亚龙湾的时候，地接导游关小姐在车上再三嘱咐游客，停车场内的小商小贩兜售的珍珠饰品是假的，不要买，不要还价，不要触摸，并且下去后也不要表现出是被导游交代过了，希望大家表现自然一点。游客们议论纷纷。关小姐又说，这里的小商贩都结成帮派，如果他们知道是导游交代的，下次我们导游和司机再带团来的时候就会被他们围攻。游客们很配合地按照导游说的去做了。

　　点评：现在一些景区周边的环境被那些不法商贩给破坏了，导游在这样的环境下，善意地提醒游客小心上当，避免麻烦十分必要，但是导游员也要有自我保护的意识。

　　另外，各地还有许多花样各异的小骗局需要游客注意。如现在有些地方兴起一种"认老乡"的骗局，有时连全陪都会上当。要特别提醒游客在当地单独行动时要保持警惕，比如许多客人喜欢晚间出去活动，跳舞、按摩、喝咖啡，都有可能遇到陷阱。还有一些骗局，如一些寺院门边上放上一个内有清水并摩擦起浪的铜盆，没有人看着，等游客摸了几下，旁边就会跳出人来强行收钱；还有一些照相景点，竖起一块牌子写上景点名称，客人都喜欢在旁边留影，照完后也会跳出人来收钱。在一些地方游玩时，总有一些先生、小姐主动前来为你拍照，如果你不婉言谢绝，那么，当离开观光场地时，这些先生、小姐会准确地把吊着你头像小照的钥匙圈交给你，当然，索价也会吓你一跳。不论从工作的责任心还是从做人的良心，导游员都应事先提醒游客，让游客感觉到导游是真心实意为游客着想，从而增加游客对导游的信任感。

　　案例 9-11：

　　在云南的某购物店，游客们刚抵达，彬彬有礼的礼仪小姐就把大家带到了一间独立的包厢，开始了珠宝知识的介绍。她"不经意"地询问游客从哪里来，如果有心直口快的游客回答了这个提问，礼仪小姐就会惊喜地说："真巧，我们商场经理也是那里人。"

不一会儿，"老乡"经理出现了，这时有游客向他试探情况，"老乡"经理均能准确地说出游客居住地区的主要城市标志和街道名称。游客们认为远在他乡遇上熟人，顿时深信不疑，气氛十分友好。这时的"老乡"经理格外热情，带着大家在店内参观，并承诺可以给老乡们大打折扣。一游客看中了一枚标价为9 000元的"铂金翡翠钻戒"，但因价格惊人不敢买。经过"老乡"经理给予打折扣和半卖半送，游客以900元的价格买走了该钻戒。该游客在回到家乡后一鉴定，发现这枚所谓的钻戒竟是用玻璃做的，其实际价格不足9元。游客们评价说："老乡"是假的，珠宝也是假的，只有宰客是真的！

点评：地陪应提前尽到提醒和告知义务，不要参与这种欺骗性的购物活动，因为这已是国家明令查禁的行为，不要让游客在老乡的一片亲情中被狠狠地"宰"一刀。

任务实施

据大连假日国际旅行社的导游员小李了解，所接待的黑龙江旅游团成员大部分来自企事业单位，团里中年人较多，大部分游客经济条件都比较宽裕，游客很想购买一些大连的海鲜和其他土特产带回家。

1.分析需求，满足游客

对于应该建议游客购买什么样的纪念品带回家以及如何安排游客购物，小李事先对游客的需求进行了分析。第一，由于地区差异，他们会对大连这个"浪漫之都"的服装感兴趣；第二，要满足他们品尝和购买大连海鲜的需求，建议他们去沃尔玛、家乐福等大型超市，购买大连海参、鲍鱼等海珍品；第三，大连地产的苹果皮薄、甜脆，是馈赠亲友的好礼品，建议他们带些回去。

2.热情导购，责任第一

在结束旅程的前一天从景点返回酒店的途中，小李这样给游客们介绍大连的购物特色。

各位游客朋友，经过这两天的游览，大连给您留下一个怎样的印象呢？从总体来看，大连是东北地区对外开放的窗口，是东北亚国际航运中心，是东北地区经济腾飞的龙头，更是大家旅游、度假、休闲、养老的风水宝地。所以，这几年大连房价也是一路攀升，越来越多的东北富豪们来大连安家！

另外，有这样的一句顺口溜：北京人什么话都敢说，上海人什么钱都敢挣，广东人什么东西都敢吃，福建人什么国家都想去，大连人什么衣服都敢穿！通过这两天的游览，大家看到了吧！大连的女孩敢穿、会穿，穿出了时尚，穿出了浪漫。在这儿，小李要说说这个城市的浪漫。不知道各位游客朋友是否发现了大连的浪漫之处呢？浪漫的广场、绿地、喷泉，浪漫的建筑，浪漫的大海，浪漫的金石滩、旅顺，浪漫的大型旅游节庆活动，浪漫的市民，处处都是浪漫所在。国家旅游局局长邵琪伟在视察大连旅游工作时曾评价，浪漫大连最有特点的就是"浪漫的市民"。同时，小李也希望各位朋友能把浪漫大连的服装带回家乡，建议大家明天自由活动的时间可以去大连著名的商业中心——青泥洼桥商业圈、天津街步行购物一条街、西安路新兴购物中心等著名商街购买。

大连有代表性的旅游纪念品有贝雕、玻璃制品、海鲜、钻石等。小李在进行购物讲解时也特别突出了这几类商品，但他讲解的侧重点是让游客了解旅游商品本身的文化内涵以及鉴别方法。在给客人介绍大连的海参时，小李说了下面这样一段话。

滨城沿海藏奇珍，味美价廉眼缤纷。海畔明月逢老友，美酒佳肴伴黄昏。

各位朋友，今天大家在海边看到海面上那一排排的就是养殖海带的筏子。海带含碘量很高，韩国国民把它当做珍贵的补品只有过生日那天才能吃到。在大连，海带的养殖户很多，秋天把海带苗夹在绳子上，然后系在浮在海面的筏子上养殖，第二年5月就可以收割了。所以，海带又被称作海里的"庄稼"，这片海域就叫"海田"，海带的产量很高。

大连的海里还盛产一种很有名的菜，叫裙带菜，因菜叶形状似妇女的裙带而得名。裙带菜中含有对人体有益的无机盐、蛋白质及多种维生素，具有防病、美容等功效。大连的裙带菜产量占全国90%以上，大部分都出口到国外。

俗话说"靠山吃山，靠海吃海"，大连由于三面靠海，所以种海田的人不比种农田的人少，海产品也不比农产品少。一望无际的海田里不但盛产海菜，还出产虾、鲍鱼、扇贝、海参和海胆等海珍品。大连是中国最大的海珍品基地，其中对虾、扇贝、海参和海胆的产量占全国90%以上，鲍鱼占60%以上。

鲍鱼是一种单壳软体海洋贝类，形似人的耳朵，所以外国人又叫它"海耳朵"。鲍鱼不但味道鲜嫩，营养价值极高，而且具有药效——鲍鱼壳药名石爵明，可以舒肝明目；鲍鱼肉含有一种鲍灵素，对抑制肿瘤有明显的疗效。鲍鱼最大的外销市场是日本和我国香港，而大连出产的鲍鱼则是这两个市场中最受欢迎的，主要是因为大连鲍鱼生长在较冷的北方海域，肉嫩可口。为了满足日益增长的市场需要，大连从20世纪80年代末期开始大力发展鲍鱼养殖，目前无论是养殖技术还是单亩产量，均达到了世界先进水平。

与鲍鱼齐名的海珍品还有海参，大连产的海参因背上有一排软刺，所以被称为刺参，是我国可食用的20多种海参中最名贵的一种。尤其是大连獐子岛海域出产的海参，优异的自然环境成就了天然好海参。别看它个头小，但含有极丰富的蛋白质、钙、磷、铁等营养成分，肉嫩挺拔，参体壁厚，而且脂肪含量低，极易消化，是最理想的滋补品。经过多年的发展，目前形成了"獐子岛海参""棒棰岛海参""晓琴海参""三山岛海参"等著名品牌。

如果大家想购买这些海产品，小李建议各位朋友明天去信誉比较好的大型商场购买，别忘了索要发票。不论是孝敬父母还是馈赠亲人和朋友，海珍品都是最佳的选择！更重要的是，也别忘了善待自己，每天吃一个海参，健康长寿也是你带给家人的福气呀！

好了，车就要到达我们入住的酒店了，请各位带好自己的物品，准备下车。今天的晚餐就安排在我们入住的酒店，希望大家回到酒店休息一下，6点钟开始就餐。

点评：由于近期媒体曝光少数导游导购过程中的一些不当行为，游客对导游带团过程中的导购工作颇有微词。为了打消游客的顾虑，小李在导购讲解中更侧重于介绍特色商品的内涵及特色，而不是一味地推荐购买。同时，小李没有给游客推荐小的购物店，而是推荐了注重货物品质的大型商场。赢得游客的信任，才能受到游客的欢迎。

拓展阅读

1.大连海鲜精彩导游词

经过了这段时间的游览，相信您对大连有了一定的了解，大连有名的就是海，而且是地跨两海，东濒黄海、西临渤海。在大连就得学会赏海、听海、玩海、吃海。有人这样说：做家具的是木材，懂诗词的是秀才，众人求得是钱财，需要培养的是人才，漂亮女人靠的是身材，懂吃的男人是天才。今天我们就来说说吃，都说"靠山吃山、靠海吃海"，我领您尝尝大连的海。中国饮食文化源远流长，有"四八珍"之说，您知道都是哪些八珍吗？给我鼓鼓掌，鼓励一下我给您说说，谢谢！四八珍分别是山八珍——驼峰、熊掌、猴脑、猩唇、象拔、豹胎、犀尾、鹿筋；海八珍——燕窝、鱼翅、海参、鱼肚、鱼骨、鲍鱼、海豹、狗鱼（大鲵）；禽八珍——红燕、飞龙、鹌鹑、天鹅、鹧鸪、彩雀、斑鸠、红头鹰；草八珍——猴头、银耳、竹荪、驴窝菌、羊肚菌、花菇、黄花菜、云香信。我们大连在海八珍里有名的就是海参和鲍鱼。

有人说了，为什么大连的海产品有名气，告诉您，因为这里跨两海呀，生产的混血鱼味道好呀！开玩笑，其实这与大连海域的位置、含盐量和水温有关系，大连地处北温带，近海年平均水温在10℃左右，年平均降水量在550～950毫米之间，海水含盐量为30‰左右。根据水产专家研究，含盐量在24‰～35‰海域的海产品，营养最为丰富，味道最为鲜美。大连周边海域完全符合这个条件，这也就是大连海鲜享誉海内外的原因。

我们先说海参，全世界共有800多种海参，可以食用的有40多种。三国的时候，中国人就开始吃海参，那个时候称其为"土肉"，到了明清时候海参才开始逐渐有名气。在大连旅顺、长海县的海参最有名气，称为"刺参"，因为它身上长满了肉刺，虽然个头不大，但是您别忘了"浓缩的都是精华"呀！而且海参已经在地球上生存了几亿年了，那得积累下多少东西呀？吃多了都得成精！我这里写了个顺口溜，说的就是大连的海参，您给我打个节奏，我给您来段RAP：

大连海参味道香，欢迎宾朋来赏光，活性因子矿物质，保您身体健又康，维生素、牛黄酸，还有刺参黏多糖，加上钙磷铁元素，错过肯定想得慌！

我们再来看看鲍鱼，鲍鱼长得像耳朵，因此很多人称其为"海耳朵"，还有叫镜面鱼、明目鱼、石决明肉、九孔螺、千里光、耳片、趴锅等的。目前全世界的鲍鱼有100多种，分布广泛，主要产地有中国、日本、澳大利亚、新西兰、南非、墨西哥、美国和欧洲、中东一带。由于海水的流动速度、温度和水质对于鲍鱼的肉质、口味、生长速度有很大的影响，所以，即使是同一品种的鲍鱼，出自不同的产地其质量也会不同，且售价悬殊。我先不说大连的鲍鱼多好，反正日本人、韩国人都挺认可大连皱纹盘鲍的，他们还编了一首歌，您想不想听？想听就鼓鼓掌。这首歌是这样唱的：

小时候，妈妈对我讲，大连鲍鱼味道香，虽然它看来不漂亮，常吃身体会健康。大连的大海，七月流霞鲍鱼肥，无论鲜货、干货或冷藏，味道决不会失望，啦……

其实大连的海鲜也不只有这两种，只不过这两种特有名气，但是价格昂贵，不过还算是物有所值了！大连沿海有鱼类280多种，主要有小黄花鱼、带鱼、鲅鱼、黑鱼、黄鱼等；蟹类有三疣梭子蟹、赤甲红、花盖蟹等；海洋无脊椎动物约400多种，营养价值较高的有对虾、毛虾、海蜇、香螺、海红、牡蛎等。除了刚才介绍的皱纹盘鲍、刺参，还有对虾、大连紫海胆、栉孔扇贝等海产品最为名贵，成为享誉海内外的珍品。

好了，不说了，再说就崩溃了。下面我用一首诗代表大连海鲜做总结性陈词：滨城沿海藏奇珍，味美价廉眼缤纷；海畔明月逢老友，美酒佳肴伴黄昏。

（资料来源　佚名．大连海鲜导游词［EB/OL］．［2015-01-29］．http://www.ynpxrz.com/n941988c1040.aspx）

2.中国各地工艺品介绍

（1）文房四宝之首。纸墨笔砚俗称文房四宝。宣纸、徽墨、湖笔、端砚，被称为文房四宝之首。

①宣纸。宣纸产于安徽泾县，因历史上属宣州，故名。始产于唐代，原料是青檀皮。清代掺和稻草，改变了用料比例。宣纸分生、熟两种，生宣渍水渗化，作写意画最好；熟宣经过胶矾浸染，不渗化，宜于工笔，细描细写。宣纸具有纸质柔韧、洁白平滑、细腻匀整、不起皱不掉毛、久不变色、不蛀不腐、卷折无损等特点，便于收藏，因此有"纸寿千年"之说。

②徽墨。徽墨产于安徽歙县和休宁等地，因历史上属于徽州，故名。徽墨创始人是河北易州制墨家奚氏。宋宣和三年（公元1121年），歙州改称徽州，"徽墨"之名始定。清代徽墨驰名天下，有色泽黑润、经久不褪、舐笔不胶、入纸不晕、香味浓郁、宜书宜画等特点，素有"落纸如漆，万载存真"之誉。

③湖笔。湖笔产于浙江湖州市善琏镇。古属湖州，故称湖笔。湖笔自元代以后取代了宣笔的地位，分羊毫、狼毫、紫毫、兼毫4大类，具有尖、齐、圆、健四大特点，被赞誉为"毛颖之冠"。因此，浙江善琏镇有"湖笔之乡"的美誉。

④端砚。端砚产于广东省肇庆市，因唐代在肇庆设端州，故称端砚。端砚取材于一种沉积岩，开采于唐武德年间，宋代已为世所重。端石贵有石眼，它是天然生成在砚石上的石核形状的眼，人们利用石眼花纹雕刻的砚台尤为名贵，有"端石一斤，价值千金"之说。端石有石质细腻嫩爽、墨汁细稠不易干润、发墨而不损毫的特点，端砚、歙砚、洮砚与澄泥砚并称为我国四大名砚，端砚居四大名砚之首。

（资料来源　百度知道.中国文房四宝之首是什么？其特点是什么？［EB/OL］.［2007-11-17］. http://zhidao.baidu.com/question/39747690.html）

（2）陶瓷。我国素有"瓷国"之称。瓷器、丝绸、茶叶并称为中国古代著名的三大特产。

①陶器。我国著名的陶器产地及其代表品种有：

A.宜兴紫砂。江苏宜兴市所产的紫砂器创烧于宋代，至明清时代有了很大的发展，享有天下"神品"盛誉。紫砂器是使用质地细腻、含铁量高的特殊陶土烧制的无釉细陶器，呈赤褐、浅黄或紫黑色，造型美观，色彩古朴淡雅，是精致的手工艺品。因此，宜兴有"陶都"之誉。

B.仿唐三彩。唐三彩是唐代一种以黄、绿、褐三色为主的低温彩釉陶塑工艺品，是珍贵文物。现在我国洛阳市等地烧制的三彩陶塑工艺品理应称为"仿唐三彩"。

②瓷器。我国当代瓷器主要产于江西景德镇市、湖南醴陵市、福建德化县、浙江龙泉市、山东淄博市和河北唐山市等地，也有人将景德镇、醴陵、德化并称为"中国三大瓷都"。我国瓷器的著名产地及其代表品种有：

A.瓷都景德镇传统名瓷。江西省景德镇市是我国的"瓷都"。景德镇原名昌南，宋代更名景德。宋代以后历经明清两代，一直设官窑生产宫廷御用瓷器。青花瓷、青花玲珑瓷、粉彩瓷和高温颜色釉瓷被称为景德镇四大传统名瓷。

B.醴陵釉下彩。醴陵的釉下彩餐具日用瓷，在彩釉面上罩一层透明釉，既能保护釉色，又能保证用餐者健康。

C.德化白瓷塑。德化的白瓷塑俗称"建白",在国际上有"中国白"之称。

(3)织锦刺绣。丝织刺绣品是以蚕丝为原料的纺织品和刺绣品的总称。丝绸起源于中国,汉代之后由"丝绸之路"远销中亚、西亚、地中海沿岸及欧洲各地。

①织锦。织锦是中国古代传统的用彩色提花方式织成的带有各种图案花纹的熟丝织品。江苏南京云锦、四川成都蜀锦、江苏苏州宋锦并称"中国当代三大名锦"。

A.云锦。云锦是南京传统提花丝织品的总称,以花纹色彩华丽、美若彩云而得名。南京云锦织物品种甚多,根据工艺特点分为库锦、库缎和妆花三大类。妆花为南京云锦中最华丽、最有代表性的产品,其中尤以"金宝地"为代表性产品,至今仍由手工织作,故相当名贵。

B.蜀锦。成都的丝织工艺品久负盛名,因产地而得名。蜀锦质地紧密坚韧,色调艳丽,图案古朴雅致,花色品种丰富,极具民族特色和地方风格,具有很高的艺术欣赏价值。

C.宋锦。宋锦产于江苏苏州,因始织于北宋而得名。宋锦织造技术独特,其经丝分面经和地经两重,故又称"重锦",是一种装裱书画用的织锦。

②刺绣。刺绣是用针引线在绣料上穿刺出一定图案和色彩花纹的装饰织物。苏绣、湘绣、粤绣、蜀绣被誉为"中国四大名绣"。

A.苏绣。苏绣主要产于江苏苏州、南通一带,因产地而得名。苏绣有单面绣、双面绣与环形绣几种形式。双面绣又分双面异色绣、双面异色异物绣以及双面异色异物异针三异绣。苏绣题材广泛,图案新颖、针法细腻、形象逼真、色彩艳丽、富有民族风格和地方特色,具有高贵典雅的风格特征。双面绣最能体现苏绣的艺术特征,可从两面观赏。

B.湘绣。湘绣产于湖南长沙,是湖南长沙一带绣品的总称。湘绣吸收苏绣、粤绣的优点,融合传统的绘画、刺绣、诗词、书画及金石艺术于一体,作品具有构图优美、针法细腻、绣艺精湛、色彩鲜艳、绚丽夺目、风格豪放、花纹瑰丽奇特、神态生动等特点,享有"超级绣品"之誉。湘绣题材广泛,以狮、虎、松鼠为代表作,有"苏猫""湘虎"之说。

C.蜀绣。蜀绣产于四川成都,是四川成都传统刺绣工艺品,以软缎和彩丝为主要原料,技艺讲究,施针严谨,针脚精细,掺色柔和,虚实得体,图案美观。蜀绣以构图精巧、刻画细腻、形神兼备、色彩明丽而著称。

D.粤绣。粤绣产于广东省的广州、潮州。金银线垫绣是粤绣特技,以构图饱满、繁而不乱、色彩浓郁、立体感强等特点著称。粤绣题材多样,主要是各种吉祥图案,如百鸟等。

(4)雕塑。按材质,雕塑可分为玉雕、石雕、木雕、竹刻及其他雕塑。

①玉雕。玉雕亦称玉器,是我国的特种工艺品之一。在距今7 000年前的新石器时代晚期就有玉制工具,玉器从玉制工具发展而来。玉主要产于新疆和田、河南南阳的独山和辽宁的岫岩等地。和田玉又称昆山玉,简称昆玉,以其中称为羊脂玉的白玉最佳。

②石雕。寿山田黄石、青田冻石、昌化鸡血石并称"中国三大佳石"。

③木雕。木雕主要分布在浙江的东阳市、乐清市(黄杨木雕)、福建泉州市(龙眼木雕木偶头)、江苏(苏州红木雕)、广东(潮州金漆木雕)、湖北(木雕船)等地。

④竹刻。从明嘉靖到清乾隆年间,竹刻工艺在江南一带达到了鼎盛,形成嘉定、金陵

两个中心，各为流派。上海嘉定竹刻始于明隆庆、万历年间，距今已有400多年历史。当今竹刻工艺品的主要产地是上海、浙江、江苏、湖南等省市。

⑤其他雕塑。其他雕塑中主要有贝雕、泥塑等种类。

A.贝雕。大连贝雕和洪湖贝雕比较有代表性。大连贝雕产于辽宁大连，系用有色贝壳雕刻或镶嵌而成的工艺品，有供观赏的挂屏、首饰盒等，具有浓厚的东方艺术特色。洪湖贝雕，产于湖北洪湖市，采用雕与画相结合的手法，以当地生产的各种淡水珍珠贝为原料，制作的贝雕挂屏有30多个品种。

B.泥塑。有代表性的泥塑，其一是天津泥彩塑，以清朝中期著名的天津民间艺人张明山用胶泥和颜料塑造的各种人物形象为代表，神态逼真，故被誉为"泥人张"；其二是惠山泥人，产于江苏无锡市惠山，诞生于明末清初，产品分粗细两大类，前者以"无锡大阿福"为代表，后者以手捏戏文为主。

（5）漆器。天然漆最早产于中国，中国漆器制作历史悠久。明隆庆年间，新安（今安徽歙县）著名漆工黄大成，将绝技传于吴越，开该地漆作之先声，并著成《髹漆录》一书，对漆器制作工艺阐述极为精辟。当代漆器制作主要分布于北京市、福州市、扬州市、成都市、山西平遥县、贵州大方县、甘肃天水市等地。采用推光、雕填、彩绘、镶嵌玉石和螺钿等技法，制作出各种精美的髹漆工艺品。北京雕漆与江西景德镇瓷器、湖南长沙湘绣，并称为"中国工艺美术三长"，是中国漆器艺术中的一个独特品种。

（6）金属工艺品。著名的金属工艺品有北京市的景泰蓝、云南省的斑铜、芜湖市的铁画和北京市等地的掐丝等。北京景泰蓝是驰名中外的工艺美术品之一，它和福建脱胎漆器、江西景德镇瓷器并称"中国传统工艺三绝"。

（7）工艺画。工艺画主要分为木版年画、木版水印画、内画壶和风筝画几种。

①木版年画。年画产地主要有天津杨柳青、苏州桃花坞、潍坊杨家埠、绵竹市、开封市朱仙镇、佛山市等地。天津市杨柳青素有"家家会刻版，人人善丹青"之誉。

②木版水印画。木版水印画是根据活版印刷的原理，先将绘画原作勾描成底稿，再分成若干块刻版，以水调色印制而成，所以称木版水印，是我国独有的绘画与木刻、印刷技艺相结合的工艺美术品。北京荣宝斋木版水印画和上海朵云轩木版水印画比较著名。

③内画壶。内画壶源于鼻烟壶，是后者的一种。先将料器制成瓶子，再用铁砂在瓶内摇磨成乳白色，然后用极其精细的特制竹笔蘸色在瓶内画出各种人物、山水、花卉、书法等，成为一种独特、古雅、小巧的手工艺品。因在透明的玻璃瓶内壁作画，故称内画，主要产于北京市、淄博市博山区和衡水市。

④风筝画。风筝是集彩扎与绘画为一体、以线牵拉、借助风力升空的传统玩具与艺术欣赏品，古称"纸鸢"，江南称"鹞"。风筝的主要产地有潍坊市、北京市、天津市、南通市等。

（资料来源　佚名. 全国各地特色的艺术品 [EB/OL]. [2009-11-04]. http://www.ssssd.com/viewthread.php?tid=3310）

3. 东北三宝

东北三宝是指产于东北的三种名贵特产——人参、貂皮、鹿茸。它们以其神奇的功效、稀有的品质而闻名天下，受到国内外人们的珍爱。

人参，为东北三宝之首。因其酷似人形，所以称为人参。吉林长白山是人参的主要产区。人参对人体有神奇的滋补作用。按采收方式的不同，人参可以分两种：栽培的人参称为"园参"，从野外采得的野生山参称为"野山参"。现在的野山参已不多见，因其品质极其纯正，所以也更加名贵。

貂皮，堪称裘皮之珍品，素以"见风愈暖、落雪则融、遇水不濡"享誉世界，而尤以长白山出产的紫貂皮为上品。

鹿茸是梅花鹿或马鹿的尚未骨化的幼角，以梅花鹿鹿茸为最好。鹿茸中含有大量的氨基酸、硫酸软骨素A、骨胶原、蛋白质、钙、磷、镁等有益健康的物质，滋补效果显著。

近几年又有"东北新三宝"之说，即是指红景天、林蛙、不老草。同样也是人们喜欢的珍贵物产。

红景天，多年生草本植物，它在世界107种景天属植物中最具药用价值，主产于长白山海拔1 700~2 300米的高山火山岩中。科学研究证明，高山红景天所具有的扶正固本的作用明显优于人参。

林蛙，因其肉质细嫩，胜似鸡肉，又称田鸡，属两栖类红蛙科动物。它含有丰富的蛋白质、糖分、水分和少量脂肪，味道鲜美，是很好的滋补品。

不老草，俗名列当，一年生寄生草本植物。茎肉质，叶子鳞片状，黄褐色，花紫色，是长白山珍稀药用植物。不老草可以健体强身、延年益寿，人们将其视为长生不老的神草，所以称之为"不老草"。

（资料来源　百度百科. 东北三宝［EB/OL］.［2015-12-29］. http://baike.baidu.com/view/48926.htm）

4.对不同地方客人的赞美词或调侃语

游客多来自全国各地，导游员能否把他们凝聚在一起，调动他们欢乐的情绪，是全天工作成败的关键。对各种特征的游客予以适当的赞美，并用幽默的语言做调侃，往往能收到不错的效果。第一，可以满足游客的自尊心和虚荣心，使他们产生认同感；第二，能够触发游客的兴奋点，活跃车上的气氛；第三，与游客建立共同的话题，避免生疏感。所以，导游员必须具有接待什么地方的客人说什么话的能力。这种能力是一种知识的积累，只有不断学习才能获得。

使用这种导游技巧有几点需要注意：一是把握好赞美的度，既避免卖弄之嫌，又能引发客人的话题；二是调侃不要过于油滑，特别要注意避免使客人难堪，损伤它们的自尊心；三是因人而异，因时而异，要根据客人的文化层次、性别、性格以及与客人的熟悉程度来选择赞美、调侃的语言和时机。譬如，有的调侃语不宜见面就说，而应在旅游的途中与客人熟悉了再说。总之，这种技巧运用，目的只有一个，就是要让客人高兴。运用得恰当与否，关键还要靠导游员自身功夫。

5.游客特征分析顺口溜

见面爱说又爱笑，这样的游客较可靠；要求偏多又言少，这样游客要讨好；团队当中有权威，对其热心不吃亏；说话严厉有分量，对其尊重不一样；爱听爱看又爱摸，对其服务要多说；少言少语又怕累，对其服务要干脆；文化层次比较高，讲解认真别轻佻；语言不通有障碍，对其照顾多关爱；团员当中太年轻，细心耐心体贴心；来自西部和内地，游客花钱较仔细；来自山区和乡下，对其友好不欺诈；游客上班在机关，消费起来很一般；遇到都是打工族，薄利多销别太俗；接待名人和领导，工作周到要讨好；团员都属好朋友，该出手时也出手；爱吃爱抽又爱喝，这样的游客别怕多；团员当中净老外，习俗不同别见怪；华侨港台东方人，服务热心中人情；衣服穿得较得体，一般都是干私企；穿戴打扮上档次，属于成功的人士；团员见他比较怕，准是团中的老大；怀里揣满人民币，花起钱来真豪气；钱包装有许多卡，购物消费才潇洒；平时手机经常响，生意兴隆财源广；随身配有小皮包，这样的游客档次高；旅途当中要学习，认真服务是前提。

6.祖国处处有三宝

导游员工作时间长了，会时时、事事都留心积累，积淀自己的工作经验和知识底蕴。

北京——象牙雕，景泰蓝，玉器玲珑看不完。

天津——小笼包，嫩鸭梨，糖炒栗子良乡奇。

上海——宝钢好，顾绣俏，五香豆出城隍庙。

河北——冀南棉，深州桃，沽源蘑菇质量高。

湖北——水杉树，印花布，来凤桐油能致富。

山西——繁峙铁，大同煤，杏花汾酒常相随。

陕西——关中驴，秦川牛，传统名产西凤酒。

江西——南丰桔，余江麻，景德瓷器世人夸。

广西——西瓜霜，山水画，合浦珍珠走天下。

内蒙古——蒙古马，包头钢，草原盛产好皮张。

新疆——哈密瓜，和田玉，吐蕃葡萄甜又蜜。

西藏——江孜毯，拉萨靴，日喀则氆氇手艺绝。

辽宁——抚顺煤，鞍山钢，金州苹果甜又香。

吉林——紫貂皮，乌拉草，吉林人参天下晓。

黑龙江——漠河鱼，马哈鱼，冰城啤酒别样奇。

江苏——咸板鸭，镇江醋，苏绣工艺美名著。

浙江——杭州锦，龙井茶，金华火腿味道佳。

安徽——龙尾砚，徽墨好，泾县宣纸文房宝。

福建——文昌鱼，大桂圆，寿山石雕美名传。

台湾——甘蔗糖，细草席，防虫樟脑有香气。

河南——南阳牛，灵宝枣，许昌盛产好烟草。

湖南——湘妃竹，洞庭莲，吉首酒鬼美名传。

云南——普洱茶，玉溪烟，白药治伤赛神仙。

广东——功夫茶，菠萝蜜，水果赚钱也容易。

山东——烟台果，莱阳梨，青岛啤酒数第一。

四川——鲜榨菜，自贡盐，天府花生辣又咸。

贵州——茅台酒，玉屏箫，安顺场上出三刀。

甘肃——河曲马，天水瓜，兰州水烟像开花。

（资料来源　李灵资.趣味导游顺口溜［M］.北京：旅游教育出版社，2005）

实践训练

实践训练1：团内一老年游客向地陪小李提出购买中药材和中成药的要求

实训设计：由1名同学模拟地陪导游员小李，1名同学模拟团内老年游客，1名同学模拟购物店服务员，其他同学模拟团队游客。考察重点在于地陪导游员处理游客单独要求事件的能力，以及我国海关对中药材、中成药购买和携带出境的规定。

实践训练2：团内一女性游客在买完珍珠后发现其有瑕疵，要求地陪小李带其去购物店退货

实训设计：由1名同学模拟地陪导游员小李，1名同学模拟团内女性游客，1名同学模拟购物店服务员，其他同学模拟团队游客。考察重点在于地陪导游员处理游客单独要求事件的能力，以及对相关旅游法规的掌握程度和与购物店服务员的沟通能力。

评价考核：评价考核内容见表9-1。

表9-1　　　　　　　　　　导游员购物服务技能评价考核

内　容		评　价		
学习目标	评价内容	分值	团队成员评价	教师评价
基本知识	旅游购物相关法律法规知识	10分		
	购物讲解要领	10分		
	中国各地主要土特产、工艺品知识	15分		
专业能力	熟练完成当地特产导购	15分		
	协助游客完成退货、换货等问题	10分		
通用能力	导游语言表达能力	10分		
	团队应急问题解决能力	10分		
	导游的沟通协调能力	10分		
职业态度	工作积极态度	5分		
	团队合作意识	5分		
努力方向		建　议		

课后自主学习

1.查阅相关网站，了解相关资料，向游客介绍大连贝雕、玻璃制品、海鲜、珍珠、钻石等特色旅游纪念品。

2.查阅相关网站上关于购物方面的案例，通过模拟法庭讨论旅游纠纷的解决办法、进行旅游热点问题分析研讨。

项目五

旅游娱乐活动设计

任务十

娱乐活动

任务目标

对搜集、整理、提炼得到的逸闻趣事进行自觉练习讲解，熟练地将这些内容丰富的素材用到导游带团的活动中，达到既能强化带团效果，让旅途快乐起来，又能够促进导游员带团的综合能力得到提升的目的。

任务情境

导游员除了要把景点内涵"讲透""讲活"以外，还要依据旅游团队类型的不同设计娱乐活动。大到国家、民族的节日，小到游客生日，都可以在车上、景点、酒店等不同的场所进行适当的娱乐活动，让旅途变得轻松起来。

相关知识

一、娱乐活动的服务特点

人们外出旅游，通过观赏和参与娱乐活动，不仅要获得新的体验和了解更多的异地文化，更重要的是可以通过娱乐和休闲真正地让自己得到放松。所以，导游对娱乐活动的设计与组织要注重其健康性、教育性、娱乐性、趣味性，以此来保证娱乐活动组织与实施的质量和效果。

（一）娱乐活动的类型

1.欣赏性娱乐活动

欣赏性娱乐活动主要以观赏表演为主，例如欣赏地方戏曲（北京的京剧、安徽的黄梅戏、上海的沪剧、杭州等地的越剧、四川的川剧、河南的豫剧等）、历史性的歌舞（仿唐乐舞）、民族歌舞、民间娱乐表演（武术、杂技等）。

在观看表演时一般不便于临场讲解，为了让游客（尤其是海外游客）尽兴，满足其对地方、民族特色文化的好奇心，导游员要事先对表演和剧目的内容、特色有一个详尽的了解（剧种、历史背景、人物刻画、场景布局、服装道具、故事情节等），同时还应该在恰当的时机向游客介绍。通常情况下，导游员在带团前往途中先作一个概述，待游客看完节目后进行总结讲解，同时回答游客相关问题。

2.参与性娱乐活动

（1）休闲娱乐项目。这类项目通常在游客时间较为充裕时安排，如骑马、民族节庆活动参与、民族体育项目参与、垂钓等。对于这类娱乐活动，导游员要提前重点提示游客注意事项，如安全保障、活动技巧、民族习俗等。

（2）特种娱乐项目。主要是一些寻求刺激、挑战自我的项目，如攀岩、蹦极、跳水等。这样的娱乐项目一般需要特殊的装备和技巧，不是所有游客都能尝试的。导游员一定要提醒游客签订保障合同、买好意外保险。

3.游客自娱活动

有一些旅游团的成员来自同一个单位、一个地区，或者是熟悉的亲朋好友组成的团队，游客可能会自行组织聚餐和舞会等娱乐活动。对于这样的娱乐活动，在不影响正常旅游行程和不违背法律法规的前提下，导游员要尽可能协助游客安排相关事宜。

（二）娱乐活动的组织安排

导游员要根据计划周密安排娱乐活动。在为游客提供欣赏性娱乐活动时，要做好为游客购票、与司机约定行程、防止游客走散、注意游客安全等工作安排。

（三）娱乐活动的导游讲解服务

在组织娱乐活动的过程中，导游员一人身兼多种角色，可以说是集说书人、相声演员、独角戏演员和综艺节目主持人于一身。在车上活跃气氛时，导游员应具备演员的素质；在专项节庆娱乐活动中，导游员应具备导演的组织和策划素质，充分调动团队内部人员的积极性和特长；在特殊的生日娱乐活动中，导游员要显示出一名主持人的灵活机智。

二、娱乐活动服务技巧

在导游过程中，适当地组织各种娱乐活动，不仅可以增加导游的语言魅力和亲和力，还能够满足游客求新鲜、求奇特、求快乐的需要。

1.娱乐服务态度要积极

在旅游途中，游客都希望在获得心情愉悦的同时也能够增长见识，所以娱乐精神与知识素养对导游员来说同样重要。

有的导游员导游词解说不是很精彩，导游技巧也不是很高，可服务态度很到位，结果客人自然满意。所以，话说得再好听，也不如做得实在，导游服务就是要去拼态度。游客最后能给你写表扬信、做锦旗的，肯定是你的服务态度让他感动了！这就是态度决定一切的魅力。

导游员在做接团前的准备时，不仅要做物质上的准备，精神上的准备更重要。要根据团队的不同类型以及不同游客的需求特点，进行娱乐活动前的准备。哪怕是一张小小的卡片，都要让游客感觉到你对这个团队的用心态度。

2.娱乐话题讲解特色要突出

导游对于娱乐话题的讲解，往往会因导游员从业积累的差异而呈现出不同的讲解风格。每个人的知识结构、语言表达方式、表达的语境等方面都存在差异，客人的需求也各不相同，如果一味地照搬照套，往往会使导游讲解显得程序化，没有特色。就像"请喝水"三个字，一百个人会有一百样说法。导游员应根据自己的特点，形成适合自己娱乐讲解的特色。

案例10-1：

俗话说：导游上知天文地理，下知鸡毛蒜皮；上山能够擒鸟，下河能够摸鱼。今天，导游小张就给各位朋友讲讲今天的娱乐新闻吧！看，我在今天带团的空隙买了一份报纸，你们先看看报纸上这两个图片，然后再告诉我，图片上的两个女人哪一个更好看?这一问,立刻引起了大家的兴致,全车上的男男女女七嘴八舌地讨论起来,欢声笑语伴随了整个路上。

点评:生活中的话题是说也说不完的,要活跃旅途的气氛,没有必要刻意去寻找话题,只要用心就会发现身边其实有很多的娱乐话题能与游客分享。

有很多资深的导游习惯运用发散性思维,只要抓住一个起点,就可以把娱乐话题延伸到任何方向。娱乐话题通常是在旅游活动开始之初,导游人员与游客之间尚不太熟悉时采用的话题,主要包括普遍性娱乐话题,如与游客谈天气、方言、民俗,与老年人谈谈养生之道,与女性谈保健、美容、服饰,与西方游客谈中国的风土人情等等。与游客熟悉了之后,导游员还可以从自己出生那年开始讲起,讲幼儿园、中小学九年制义务教育,讲学校的课程安排和中考、高考制度,讲大学的经历、职场的见闻;从北京人的平均工资讲到商品房的价格,从八小时工作制讲到医疗保险退休福利,从计划生育讲到当代人的爱情观……如此一来,生老病死、社会万象就统统包括在娱乐讲解特色中了。

只有聊到双方都感兴趣的娱乐话题,导游人员才能够引导游客说出自己的心声。在选择娱乐话题时应尊重对方习俗,不能涉及对方的禁忌。另外,娱乐话题一般不涉及疾病、死亡等不吉利、不愉快的事情,忌说他人坏话,禁谈有损国格、人格的事情。

3.导游在娱乐中要有绝活

在娱乐活动中,导游还应该有自己的"绝活",关键的时候要有出彩的地方,唱歌、朗诵、舞蹈或者表演,必须有自己擅长的一方面。

导游在车上搞活动,一般需要游客参与,也确实有不少客人愿意参加唱歌、讲笑话、讲故事等,也有的客人比较腼腆,导游百般劝导也请不动,结果搞得很冷场,甚至很尴尬。其实遇到这种客人,就不必请他们参与,导游一个人也可以唱好"独角戏"。

要唱好"独角戏",导游员必须有丰富的表演储备,这样才能从容应付。所以,做导游一定要有自己的拿手好戏,有能够"震住"客人的节目,这样就可以调动游客的兴致和积极性,游客在这种氛围中也愿意来表演自己的节目,让愉快伴随着行程。

案例10-2:

在去往九寨沟的旅途中,导游员小潘从欢迎词开始,极富地方川味特色地讲解吸引了游客,一会说笑话,一会讲传说,一会讲民俗故事,真是一路欢歌笑语,不知不觉过了三个小时。这时,坐在前排的一位游客站起来说:导游你歇一会吧!我来唱一首歌!这位游客的歌唱得很好,赢得了大家又一阵的喝彩!受到鼓舞,他情绪更高涨了,给我们一首接着一首唱着……

点评:俗话说:榜样的力量是无穷的。导游员小潘唱的歌好听,说的故事感人,三个小时的讲解没有间断。他的敬业、乐业精神感动了游客,游客真心想为他分担一下,积极参与进来,这也算是导游带团的最高境界了。

4.要把握好娱乐活动的时机

娱乐活动的开展要注意场合,分清对象,掌握分寸。任何娱乐活动都要把握好时机,一旦你发现这种娱乐活动能令大家高兴,或者把别人带到愉快的气氛里,你就要毫不犹豫地展现出来，而一旦发现周围的气氛不合适娱乐活动，就要收住。娱乐活动在什么时候开展、如何开展，时机和技巧同样重要。导游员可以结合时下一些收视率较高的一些娱乐节目，如《爸爸去哪儿?》《奔跑吧兄弟!》《花样姐姐!》《带着爷爷去旅游》等等来开场。

案例 10-3：

某单位组织了一个由大人和孩子共 40 多人构成的团队去承德避暑山庄旅游，车程需要五六个小时。跟团的是一个年轻女导游，大家兴致很浓，对导游也充满了期待。但是这名导游简单地介绍了本次行程后，就没有了下文。大家一看没戏了，还是自娱自乐吧，于是就开始张罗组织打扑克。就在大家都在准备忙着"组团"打扑克的时候，女导游想起了还有一个笑话没讲，就说："你们先等一会儿再打扑克，等我讲完了笑话再打。"有一位游客漫不经心地说："导游你说吧！"导游说："从前有两个和尚……"这时有一个学生插话说："谜底我知道！是……"导游很尴尬地说："你知道了？那我再说下一个笑话吧！"这时候，有一个游客说了："导游你歇着吧！"

点评：如能事前做好准备，扬长避短，充分调动一个单位中能人的积极性，设计一些有意思的趣味活动，会让旅途充满愉快气氛。很显然这名导游事前没有做好功课，没有考虑到如何调动团队的娱乐气氛，讲故事的时机也不合适，只是为了完成任务而完成任务，不会收到好的效果。

5. 娱乐活动设计要有趣

（1）歌曲要活学活用。每个时代的歌曲都有其特色，对不同的游客，表演的内容也要有所不同。例如，对年龄大的游客不能只唱那些最新的流行歌曲，因为他们可能接受不了这样的风格。所以，导游员必须学唱一些老歌，以便满足服务老年游客的需要。

案例 10-4：

在从绵阳机场去九寨沟的路上，旅游团大巴遇到了一个搭车的藏族女孩，她背着一个大旅行包，据说要到其他的地方换酥油茶。看样子她是经常搭便车的，导游小潘当然不能放过这样一个帮助他活跃气氛的机会。藏族女孩大方地给我们唱了一首又一首藏族歌曲，甜美的嗓音征服了车上所有的游客，大家不约而同地和这个藏族女孩聊起了地方风俗、特产等，女孩用不太熟练的普通话——解答我们游客的问题。从闲聊中得知，女孩没有上过学，不识字，这一首一首的歌都是她跟着录音机自学的。真令人佩服啊！一个不识字的藏族女孩，为了搭车方便而通过录音机自学歌曲，而且唱得竟是这样精致。

点评：作为导游员，如果五音不全实在不会唱歌，那就应该多准备一些各种类型的歌曲磁带或 CD，在行车时可以根据游客类型来播放，既调节了气氛，也让自己顺便学习了这些歌曲。

在旅游车上可以放音乐，可以给它起名为"音乐欣赏会"；导游组织大家献歌，可以叫"歌曲演唱会"。不论是放音乐还是献唱，导游员都要精心准备，让游客感觉到这是你设计的"快乐旅途"中的一部分内容，不能让游客感觉你是随意放一段音乐来应付游客。另外，导游员不但要有几首拿手的好歌，还可以将不同年代的歌名编成一篇文章，给不同年代的游客说歌、朗诵歌，这也是个不错的选择。

案例10-5：

在去云南大理的旅途中，导游员小杜是个性情比较温和的女孩，说话慢条斯理，但是工作态度认真，一路上给我们讲述着大理的各种逸闻趣事。她还不时地给游客朗诵她自己写的诗，游客们都感觉这个小杜有一定的文采。车上的一位游客提议小杜唱首歌给大家听，小杜很腼腆地表示自己不擅长唱歌，但是可以给大家"说歌"。

各位游客朋友们，你们对过去80年代的歌曲都很熟悉吧？我用80年代歌名串成一篇《思亲曲》，你们听听是不是你们所熟悉的歌。

《三月里的小雨》淅淅沥沥下个不停。在伴有《雨的节奏》的《江南雨》中，《风雨兼程》的行人来去匆匆。《我漫步在小雨里》，《雨中即景》勾起了我的《故乡情》。随风飘荡的《思亲曲》代表了我的《心声》！《啊，故乡》！《我怎能把您遗忘》！《在那桃花盛开的地方》、《故乡的小河》畔、《乡间的小路》上，留下了我那《童年》的《脚印》！

（每当朗诵到歌名的时候，小杜的语气语调都放慢了，提示游客，这个时候游客的注意力很集中）

忘不了《妈妈的吻》！《忘不了你呀，妈妈》！您给了我《大海一样的深情》，《永远不能忘》！《童年，幸福的童年》！《幸福在哪里》？他在《摇摇摇》的《马背摇篮》里！在《童年的小摇车》里！您曾一边推着小车，一边教我《月亮走，我也走》。我揣着《小螺号》，用悦耳的童音唱着……而今，《妈妈教给我一支歌》《妈妈留给我一首歌》都还记得……妈妈，《我衷心感谢你》！儿用《祝愿歌》、《默默的祝福》——《妈妈，祝您长寿》！

《外婆的澎湖湾》，《在那遥远的地方》，《在童年时度过好时光》。《橄榄树》下，外婆给我一颗又酸又涩的《小橄榄》。我抱着《熊猫咪咪》和《采蘑菇的小姑娘》一起，好奇地听外婆您讲《小城的故事》、《莫愁湖》的传说、《太阳岛上》的童话……《在这里留下了我美丽的梦》！

（这时杜导的眼睛红了，声音有些颤抖，游客们鼓掌了，她停顿了一下，调整了一下情绪，又接着朗诵）

《绒花》，你是一位《美丽的姑娘》，你有一颗《美丽的心灵》！常言道《眼睛是爱情的信使》，《你的眼睛早已告诉了我》！《那一年我十七岁》，《我和你》——《小村之恋》，一同吐出了埋在心底的《小秘密》！我俩《一样的深情》似《边疆的泉水清又纯》！《青春啊青春》！使《我们的生活充满阳光》！《十七十八好年华》呀！叫人《怎能忘怀》！我们曾在大风大浪里戏水，《浪花里飞出欢乐的歌》！曾在《十五的月亮》下起舞，《月光下的迪斯科》至今难忘！田间劳罢《垄上行》，《赤足走在田埂上》，《踏着夕阳归去》，欢声笑语，展开歌声的翅膀……记得我进城上学的那天，你《与我同行》，为我《送别》。《清晨，我们踏上小道》，在《弯弯的小路》上，我对你说：《我愿》——《永远和你在一道》！《摘一束玫瑰送给你》，《知道不知道》？她就是我们的信物，你就是我《心中的玫瑰》——《流吧，幸福的泪花》！在《人生海洋》里，《只有爱是不会忘记的》！《擦掉吧，伤心的泪》！《在这分别的时刻》，《笑比哭好》！《我们正当年轻的时候》，《珍惜她》，《莫让年华付水流》！以后咱俩《在水一方》，只能靠《鸽子》那《洁白的羽毛寄深情》……

《飞吧，鸽子》!《飞向远方的故乡》!《带去我的心，捎去我的歌》……（响起游客热烈的掌声和叫好声）

点评：导游员小杜虽然没有满足游客让她唱歌的要求，但是，她精心准备的"说歌"打动了游客，让游客得到了比唱歌更好的感受。导游员要做个有心人，注意发扬自己的特长，扬长避短可以收到更好的效果。

（2）引出话题的顺口溜。由于顺口溜用字精练、合辙押韵、通俗易懂、易记易传、幽默风趣，因此颇受游客的欢迎。使用顺口溜，不仅可以增加导游的语言魅力，更能调动和调节旅游团的游览气氛。同时，还可以引出系列的话题，调动游客参与话题的积极性，让旅游活动能够"轻松学知识，快速长技能；脱口讲故事，潇洒做导游"。

下面是一位导游在旅途中用到的顺口溜，让游客大开眼界。

游客朋友们，我做导游员的工作目标是："每天早晨早早起，读书数页心有底，知识渊博不怕比，力争做到总经理。"给我点儿掌声！谢谢鼓励！

今天带领各位可亲可敬的朋友们游览大连，就让我先表达一下我的心情："人生就像一出戏，有缘千里来相聚。赵钱孙李是一家，东西南北是兄弟。能为大家做导游，实属我的好福气！"

（游客鼓掌）

游客朋友都说导游能说会道，其实每个地方的导游都有自己的绝活，我说来你们听一听："广东导游夸美味，云南导游赞翡翠。上海导游多长辈，杭州导游诗相随。新疆导游歌甜美，济南导游咏泉水。西安导游一张嘴，北京导游走断腿。"

（这段顺口溜是对全国各个主要景区导游员讲解特征的概括，既突出了各个景点的特点，又强调了各地导游员的导游特点，形象而又贴切地反映了各地导游员的基本工作状况）

游客朋友们走过的地方很多，感受到各地城市不同特色了么?我这有篇《"头"字篇歌》将全国各个主要地方的景观特点用顺口溜形式总结了出来："入境广州观车头，飞抵桂林观山头，转至西安观坟头，游览北京观墙头，过往天津观码头，远足青海观源头，参拜西藏观佛头，故都南京观石头，盛装上海观人头，莫忘杭州观丫头，入住大连观日头，北方明珠观龙头。"

这后两句啊，是我将家乡大连的旅游特色给添加上的，各位朋友，你们看是否形象生动呢?

（游客鼓掌，刘导此时引导游客说出自己家乡的旅游特色）

各位朋友游览过不少的名山大川吧，刘导再给游客朋友们说一段《江水歌》吧!

（因游客对这部分的内容不太熟，刘导朗诵的速度较慢）

"九州大地，江水旖旎。河川众多，各奔东西。水饶四门，富饶美丽。历史典故，不乏传奇。今朝国盛，旅业兴起。漂江赏色，猎奇探秘。"这是前奏，下面开始正式的讲解，各位朋友看看你们家乡的水是否也涵盖在里面呢?

"大鲤传名黑龙江，抗日圣地松花江。中朝友谊图们江，抗美援朝鸭绿江。民族风情澜沧江，欲往九寨上岷江。润之昔年渡湘江，水美洞奇游漓江。省名简称因赣江，船工号子嘉陵江。百色起义在右江，柳州自然有柳江。人口稠密环珠江，景美名美富春江。年年观潮钱塘江，上海依恋黄浦江。凌云大佛拢三江，屋脊雅鲁藏布江。伟岸江河谁之最，华夏儿女颂长江。"

（刘导一气呵成地朗诵完了）

怎么样，给点掌声好不好！

（游客鼓掌）

说完了水，该说说山了。人们都说山水相依，是啊，水依山而灵，山得水而活。"有山无水单调，有水无山枯燥。有山有水奇妙，自然和谐美妙。"

（刘导开始慢速地朗诵）

"中华多山，最有奇观。春夏秋冬，万般变幻。文稿所限，罗列难全。诸君欲往，快马加鞭。"这也是一段前奏，去过诸多名山的游客朋友们，下面细细来品味。

"飞雪长白山；避暑往庐山；日出仁泰山；晚霞岳麓山；奇秀峨眉山；奇险数华山；

道场武当山；寺群五台山；水中普陀山；迷地虎丘山；少林卧嵩山；伟人出韶山；

探宝祁连山；仙水落天山；云海恋黄山；红叶赏香山；世界最高点：喜马拉雅山！"

（又是一气呵成的朗诵，最后的一句刘导语调提高，伸出双臂，将游客的情绪调动起来，再次响起热烈的掌声）

好的，称赞完了祖国的大好河山，现在我们再来说一说中国十大城市市民文化性格，游客朋友们来品评一下。

"北京人调侃的净是文化，上海人爱讲国际接轨，广州人用实力引导潮流，天津人淳朴悠然不赶时髦，深圳人凡事赶新潮讲规则，武汉人精明中透出豪爽，成都人逍遥自在善于休闲，重庆人爱讲勤劳致富闯江湖，沈阳人追求务实干事业，大连人海纳百川时尚浪漫，香港人讲究东西文化的交融与宽广。"

这时有一名游客说，我还听过这样一种说法："北京人最能说话，上海人最爱称大。四川人最能吃辣，广东人开口先骂。东北人啥也不怕，台湾人最爱杀价。"

你太有才了！我们的团队真是藏龙卧虎啊，刘导给你鼓掌！

（车上游客快乐气氛达到高潮）

点评：在这次的大连游览中，刘导用顺口溜将团队的快乐气氛调整到高潮，游客非常满意，非常开心！既显示了导游的才气，又让游客从中体会到旅游就是向他们打开一个崭新的世界。

（3）点到为止的幽默和笑话。导游员巧妙运用出人意料的语言、动作、表情，以激发游客的游览兴趣，让游客在和谐、愉快的气氛中获得知识和经验。笑话和幽默不仅有助于消除旅途疲劳，还能够化解矛盾，在导游中发挥"润滑剂"作用。

因此，一位具有幽默感的导游总会受到游客的欢迎。即使导游员没有幽默的潜质，又无法在较短时间内培养出卓越的幽默才能，只要有意识地学习、掌握一些幽默故事和笑话，在旅途中有合适的场合，均可以拿来向游客"兜售"一番，这往往也能达到较好的效果。

但是，导游讲解的笑话不管幽默与否，都必须注意提高品位，以热爱祖国、热爱社会、热爱生活作为基本的出发点。

案例 10-6：

一个来自大连的旅游团登上了从北京返回的航班，登机后等了很久飞机也没起飞，游客显得非常焦急。突然，客舱里的灯光全灭了，游客十分惊恐，忙问空姐是怎么回事。空姐说："停电了！""啊！飞机还停电？"游客纷纷不安起来。这时导游员找到飞机乘务长问清楚情况后，面带微笑地对大家说："北京人民太好客了，看到我们要离开还真是恋恋不舍，又不好意思直说，怎么办呢？想了一个办法，就是将飞机的电路再检修一下，让大家闭上眼睛再回想一下祖国首都的美景和佳肴，10 分钟后我们起飞！"游客们一听都明白了是怎么回事，恐惧不安的情绪渐渐散去，心情也放松下来。

导游员要以阳光、健康的精神面貌面对人生、面对生活、面对游客，用健康幽默的语言来塑造"民间快乐大使"的导游形象。

案例 10-7：

朋友们都知道，人生在世多说也就 90 年，0 岁闪亮登场，10 岁好好学习，20 岁蒸蒸日上，30 岁远大理想，40 岁再创高峰，50 岁年过半百，60 岁告老还乡，70 岁儿孙满堂，80 岁还能溜达，90 岁挂在墙上。每个年龄段都有他的任务，我们不能只是一味地想赚钱，忘记停下来欣赏一下路旁的风景。

大家知道，人民币 1 元的背面是杭州西湖三潭印月，5 元背面是五岳独尊泰山，10 元背面是重庆大小三峡，20 元背面是桂林山水兴坪佳境，50 元背面是布达拉宫，100 元背面是人民大会堂，但这些人民币的正面都是毛泽东，也就是说毛爷爷教导我们：人民币就是用来旅游的、健身的，旅游向我们打开一扇窗户，就是让我们开开心心过好每一天！

导游在长期的带团过程中，口才也是苦练出来的，其间一定会发生许多的笑话。实践才能锻炼导游机智灵活的口才啊！

案例 10-8：

一位导游带领参观团参观博物馆时说："这个玻璃盒子里面的化石已有 200 万零 9 年的历史了。"有一个人很赞赏地问道："你是怎么能如此精确地说出它的年代呢？""这很简单"，导游回答说，"我在这里工作了 9 年。我刚来时，它已有 200 万年的历史了。"

在国外，一位游客到非洲国家动物园去参观，他问："请问谁是这里的百兽之王？"导游回答："动物园园长！"

游客："昨天夜里我在房间里看到了一群老鼠在打架！"导游："这么便宜的房钱，你还想看什么！看斗牛？"

游客问导游："为什么带我们去高价商店？我们刚才在小贩这里买的东西和那里的价格相差十几倍！"导游不紧不慢地答道："小贩处卖的衣服回去一洗就缩水变成孙子穿了，小贩处卖的那条丝巾洗一次就变成了手帕。如果你买了送人，当然不错，我带你们去买的是给你们自己用的东西。"

游客问到埃及建金字塔的原因，导游介绍：第一，法老要树立自己的丰功伟绩；第二，给当地的农民找份工作；第三，给现在的埃及人找份工作。

去承德旅游，导游员无比自豪地说："感谢清朝的老祖宗为我们千秋万代造福：至今我们这里'喝的都是康熙，吃的都是乾隆，玩的都是咸丰，赚的都是同治'啊！"

（4）古为今用讲故事。讲故事是一个很好的选择。故事好背，不需要花费太大的精力，有足够的时间让导游去发挥，一个小的历史典故可以从古至今地演绎半个小时，引起游客联想起各种各样稀奇古怪的故事。例如讲一个《三国演义》中"青梅煮酒论英雄"的故事就能从古讲到今，客人听得还高兴，何乐而不为呢？

案例 10-9：

旅游途中，游客在封闭的车上难免会发出一些气味。刘导看到一些游客不适的表情后，给游客讲解了一段《古代选婿》的故事来化解尴尬。

现在社会上有一种"生儿子好听，生女儿好命"的说法，大家同意这种观点吗？（游客们对刘导的提问议论纷纷，暂时转移游客对环境气味的关注）在古代，家里没有儿子是很没有脸面的事啊。有一个家财丰厚的县令老爷，家里有三个如花似玉的姑娘，县令老爷很想给她们找个体面的上门女婿。大姑娘嫁给了一个坐轿的状元，二姑娘嫁给了一个骑马的武官，三女儿自由恋爱嫁给了一个放羊的穷人。县令老爷是个嫌贫爱富的人，很想让大女婿和二女婿入赘上门，但是人家都不愿意。这一天县令老爷过生日，三个女婿都来给岳父大人祝寿。县令老爷想难为一下小女婿，要求三个女婿在一分钟内分别以"马快"为题作一首诗。

状元大女婿看着院子里刚杀过鸡，灵机一动，赋诗一首："点火烧鸡毛，打马去西郊，来回 200 里，鸡毛还没焦！""好！"大女儿高兴得一拍手，将手中的绣花针掉到了水碗里。武官二女婿看着碗中的针，随即赋诗一首："银针水上漂，打马去西桥，来回 400 里，银针还没落！""太好了！"二姑娘高兴得跳了起来，却不小心放了个响屁，立即涨红了脸。三女婿从来没有念过书，这样的场合肯定没戏，三姑娘也低着头。三女婿正急得团团转，听到这一声响屁，立即赋诗一首："她二姨放个屁，打马去西地，来回 800 里，屁还没散去！"（游客们笑得前仰后合，团队的气氛达到高潮）

面对游客长时间的笑声和掌声，刘导又幽默地说："我一再强调做人要低调，可你们非要给我掌声和尖叫！"

刘导看到游客的兴趣很高，又抛出了一个典故：大家知道中国历史上勇敢私奔的一对情人吧？对，是文君相如的故事，有谁知道这对有情人最后的结果如何呢？有的游客了解这个故事，有的游客不太了解。导游在这个时候因势利导地请知道的游客说一说。一般这个时候知道的游客因为没有准备，说的肯定不全面或一知半解。导游给予提示，帮助这名游客将故事梗概说完。

案例10-10：

"凤兮凤兮归故乡，遨游四海求其凰"，这是西汉辞赋名家司马相如为表达对"巴蜀第一美女"卓文君写下的千古名句，至今读来仍能感觉到相如对文君的款款深情。几经周折，司马相如与卓文君终成眷属，回到成都。不久，汉武帝下诏来召相如，相如与文君依依惜别。岁月流逝，不觉过了五年。文君朝思暮想，盼望丈夫的家书，却没料到盼来的却是写着"一、二、三、四、五、六、七、八、九、十、百、千、万"十三个数字的家书。文君反复看信，明白了丈夫的意思。数字中无"亿"，表明已对她无"意"。文君苦苦等到的是一纸数字，知其心变，悲愤之中，就用这数字写了一封回信：

"一别之后，两地相思，说是三四月，谁知五六年，七弦琴无心弹，八行书无可传，九连环从中折断，十里长亭望眼欲穿，百般怨，千般念，万般无奈把郎怨。万语千言道不尽，百无聊赖十凭栏，重九登高看孤雁，八月中秋月圆人不圆，七月半烧香秉烛问苍天，六月伏天人人摇扇我心寒，五月榴花如火偏遇阵阵冷雨浇花端，四月枇杷黄，我欲对镜心意乱，三月桃花随流水，二月风筝线儿断。噫！郎呀郎，巴不得下一世你为女来我为男。"

司马相如对这首用数字连成的诗一连看了好几遍，越看越感到惭愧，越觉得对不起对自己一片痴情的妻子，终于亲自用驷马高车把文君接往长安。

故事讲完后，导游员又将这个故事的讨论话题引到中央电视台"百家讲坛"节目中王立群的观点：一种说法是司马相如娶卓文君的动机不纯，另一种说法是司马相如很虚伪。大家是怎么看的？几乎所有的游客都发表了自己的观点。

点评：故事最大的特点是贯通古今，谈资丰富，就看导游员如何把握、调控，让游客有话说，有事做。这样的旅途是快乐的！

（5）妙用古诗词对联。对联艺术是中华民族的文化瑰宝，它言简意赅，对仗工整，平仄协调。作为独特的艺术形式，对联艺术千百年来流传甚广。

案例10-11：

在去成都武侯祠游览的大巴车上，林导给我们卖起了关子，说一会儿到了武侯祠，大家寻找一下能够概括诸葛亮一生丰功伟绩的对联，找到了有奖！

在武侯祠，游客对每副对联看得非常认真，有的游客不停地记，有的不停地找，有些游客还不断地找林导求证他们找的对不对，林导只是笑着不语。

回到车上，林导让游客汇报寻找的成果。有的游客说喜欢国家领导人董必武同志撰写的一副对联。

上联：三顾频烦天下计；

下联：一番晤对古今情。

还有的游客推崇冯玉祥将军撰书的对联。

上联：成大事以小心，一生谨慎；

下联：仰风流于遗迹，万古清高。

大部分游客都说是武侯祠诸葛亮殿正中的一副楹联，这幅被推为武侯祠诸联之冠。

上联：能攻心则反侧自消，从古知兵非好战；

下联：不审势即宽严皆误，后来治蜀要深思。

林导对这副对联进行了解释，上联说能使用攻心战术，如诸葛亮对孟获七擒七纵那样使其心服，则一切怀异心、图反叛的阴谋就自会消失，所以古来懂得用兵之道的军事家并不是单凭武力取胜。下联着重指出审势是为政的关键，意在劝勉后来治蜀的人，要深思熟虑，如诸葛亮那样谨慎地审时度势，当宽则宽，当严则严，才能建功立业。这副对联意义深远，可供后人借鉴，所以受到毛泽东等领导人的高度赞赏。林导说，这副对联总结了诸葛亮军、政两方面的经验，但它没有概括诸葛亮一生的功绩。

接着，林导给出了一副对联，它不在武侯祠里，却在民间广为流传。

上联：取西蜀，定南蛮，东和北拒，中军帐里，变金木土爻之术，水寨偏能用火攻；

下联：收二川，排八阵，七擒六出，五丈原前，点四十九盏明灯，一心只为酬三顾。

横批：鞠躬尽瘁，死而后已。

林导把诸葛亮一生用对联上的每一句进行详细讲解，游客受益匪浅。

点评：游览武侯祠的重点是欣赏对联，就要引导游客细心地品味。林导用的这招就是欲擒故纵，先是出一个题目来激活游客的兴趣，当游客对这些对联产生兴趣的时候，他再细细地讲解，自然会收到事半功倍的效果。

当今社会由于网络发达，各种信息畅通，历史上一些比较经典的对联也被现代人大胆地改编了，笑话百出。作为导游也可以有选择地进行真假、虚实等比较讲解，以增加其趣味性。

案例 10-12：

一次在海南旅游，旅游团的兼职导游员是一名语文教师，游客都称其为聂老师。他文采很好，思路清晰，一路上给游客讲解仿佛是在上一节一节的故事课，特别是他讲解的对联故事和诗词故事深深地吸引了大家。

（1）他给大家说了两段他的学生改编的现代版逗笑对联。

上联：风在刮，雨在下，我在等你回电话；

下联：为你生，为你死，为你守候一辈子。

横批：发错人了。

（游客笑了）

上联：风声雨声读书声，我不出声；

下联：家事国事天下事，你有何事。

横批：一边玩去。

那么这副对联的原创是什么呢？大家对这副对联都很熟，说一说吧。

（大家七嘴八舌地说起来）

上联：风声雨声读书声声声入耳；

下联：家事国事天下事事事关心。

此联为明朝顾宪成所写，是提倡"读书不忘救国"的经典名联。上联将读书声和风雨声融为一体，既有诗意，又有深意；下联体现了齐家治国平天下的雄心壮志。风对雨、家对国、耳对心，极其工整，特别是连用叠字，如闻书声琅琅。

（2）聂老师在讲解中不是背诵对联，而是将一些对联通过名人故事来讲解，很有意思。

一年新岁，蔡大人邀郑板桥同往街巷观赏奇联巧对。二人走到一偏僻处，见一户人家门前所贴春联与众不同，只见写着：

二三四五，

六七八九。

郑板桥一看，顿起怜悯之心，对蔡大人说：“请稍等片刻，我去去就来。”说完，不等蔡大人开口，回头就走了。蔡大人望着他匆匆而去的背影，莫名其妙。

不一会儿，郑板桥来了，只见他夹着几件衣服，肩上还背着一袋大米。他敲开了那家的门，只见一家老小都困在一张床上，灶里也是冷冰冰的。郑板桥说：“穿上衣服，煮饭吃吧！”那家主人感激涕零，千恩万谢。

出了门，蔡大人不解地问：“老兄，你怎么知道……”郑板桥一笑，指了指那家的门联，解释了一番，蔡大人才恍然大悟，原来此对联是取谐音，说明他们缺衣〔一〕少食〔十〕。

（3）聂老师又问大家，你们熟悉的清代比较有名的文人墨客是谁？游客异口同声地回答说是纪晓岚。聂老师接着就说了一段纪晓岚和乾隆的拆字对联。

纪晓岚长年在京城伴君为官，日子久了，不免思念家乡，因此闷闷不乐。乾隆皇帝看出了纪晓岚的心事，一日，散朝后，乾隆对纪晓岚说：“爱卿这几日气色不好，朕出一上联，猜猜。”

（聂老师一边讲解一边用手比划字的形状来提示游客）

口十心思，思妻，思子，思父母。

纪晓岚连忙跪下，对道：

言身寸谢，谢天，谢地，谢君王。

乾隆皇帝只好顺水推舟地准了纪晓岚的探亲假，也留下了这副巧妙的合字联。

（4）中国的古典诗词就像滚滚长江之水一样奔流不息，浩如烟海！诗人层出不穷，大家是否知道“一字千金”的故事呢？聂老师给游客讲了下面的故事。

相传，唐朝文学家王勃到南昌，赶上都督阎伯屿的宴会，在宴会上，王勃不仅写下了著名的《滕王阁序》，最后写了序诗：

闲云潭影日悠悠，物换星移几度秋。阁中帝子今何在？槛外长江　自流。

最后一句空了一个字不写，将序文呈上就上马走了。在座的人看到这里，有人猜是“水”字，有人猜是“独”字，阎伯屿都觉得不对，派人去追回王勃，请他补上。

派去的人赶到驿馆，王勃的随从对来人说：“我家主人吩咐了，一字千金，不能再随便写了。”阎伯屿知道后，说道：“人才难得”，便包好一千两银子，亲自率领文人们到驿馆来见王勃。

王勃接过银子，故作惊讶地问：“我不是把字都写全了吗？”有人问：“那所空之处该当何解？”王勃笑答：“空者，空也。槛外长江空自流。”大家听后一致称妙。

（5）聂老师还给大家说了一段“唐宋诗词之最”！

世上最厚的冰——瀚海阑干百丈冰，愁云惨淡万里凝。

世上最深的情——桃花潭水深千尺，不及汪伦送我情。

世上最高的楼——不敢高声语，恐惊天上人。

世上最快的船——两岸猿声啼不住，轻舟已过万重山。

世上最深的雪——夜来城外三尺雪，晓驾炭车碾冰辙。

世上最大的瀑布——飞流直下三千尺，疑是银河落九天。

世上最长的头发——白发三千丈，缘愁似个长。

世上最远的邻居——海内存知己，天涯若比邻。

世上最倒霉的船——沉舟侧畔千帆过，病树前头万木春。

世上架子最大的人——天子呼来不上船，自称臣是酒中仙。

世上最长的脸——去年一点相思泪，至今流不到腮边。

点评：在带团过程中，聂老师充分发挥了自己的特长，将知识与趣味情景交融，让游客处在欣赏美景与品味美词的喜悦中，旅游真是一种精神上的享受啊！

任务实施

1.旅游车上的娱乐活动

作为导游员，除了要把景点内涵讲得丰富、活灵活现以外，还要会组织车上的活动。一些有实力的导游会搞些专题讲座，如前面介绍的故事会、对联鉴赏会、顺口溜主题会、歌曲演唱会、音乐欣赏会等等，但一般的导游还没有这种水平，有些类型的游客也不想听太多的讲解，游客需要的是听听笑话、唱唱歌、猜猜谜语、做做游戏，开心一下。

案例 10-13：

刘导接待了来自广东的旅游团，依据他的经验，广东客人比较活跃，一般喜欢在车上搞活动，这点可能不同于其他地方的客人。所以刘导为带好这个广东团做了充分的准备，如准备了唱歌、猜字谜、做游戏、故事接龙、脑筋急转弯、幽默笑话、学说绕口令等活动，以保证车上的娱乐活动不仅搞笑，而且有含金量。刘导在车上用自嘲方式介绍自己的工作：

"我觉得我们导游的工作，有时候比美国总统的工作还难做，我们没有他的顾问团、智囊团，没有他的竞选班子。我们导游就是一个人，要面对形形色色的客人，处理方方面面的事情，解决大大小小的问题。游客对我们的工作要求也是综合性的，更重要的是美国总统可以犯错，他们没找到大规模杀伤性武器没关系，可以说误会了，白打了，我们导游敢犯错吗？旅行社、客人、市场给我们犯错误的机会么？不给！导游的心理承受力比总统还大。所以说导游比美国总统厉害！我们不做总统了，来做导游！今天我们有理由为自己的选择，自己的伟大而鼓掌！"

（游客鼓掌）

接着，刘导在车上开始了已经准备好的娱乐活动。

"今天在车上的娱乐活动的开场，不像春晚的开场——永恒不变的喧天的锣鼓之后大腕开唱，今天由我一个名不见经传的帅小伙刘导给你们清唱一曲韩红的《家乡》，来点儿热烈的掌声给我鼓鼓劲。"

（游客掌声）

刘导边唱边模仿韩红闭着眼睛的动作，很投入，赢得游客一阵阵掌声和叫好声。唱完一曲后，游客喊：再来一首！刘导又唱了一首阿牛的《浪花一朵朵》。

（掌声热烈）

刘导接着说："都说是抛砖引玉，我这块砖头抛出去了，砸到哪块玉了？"

接下来先是导游和游客对歌，之后又找上来一组男女对歌，他们把游客逗乐了，气氛很活跃，相互配合得很默契。

"歌唱得很好，大家很开心啊！是不是把今天我们坐的车牌号给忘了？刘导带领大家做个小游戏，就叫猜车牌号。

我们这辆车的牌号尾数是几？对，记住后三位数，就是518。在你们广东当地话就叫'我要发'！多么吉祥的数字啊，一定要记住了，你要发了。"

"再让大家做一个游戏：车上跳舞。别惊讶，我们还是以安全为第一！这里说的跳舞是坐在车座上，我伸左手，大家就得伸右手，无论我做什么动作，如果有客人和我一样了，就输了，要相互监督啊！"刘导一边表演者，一边喊着口令：一、二、三、四、左、右、上、下。游客们做得很认真，放松了身体，很高兴。

"经过这个游戏，我发现大家的反应很快啊，真是应了那句话——广东人用灵敏引导潮流。接着，为了把大家平日的智慧和想象力都发挥出来，我们进行故事接龙，刘导游选好一个大家感兴趣的故事：'我涨工资了！'当我说出开头部分后，后面就由大家每人一句往下接，如果没接上就该他表演节目，看看涨工资后的故事会发展到什么结果！"

游客很配合地进行着这样的接龙，最后这个故事在笑声中被游客接得已经完全和故事的开头不搭了！

（游客笑爆了）

点评：刘导针对广东团做了充分的娱乐活动方案准备，将日常积累的各种娱乐素材在车上恰到好处地一一展示出来，丰富了这次旅游活动的精神层面，愉悦了游客身心，赢得了游客的笑声和信任。

2.景区景点娱乐活动

特色和个性是旅游景观的生命，在旅游景区里的娱乐活动主要以观赏性为主，如观赏景区中少数民族的舞蹈表演、民俗展示等，但在景区有的导游会组织游客即兴参与娱乐活动，也会产生很好的娱乐效果。下面我们通过五种常见的景区景点娱乐活动的案例来切实地体验一下。

（1）赛诗会。

一次去山东旅游，导游说，好客山东欢迎你！拿什么欢迎呢？就用一山、一水、一圣人欢迎各位来自五湖四海的朋友们。"一山"就是五岳之首的泰山，登上泰山之巅，看到群山都在你的脚下，五岳之尊的感觉是不是油然而生呢？登上泰山之巅后我们举行一场自由创作的赛诗会，看看哪位游客能把自己的豪情壮志发挥到极致！

登上泰山后，一些游客迫不及待的放声大喊："会当凌绝顶，一览众山小""一览众山小，全家都吃饱""会当凌绝顶，我要去攀登""山高人为峰，一人登绝顶""泰山，我来啦……"这真是一场分不出伯仲的赛诗会啊!

在泰山景区进行赛诗会,看似游客即兴、随意,其实是导游有心设计的让游客抒发登上泰山的情怀,这样的活动能在不经意间让游客体验到旅游的快乐!

(2)学跳舞。

一个旅游团在夕阳的映照下到达了昆明石林景区,看到当地的女孩身着民族服装在翩翩起舞,有些游客按捺不住了,手脚不由自主地打起了拍子,这一切被导游员小杜看在眼里。当走到石林景区一块空旷的草地上时,小杜说:"来到阿诗玛的家乡,带不走阿诗玛,可以把阿诗玛的舞蹈带回家,我们一起来学个舞蹈好么?"大家游兴正浓,都称好,但是又怕学不会。小杜安慰大家说没问题,每个人都可以学会。在小杜的号召和指导下,大家手拉着手,围起的圈子越来越大,舞步一致,跳得高兴、跳得尽兴!

杜导最初并没有这方面的活动设计,看到游客的兴致这么高,杜导趁机发起的这个学跳舞蹈的活动让整个团队很快融为一体。组织这样的娱乐活动是对导游的基本素质和灵活性的考验。

(3)寻宝藏。

夏之河旅行社接待一企业团到城市近郊爬山游,这个团队负责人希望能够在旅途中搞些娱乐活动。导游员小张接到这项任务后,认真地对这项活动进行了设计,活动主线以寻宝为主。小张将本次旅游的娱乐活动方案发给团队负责人,团队负责人看后很高兴,又增设了活动的奖品。

为完成这项任务,小张提前去大黑山景区踩点,将设计好的宝藏藏在登山的沿途中。

带领团队进入景区后,小张介绍了宝藏的特点和寻宝的要求,并叮嘱游客:本着安全第一的原则,各位寻找的藏宝一定是安全的地方。找到宝藏后,到山顶上的一块空地集合,颁发奖品。

考虑到这次娱乐活动的参与热情,小张设计的得奖面比较广,几乎每个人都能够得奖。凡是寻到一、二、三等奖,除了颁发不同的奖品之外,得奖者还要一起表演节目,节目内容、形式不限,以游客的掌声和叫好声的分贝来计算,据此再评出一、二、三等奖。

领奖者表演了各种类型的节目,说笑话、猜谜语、绕口令、唱歌、诗朗诵、跳舞……

导游员小张从设计、组织到实施,将这次爬山游娱乐活动的每一个环节做得都很到位,"奖中奖"的过程把活动推向高潮,既愉悦了身心,又增进了团队的凝聚力。

(4)赏美文。

一次在庐山旅游,车快到庐山的时候,导游站起来说:庐山快到了,大家第一次来吧?我对庐山的一草一木太熟了,眼中也就没有美了,心也不激动了!为了让游客朋友们先耳听庐山的美,然后再眼看庐山的美,我给你们念一篇前几日一名游客给我发来的邮件。

庐山,太美了

暑假的一天,我们来到风景秀丽的庐山游玩。要上庐山,首先得要"爬"上庐山。导游正在车内说得滔滔不绝,可我早就没心思去听了。我望着高耸入云的盘山公路,不知不觉已身在云雾中——面对蜿蜒曲折的道路,我头昏脑涨,不禁想到毛主席描写庐山的盘山公路的一首诗:"欲上葱茏四百旋,热风吹雨洒江天。"四百旋,也就是四百个弯!其实只有396个,可也够我受的了。

一上庐山，迎面而来的清风，把我们一路上的疲劳一扫而空，坐在大巴里竟一点也没有闷热的感觉。导游在车上讲述着庐山的故事，讲到庐山三怪的时候，我来了精神。

庐山有三怪，一怪是屋顶铁皮盖；二怪是汽车开飞快；三怪是导游满山带。另外，这儿的庐山大剧院天天放电影《庐山恋》，创造了吉尼斯新纪录！后面的我也没听清楚，因为我们进了山，正在观赏庐山的云雾呢！

庐山雾，时聚时散，茫茫的雾海，就在山中，就在你的身旁。树上的小鸟、知了也在不停地歌唱着。望着一望无际的云雾，你会霎时间感到一种心灵的净化。雾气伴随着清凉的山风来到你的身边，好似仙境一般，让你腾云驾雾地在穿梭于庐山的青山绿水之间。在这里，云好像不是那么遥不可及了，好像你一伸手就能抓到似的。依山傍水之间，伴随着云雾，游览庐山是多么的享受啊！

时间过得真快，上午的行程已经结束了，我欣喜地等着下午的行程。此时，我真想大喊一声：庐山真美啊！

导游将这篇美文与游客一同欣赏，这在景区导游讲解中很少见。但是，导游的坦诚和引导游客欣赏美景的用心，让游客感同身受！不能不说这名导游实在高明。

（5）模仿秀。

导游在带团的空闲翻翻报纸，绝对是一个很好的习惯，从那些花花绿绿的纸张中，一名优秀的导游员常常能找出一些有用的东西来增加与游客的谈资。

一位导游带领一个外国旅游团去西安旅游，他买了几份当地的报纸，翻着翻着就淘到了一条很有意思的消息：西安正在搞一个模仿秀的活动，寻找长得最像兵马俑的人，很多人报名参加，他们按照陶俑的仪态姿势拍出来的照片被一张张登到了报纸上。这位导游立刻把这张报纸收藏了下来。

在秦始皇兵马俑景区，导游让游客仔细观察那些陶俑的外貌和姿态，等大家回到车里，她便从书包里掏出那份准备已久的报纸给他们看。这下老外们全都来了兴致，一一对照着图片上的陶俑和参赛的选手，津津有味地研究起来。报纸在他们手里传了一圈后，不需导游开口，游客们自己就能总结和模仿出兵马俑的外形特征了。

更巧的是，离开西安的那一天，导游又读到了另一条消息，一项新的模仿秀开始报名了："寻找你心目中的杨贵妃"。在此之前，他总是跟客人们调侃说，在我国唐代都是以胖为美，这跟北欧人高高壮壮的风格颇为接近。这些老外听说选"杨贵妃"的事，立刻回应说，应该让车上的女士们集体去报名参赛。车上的气氛显得特别热烈。

"从生活中找语言，语言就有了根"，生活是语言最为丰富的源泉，导游员要使自己的知识和语言更加丰富就应深入生活，了解生活，与时代同步，紧跟世界潮流，这样就会产生新的知识和语言。报纸、杂志、电视新闻都是导游员最新的导游词，在带团的时候翻翻当地的报纸、看看当地的新闻，就能够发现和捕捉到许多与游客沟通的娱乐话题，让游客参与其中是一件很愉快的事情。

3.游客生日娱乐活动

每个人对自己的生日都很在意，除非是忙得一塌糊涂的人。在旅途过程中，有时候为了增加旅途的娱乐性，给恰逢生日的游客过生日，也是一件很有意义的事情。好的导游一定是语言高手，在特定场合，能够煽情、动情，将团队的气氛活跃起来。这需要平日的积累，导游员注意培养自己的即兴表达能力。

案例10-14：

这次带的团规模不大，20多人，一路正常走下来，我没保留，全身武艺都拿出来了，车上的客人基本上都笑得一塌糊涂。哎，车里就有这一位男孩，大约23岁左右，郁郁寡欢，任凭大家怎么热闹，导游怎么讲，他都没有任何反应。我很奇怪，你是戴假牙了不敢笑，还是赵本山的徒弟不会笑？所以就特别留意这名游客，后来果然发现问题了。

在滨海路上，我给所有的客人朗诵了一首海子的《面朝大海，春暖花开》：

从明天起，做一个幸福的人

喂马、劈柴，周游世界

从明天起，关心粮食和蔬菜

我有一所房子，面朝大海，春暖花开

从明天起，和每一个亲人通信

告诉他们我的幸福

那幸福的闪电告诉我的

我将告诉每一个人

给每一条河每一座山取一个温暖的名字

陌生人，我也为你祝福

愿你有一个灿烂的前程

愿你有情人终成眷属

愿你在尘世获得幸福

我只愿面朝大海，春暖花开

朗诵完后，我说将这首诗特别送给我一个很忧郁的朋友，因为后天就是他24岁的生日，今天提前祝福他生日快乐（我看了他住宿登记的身份证，过两天就是他的生日）。

在吃晚饭的时候，这个小伙子吃着吃着眼泪就要下来了。原来大学毕业2年了，开始是没找到理想的工作，后来是不理想的也找不到了，家里人很无奈，他自己也很上火。现在，他不好意思再花家里的钱了，准备来大连看看大海，就挥一挥手，不带走一片云彩。

大家知道，当一个人不为物拘，心灵自由，并且对自己所拥有的怀有知足感恩的心情时，那么他永远都是快乐的。《面朝大海，春暖花开》这首诗所表达出来的诗意让这个小伙子终于有所感悟。是啊，云彩可以不带走，爹妈可怎么办呀，为人父母，做人子女，是老天给你的一种契约，你不能随便毁约的。回到酒店，我又和团里几个阿姨去他房间陪他聊天，给他家里人打电话。

这个团后来回去了，我也收到了他给我发的一封电子邮件和他的家人通过大连一家媒体转给我的来信。这个男孩想开了，啥也不带走了，谁也别想带他走，他找到了工作、找到了女朋友，要结婚了。

点评：导游真诚的讲解也可以震撼游客的心灵，感受到人世间的真善美。导游不但能够做到让客人信任你，而且让他感同身受，让他黯然泪下，让他欢笑，让他觉得生命充满了阳光，这就是导游的最高境界！

4.节日旅游娱乐活动

中国历史悠久，民族兴旺，节日众多，节日文化内容丰富。

中国的传统节日主要分为两大类：一是全民性的节日，如春节、清明节、端午节、中秋节；二是地区性的民族节日，如泼水节、火把节、那达慕大会等。导游在带团旅游过程中，应该对各地节日及擅长的娱乐活动有所了解。俗话说：入境而问禁，入国而问俗，入门而问讳，入乡而随俗。十里不同风，百里不同俗。

一次去九寨沟景区游览，导游带领游客去参加一场在五星级酒店喜来登举行的民俗歌舞晚会。在路上，导游说了下面的话。

各位游客朋友，今天我们去喜来登酒店观赏晚会，大家都见过或都体验过双"囍"临门的幸福快乐吧！今天我们观看晚会的节目里就有个节目叫"抢亲"，仪式很特别，不论未婚和已婚的男同志都可以积极地参与啊！还有奖品赠送，千万别错过了！如果已婚的男同志把新娘子抢到了，那可就"双喜临门"了呀！不过这个"双喜"还真有点麻烦！历史上的"双喜"临门的故事你们听说过吧？

有这样一个传说，与宋朝的王安石有关。王安石23岁去赶考，在马家镇遇见员外家的走马灯上闪出"走马灯，灯马走，灯熄马停步"的征联，不少游客拍手称赞："好个上联！"。

翌日，王安石在考场上文思大发，一挥而就。考官见他聪明，便指着厅前飞虎旗试他："飞虎旗，旗飞虎，旗卷虎藏身。"王安石听后，信口对曰："走马灯，灯马走，灯熄马停步。"主考官听后连声赞叹。

王安石考毕后回到马家镇，信步来到马员外家，马员外请他对出走马灯的对子。王安石信手写道："飞虎旗，旗飞虎，旗卷虎藏身。"员外见到他才华出众，便将女儿许配给他，择吉日在马府完婚。正当新人拜天地时，家人通报：王大人金榜题名，明日请赴琼林宴。王安石喜上加喜，乘着酒意，挥笔写下大红双"喜"字贴在门上，并吟道："巧对联成双喜歌，马灯飞虎结丝罗。"从此"囍"字便传开了，在民间被广泛应用在婚礼上。这个"囍"字寄托着新婚燕尔的一对新人对自己爱情生活幸福美满的殷切希望，寄托着父母、亲朋好友对亲人新婚美满和谐的美好祝愿。

今天如果"囍"了，家里的嫂嫂就会罢工了，已婚的男同志可别真抢啊！

导游通过即将观赏民俗晚会中的一个小节目，用中国的"囍"字故事，很巧妙地将游客的注意力引到即将观赏的晚会上来。

在不少旅游景点，经常会遇到舞狮表演。狮舞有南北两种表演风格，北派狮舞的表演以"武狮"为主，即魏武帝钦定的"瑞狮"，小狮一个人舞，大狮两个人舞，一人站立舞狮头，一人弯腰舞狮身和狮尾。人们无法辨认舞狮人的形体。舞狮人为古代武士装扮，手握旋转绣球，配以锣鼓，逗引瑞狮。狮子则表演腾翻、扑跌、跳跃、登高、朝拜等技巧，并有梅花桩、窜桌子、踩滚球等高难度动作。而南派狮舞的表演以"文狮"为主，表演时讲究表情，有搔痒、抖毛、舔毛等动作，惟妙惟肖，逗人喜爱，也有难度较大的吐球等技巧。

导游可以提示游客参与舞狮活动的技巧和注意事项，就舞狮活动与当地民俗的关系给游客作比较详细的介绍，让游客对舞狮活动产生观赏和参与的兴趣。

拓展阅读

1.不同年代的美丽标准和"范本"

（1）20世纪50年代

美丽标准：奉献青春。妇女走出家庭，独立工作，能顶半边天，成了时代的美丽形象。

美丽人物：田桂英，中国第一位女火车司机，第一批全国劳动模范之一。

（2）20世纪60年代

美丽标准：这是一个动荡的时代，美丽女性已经被"铁姑娘队""女子采油队"这些词来代替。她们从来不在乎自己的容貌和个人情感。

美丽人物：邢燕子，结实而强壮，标准铁姑娘形象，是该年代青年们的偶像。

王晓棠。男看王心刚，女看王晓棠，他（她）们是电影观众的偶像。

（3）20世纪70年代

美丽标准：普通劳动者、工农兵群众是最美丽的形象。

美丽人物：样板戏中的女主角李铁梅、柯湘等，成了当时审美标准无可替代的正统典范。

（4）20世纪80年代

美丽标准：张扬。物质文化开始显现其力量，时尚第一次有了不菲的标价。

美丽人物：刘晓庆。她张扬自我的个性魅力对于刚刚开放的人们确实具有一种启蒙影响。

（5）20世纪90年代

美丽标准：多变，保持新鲜。这是一个人人都有"表演欲"的时代。

美丽人物：张曼玉。她并不出众的容貌，却因为妩媚的造型变化，成就了美丽形象。

（6）21世纪初至今

"全民被美女"时代的来临。女人确实越变越美，从内到外，比如受教育程度得到提高、参与社会生活越来越多等。生活质量的提高，身体素质也自然提高，容貌自然也更加赏心悦目，各种美容护肤保养手段不断升级换代，不仅靓丽了青春的容颜，而且留住了易逝的韶华。

（资料来源　佚名.美丽标准千年之变［EB/OL］.［2005-10-27］.http://www.cq.xinhuanet.com/sub-ject/2005/2005-10/27/content_5448369.htm）

2.微博妙语

街上没有兵也没有马，却兵荒马乱。

我的钱正在来我家的路上。

世界上有三样东西是不能控制的：想念、嫉妒、房价。

世界上有三样东西是不该放任的：身体、青春、房价。

世界上有三样东西是无法压制的：咳嗽、爱情、房价。

我们的工作是两会：上班开会、下班散会。

我们的乐趣是两幕：一块是电脑屏幕，一块是手机屏幕。

我们的目标是两代：养活下一代，养好上一代。

我们的日子是两室：白天办公室，晚上一室。

人的一生分三个层面：谋生、生活、生命。

西方的父母最关心孩子到底开不开心、快不快乐，中国的父母首先关注的是他吃饱没有，然后是该去学习了，以后好出人头地。这就是谋生和和生活的区别。

幸福是什么？

小时候幸福是一个东西，得到了就是幸福；

长大了幸福是一个目标，实现了就是幸福；

成熟了幸福是一种心态，体验了就是幸福。

世界上只有三个苹果，

一个砸到牛顿头上，

一个被亚当和夏娃偷吃了，

一个被乔布斯咬了一口。

3.一方水土一方人

广东人：一群常走在国人之前的人。

港澳人：资本之下的一群人。

山西人：北方人中的南方人。

上海人：大上海之阿拉上海人。

江苏人：横跨长江的南方人。

天津人：淳朴又传统的人。

北京人：中国关心世事的人。

浙江人：捕捉着江南旧影的人。

山东人：注重务实的人。

福建人：喜欢走出家园创业的人。

河南人：黄河边的沉默人。

湖北人：精明又豪爽的人。

湖南人：敢于闯荡的人。

四川人：吃苦耐劳的创业人。

陕西人：执著于传统历史的人。

东北人：乐于学雷锋的人。

新疆人：一群能歌善舞的人。

广西人：喜欢与山水打交道的人。

（资料来源　李灵资.趣味导游顺口溜［M］.北京：旅游教育出版社，2005）

实践训练

实践训练：趣味讲解练习

1.每个学生团队搜集、整理顺口溜、谜语、绕口令、幽默笑话、趣味故事各20个。

2. 组织团队每名学生在10分钟之内熟练讲解顺口溜、谜语、绕口令、幽默笑话、趣味故事。

3. 在旅游车上进行"快乐大巴"娱乐活动讲解。

4. 在旅游景点进行"生日快乐"娱乐活动设计与实施。

实训设计：

（1）教师向同学明确训练任务，将同学按每6~8人分成若干团队。

（2）每个团队队长组织团队成员对搜集、整理娱乐趣味任务进行分工。

（3）团队利用整理好的娱乐资料设计车上、景区娱乐活动方案，方案完成后上交老师核准。

（4）组织团队成员进行娱乐趣味讲解的练习，老师随时与团队沟通、指点训练的进展。

（5）利用学校的流动大巴车，让学生团队分别在旅游车上进行娱乐活动展示。每个团队的实训时间为15分钟。

（6）组织学生团队到当地近郊旅游景点，在旅游景点进行给游客过生日的娱乐活动。每个团队实训时间为20分钟。

评价考核：评价考核内容见表10-1。

表10-1   旅游娱乐活动设计技能评价考核

内　容			评　价	
学习目标	评价内容	分　值	团队成员互评	教师评价
基本知识	娱乐资料搜集整理、归纳分类	10分		
	娱乐资料趣味性、健康性、操作性	10分		
专业能力	各个团队对娱乐活动角色的分工、练习	20分		
	各个团队车上、景区娱乐活动方案设计特色	20分		
通用能力	导游语言表达能力	20分		
	导游娱乐服务创新能力	10分		
职业态度	工作态度	5分		
	团队合作意识	5分		
努力方向		建　议		

课后自主学习

1. 每名学生将各个学生团队整理和展示的娱乐活动资料进行再次汇编整理。

2. 根据不同类型的旅游团队练习娱乐活动讲解。

3. 根据下面素材，学生团队完成旅游团队娱乐活动的方案设计。

在新年前夕，地接小王接到一个旅游团，该团内有20多个年轻人，来自同一个企业。该企业领导希望旅游活动中搞一次颁奖活动，奖励一年中为企业发展做出贡献的员工。

项目六

送站善后

任务十一

送　站

任务目标

通过进行导游员送站基本程序的训练，能够根据任务情境给出的信息明确任务目标，运用导游送站的基本知识和基本技能，完成对加拿大团的送站任务，并妥善处理期间的一些突发事件。

任务情境

加拿大入境旅游团愉快地度过了他们在大连的三天旅程，准备返程回国，大连假日国际旅行社的导游员小李第二天将去酒店接他们去机场完成送站服务。

相关知识

一、导游员送站服务的基本流程

导游员送站的基本流程包括：核实返程票—商定出发时间—离店服务—结清账目—集合登车—致欢送词—送别离站。

送站服务是地陪导游员直接面向游客提供导游服务的最后阶段。作为游客，此时归心似箭或者到下一站旅游的心情比较急切。这个时候既是游客极易发生物品遗失、人员走失、误机（车、船）等事故的关键时期，又是导游员就接待工作中曾出现过的失误或其他问题进行补救的最后机会，还直接影响到旅游团的后续活动甚至出境。所以，"编筐编篓，重在收口"，导游员更要加倍认真、仔细，做到忙而不乱，对已经出现的问题，多做弥补工作，多提供完善性的服务，做到善始善终。

二、导游员送站服务技巧

1.充分做好旅游团送站前的准备工作

（1）旅游团离开的前一天，全陪、领队首先要做好上下站之间或出境返程的联系工作，与地陪沟通商定、核实和落实旅游团离站的交通票据和到达机场、码头的准确时间，即航班（车次、船次）号、起飞（开车、起航）时间。其次，全陪、领队要办理好离站的有关事宜。

（2）地陪应与司机商定出发时间，然后根据出发时间同领队、全陪商议确定叫早、出行李及早餐时间，必须留出充裕的时间到达机场（车站、码头），出境航班提前120分钟、国内航班提前90分钟，火车和轮船提前60分钟到达送团地点。

案例 11-1：

2014年10月，导游员小赵接待一个来自中国台湾的旅游团。小赵带领这个团队先后参观了北京故宫、颐和园、国家大剧院，几天下来与游客、领队的关系相处比较融洽。按照行程计划，第四天上午送站，飞机起飞的时间是10点20分。按照以往的经验，小赵认为从饭店到机场大约需要50分钟。在与领队商量后（却未与司机商量），小赵在前一天返回酒店的车上，通知游客在明天早上7点用早餐，7点30分出发。当时正在开车的司机马上说："7点30分不行！"导游小赵问："为什么？"司机说："你没有看到修路么？"导游小赵马上向司机和游客道歉，又同司机师傅商量路途如何走，几点钟走合适。商量好后，小赵又与领队进行沟通，然后他向游客说："真对不起，幸亏我们司机师傅及时提醒，否则明天赶不上飞机影响大家回家，我就犯下大错了。谢谢司机师傅！"接着又说："刚才与司机师傅和领队商量好了，明天早晨我们6点30分用早餐，7点钟准时出发。大家一定要准时啊！"

点评：导游员小赵注意了与领队的沟通，却忘记与司机师傅的沟通。他依据以往的送站经验，却没有想到、也没有看到正在修路，犯了主观经验的错误。但是面对司机师傅的提醒，他能正视自己的错误，不但向司机师傅道歉，还向游客道歉，马上和领队一起同司机师傅商量行车路线和时间安排，将送站出发的时间进行了修改，得到了大家的理解。

（3）导游员应选择恰当的时机和场所，比如在餐厅的包间或回饭店途中的旅行车上等客人集中的场所，通知客人第二天出行李、早餐及出发时间，并提醒客人尽早与饭店结清有关个人消费账目（如洗衣费、长途电话费、饮料费等）。

（4）导游员要把叫早、用餐及出行李时间通知饭店的有关部门，并尽量提前结清账目或签单，以免第二天由于自己结账影响团队出发。同时，导游员要检查自己是否保留有客人的物品、证件，或有些承诺委托没有办到的，要及时向客人讲明。

2.细心协助做好旅游团离店服务

旅游团在离开酒店时涉及行李搬运、结账退房等工作，这是比较容易出现各种问题的环节。因此，导游员讲解一定要细心，并且要协助全陪、领队做好团队的离店服务工作。

首先，离开饭店时，导游员要按照约定的时间与行李员交接行李，并请全陪、领队共同确认行李总件数，检查行李是否上锁、有无破损等，以便及时补救。

其次，导游员要在饭店规定的退房时间之前为游客办好退房手续，如游客损坏了房间设备，导游员应协助饭店妥善处理赔偿事宜。

案例 11-2：

导游员小李接待了一个来自重庆的旅游团，经过2天的游览，小李按照行程，计划安排第二天上午8点退房，8点30分离店乘车去机场。早上8点，小李在协助游客退房时，酒店客房通知，游客入住的302房间少了一个茶杯。小李马上请酒店再仔细找找房间内的每一个角落，并指出客人不应该也不会拿走茶杯。同时，小李也请客人找一下自己的包，提醒客人是否没注意放到某件行李里面，或拿到其他团友的房间了。

住在这间客房的游客找了一圈没有结果，情绪很激动。按照规定，酒店要求赔偿。这个时候，导游员小李担心误机，就说："这个费用我来承担。"

　　点评：导游员小李按照规定的程序，做得很到位。当时赶飞机是头等大事，如果时间不允许游客与酒店当面分清责任，而且酒店坚持索赔，那么应由领队（全陪、地陪）付钱了事，以免纠缠下去导致误机。

再次，在行李交接完毕和一切退房手续办完之后，导游员带领旅游团的所有游客集体登车，开车前提醒游客带好旅行证件和随身物品，如是否带好护照、身份证件、手机、首饰、钱包、手表等。

最后，致欢送词，向游客发放"旅游服务质量评价意见卡"，听取游客对整个游览过程的意见和建议。

3.精心设计并致欢送词

如果说欢迎词是导游员给游客的第一印象，那么欢送词给游客留下的最后印象则是深刻而长久的。在离开饭店送行途中或在机场、车站、码头的时间段内，是导游最后一个讲解环节，也是导游员把惜别之情推向高潮的重要一步。俗话说，"结句如撞钟"。所以，导游员对欢送词的设计应该深思熟虑，使之情真意切，在游客心里产生荡气回肠的感觉。

所以，致欢送词的时候，语气应真挚、富有感情。一般情况下，导游员会对这几天的行程做一个回顾，并将旅游过程中发生的趣事做一个总结，感谢游客给予的合作与支持，诚恳征求游览活动的意见和建议，对旅游活动中不尽如人意的地方给予谅解并向其赔礼道歉，表达友谊与惜别之情，并衷心祝愿大家一路平安！欢迎词和欢送词要首尾相接、遥相呼应，切不可虎头蛇尾、前功尽弃。

（1）欢送词的形式。欢送词的形式主要分为惜别式、道歉式、感慨式、引用式、故事式等多种。

①惜别式。经过一段时间的相处，导游与游客已熟悉，还有的成了朋友。惜别式的欢送词是常用的欢送方式之一，但不可过分渲染，否则会给人以虚伪之嫌，点到即可，才会是自然真情的流露。范例如下：

"为期三天的山东之行结束了，我想一定给大家留下了深刻而美好的记忆吧！这三天时间里，我们参观了人文的最高峰——曲阜三孔、自然的最高峰——东岳泰山、人情最美的城市——泉城济南。然而最令我难忘的是：我很幸运地带领一个来自海滨城市的最热情的团队，是你们在这里留下了一路欢歌笑语，是你们这样一个充满欢乐的旅游团队，让我尽情地把这里的山山水水展示给大家。我真心地谢谢大家！"

②道歉式。这种欢送词往往用于导游有失误的情形，通常是不得已而为之。旅游旺季或在接待过程中，有时难免会出现失误或意外。导游员应息事宁人，以消除客人的怨气。送团时再次重申，既可说明自己的诚意，又可使客人明白导游已足够重视，有益于化解客人的不满情绪。对于非原则性的小失误可以向游客报以致歉的微笑。

③感谢式。感谢式的欢送词是最常见的一种，如果团队旅行顺利完美，此时的感谢将会是锦上添花，会收到非常好的效果。范例如下：

再过几分钟就要跟大家说再见了，真有些舍不得，不过今天的再见或许是明天的相会。两座山可能碰不到一起，但是我相信有缘的两个人一定会再见面的。

短短的三天很快就过去了，我带领大家游览了东方圣城——曲阜，领略了影响中国两千多年的儒家思想；爬上了五岳独尊的泰山，了解了古代帝王来泰山的目的；欣赏了天下第一泉——趵突泉，倾听了乾隆和夏雨荷的爱情故事，我想大家肯定能满载而归。

在这里，我没有什么豪言壮语，我们这次相见是一种缘分，俗话说五百年前的回眸一笑迎来了我们今生的一次相遇，我会好好珍惜。多谢各位对我工作的支持，在我们共同的努力下，这次旅游取得了圆满成功，工作不周之处还请大家多多包涵，在这里给你们道歉了。

希望大家再来泰山！来山东做客！希望下次还能接待大家，怎么找到我呢?找到我最好的办法就是找到咱们全程陪同的董导游，找到咱们的旅行社（组团社），找到他们就找到我了，最后祝愿大家一路平安，万事如意——多赚人民币，万事开心——多赚美金！再见！好客的山东人欢迎你们！

④引用式。引用一些名人名言对景区景点加以描绘和总结，会使导游员的欢送词极具文采，并可增强说服力，使客人有一种不虚此行的感觉，是一种效果极好的方式。

⑤归纳式。归纳式的欢送词仅仅几个字就将旅游行程送别之情表达得很到位，比较通俗易懂，既能引起客人的兴趣，又能蕴涵一定的人生哲理。但是切记故事不可流于俗套，使人感到乏味。范例如下：

我们的旅程马上要结束了，小宋也要跟大家说再见了。临别之际没什么送大家的，就送大家四个字吧。首先第一个字是缘分的"缘"，俗话说"百年修得同船渡，千年修得共枕眠"，那么和大家这几天的共处，算算也有千年的缘分了！接下来这个字是原谅的"原"，在这几天中，小宋有做得不好的地方，希望大家多多包涵，在这里说声对不起了！再一个字就是圆满的"圆"，此次行程圆满地结束多亏了大家对我工作的支持和配合，小宋说声谢谢了！最后一个字是财源的"源"，祝大家的财源犹如滔滔江水连绵不绝，同时祝大家工作好、身体好、今天好、明天好、现在好、将来好、不好也好、好上加好，给点掌声好不好！

⑥唱歌式。音乐无国界，以唱歌结束，将会把结尾推向一个高潮，也让人回味无穷。但这种方式对没有唱歌天赋的导游员不适用。

⑦简洁式。语言简单凝练，该说的说，不该说的不多说一句。但说出的话很到位。范例如下：

短短几天的行程就要结束了，在这几天里，如果有照顾不周的地方希望各位海涵。我们大连一年一个变化，我也衷心地希望大家经常到我们大连来转一转、看一看。

最后我还是要代表大连市的人民，对你们作出的贡献表示感谢！这几天司机师傅很辛苦，下面让我们用热烈的掌声对他表示感谢！好的，我替司机师傅谢谢大家的掌声！

同时，我也和司机师傅祝各位一路平安，谢谢大家这几天对我们工作的支持与配合，谢谢大家！

（2）欢送词的内容。欢送词的内容一般包括了感谢、惜别、回顾、征求意见、致歉、祝愿等内容。

一是感谢。对领队、全陪、游客及司机的合作分别表示谢意。范例如下：

各位朋友，时间过得太快了，我不得不为大家送行，我的心中真的有许多感谢。一要感谢司机师傅，在他的安全驾驶下，我们一路顺畅游览了各个景点；二要感谢全陪（领队），感谢几天来他辛苦地协助沟通与联络；三要感谢全体游客朋友灿烂的笑容！都说"一个人一个城市"，这几天让我感觉到天津人快乐、淳朴、悠然的民风，同时感受到天津人的口才实在是太好了！

天下没有不散的筵席，也没有永远在一起的朋友，但愿我们还有再见的机会，希望大家把快乐永远记在心底！

二是惜别。表达友谊和惜别之情。范例如下：

愉快的旅程就要结束了，此时此刻我的心情非常纠结，纠结之后也很感动！纠结的是就要和大家分别了，不知道何时再见面，所以有些舍不得！感动的是大家的热情和对我工作的配合！希望下次再来旅游还能记得我，我还能有机会为您提供导游服务！

三是回顾。回顾是为了更好地欣赏。范例如下：

这几天在青岛，站在青岛标志的栈桥上凭海临风，五四广场的火炬留下了我们的身影，走在山海交相辉映的滨海路，在进口木材铺就的木栈道上欣赏了奥帆中心。八大关的城市古迹、崂山的仙人指路，都给大家留下了深刻的印象。大家回到家乡后，在翻阅照片的时候可能记起在青岛有一个王导，用地道的青岛话将八大观景观用熟练的顺口溜表达出来了！

四是征求意见。向游客诚恳地征询意见和建议。范例如下：

时间总是很短暂，我们今天的旅程也即将要结束了，不知道各位爷爷奶奶们今天玩得开心吗？小肖今天跟着几个爷爷奶奶们聊天，可是学到了不少关于花卉养护的知识，希望下次爷爷奶奶们再来旅游，小肖还会热心为你们服务！

五是致歉。对行程中的不尽如人意之处，请求原谅，并向游客赔礼道歉。范例如下：

机场离我们越来越近了，感谢大家配合我的工作，才能换来如此圆满的旅行！今天在景区游览的人特别多，但是咱们这个团队每一个人都紧紧地跟在我的周围，没有一个掉队的，小李再次感谢大家对小李的信任！但是，小李还要向大家道歉，在景区由于人多嘈杂，有的游客朋友没有听清楚小李的讲解，却没有一个人抱怨。为了表达我的感谢心情，我为大家唱首歌，也祝大家在今后的日子里，工作顺利、身体健康、夫妻甜蜜、多赚人民币！再来云南旅游！

六是祝愿。表达美好的祝愿，期望再次相逢。范例如下：

最后祝愿我们所有的来宾们，东成西就、南通北达、左右逢源、上下皆宜、财源广进、生活幸福、家庭美满、身体健康！一周七喜、百事顺意、事业芬达、非常开心、天天都娃哈哈！

4.认真做好旅游团的送站服务工作

离站服务是送站服务的最后一个环节，这个环节直接关系到旅游团整个旅游活动的最终印象，导游员应善始善终，认真负责地做好旅游团的离站服务。

首先，导游员要带领旅游团提前到达机场（车站、码头），在下车时要再次提醒游客带齐随身行李物品。下车后，请旅游车司机清车，迅速检查有无遗漏物品，迅速联系行李员，协助交运行李。

其次，要协助办理旅游团的离站手续。送乘坐国内航班离站的旅行团进入机场大厅，将交通票据、行李托运单当面清点核实后交给全陪（无全陪的交给领队）；协助全陪（领队）办理机场建设费和登机牌及托运行李手续，再将客人带至安检处，与客人告别。送别乘火车的旅游团时，迅速交接行李及交通票据，地陪应在适当的位置招手示意与客人告别，待旅游团所乘交通工具驶离本地后方可离开。送乘坐国际航班出境的旅游团时，地陪、全陪和领队一起与旅行社行李员交接行李，清点核实后协助游客拿走自己的行李；地陪应向领队或游客介绍办理出境的手续，需垫付机场建设费的团队，要按计划办理；注意保存票据，回旅行社凭票报账；待游客进入隔离区后，地陪方可离开。

再次，导游员送走旅游团后，应与旅游车司机结账（如过路、过桥、停车费），在用车单据上签字，并保留好票据。

最后，还要在道别时注意礼节和用语。与游客握手道别时，要尽量争取同每一位游客都握手，避免亲疏之分。道别的礼仪和道别的话语要配合使用，一方面要让游客体会到导游员依依不舍的真挚感情，还要在言行举止上做到礼数周全。

案例 11-3：

早上 8 时，某旅游团全体成员已在汽车上就座，准备离开饭店前往大连火车站。地陪小丽从饭店外匆匆赶来，上车后清点人数，又向全陪了解了全团的行李情况，随即讲了以下一段话："女士们，先生们，早上好。我们全团 15 个人都已到齐。好，现在我们去火车站。今天早上我们乘 9 点 30 分的 T156 次火车去长春。

两天来大家一定过得很愉快吧。我十分感谢大家对我工作的理解和配合。中国有句古话：相逢何必曾相识。短短两天，我们增进了相互之间的了解，成了朋友。在即将分别的时候，我希望各位女士、先生今后有机会再来我市旅游。人们常说，世界变得越来越小，我们肯定会有重逢的机会。现在，我为大家唱一支歌，祝大家一路顺风，旅途愉快……

女士们、先生们！火车站到了，现在请下车。"

点评：此次送站看似顺利，但其中存在着诸多问题，例如：

（1）送团当天，地陪小丽应提前 20 分钟到达游客下榻的饭店大厅，但她迟到了；

（2）由于迟到，她没能在离开饭店前亲自与领队、全陪与行李员清点行李；

（3）没有提醒、协助游客结账，交客房钥匙，带齐各自的物品和旅行证件；

（4）欢送词中没有回顾游览活动内容；

（5）下车前没有再次提醒游客不要遗忘随身携带的物品。

上述的任何一个细节出错都会造成不必要的麻烦，所以作为导游员一定要严格遵守工作规范，认真做好每一个环节的服务。

任务实施

1.提前做好准备工作

某加拿大入境旅游团愉快度过了他们在大连的三天旅程，准备在第二天上午 9 点 40 分乘国航 CA1309 航班返程回国。导游员小李在旅游团离开大连的前一天，带领游客游览了旅顺、滨海路，在游览的间隙，小李向民航确定了航班起飞时间，又向酒店确定了叫早的时间。在返回酒店的途中，小李除了进行沿途导游讲解和回顾当天旅游行程外，还对大家做了以下提醒工作：

各位朋友，在我社每年接待的外国游客中，加拿大客人占1/3左右。加拿大游客对我社旅游业务的发展给予了极大的支持，对此，我们表示由衷地感谢，谢谢大家！

并不是我"奉承"大家，在我所带过的旅游团队中，客人丢东西最多的，当属来自温哥华的jack先生，他总会在旅游车离开酒店的时候说"啊，实在抱歉，我把相机（手表、手机）放在宾馆了"，但返回去取时间已经来不及了。事后敝社只好派人前往客人所去的下站城市去送失物。诸位，在此我提醒大家，如果在座的哪一位今天也有失物的话，请回到加拿大后再写信通知我，那时，我将携带您的失物去加拿大，多好的出国机会啊！加方有关部门如果问我为何来加拿大，我就说"为了加中友好！"

（这样的一段话一出，让客人感到轻松幽默，也会对接下来的欢送词很期待）

今天小李要送给大家四千万。

（1）千万要把行李打好包。返回酒店后，要将个人的行李物品打包收拾好，有需要托运的行李事先整理好。在整理行李的时候，一定不要把个人的身份证件和贵重物品装在行李包里，要随身携带。

（2）千万要提前结清账目。如果在酒店房间中有个人消费的，如使用了冰箱和吧台上的饮料和食品、开通长途电话、享受送餐服务或其他收费性服务项目等，要在今天晚上到酒店前台结账，以免离店当天发生延误。

（3）千万遵守时间。我和酒店前台以及领队王先生商量过了，明天早晨叫早的时间为6点30分，7点钟进行早餐，8点钟我们准时离店。

（4）还有一个千万就是千万把上面的三个千万记住了。

接着小李又告知了一些相关的民航物品携带规定。

旅游团回到宾馆后，小李到前台再次确认了第二天早晨叫早的时间，同时与酒店的行李部门联系，约定了出行李的时间，之后离开。

2.做好当天的送站服务

旅游团离开大连的当天，小李按时到达酒店，陪同客人用早餐，之后协助旅游团办理退房手续，将收齐的房间钥匙交与前台，等候酒店楼层服务员检查完房间，确认没有问题后，带领旅游团集体登车。与此同时，酒店行李员将游客的行李收齐后经三方交接后装入旅游车的行李仓。登车后，小李并没有急于出发，而是先清点人数，确认所有游客都上了车，再次提醒客人检查和回想是否有遗忘在酒店中的物品，在得到大家的一致回应后，方示意司机师傅开车，8点准时出发。

在车上，导游员小李为旅游团进行了最后阶段的讲解服务，致欢送词：

各位朋友，时间过得真快，2天已经过去了。时光是短暂的，快乐是永恒的！在此，我不得不为大家送行，心中真的有许多眷恋。无奈，天下没有不散的筵席，也没有永远在一起的朋友，但愿我们还有再见的机会，希望大家把快乐永远记在心底！

我们此次旅行非常成功！因为我看到了大家脸上绽放出的笑容，你们快乐么？你们快乐就是我最大的欣慰，因为我的工作得到了认可！我不能说我是最好的导游，但我想说我是一个最真诚的导游！

（游客鼓掌）

中国人都讲究风水，经过这2天的游览，大家是否感受到了大连"三面环水，两海赐福，一路进财"特殊的风水宝地？相信大连漂亮的绿地广场、女骑警的飒爽英姿、"引领时尚"的啤酒节给大家都留下深深的印象吧！特别是大连的海鲜一定还在您的唇齿间留有余香吧！

小李在这里感谢大家一路上对我工作的支持和理解。特别是对我像朋友一样，大家的热情和友好让我深受感动，我会把大家的这种心态带给更多的人，也希望我们之间的友情像大连的棒槌岛啤酒一样持久。

离别之际，小李送大家一句话：我们常说，因为生活我们不能失去工作，我们努力地工作是为了生活。反过来说，我们也不能因为工作失去生活，在您忙碌的工作之余别忘了给自己留一份空间，出来旅行一下。大家也别忘了，古老的中国有一个美丽的大连，美丽的大连有一个你信任的旅行社，有机会再到大连来，小李和我所在的大连假日国际旅行社将为您提供更好的服务。最后祝大家归途一切顺利、一路平安！希望今晚大家带着小李的祝福睡个好觉、做个好梦！

致完欢送词后，小李开始分发并请游客签署意见卡。一边分发一边说"谢谢"，请大家给这次的旅游活动提出宝贵意见。

旅游车抵达机场后，导游员小李引导司机将旅游车开到机场国际进出口。旅游车停稳后，小李先下了车，在旅游车行李仓边协助游客拿自己的行李。接着，小李带领旅游团到中国国际航空公司的业务办理柜台办理了集体登机手续，换登机牌，托运行李。办完手续后，由领队向游客分发机票、登机牌、个人身份证件等物品，行李牌由领队统一保管。

待一切均办理完成后，小李提醒大家要持机票、身份证件和登机牌进行安检，游客依次进入安检区域，小李与大家挥手告别。等所有的游客均通过安检进入飞机候机厅后，小李才转身离开。

小李准备充分，对旅游团在大连的两天行程做一个回顾和总结，对游客的配合表示感谢，对旅游团的离开表示自己的惜别之情，并向旅游团发出诚挚的邀请，邀请加拿大朋友再次光临大连。同时，他业务熟练，服务周到，熟悉国际机场的位置和具体的国航柜台位置、安检处的位置、候机厅的位置，不是领着一群游客到处找，及时提醒游客需要检查验证的各种证件。

拓展阅读

1.微博妙语

（1）职场人生。

①包子：在这个竞争激烈的年代，关键还是肚子里面得有货。

②瀑布：有了这口若悬河的本领，还怕不成功？

③针：在复杂的人际环境里打拼，一定要留个心眼。

④电梯：在职场里混，得有能上能下的健康心态。

⑤核桃：作为精英，不但要有坚强的外表，而且要有个充实的大脑。

⑥熨斗：不管做什么事，都要有一颗"炽热"的心。

⑦吸管：搞运输的，关键是道路要畅通，少建收费站。

⑧钥匙：谈恋爱，情感一定要专一。

⑨啤酒：有时候，像我一样虚张声势地冒冒泡真的很重要。

⑩非诚勿扰：悟空和唐僧一起上《非诚勿扰》，悟空上台，24盏灯全灭。

理由：没房没车只有一根破棍；保镖职业危险；动不动打妖精，对女生不温柔；坐过牢，曾被压五指山下五百年。

唐僧上台，哗！24盏灯全亮。

理由：工作稳定；人际关系好；后台最硬；精通梵文等外语；长得帅；最关键一点，有宝马！

（2）时间的玩笑。

二十岁出头时，每个人心底都有一份对未来的猖狂。

少不更事时，你和时间开玩笑，它却对你很认真。年事渐长时，你很认真地对待时间，它却开始跟你开玩笑。

年轻时，我们从来不会郑重地对待时间。年老时，我们知道，时间再也不会郑重地对待我们了。

时间，是一切的答案。

有机会的时候，尽量牢牢去抓住。

时间最狡猾。

它总是在你年轻时给你最多的机会，因为它知道，大多数情况下，你抓不住。

2.中国21座最具魅力城市

最大气的城市——北京

最古朴的城市——西安

最奢华的城市——上海

最女性化的城市——杭州

最精致的城市——苏州

最温馨的城市——厦门

最男性的城市——大连

最富裕的城市——广州

最悠闲的城市——成都

最令人感怀的城市——台北

最具流动感的城市——武汉

最伤感的城市——南京

最神秘的城市——拉萨

最辛苦的城市——香港

最浪漫的城市——珠海

最火爆的城市——重庆

最多美女的城市——重庆

最有欲望的城市——深圳

最具自然魅力的城市——桂林

最会做广告的城市——昆明

最能说会道的城市——天津

最具东西文化交流色彩的城市——澳门

3.钱的忠告

劳动的钱，使你幸福坦然；

援助的钱，使你感到温暖；

集资的钱，使你力量无限；

奖励的钱，使你加倍实干；

积蓄的钱，使你珍视勤奋；

贺喜的钱，使你加倍偿还；

恩赐的钱，使你变成懒汉；

偷来的钱，使你心惊胆战；

受贿的钱，使你贪得无厌；

挪用的钱，使你有借难还。

（资料来源　李灵资.趣味导游顺口溜［M］.北京：旅游教育出版社，2005）

4.导游口诀60要

出团准备要充分，接团时间要保证；

欢迎致辞要精彩，行程安排要讲明；

提出要求要中肯，致辞完毕要鞠躬；

行车安全要提醒，沿途路标要记清；

临近景区要介绍，游客印象要加深；

地接接头要接准，工作衔接要细心；

食宿行程要计划，事权责任要划分；

住宿分房要高效，先易后难要理顺；

查验房间要标准，遇到问题要尽心；

餐饮安排要早定，查实质量要卫生；

游客口味要询问，问题若大要调整；

游览观光要操心，频繁集中要点名；

地陪讲解要督促，故事传说要生动；

扶老携幼要安全，确保游客要开心；

景点数量要到位，规定时间要保证；

购物加点要把握，伪劣假货要提醒；

意外事件要补偿，全陪地陪要沟通；

难题大事要请示，处理解决要冷静；

避免争执要灵活，原则问题要慎重；

讲话办事要分寸，遇有差错要取轻；

游客权益要保护，公司一方要维信；

导游自身要人格，威信尊严要并重；

地接团款要理清，互助合作要精明；

对方优点要学习，互惠互益要双赢；

返程时间要准确，安全警钟要常鸣；

归途气氛要活跃，娱乐节目要欢欣；

游客意见要征询，相互友谊要加重；

安全返回要通报，游客到家要欢送；

携带物品要收回，出团账目要算清；

总结经验要全面，回访游客要真诚。

实践训练

实践训练1：大连3日游地接导游送站

实训设计：

（1）将同学按每6～8人分成若干团队。

（2）将团队成员按角色分为地接、全陪、司机、行李员、游客。

（3）组织团队按照教师提出的任务进行讨论，相应角色负责搜集、提炼大连机场接站的相关知识信息。

（4）每个团队分别设计"大连机场送站的基本程序"，选出一个代表进行交流，教师点评。

具体训练：由1名同学模拟地陪导游员小李（以下简称小李），1名同学模拟全陪导游员（以下简称全陪），1名同学模拟行李员，1名同学模拟司机，其他同学模拟团队游客，10分钟后角色轮换。主要的考察点在于导游员接站服务的程序，主要包括核实返程票、商定出发时间、办理退房、协助客人结清账目、集合登车、致欢送词、送别离站等。

实践训练2：Mark的护照丢了

实训设计：由1名同学模拟地陪导游员小李（以下简称小李），1名同学模拟全陪导游员（以下简称全陪），1名同学模拟游客Mark，其他同学模拟团队游客。主要的考察点在于导游员应对丢失护照的游客进行安慰，请其仔细回忆可能的丢失地点，积极协助寻找。确认丢失后，要协助办理以下手续：A.根据Mark申请，由旅行社出具证明；B.持证明到当地公安机关报失，由公安机关出具证明；C.持公安机关证明和Mark照片到加拿大驻华使（领）馆补办新护照；D.领到新护照后再到我国公安机关办理签证手续。另外，注意提醒费用由Mark自理。

实践训练3：导游词训练——致欢送词

实训设计：下面是一段大连送站的导游欢送词，每一位同学必须熟记此段导游词，并且对此段导游词中所包含的知识点进行提炼，根据提炼的关键词进行再次创编和改编。

各位朋友，时间过得太快，短短×天已经过去了。在此，我不得不为大家送行，心中真的有许多眷恋。无奈，天下没有不散的筵席，也没有永远在一起的朋友，但愿我们还有再见面的机会。

各位朋友在大连期间游览了市容和海滨风光；参观了旅顺近代史遗迹；到了……并且品尝了大连海鲜，有的朋友还购买了不少大连的土特产，真可谓收获多多。相信在各位朋友的生命中，从此将增添一段新的记忆，那就是大连。但愿它留给大家的印象是美好的。

承蒙各位朋友支持，我和××先生感到此次接待工作非常顺利，心情也非常高兴，在此，我代表××先生向大家表示感谢！但不知大家的心情是否愉快？对我们的工作是否满意？如果我们的服务有不周之处，一方面请大家多多包涵，另外还望大家提出来，现在也好，回去写信也好，以便我们不断改进，提高服务质量。

俗话说"千里有缘来相会"，既然我们是千里相会，就是缘分！所以，在即将分手之际，我们再次希望大家不要忘记，在这里有我和××先生两个与你们有缘而又可以永远信赖的朋友。今后如果再来或有亲友、同事到大连，请提前打声招呼，我们一定热情接待。

最后，预祝各位朋友在今后的人生旅途中万事顺意，前程无量！

评价考核：评价考核内容见表11-1。

表11-1   **导游员送站技能评价考核**

内　容			评　价	
学习目标	评价内容	分　值	团队成员评价	教师评价
基本知识	掌握送站服务各项工作流程及要求	5分		
	熟练掌握几种不同方式的送站导游词	5分		
	了解相关交通法规知识	5分		
专业能力	能按照规范完成送站服务	10分		
	能灵活处理送站过程中出现的问题	10分		
	能掌握票证核实和确认的方法	10分		
	能熟练带领旅游团办理登机手续	5分		
通用能力	导游语言表达能力	10分		
	团队应急问题解决能力	10分		
	导游服务创新能力	10分		
	导游的沟通协调能力	10分		
职业态度	较强的服务意识	5分		
	团队合作意识	5分		
努力方向	建　议			

课后自主学习

1.列出送团准备工作的各项内容并上交。

2.以送站时易发事件为案例，撰写案例分析报告并上交。报告内容包括案例的发生原因、处理原则、处理方法等。

任务十二

总结善后

任务目标

　　通过进行导游员完成旅游团接待工作后的主要善后工作内容的训练，能够根据任务情境给出的信息明确任务目标，运用所学相关基本知识做好各种总结善后工作。

任务情境

　　昆明假日旅行社的导游员小张刚完成了一个上海旅游团的接待工作，现正处理相关善后事宜。

相关知识

一、导游员总结善后工作内容

　　送走旅游团，并不意味着全部接待工作的结束，地陪、全陪、领队导游员还必须做好相关善后及总结工作。善后工作主要包括：处理游客的遗留问题、结清账目、归还物品、向旅行社汇报带团情况等。总结是保证导游服务质量不断提高的重要手段，总结的方式除了口头总结还包括书面总结，即主要是填写带团日志或撰写带团总结。初次担任导游的工作人员、接待了VIP团队的导游员、带团过程中出现重大事故或严重服务缺陷的导游员要写出书面的专题总结向社里领导汇报。

二、导游员的善后总结工作技巧

1.处理遗留问题

　　地陪导游员应按有关规定和旅行社领导的指示，妥善处理好游客临行前的委托事宜，如委托代办托运、转交信件、转递物品等。

> **案例12-1：**
> 　　美国ABC旅游团一行18人参观某地毯厂后乘车返回饭店。途中，游客格林先生对地陪导游员小王说："我刚才看中一条地毯，但没拿定主意。现在跟太太商量后，决定购买。你能让司机送我们回去吗？"小王欣然应允，并立即让司机驱车返回地毯厂。
> 　　在地毯厂，格林夫妇以1 000美元买下地毯。但当店方为其包装时，格林夫妇发现地毯有瑕疵，于是决定不买。

两天后，该团离开城市之前，格林夫妇委托小王代为订购同样款式的地毯一条，并留下1 500美元作为购买和托运费用。小王本着"宾客至上"原则，当即允诺下来。格林夫人十分感激，又说："朋友送我们一幅古画，但画轴太长，不便携带。你能替我们将画和地毯一起托运吗？"小王建议："画放在地毯里托运容易弄脏和损坏，还是随身携带比较好。"格林夫人认为此话很有道理，称赞他考虑周到，服务热情，然后满意离去。

送走旅游团后，小王即与地毯厂联系并办理了购买和托运地毯事宜，并将发票、托运单和350美元托运手续费收据寄给格林夫妇。

点评：此案例中导游员小王的服务看似让游客很满意，但其中也有很多的不足。

（1）当格林夫妇提出要购买地毯时，不应自作决定让司机返回。正确处理方法是写个便条让其自行租车前往购买或地陪导游员陪同返回，全陪陪同其他游客回酒店；或者与其他游客商议后决定是否立即返回。

（2）当游客提出代购代运时，导游员不应在未请示旅行社领导的情况下直接就表示同意。正确处理方法是婉言拒绝，如不能推托，则需请示领导，在领导批示下收取足够钱款，购买后将发票、托运单及托运费收据寄给格林夫妇，但旅行社须保存影印件。

（3）忽视古画价值。正确处理方法是提醒格林夫妇中国有关文物的规定，提醒其办理有关证明。

（4）未退回剩下的150美元。正确处理方法是将余额交给旅行社退还。

在旅游活动中事无巨细，在西方导游行业里流传着这样四句话："小事是重要的事"（Small is important）、"小事是漂亮的事"（Small is beautiful）、"小事办不好，麻烦就不少"（Small means a lots）、"导游无小事"（Tour guide has no small）。在送行服务中，导游员要仔细认真地回想与游客交往或闲聊过程中，有没有答应游客的事还没有兑现。有时候导游员不经意的一句话可能会引起游客的期待，处理不好就会给导游员的服务打折扣。

案例12-2：

一次带欧洲团，团里有两位中学老师，他们对中文很感兴趣，请导游把"一"到"十"这十个数字写在纸上，他们可以拿回去教给学生认识。导游答应了，结果这件事一拖再拖，直到在机场送走他们后才突然想起来。导游赶紧在电脑上打了一份，找到他们登记时的E-mail，便照着地址发了过去，希望对方在看到邮件后能给予回复。

点评：导游无小事，事事都关心，才能成大事。在导游过程中没有处理完的事情，可以在事后进行妥善的处理，弥补在工作中出现的瑕疵。

2.结清账目，归还物品

地陪导游员应按旅行社的具体要求并在规定的时间内，填写有关接待和财务结算表格，连同保留的各种单据、接待计划、活动日程表等按规定上交有关人员并到财务部门结清账目。地陪导游员还应及时归还借自旅行社的某些物品（如资料、表单、喇叭、耳麦、旗子等），办结手续。

3.向旅行社汇报接团情况

（1）认真填写书面汇报的材料（旅游服务质量评价意见卡、地陪带团日志等），作为工作档案保存。

（2）地陪导游员要认真分析游客填写的《旅游服务质量评价意见卡》并及时交到旅行社有关部门。地陪导游员对意见卡上游客反映的关于导游方面的不论是表扬还是意见，都应认真地进行分析，游客赞美的部分要继续发扬光大，把它当做成长中的宝贵财富。对出现的问题要主动说明原因，客观地反映情况，必要时写出书面材料，以吸取教训。

如果属于针对餐厅、饭店、车队等方面的意见，地陪导游员也应主动说明真实情况，由旅行社有关部门向这些单位转达游客的意见或谢意。如果反映的情况比较严重、意见较大时，地陪导游员应写出书面材料，内容要翔实，尽量引用原话，以便旅行社有关部门和相关单位进行交涉。

旅游接待中若发生重大事故，地接导游员要整理成文字材料向接待社和组团社汇报。

下面是导游员在行程结束后需要请游客配合填写的一份国内旅游游客意见反馈表（见表12-1）。

表12-1　　　　　　　　　　　　**国内旅游游客意见反馈表**

尊敬的游客：

欢迎您参加旅行社组织的团队出外旅游，希望此次旅程能为您留下难忘的印象。为不断提高我市旅游服务水平和质量，请您协助我们填写此表（在每栏其中一项里打"√"），留下宝贵的意见。谢谢您!欢迎再次旅游!

组团社：　　　　　　　　　　全陪导游姓名：

团号：　　　　　　　　　　　人数：

游览线路：　　　　　　　　　天数：

游客代表姓名：　　　　　　　联系电话：

单位：　　　　　　　　　　　填写时间：　　　年　　月　　日

项　　目	满　意	较满意	一　般	不满意	游客意见与建议
咨询服务					
线路设计					
日程安排					
活动内容					
价格质量相符					
安全保障					
全陪导游业务技能					
全陪导游服务态度					
地陪导游员导游服务					
住　宿					
餐　饮					
交　通					
娱　乐					
履约程度					
整体服务质量评价					

4.填写带团日志，撰写工作总结

（1）导游员要填好带团日志。有的城市和旅行社制作了导游带团日志（见表12-2）。这是从地陪、全陪、领队各自不同的角度记录每天的带团过程中出现的客观情况，一是便于旅行社对导游带团情况进行了解，二是有利于导游员自身综合业务能力和素质的提高。所以，为了今后更好地总结、提高工作，导游员对带团日志的框架和内容应该全面了解。

表12-2　　　　　　　　　　　　地陪带团日志

导游员姓名		性　别		导游证号	
游客（团）名称				等　级	
缴费标准		住宿标准		餐　标	
线　路					
日　志					
说　明	本日志应将旅游意见、餐饮、住宿、交通、服务、游览景点等方面有关内容予以记载				
备　注	1.导游上团时，将本表发给团队全陪和部分团员 2.团队运行过程中，任何人无权变更本计划。如确因旅行社以外的原因需变更运行计划，须征得领队和三分之二以上游客的书面同意		游客签字： 年　月　日		
北京市旅游局监督管理投诉电话：			旅行社负责人签字： 年　月　日		

各个城市和旅行社的导游带团日志的具体格式和内容各不相同，主要有以下几个方面的内容需要重点关注：

①导游员的个人资料（姓名、性别、导游证号）。

②旅游团队团号。旅游团队的团号是各个旅行社根据团队的相关情况自行编排的，没有固定的格式。如本案中的团号为KMJRL-SHB02-10-16表示昆明假日旅行社接待了一个上海来的标准团，接团的时间是2016年2月10日开始，其中KMJRL是昆明假日旅行社的汉语拼音缩写，SHB代表该团来自上海的标准团。

③旅游团的等级（豪华、标准、经济、自助、散客等）。

④旅游团的缴费标准主要是指游客向旅行社缴纳旅游费用的方式，包括包价、小包价、单项服务等几种方式。

⑤住宿标准，主要是星级、旅馆、招待所等。

⑥用餐标准（元/人/餐）。早餐一般在下榻的宾馆用餐，午餐和晚餐根据旅游行程安

排在酒店以外的地区用餐。导游必须根据旅行社确定的餐费标准与餐厅进行结算。

⑦线路和行程计划。

（2）导游员撰写接待总结。导游员应认真撰写接待总结，不论是地陪、全陪、领队，都要从各自分担的工作角度，实事求是地汇报接团情况。如旅游中发生重大事故，要整理成书面材料向旅行社领导汇报。导游员对旅游团的有关资料进行整理归档。具体地讲，地陪、全陪、领队应向旅行社提供发票、结算单、支票存根、签单、门票存根等资料；团队行程执行情况报告；团队额外旅游销售和购物情况报告；如系外聘导游，还应交还相关证件，由旅行社保管。导游员还可根据在接待过程中所存在的问题作自我批评，这样有助于自身综合素质的提高。

任务实施

昆明假日旅行社的导游员小张刚刚送走了一个上海旅游团。在回旅行社做善后总结的路上，小张对这次的导游接待工作进行了总结：

第一，自我工作回顾，感觉不错。

虽然说这是大学毕业后参加工作以来第一次独立带团，但是由于在接团前做了充分的准备，所以在整个带团的过程中能够热心地为游客讲解，积极主动为游客解决各种问题，感觉自己与团友相处很融洽。尤其是对团队里的那几位年纪稍长的游客特别照顾，他们也更是拿他当自己的孩子一样看待，自己觉得非常满意。

第二，票据物品齐全，交接清楚。

各种交通报销凭证、住宿签单、景区签单、饭店用餐签单一应俱全。

就在小张沾沾自喜踏进旅行社的时候，王经理拿来的一份电话投诉信给其当头一棒。当他拿过投诉信一看，不禁傻眼了，原来投诉他的正是他认为相处得较好的那几个年长的游客。

事情的经过是这样的：小张在引领游客在丽江四方街游玩时，对丽江古城最中央的这块小广场的情况进行了简单介绍，如它是丽江古城的心脏，主街有四条，向四周辐射，每条街道又分出许多小街小巷，街巷相连，四通八达；每条巷道均由五彩花石铺就，身着五颜六色民族服装的各族人民在此交易商品，是丽江最热闹喧哗的地方；每周有三个晚上，都会有人在四方街组织"打跳"的民间集体歌舞活动等。当时，团内有一对老年夫妇对四方街向四周辐射分布的每条街巷都很感兴趣，提出了很多的问题，而小张当时说"现在时间很紧，我们先抓紧时间游览其他地方，回饭店后我一定详细回答你的问题"。此外，在游玩过程中，游客建议团队休息一会儿，也被小张拒绝了，因为他觉得时间较紧，想让游客玩更多的地方。那一天下来，虽然很累，但小张很高兴，认为自己出色地完成了导游讲解任务。没想到游客反而写信给旅行社领导投诉了他，小张感到很委屈。

领导了解情况后批评了小张。考虑到老年人特殊的生理特征以及其兴趣点的不同，小张应该在带好整个团队的同时，兼顾到他们的这些需求。在认真听取了领导的分析意见之后，小张给领导提交了一份投诉事件的经过说明和一份深刻的检讨。

在带团日志中，小张很认真地思考了一些发现的问题，尤其是他注意到了景区噪音的问题，这一点得到了旅行社经理的肯定。表12-3是小张填写的带团日志。

表 12-3　　　　　　　　　　　　　　带团日志

导游员姓名	张　丽	性　别	女	导游证号	D-3100-23468
游客（团）名称	KMJRL-SHB02-10-16			等　级	标准团
缴费标准	包　价　住宿标准	华都饭店（三星）		餐　标	20元/人/餐
线　路	昆明、丽江三晚四天标准行程				

日 志	10月2日	上午：9点50分昆明机场接团，入住饭店，午餐 下午：昆明石林、昆明世博园 问题：节日游览人多，游客在石林停留时间较短 思考：如何在时间上避开游览的人流
	10月3日	上午：乘车去大理 下午：游览大理三塔、洱海 问题：游客对中餐有意见，认为卫生条件不好 思考：走桌率太快，服务人员不够用
	10月4日	上午：乘车去丽江 下午：游览丽江 问题：因游览的游客众多，景区拥挤、声音嘈杂，游客没有完全听到导游的讲解 思考：景区游览中的导游员讲解时扩音器相互干扰，为减少噪音污染环境，呼吁政府部门下令旅游景区禁用扩音器
	10月5日	上午：登玉龙雪山 下午：返回昆明，16点30分机场送团
说　明		1.用餐：7正餐3早餐，餐标20元/人/餐 2.景点签单：昆明世博园、石林 3.购物签单：4张

　　小张认真分析了自己填写的带团日志，由于自己的工作经验不足，游客一些意见没有反映出来，这是今后工作中需要注意的事项。另外，就本次带团中出现的问题，小张将其分成注重服务细节、观察游客行为、游客心理需求、工作改进目标等几个方面进行了全面的总结。

　　如果一名导游员能够把昨天的教训变成今天的经验，就能够将今天的经验变成明天的财富，最终成长为一名优秀的导游员。

拓展阅读

　　1.游客向导游提出代为托运要求的处理

　　如果游客购买大件物品后，要求导游员帮他托运，导游员可以告诉他商店一般经营托运业务，购物后当场就可办理托运手续；若有的商店无托运业务，导游员要协助游客办理托运手续。

　　如果游客欲购买某一商品，但当时无货，请导游代为购买并托运，对游客的这类要求，导游员一般应婉拒；实在推托不掉时，导游员要请示领导，不得自作主张，贸然接受委托。一旦接受了游客的委托，导游员必须在领导指示下认真办理委托事宜：收取足够的钱款（余额在事后由旅行社退还委托者），发票、托运单及托运费收据寄给委托人，旅行社保存影印件，以备查验。

2.托运行李丢失遭索赔的处理

在旅途中难免会遇到行李托运的相关问题，如果提前做足功课，就可以免去事情发生时手足无措的窘境。

问题一：行李丢了，怎么办？

在搭乘飞机到达目的地之后，由于多方面的原因，托运的行李不能与你同步到达。终于把行李给盼来了，却发现行李箱有破损，甚至行李箱丢失。遇到这种事，你可以这样解决：

如果是飞抵目的地后托运行李不见踪影，可先去机场的行李查询处询问。

如果无法查询到行李的下落，应立即持机票（电子客票）、登机牌、行李牌和身份证件到机场行李查询处申报，协同工作人员填写"行李运输事故登记单"，等弄清楚情况后再与航空公司商讨后续赔偿事宜。

如果是在托运过程中行李箱或行李中的物品遭到损坏，查明是由于航空公司的疏忽或野蛮搬运所致，则航空公司需承担一定的赔偿责任。一般旅客可以提出以下四种赔偿要求：以旧换新、退旧买新、修理报销或现金赔偿。航空公司一般会根据行李的折旧情况和破损情况酌情赔偿。

问题二：如何进行行李索赔？

（1）赔偿价格按重量计算。行李丢失的赔偿标准有国内与国际之分。根据《国内航空运输承运及赔偿责任限额规定》，旅客行李丢失的赔偿标准为100元/千克。而国际航线则根据《蒙特利尔公约》的规定，每千克赔偿30美元，托运行李和非托运行李最高限额为1 000特别提款权。

无法确认重量时，按照旅客舱位等级所享受的免费行李重量赔偿。托运行李发生延误，一次性赔偿标准为：普通舱300元人民币、公务舱400元人民币、头等舱500元人民币。

从以上规定可见，由于市场上越是贵重的旅行箱往往越轻便，在按重量计价赔偿时，往往会吃亏，甚至连行李箱的成本都不够，游客可要做好心理准备。

（2）贵重物品丢失不赔偿。不少游客贪图登机轻便，往往将手提电脑、单反相机等贵重物品塞入行李箱，以为包上衣服保护就没有问题。实际上，航空行李的搬运往往丢来丢去，为免意外，不建议放贵重及易碎物品。

一般来说，若托运行李中有贵重物品，如现金、票据、手提电脑等，航空公司有权利不予赔偿。此外，假如旅客没有按时办理登机和行李托运手续，或托运行李中有违禁物品，航空公司也有权不赔偿。

不过，在搭乘国际航线时，若所丢失的托运行李价值较高，旅客又能够提供相关价值证明材料，也可根据《蒙特利尔公约》进行索赔。

问题三：怎样自我防范才能有备无患？

行李发生丢失，有时候不一定是航空公司的责任，不排除因旅客太多造成行李认领混乱，或者自己的行李箱与别人的太相像而被误领的情况。为此，游客应注意以下几点：

（1）打起十二分精神。在机场保持机警状态，看好行李，按时登机及托运行李。

（2）把要托运的行李整理好。《中国民用航空旅客、行李国内运输规则》规定，托运行李必须包装完整、锁扣完好、捆扎牢固，能承受一定的压力，能够在正常的操作条件下安全装卸和运输，否则，航空公司可以拒绝收运。国际航班并不强制旅客将行李上锁，一般建议尽量锁上。必须注意，美国机场一般不允许将行李上锁，因此更要好好整理。

（3）避免行李过重。托运时，行李的重量一般都有限制。乘客应尽量避免将过重的行李进行托运，以免造成行李损坏。

（4）为行李箱做好标记。不妨标新立异一下，给自己的行李箱进行个性涂鸦、贴纸等装饰，也可以绑一条惹眼的丝巾，或在行李箱上标注姓名等显示身份证明的标记。这样一来，如果当真被拿错，他人也可根据行李箱上的信息找到失主。

（5）拿到行李后第一时间清点，确认无误方可离开机场。

3.飞机托运费用的计算

国内一般可以免费托运20千克行李，理论上可以免费携带5千克随身物品，但是只要不超过允许的最大体积，也就是能够放到头顶上的行李架上就可以通过。国外部分航线可以携带30千克，如果超重，加收的费用很可观，一般丢掉行李会更合算。

每位旅客的免费行李额（包括托运和自理行李）：持成人或儿童票的头等舱旅客为40千克，公务舱旅客为30千克，经济舱旅客为20千克。持婴儿票的旅客无免费行李额。

搭乘同一航班前往同一目的地的两个以上的同行旅客如在同一时间、同一地点办理行李托运手续，其免费行李额可以按照各自的客票价等级标准合并计算。构成国际运输的国内航段，每位旅客的免费行李额按适用的国际航线免费行李额计算。下面是民航总局关于行李托运方面的一些规定：

第三十九条　旅客必须凭有效客票托运行李。承运人应在客票及行李票上注明托运行李的件数和重量。承运人一般应在航班离站当日办理乘机手续时收运行李；如团体旅客的行李过多，或因其他原因需要提前托运时，可与旅客约定时间、地点收运。承运人对旅客托运的每件行李应拴挂行李牌，并将其中的识别联交给旅客。经承运人同意的自理行李应与托运行李合并计重后，交由旅客带入客舱自行照管，并在行李上拴挂自理行李牌。不属于行李的物品应按货物托运，不能作为行李托运。

第四十条　旅客的逾重行李在其所乘飞机载量允许的情况下，应与旅客同机运送。旅客应对逾重行李付逾重行李费，逾重行李费率以每千克按经济舱票价的1.5%计算，金额以元为单位。

第四十一条　承运人为了运输安全，可以会同旅客对其行李进行检查；必要时，可会同有关部门进行检查。如果旅客拒绝接受检查，承运人对该行李有权拒绝运输。

第四十二条　旅客的托运行李，应与旅客同机运送，特殊情况下不能同机运送时，承运人应向旅客说明，并优先安排在后续的航班上运送。

第四十三条　旅客的托运行李，每千克价值超过人民币50元时，可办理行李的声明价值。承运人应按旅客声明的价值中超过本条第一款规定限额部分的价值的5%收取声明价值附加费，金额以元为单位。托运行李的声明价值不能超过行李本身的实际价值。每一旅客的行李声明价值最高限额为人民币8 000元。如承运人对声明价值有异议而旅客又拒绝接受检查时，承运人有权拒绝收运。

4.因时间仓促，游客托导游员转送礼品

（1）导游员应予以协助，但要问清是何物；

（2）重要物品要当面点清，并请其在清单上签字；

（3）留下姓名、通讯地址以及收件人的姓名和地址；

（4）收件人收下物品后应开具收条，并签名盖章，之后应由旅行社保存，并通知委托人。

实践训练

实践训练1：地陪导游员小张被已送站江苏团内游客电话告知钱包遗忘在所住饭店了

实训设计：由1名同学模拟地陪导游员小张，1名同学模拟丢失钱包的游客，1名同学模拟酒店前台接待员，1名同学模拟其他团队的全陪，其他同学模拟团队游客。

考察重点在于地陪导游员处理突发事件的能力，以及考察其与酒店前台接待员的沟通能力。如应首先与饭店联系寻找钱包→找到钱包后应及时通知客人（或下一站旅行社领导），让客人放宽心，不要影响旅游活动→迅速委托可靠的人（或其他团队的全陪或领队）将钱包带到下一站交给失者，如无合适人可委托，可请示领导派专人将钱包送到客人手里→按规定，办好交接手续并要求失者立"收到失物"的字据以备查→在情况汇报中，要写清失物处理的情况。

实践训练2：带团善后总结报告模拟写作

实训设计：根据导游总结善后工作内容，可自行设计接待团队及相关情况，撰写一份导游带团工作总结。将同学分组，每组选出一篇进行同学互评和教师点评。

评价考核：评价考核内容见表12-4。

表12-4   **导游员善后总结工作评价考核**

内　容			评　价	
学习目标	评价内容	分　值	团队成员评价	教师评价
基本知识	导游善后总结工作内容	10分		
	相关票据知识	10分		
	相关托运及导游服务质量标准知识	10分		
专业能力	帮助完成游客遗失物品处理	10分		
	完成游客委托代办事宜	10分		
	撰写地陪导游员带团工作总结	10分		
通用能力	导游文字表达能力	10分		
	团队应急问题解决能力	5分		
	导游服务创新能力	5分		
	导游的沟通协调能力	10分		
职业态度	工作态度	5分		
	团队合作意识	5分		
努力方向		建　议		

课后自主学习

1.上网查阅相关资料，了解导游带团个人总结的基本内容。

2.上网查阅关于游客委托导游代办相关事宜的规定，并对相关案例进行分析。

项目七

特殊导游服务

任务十三

突发事件应急处理

任务目标

熟悉突发事件应急处理程序，了解导游员必备的急救知识和突发事件处理原则，能够恰当处理突发事故和应急事件。通过对突发事件应急处理任务的完成，强化和提高导游服务中的灵活运用知识的能力和应变能力。

任务情境

2014年12月，18名马来西亚华人游客参加了当地旅行社组织的中国东北冰雪游，于12月28日抵达大连，开始7天东北之行，导游员小刘担当全陪导游。旅行过程中，团队遇到了一些突发事件，这些突发事件如何应急处理呢？

相关知识

一、旅游交通塞车事件的预防与处理

1.旅游交通塞车事件的预防

（1）导游员应提前与司机商讨计划内景点游览顺序、停留时间，尽量避开拥堵时段。

（2）导游员应提前告知游客行程安排，提醒游客按照计划准时出发，以确保行程顺利。

（3）导游员应提醒司机收听路况广播，避免驶入拥堵路段。

2.旅游交通塞车事件的处理

（1）行车途中遇到塞车，导游员应该一边观察塞车发展情形，一边介绍些游客感兴趣的事情，分散游客注意力，让等待不是那么无趣。

（2）如果可以转到其他不拥堵的路段，且不影响旅游计划执行，可跟司机商量改换行车路线。

（3）特殊情况下不能变更行车路线时，导游应劝告司机耐心等待，提示司机不要做出鸣笛、大声辱骂、反道行车、双黄线调头等不文明或不安全的行为。

二、旅游交通事故的预防与处理

1.旅游交通事故的预防

（1）导游人员在接待工作中应该具有安全意识，时刻注意游客的安全。

（2）在旅游活动中，导游人员要与旅游车司机密切配合，协助司机做好安全行车工作。安排活动日程时，导游人员应该在时间上留有余地，不催促司机为抢时间、赶日程而

违章、超速行驶。

（3）禁止非本车司机开车。

（4）长途行车时，应注意观察司机状态和路面情况，提醒司机及时到服务区休息，以防司机疲劳驾驶、精力不够，避免造成严重的后果。

（5）提醒司机不要饮酒，如遇酒后驾车的司机，导游人员应该立即阻止，并报告旅行社有关部门，要求改派其他车辆或调换司机。

2.旅游交通事故的处理

交通事故在旅游活动中时有发生，不是导游人员所能预料或控制的。遇有交通事故发生，只要导游人员未受伤、神志清醒，就应该立即采取如下措施，冷静、果断地进行处理，并做好善后工作。

（1）组织人员，实施抢救。发生交通事故出现游客伤亡时，导游人员应该立即组织现场人员迅速抢救受伤的游客，特别是抢救重伤员。如果无法就地抢救，应该立即将伤员送往距出事地点最近的医院抢救。

（2）保护现场，立即报案。交通事故发生后，不要在忙乱中破坏现场，应该指定专人保护现场，并尽快通知交通、公安部门，请求派人速到现场调查处理。

（3）报告领导，请求指示。将受伤游客送往医院后，导游人员应该迅速向接待社领导报告交通事故的发生以及游客的伤亡情况，听取领导对下一步工作的指示。

（4）安抚游客，继续游览。交通事故发生后，导游人员应该做好团内其他游客的安抚工作，继续组织该团的参观游览活动。事故原因查清后，导游人员应该向全团游客通报。

（5）写出报告、说明情况。交通事故处理结束后，导游人员要写出事故处理报告，内容包括：事故的原因和经过；受伤游客的抢救经过、治疗情况；事故责任及对责任者的处理；游客的情绪及对处理结果的意见等。报告力求详细、准确、清楚（最好和领队联名报告）。

三、治安事故的预防与处理

1.治安事故的预防

在旅游过程中，遇到不法分子行凶、诈骗、偷窃、抢劫等，导致游客身心及财产受到不同程度的损害的事件，统称为治安事故。导游人员在接待工作中要时刻提高警惕，采取有效措施，尽量防止治安事故的发生。

（1）提醒游客不要让陌生人进入房间，不要与私人兑换外币。

（2）建议游客将贵重财物存入饭店保险柜。离开旅游车时不要将贵重物品和证件留在车内。

（3）旅游活动过程中，导游人员要始终和游客在一起，注意观察周围的环境和动向，经常清点游客人数。

2.治安事故的处理

一旦发生治安事故，导游人员必须挺身而出，保护游客的生命和财产安全，不能置身事外，更不能临阵脱逃。发生治安事故时，导游人员一般应该按照如下程序进行处理。

（1）保护游客。若歹徒向游客行凶、抢劫财物，在场的导游人员应该毫不犹豫地挺身而出，勇敢地保护游客的生命和财产安全，并立即将游客转移到安全地点，力争与在场的群众或其他人员一道缉拿罪犯，追回钱物。如有游客受伤，应立即组织抢救。

（2）立即报案。治安事故发生后，导游人员应该立即向当地公安部门报案并积极协助破案。报案时要实事求是地介绍事故发生的时间、地点、案情和经过，提供作案者的特征，告知受害者的姓名、性别、国籍、伤势以及损失物品的名称、数量、型号、价值等。

（3）报告领导。导游人员要及时向旅行社领导报告治安事故发生的情况并请求指示，情况严重时请求领导赶到现场指挥、处理。

（4）稳定游客。治安事故发生后，导游人员应该采取必要的措施稳定游客的情绪，努力使旅游活动顺利地进行下去。

（5）写出报告。治安事故发生后，导游人员应该写出详细、准确的书面报告，报告除上述内容外，还应该写明案件的性质、采取的应急措施、侦破情况、受害者和旅游团其他成员的情绪及有何意见、要求等。

（6）善后工作。导游人员应该在有关领导的指挥下，准备好必要的证明、资料，处理好各项善后事宜。

案例13-1：

导游小刘带团去东北，在中央大街游览时，她注意到一个十几岁的少年一直跟着旅游团，目光躲闪。联想到最近报道过的小孩被成年人操纵偷窃的事情，她心里警惕起来，同时再次高声提醒游客看好自己的东西。过了一会儿，那个小孩不见了，小刘也稍稍放了心。一个女游客在冰雪路面上走得摇摇晃晃，小刘于是搀扶着她向前走。突然，女游客脚下一滑，几乎摔倒，身子一歪的瞬间，小刘和女游客发现一只手正搭在俩人之间的女游客背包的拉锁上。小刘马上回头大喝一声，看到先前跟踪的那个小孩撒腿逃跑！考虑到团队安全，加上游客也没有实际损失，小刘没有追赶，只是提醒游客注意。经过如此惊险的一幕，游客们都牢牢抓紧了自己的背包。

点评：案例中，导游员小刘在旅游过程中几次提醒游客，保持了应有的警惕。即使这样，也差点让游客在她眼皮底下成为犯罪分子的猎物。当时，她毫不犹豫，挺身而出，大喝一声，吓跑小偷，体现了导游员的基本素质。

四、游客患病的预防与处理

1.游客患病的预防

游客从居住地到旅游目的地，经过长途旅行的劳累，加上气候变化、水土不服、起居习惯改变等原因，使得体力消耗较大，旅游团中年纪较大、有慢性病、体质较弱的游客很难适应，往往会引发个别游客在旅途中旧病复发、生病甚至死亡等事故。导游人员应该注意从多方面了解游客的身体情况，照顾好他们的生活起居，经常提醒他们注意防病，尽力避免人为的原因致使游客生病。

（1）了解游客健康情况。导游人员可以通过多种渠道了解本团游客的健康情况，做到心中有数。接团前，地陪可以通过研究接待计划了解本团成员的年龄构成。接团时，可以向领队了解团内有无需要特殊照顾的患病游客。游览时，可以在游客之间进行了解，察言观色，对身体肥胖或瘦弱、走路缓慢费力、面部表情和举止异常的游客多留意，预防突发疾病的发生。

（2）周密安排游览活动。如果旅游团中老弱病残者比重较大，导游人员在制订计划、安排活动日程时要留有充分的余地，做到劳逸结合。如活动节奏不要太快、体力消耗较大的项目不要集中安排、晚间活动时间安排不宜过长等。

（3）做好提醒、预报工作。地陪应该做好天气预报工作，要根据每天的天气预报提醒游客增减衣服、携带雨具、穿戴适宜的鞋帽等。提醒游客注意饮食卫生，不吃不洁食物，不喝生水。气候干燥时，尤其在盛夏季节要提醒游客多喝水。适当调整游览时间，保证游客得到充分的休息。

2.游客患一般疾病的处理

（1）提醒其及时就医并注意休息。游客患一般疾病时，导游人员要劝其尽早去医院就医，并留在饭店内休息。如果需要，导游人员应该陪同患者前往医院就医。

（2）关心游客的病情。如果游客留在饭店休息，导游人员要前去询问身体状况并安排好用餐，必要时通知餐厅为其提供送餐服务。

（3）向游客明确说明看病费用自理。

（4）导游人员不要擅自给患者用药。

3.游客突患重病的处理

（1）当游客突患重病时，应对其进行合理的紧急处置。

第一，如果旅行途中游客突然患病，导游人员应该采取措施就地抢救，请求机组人员、列车员或船员在飞机、火车、轮船上寻找医生，并通知下一站急救中心和旅行社做好抢救准备。

第二，如果乘旅游车前往景点途中游客突患重病，必须立即将其送往就近的医院，或拦车将其送往医院，必要时暂时中止旅行，让旅游车先开到医院。此外，还应该及早通知旅行社，请求指示和派人协助。

第三，游客在饭店突患重病时，先组织饭店医务人员抢救，然后将患者送往医院。

（2）游客病危时，导游人员应该立即协同领队和患者亲属送病人去急救中心或医院抢救，或请医生前来抢救。患者如系国际急救组织的投保者，导游人员还应该提醒领队及时与该组织的代理机构联系。

（3）在抢救过程中，导游人员应该要求领队或患者亲属在场，并详细记录患者患病前后的症状及治疗情况。需要签字时，导游人员应该请患病游客的亲属或领队签字。导游人员还应该随时向当地接待社反映情况。

（4）游客病危但亲属又不在身边时，导游人员应该提醒领队及时通知患者亲属。患者亲属赶到后，导游人员应该协助其解决生活方面的问题。如果找不到亲属，则一切按照患者游客所在国家驻华使（领）馆的书面意见处理。

（5）导游人员应该安排好旅游团其他游客的活动，全陪应该继续随团旅游。

（6）患病游客转危为安，但仍需住院治疗不能随团离境时，接待社领导和导游人员（主要是地陪）要不时去医院探望，帮助患病游客办理分离签证、延期签证以及出院、回国手续、交通票证等善后事宜。

（7）患病游客住院期间的医疗费用自理，离团住院时未享受的综合服务费由旅行社之间结算，按规定退还本人。患病游客的亲属在华期间的一切费用自理。

案例13-2：

2016年2月，导游员小陈接待了一个台湾旅游团，接站后，一位老年女游客对小陈说，在飞机上感觉有些头痛恶心，而且越来越严重。小陈安顿好其他游客，和领队一起带她来到医院。值班医生诊断是感冒，建议游客打个点滴。小陈通过观察游客的情况，质疑了一句："感冒了怎么不发烧，也没有流鼻涕、咳嗽、打喷嚏这些症状呢？"医生建议拍个CT继续检查。小陈向游客说明了情况，征询了游客的意见，并且告诉游客治疗费用由游客自理。游客同意自费继续检查。检查结果出来后，发现游客不是感冒，而是得了脑出血！小陈赶紧向旅行社汇报了情况，并协助游客住院急救，请领队联系其境外家属。

点评：案例中，游客突患重病，导游员的表现还是可圈可点的。导游员了解一定的医疗常识是必要的，虽然导游不能私自给游客用药或建议用药，但当误诊即将发生时，适当的质疑促成了进一步检查，也避免了更坏的结果。

五、游客食物中毒事故的预防与处理

1.食物中毒事故的预防

（1）了解游客的饮食禁忌。游客因为体质或某种疾病可能会对一些食物过敏，导游应该在接团后通过领队或直接询问客人，获得相关信息，避免安排不适当食物。

（2）选择干净卫生的就餐场所。导游员应该安排游客到旅行社协议饭店用餐，不私自带游客到其他饭店用餐。劝阻游客到路边小摊或流动商贩手中购买食物。

（3）安排干净卫生的酒水食物。导游员要了解一些食物相生相克的知识，避免一些相克食物同时上桌，引发中毒。

2.食物中毒游客的救治

（1）食物中毒的症状与特点。发生食物中毒时，游客会出现一些明显的症状：上吐下泻、腹痛、恶心、畏寒、发烧等。食物中毒时，在进餐后一小时内就会发病，吐泻严重时，病人还会脱水、休克等。

（2）食物中毒的处理。首先，应该设法催吐，使病人吐出不洁食物，并让患者多喝水，以缓解毒性。其次，要尽快送往医院进行解毒、消炎、补水治疗，并请医生开具"诊断证明"。再次，迅速向旅行社领导报告，并将"诊断证明"复印备案。最后，由旅行社指派工作人员调查追究相关供餐单位或个人责任，并将事故处理结果记录备案。

六、游客旅游景点走失事件的预防与处理

在参观游览时，游客走失的情况时有发生，虽然未必都是导游人员的责任，但无论是哪种原因造成游客走失都会影响游客的情绪，严重时会影响旅游计划的完成，甚至会危及走失客人的生命和财产安全。导游人员必须加强责任心，周到细致地工作，预防此类事故的发生。

1.游客走失的预防

（1）提前预防。导游人员每天都要向游客报告当日的行程，讲清上、下午的游览地

点，中、晚餐用餐的地点和餐厅的名称。下车后进入游览景点之前，地陪要告知全体游客旅游车的停车地点、车号及旅游车的特征，并强调开车的时间。进入游览景点后，地陪要在该景点的示意图前向游客介绍游览线路，游览所需时间，集合的时间、地点等。

案例 13-3：

导游员小高带团游览故宫时，在太和门的故宫平面图前，给大家简单介绍了故宫的基本布局，并告诉大家游览故宫的路线。然后带领游客游览完故宫，来到故宫北门神武门，登上了在此等候的旅游车。清点人数时，发现竟然少了一位游客。小高急忙与全陪商量马上去寻找。找了一个多小时后，才联系到那位游客。原来那位客人在游览过程中没有跟上队伍，以为旅游车还停在下车的地点，便去那里找，结果也没有找到，最后客人自己打车回饭店了。其他客人因为等了太长时间，非常不满，纷纷抱怨小高。小高也非常后悔，因为他忘了提醒游客集合登车的地点，结果造成丢失游客，真是深刻的教训啊！

点评：案例中，导游员小高下车前没有提醒游客登车的地点，结果造成游客走失，是他工作不够细致，没有做好提前预防。

（资料来源　孔永生.导游细微服务［M］.北京：中国旅游出版社，2007）

（2）经常清点人数。导游员要时刻与本团游客在一起活动，注意游客的动向，经常清点人数。

案例 13-4：

在带一个散客团游览洛阳龙门石窟时，导游员小李在车上就按照这些散客的来源分别称为：北京来的三位为1号、长春来的五位为2号、大连来的四位为3号……一会儿就将34名游客编成10个小团队。导游员小李在景区游览途中、集合登车时均以小团队为单位进行人数清点。

点评：这样既调动了游客自我管理的意识，又方便了导游员对游客的管理，同时还节省了时间，收到了事半功倍的效果。

（3）吸引游客注意。导游人员要以丰富的讲解内容和高超的导游技巧吸引游客。导游人员讲解的内容丰富与否，导游技巧运用的如何，直接关系到游客的注意力能否集中。

（4）做好提醒工作。游客单独外出时，地陪要提醒游客记住接待社的名称、导游人员的联系方法、下榻饭店的名称及电话号码或带上饭店的地址等。游客自由活动时，地陪要建议其最好结伴同行、不要走得太远、不要回饭店太晚、不去秩序混乱的地方等。

2.游客走失的处理

（1）了解情况，迅速寻找。游客在游览中丢失，地陪应立即向旅游团内其他游客了解情况并请领队、全陪分头寻找，自己则带领其他游客继续游览。

（2）争取有关部门协助。如果无法找到走失的游客，地陪应该立即向游览地的派出所和管理部门求助，同时与该团下榻饭店的前台和楼层服务员联系，询问该游客是否已返回饭店。如果采取以上措施仍找不到走失的游客，地陪应该向接待社报告并请求帮助，必要时经领导同意后向公安部门报案。

（3）努力做好善后工作。找到走失的游客后，导游人员应该问清情况，分析走失的原因。如果是自己的原因，应该向游客道歉。如果责任在走失者，应该对其进行安慰，讲清利害关系，提醒以后注意。

（4）写出事故处理报告。如果发生严重的游客走失事故，导游人员应该写出书面报告，内容包括游客走失的经过、走失原因、寻找的经过、善后处理及游客的意见等详细情况。

七、游客中途退团或要求亲友随团活动的处理

1.游客要求中途退团

游客要求中途退团的现象时有发生，导游人员不应擅自决定，应问清原因并立即报告接待社，由旅行社根据具体情况作出决定。

（1）游客因患病、家中出事或其他特殊原因，要求提前离开旅行团，终止旅游活动，经接待方旅行社和组团社协商后可予以满足。

（2）至于未享受的综合服务费，可以按照合同相关条款的规定，或部分退还，或不予退还。

（3）游客无特殊原因，只是个别要求得不到满足而提出提前离团，导游人员要配合领队劝其继续随团旅游。若接待方旅行社确有责任，应该设法弥补。若游客提出的是无理要求，要耐心解释，争取游客理解。若劝说无效，游客仍执意要求退团，可满足其要求，但应当告知其未享受的综合服务费不予退还。

（4）外国游客要求提前离境，导游人员要在领导指示下协助游客重新预订航班、座位，办理分离签证及其他离团手续，所需费用由游客自理。

2.对游客要求其亲友随团活动的处理

有的游客到达某地后，希望亲友随团活动甚至到外地旅行游览，当游客向导游人员提出此类要求时，导游人员应该根据不同情况酌情处理。

（1）首先要征得旅行团领队和其他成员的同意。

（2）与旅行社相关部门联系，如无特殊情况可允许其到旅行社办理入团手续，出示有效证件、填写表格、缴纳费用，办完随团手续后方可随团活动。如因时间关系无法到旅行社办理相关手续，可电话与接待社有关部门联系，得到允许后，导游人员代为查阅证件，代收费用并尽快将收据交给游客。

（3）若是外国外交官员随团活动，应请示旅行社，严格按照我国政府的有关规定办理。

（4）若随团活动的亲友身份是外国记者，应该向有关部门请示，获准后方可允许其办理入团手续。

案例13-5：

导游员小刘接待了一个台湾旅游团，当天游览结束后，他宣布了第二天的集合时间和地点，并帮助办理了入住手续，等一切安排妥当后离开了酒店。第二天，过了约定的集合时间，一位游客带着一名陌生女子登上旅游车，并声称是他的朋友，要随团活动。小刘看看时间不早，又不想得罪客人，就没说什么，招呼司机出发。到了景点，小刘按照原人数买了票，到了检票口，那位先生递给小刘门票钱，要求为他的朋友买票。小刘只好返回购票处再次排队购票，其他游客在门口等候。等他买票回来，有

些游客已经不耐烦了。小刘也觉得委屈，明明不想得罪人，怎么得罪了更多人？

点评：在案例中，那位先生带着朋友随团时，导游员没有征求领队和旅游团其他团员同意，容易引起投诉；没有查阅随团游客的证件，不熟悉参团者身份，容易让犯罪分子乘虚而入，带来安全隐患；没有请示旅行社并提前让参团者交清费用，也是不符合规定的。最后，导游员的行动招致旅行团其他游客的不满。导游员应该以此为戒，严格按照程序处理游客请求亲友随团的个别要求。

八、对游客要求变更旅游计划的处理

旅游团抵达后，因为某种原因，游客要求不去游览计划内景点，而换成其他景点游览。对于这种情况，导游人员应该劝说游客前往计划内景点游览，并声情并茂介绍该景点。如果游客坚持换景点，导游人员应在征得领队和全体游客同意后请示旅行社，请领队签字声明是游客要求更改行程。因此产生的新增费用，要提前告知游客并向游客收取，同时告知旅行社相关部门及时更改接待计划，并开具发票。导游员持更改后的计划组织游客继续游览。

九、对挑剔的游客抱怨的处理

导游工作过程中，难免会遇到一些挑剔的游客，他们刻意刁难导游，喜欢抱怨，经常提出一些不合理的要求。比如，有的男游客要求女导游陪他喝酒，甚至提出其他非分要求。导游人员这时应该保持冷静，既热情好客，又要始终坚持不卑不亢的原则。导游人员对游客要以礼相待，耐心解释，避免与不文明的游客发生正面冲突，以免影响旅游活动，造成不良后果。如果游客一意孤行，导游人员可请领队或团队中德高望重的人出面协调解决，或直接面对全体游客，请他们帮忙劝说。确有困难时，导游人员应该向有关领导汇报，请求协助。

十、突遇下雨天如何讲解

旅游过程中遇到天气的变化是常有的事。有时候，导游员能够将这种天气当成话资调侃，也会起到意想不到的效果。

今天下雨了，可能对出行会不太方便。不知道大家知不知道，大连尽管三面环海，却和新加坡一样是一个严重缺水的城市，下雨是难得的。所以自古以来大连就有"不看晴天看雨天"的说法。真是"贵人出门惊风雨"啊！今天因为各位的到来，让我又看到雨了，我代表大连人民感谢大家！

还有的导游面对这样的风雨突变，即兴发挥，也会起到很好的效果。

朋友们，今天真是天公不作美，我们虽然不能改变天气，但是可以改变心情，正如虽然不能选择容貌，但可以选择表情。大家不能去预知明天，但各位必须要用好今天！所以我们要用审美的眼光去看待这场雨，你就会发现原来下雨也是一种凄凉的美，而且暴雨过后就是彩虹，那就让我们一起来唱一首《阳光总在风雨后》怎么样，我来起个头：阳光总在风雨后……

游客对突发事件中的天气因素一般都能理解，但是这些因素会或多或少地影响大家的

游览心情。在这个时候，导游员能够把美好的情绪带给大家十分必要。

任务实施

某马来西亚旅游团参加了东北7天冰雪之旅，但是遇到了一些突发事件，全陪小刘在这次接待中充分地锻炼了自己的应急处理服务技能。

1.行程安排

全陪小刘带领马来西亚旅游团前往东北旅游，东北7天冰雪之旅的行程安排如下：

12月28日：吉隆坡—上海—大连，接团后，走滨海路，市容观光，品尝大连海鲜。

12月29日：早餐后，乘旅游车前往丹东，游览鸭绿江、虎山长城、抗美援朝纪念馆。

12月30日：离开丹东前往沈阳，游览故宫、大帅府，品尝老边饺子。

12月31日：沈阳—长春，游览伪皇宫，午餐品尝东北特色菜。

1月1日：长春—哈尔滨，游览东北虎林园、冰雪大世界、中央大街。

1月2日：亚布力滑雪场、索菲亚教堂、中俄边贸市场。

1月3日：哈尔滨—上海—吉隆坡。

2.应急处理

（1）旅游团人数减少。2014年12月28日，全陪小刘兼大连段地陪，拿到了18位马来西亚游客东北7天冰雪之旅的接待计划。午饭后，按照计划要求，小刘提前20分钟来到大连周水子国际机场，等候旅游团的到来。30分钟后，领队郑先生带领旅游团走出了机场行李领取厅。双方互致问候后，小刘发现人数与计划不符，她马上询问了领队，原来有两个客人在上海机场转机时，没有赶上飞机，要搭乘晚上的航班抵达大连，领队还要求旅行社派人去接。小刘询问领队后知道那两位客人约在晚上20点30分左右抵达大连。按照计划，晚上6点30分小刘在天天渔港为旅游团预订了海鲜宴，晚上8点30分应该是晚宴结束时，小刘要送游客回饭店下榻，无法同时赴机场接那两位迟来的客人。当然，那两位游客也无法享用海鲜宴。怎么办呢？

首先，小刘告诉领队，单独接站产生的费用属于计划外费用，要客人自付，征得领队同意后，小刘给旅行社负责人打了电话，汇报情况，请求旅行社经理派同事协助接站并送饭店。

其次，在组织游客清点行李、集合登车的时候，小刘给天天渔港打了个电话，告知晚餐减少两位。

最后，晚餐结束后，小刘将旅游团送回下榻的饭店，帮助办理旅游团入住手续，交代了第二天出发及游览事宜，一切安排妥当后，她和领队一起在大堂等待迟来的游客。在旅行社同事将游客送到后，经询问，确认游客在飞机上已经用过晚餐。她安慰了游客，向游客仔细介绍了第二天的安排，并和领队一起将游客送至房间门口，检查了房间设施，才放心离开饭店。

（2）冰雪路行车缓慢。12月30日，旅游团离开丹东前往沈阳，29日白天刚下了一场雪，中午时有些融化，晚上气温下降，路上结了层冰。30日旅游团启程时，天空又飘起了雪花。这些常年居住在亚热带地区的游客坐在车上看见下雪都很兴奋，但小刘却有些担心，她和司机商定了路线，尽量避开危险路段，选择了相对路况较好的路段，提醒司机路上小心驾驶。路滑，行车缓慢，提前准备好的沿途导游词肯定是不够用了。几天来，小刘通过跟领队和旅游团客人的接触，了解到马来西亚很多学校都开设了中文课程，尤其是这些老年华侨都学过一些中文古诗词，具有一定文学修养，甚至会唱很多革命歌曲。于是，小刘一边关注司机的行车情况，一边说道："各位贵宾，毛泽东主席曾经写过一首描述北国雪景的词，不知道大家听说过没有？"一位老年游客马上说道："是《沁园春·雪》吧？""老先生您知道得真多，看着窗外的景色，您是否体验出诗词中的描写的意境呢？"车上的游客纷纷称是，个个诗兴大发，你一句，我一句，车厢里仿佛举办了赛诗会。

一首一首的诗歌说下去，车里的气氛逐渐热烈，有人又拿起麦克，唱起了雄壮的革命歌曲，载歌载舞，慢慢地大家忘了行车的时间，不知不觉间，五个小时过去了，旅游车安全抵达了沈阳。大家还意犹未尽，相约下次长途行车还要比赛诗词歌赋。下车时，小刘开玩笑说："哎呀，一不小心，就认识了一车大诗人呀！"游客们都哈哈大笑。

（3）游客患病。12月31日中午，旅游团在长春一家东北菜馆品尝了东北特色菜，晚上到达宾馆后，团中有位老人对小刘抱怨说，他感到恶心，还有些腹泻，一定是中午吃的东北特色菜不卫生导致食物中毒。小刘观察并询问了该游客，发现食物中毒的迹象不太明显，食物中毒一般在就餐后一小时发病，发病时间与就餐时间也不太吻合。接着，她又细心询问了其他游客，发现其他游客并没有出现类似症状。小刘判断这名游客来自东南亚，应该是不适应这里的气候，受了风寒再加上饮食不习惯，得了肠胃感冒。但她没有给游客擅自用药，而是马上安顿好旅游团，带这位游客前往医院诊治。诊治的结果，果然是游客患了肠胃感冒，小刘陪同游客在医院简单输液后，将游客送回宾馆，又体贴地到楼下餐厅为游客买来了一碗白粥，送到房间。游客对小刘的贴心服务十分感激。

（4）调换饭店。1月1日晚上10点，旅游团入住哈尔滨一家四星级饭店。旅游团计划在这家酒店住两个晚上。小刘协助领队帮客人办理了入住手续。客人进房后，发现房间没有热水，不能洗浴。小刘与饭店前台沟通，前台接待人员支支吾吾说不清楚何时有热水供应。前厅部经理也不见踪影。小刘急忙联系旅行社计调人员，请他联系该酒店销售部经理。一个小时过去了，热水依然没有供应。天色已晚，旅游团客人很疲惫，不愿意深夜再换酒店，大家只好勉强草草用冷水擦了擦。

1月2日早上，客人情绪有些低落。小刘向组团社经理汇报了情况，要求更换同星级其他酒店或高星级酒店以安抚客人。地接社经理接到组团社的投诉后，答应将旅游团免费升级至五星级酒店入住。早餐时，小刘首先就接待上的疏漏，诚恳地向游客道歉，并向游客提出了补偿方案：最后一晚哈尔滨住宿免费升级至五星级华旗饭店。接下来的导游工作，小刘更是尽心尽力，尽量达到游客的最大满意。游览间隙，小刘还偷偷打电话去华旗饭店，确认了旅游团的房号，并认真询问了酒店设施情况和服务情况，以杜绝出现其他问题。晚饭后，旅游团入住华旗酒店后，小刘和领队郑先生一起查看了游客的房间设施，帮助游客把空调调到合适的温度，并询问游客是否需要其他帮助。旅游团游客看到小刘所做的努力，脸上都转阴为晴，向小刘频频道谢。小刘这才松了一口气。1月3日，旅游团18位游客结束了东北7天冰雪之旅，在哈尔滨机场与全陪小刘依依惜别，全团客人与小刘相约下次中国之旅再见。

拓展阅读

一、伤员的救助常识

搬运伤员时，如方法和工具选择不当，轻则会加重病人痛苦，重则会造成病人终身瘫痪。因此，要根据不同的伤员和病情，因地制宜选择合适的搬运方法和工具，而且动作要轻、快。

下面就将几种常用的搬运方法介绍如下。

1. 担架搬运法

担架搬运是最常用的方法，适用于路程长、病情重的伤员。担架的种类很多，有帆布担架（将帆布固定在两根长木棒上）、绳索担架（用一根长的结实的绳子绕在两根长竹竿或木棒上）、被服担架（用两件衣服或长大衣翻袖向内成两管，插入两根木棒后再将纽扣仔细扣牢）、四轮担架（其硬度大，适合危重病人用）。搬运时由3～4人将病人抱上担架，使其头向外，以便于后面抬的人观察其病情变化。如病人呼吸困难、不能平卧，可将病人背部垫高，让病人处于半卧位，以利于缓解其呼吸困难。如病人腹部受伤，要使病人弯曲下肢、脚底踩在担架上，以松弛肌肤、减轻疼痛。如病人背部受伤则使其采取俯卧位。对脑出血的病人，应稍垫高其头部。

2. 徒手搬运法

当在现场找不到任何搬运工具而病人伤情又不太重时，可用此法搬运。常用的主要有单人徒手搬运和双人徒手搬运。

（1）单人徒手搬运。单人徒手搬运又可具体分为扶持法、抱持法、背负法、拖拉法。

扶持法：此法适用于搬运伤病较轻、不能行走的伤员，如头部外伤、锁骨骨折、上肢骨折、胸部骨折、头昏的伤病员。扶持时救护者站在伤病员一侧，将其臂放在自己肩、颈部，一手拉病人手腕，另一手扶住病人腰部行走。

抱持法：适用于不能行走的伤病员，如较重的头、胸、腹及下肢受伤或昏迷的病人。抱持时救护者蹲于病人一侧，一手托其背部，一手托其大腿，轻轻抱起病人，病人（神志清者）可用手扶住救护者的颈部。

背负法：抢救者蹲在病员前面，与病人呈同一方向，微弯背部，将病人背起，对胸、腹受伤的病人不宜采用此法。如病人卧于地上、不能站立，则救护者躺于病人一侧，一手紧握伤员肩部，另一手抱起伤员的腿用力翻身，使其负于自己背上，慢慢站起来。

拖拉法：用于在房屋垮塌、火灾现场或其他不便于直接抱、扶、背的急救现场，不论伤者神志清醒与否均可使用。抢救时救护者站在伤员背后，两手从其腋下伸到其胸前，先将伤者的双手交叉，再用自己的双手握紧伤病员的双手，并将自己的下颌放在其头顶上，使伤病员的背部紧靠在自己的胸前慢慢向后倒退着走到安全的地方，再进行其他救治。

（2）双人徒手搬运。双人徒手搬运又可具体分为椅托法、拉车式、平托式三种方法。

椅托式：两名救护员在伤员两侧，各以右和左膝跪地，将一手伸入患者大腿之下并互相握紧，另一手交叉扶住病员背部。

拉车式：一人站在伤病员头部旁，两手插到伤病员腋下将其抱在胸前，一人站在伤病员脚部，用双手抓住伤病员的两膝关节，慢慢抬起病人。

平托式：两救护者站在伤病员同侧，一人用手臂抱住病人的肩部、腰部，另一人用手抱住病员的臀部,齐步平行走。

3.颈椎损伤患者的搬运

先将一块硬板(木板、铁板均可)放在伤员一侧,在伤员颈部处放一软垫子,再由3~4人分别用手托住伤员的肩、背、腰、大腿,另一人用双手固定伤员头部,使伤员身体各部保持在一条直线上,将伤员平卧于硬板上。为防止伤员头部来回晃动,伤员头的两侧要用沙袋或其他垫子塞住。

4.胸、腰、脊柱损伤患者的搬运

平托的部位与搬运颈椎骨折伤员时一样,只是不需要专人保护伤员头部。伤员仰卧时,在其腰部加垫;如背部有伤口,则让其取俯卧位,并在其两肩及腹部加软垫。

二、线上线下旅游那点儿事

线上旅游从途牛到去哪儿,再到携程,一连串线上旅游OTA新模式展示在大众面前。如果没有旅行社参与,没有导游服务,究竟是一种怎样的旅游体验呢?

1.线上旅游经营模式

途牛的模式,是在线上揽客,然后发给传统旅行社。携程在手,说走就走!也是现今的火爆段子。"去哪儿"都是在网上订票订房。

2.相比较线上旅游,传统旅行社的优势

(1)咨询服务方面。

第一,线下咨询服务全面。传统旅行社接待一个客人,至少要回答20个以上的问题,接10通以上的电话,解释5条以上的线路。客人会提出各种问题,如"你们家都有什么线路?""现在去哪里好玩?都是什么价钱?这个地方有几种线路?这个线路中有什么景点?这个景点有什么特色?这个特色我们需要如何体验?""玩的时候,导游会不会跟着?导游会不会收钱?导游讲解如何?有没有强制购物?""导游能否安排个活泼可爱的?"等等。

第二,线上咨询问题程序化。"您好,请问有什么可以为您服务的?""您好,您拨打的电话占线中,请稍后再拨……"

(2)产品设计方面。

第一,旅行社根据游客的需求确定旅游深度,提供个性化服务。例如,游客通常提出各种要求,如"我要用最少的钱,玩最多的景点""我要轻松度假,一天最多一个景点,不要购物""我这团都是领导,一定要安排个知识渊博、气质出众的导游,多讲解些历史文化,风土人情,让领导满意""我要吃住行一条龙,全部包括,不要自己动任何脑子"。这些要求对于旅行社来说都不是问题。

第二,线上模式的旅游产品程序化。"这是我们的线路!""这是我们的机票!""这是我们的酒店!""这是叫车服务!"

(3)导游服务方面。

第一,旅行社和导游直接对接,出现任何失误,都可以快速调整。跟团游,旅行社会在你到达机场伊始,全程安排服务,导游为你换登机牌,一起等飞机;到了当地,导游和司机已经在等候,餐厅做好了热乎乎的饭菜,景区也已安排妥当,酒店早就收拾干净静等入住,周边可口的小吃,导游也都介绍个遍!全程有导游在,几乎不用自己费力气,跟着走就可以了。

第二,自己线上定制,可以锻炼自己独立生活能力。预订机票、车票、火车票、酒

店、景区门票后，自己要倒车、办理入住手续，还要去找特色小吃——总之就是一个字：忙！

总体来说，线上服务快捷方便，线下服务体贴，各有优劣。

实践训练

实践训练：应急处理服务的基本程序

实训设计：

（1）明确训练任务，将同学按每6~8人分成若干团队。

（2）每个团队选出队长，制订团队训练计划和公约。

（3）组织团队进行导游服务中的角色分工：地接、全陪、医生、罪犯、警察、游客若干。

（4）按照教师提出的任务进行讨论，每个角色搜集、提炼应急处理必备的知识和团队应急处理服务信息。

（5）每个团队设计"旅游团队应急处理基本程序和特定突发事件的处理过程"。

（6）进行突发事件应急处理展示，每个团队限时5分钟，教师点评。

评价考核：评价考核内容见表13-1。

表13-1   **应急处理导游服务技能评价考核**

内　容		评　价		
学习目标	评价内容	分　值	团队成员互评	教师评价
基本知识	导游员必备急救知识	10分		
	突发事件应急处理程序	10分		
专业能力	导游员遭遇突发事件应急反应	10分		
	导游员遭遇突发事件的组控能力	20分		
通用能力	导游语言表达能力	20分		
	导游服务创新能力	10分		
职业态度	工作积极态度	10分		
	团队合作责任意识	10分		
努力方向		建　议		

课后自主学习

1.熟悉突发事件应急处理程序。

2.根据不同旅游突发事件的处理程序，填写事故处理说明。

3.根据下面素材，学生团队完成旅游团队应急处理服务技能训练。每个团队选出一名代表，在课堂进行5分钟展示。

"五一"劳动节期间，地陪小严接待了一个来自辽宁省鞍山市的旅游团，小黄是该团的全陪。一名游客因旅途劳累，游览泰山时，突发心脏病，情况危急。

任务十四

特殊团队的导游服务

任务目标

通过学习和掌握特殊游客的服务心理知识，了解特殊游客的心理需求，能够针对教师、学生、老人、机关工作人员等旅游市场特殊的消费群体提供规范化、个性化的服务。

任务情境

旅行社在2014年分别接到不同类型的团队，有教师团队、学生团队、老年人团队、机关工作人员团队和一些散客团队，如何对这些特殊团队提供有针对性的高质量服务呢？

相关知识

一、特殊群体的消费市场

随着旅游活动在人们日常生活中不断普及，教师、学生、老人、机关工作人员等作为中国旅游市场的特殊消费群体，蕴含着巨大的商机。这些特殊群体相应地具有自身的一些特点：

1.充裕的闲暇时间

按目前我国法定的假期安排，元旦、春节、端午、五一、中秋节等节日连上周末，形成了一个个三天"小高峰"和"十一"黄金周，这些特殊消费群体有着充裕的闲暇时间，尤其是教师、退休老人与其他人群相比，具有更多的休闲时间。

2.较高的经济收入

这些特殊的群体与国内其他行业比较，工资收入较高，且收入比较稳定，使他们具有很大的旅游消费潜力。老年群体中，事业单位退休金较高的人群以及来自以子女的孝敬为主要经济来源的人群收入支配能力较强。

3.强烈的旅游愿望

他们文化层次高，追求较高的精神生活，有着强烈的出游愿望，渴望通过"旅游阅历"来增加他们的"话资"，丰富他们的生活质量。这些特殊的群体明显比低文化层次的人更具有出游倾向性。

由此可见，这类特殊群体具备出游的客观条件：有钱而且有闲。另外，这类群体也具备外出旅游的动机。按照市场规律，开发特殊群体的旅游市场是完全可行的，旅行社对此类群体要抓住商机，进行合理的产品设计。

二、特殊群体的旅游特点

1.旅游目的地的选择

（1）自然景观是首选。总体来说，这些特殊的群体由于平时工作节奏快、学习压力大，旅游时大多数会选择自然风景优美的地方，希望可以放松心情，享受一下大自然。

（2）人文历史景观是重要的选择。人文历史景观厚重的地方也是特殊人群的选择，希望借助旅游扩充知识面，能够了解其独特的民俗民风。

（3）出境游也很受青睐。独特的文化底蕴和异国风情吸引着众多机关工作人员、教师、老年人以及学生的参与。商业化的都市就不大能吸引到他们，户外、探险、漂流、自然环境相对不好的地区，对特殊群体也产生不了太多吸引力。

（4）宗教气氛浓重景观也可光顾。释放压力、缓解紧张、调节心情、寄托精神的宗教之旅，在这些特殊消费群体中也有一定的市场。尤其对老年游客，他们希望得到精神寄托。

2.旅游时间的选择

每年的暑假和寒假是教师和学生群体真正的旅游黄金时间；机关工作人员最合适出游时间是选择在"带薪假期"，出游时间的选择也具有季节性；老年人出游时间的选择空间更宽泛。这些特殊消费人群在旅游时间的选择上表现出了群体的一致性和不同于其他职业人士的特殊性，都可以理性地避开"五一"和"十一"两个旅游高峰期。

3.对导游服务的要求

特殊消费群体的文化素养普遍较高，对导游员的综合素质及服务水平要求较高。他们对旅游过程中接触的服务人员的素质较为敏感，服务质量的高低直接影响到旅游目的地在他们心目中的形象。所以，提高导游员服务质量，就要在知识、技能、态度三个方面下功夫。

（1）知识讲解要丰富。导游员在内容上要精益求精，灵活运用符合这一特殊消费群体品味和口味的讲解方式。景区知识的讲解要灵活，善于将这些特殊群体所关心的社会热点、焦点问题运用到讲解中，营造气氛，利用身边一切有利的东西为自己的讲解服务。

（2）服务技巧要娴熟。游览活动的形式要丰富多彩，要有良好的气质形象、流畅的语言表达、和谐的组织调控和人际沟通。

（3）服务情感要真诚。考虑到特殊消费群体的心理特征和行为特征，要有针对性地为他们提供各种细致的服务。对每个导游员来说，每天面对的客人来自五湖四海，对各种类型的旅游团队，其导游服务程序是不变的，导游的服务态度也是永恒的——真诚服务。

三、老年团队服务的特色

1.老年团队的特点

（1）人老话多，好怀旧思古。人老了，头发青丝变成花白，健步如飞变成步履蹒跚，精神饱满变成气力衰弱。人到了一定的年岁之后，就会变得喜欢唠叨，总爱怀旧。老年人由于精力有限，对许多事情是心有余而力不足，于是他们只好借助语言来表达自己以引起他人的注意，求得心理的平衡，有时为了维护自己的尊严而不听他人之言。为了排除寂寞，老年人总是喜欢谈论陈年旧事，炫耀以往的辉煌，也是为了得到心理上的慰藉，以填补现实生活的空虚。

（2）老人健忘，希望得到尊重。老人们从长期紧张、有序的工作与生活状态突然转入到松散、无规律的生活状态，一时很难适应。老年人遗忘的主要是近期发生的事情，新接触的事物或是学习的知识，特别是人名、地名、数字等没有特殊意义或是难以引起联想的东西都忘得特别快。但是，对于一些陈年旧事却往往记忆犹新，说起来绘声绘色，活灵活现。在描述中希望得到认可和尊重。

（3）老人孤独，不喜欢寂寞。老年人生活、工作及社会环境的改变，退休在家，离开了工作岗位和长期相处的同事，终日无所事事；儿女分开居住，缺少社交活动，孤寂凄凉之情油然而生。周围的人把自己奉为老人，处处被当做老人看待，衰老感便在他人的"老同志""老师傅""老先生"的叫声中产生。孤独使老人处于孤独无援的境地，很容易产生一种"被遗弃感"，继而使老人对自身存在的价值表示怀疑、抑郁、绝望。

我们经常听到老年朋友们说："我总是夜里两点就起床看书""我一晚上得醒好几次，不能有一点动静""我晚上总是失眠，白天睡也睡不着""年轻的时候就没觉得困过，现在一天睡十几个小时，还是发困"。睡眠少，睡眠浅，易惊醒，晚上不能入睡，白天没精神这些都是老年人常见的睡眠不调的状况。

所以，在旅游活动过程中，他们希望导游员与他们多沟通、多交流、多尊重。

2.怎样带好老年团

《带着爸妈去旅行》等时下流行的电视娱乐节目，无疑给以家庭为单位、以老年朋友为核心的出行提供了一个参考，也给家庭中的子女孝敬老人提了个醒，更给旅行社提供了一个优化老年旅游产品的机会。

对老年旅游团队，景点讲解是基础，更细致的服务是灵魂。

（1）更热情的爱心。导游员在老年游客心目中是"万事通"，是"活字典"，要想不令老年游客失望，就要奉行"游客至上、质量第一"的服务宗旨。要对远离家乡的老年游客的探险精神怀有一种特殊的爱，在导游服务中要将护士、教师、心理学家的才智集于一身。对老年游客的问询要热心，对老年游客的帮助要真心，对老年游客的生活要关心，对老年游客的安排要细心，对老年游客的嘱咐要耐心。付出加倍的爱心把老年游客当成自己的爷爷奶奶，就会得到老年游客更加热情的配合。

（2）更体贴的尊重。对待风风雨雨走过大半辈子的老年游客，礼貌是老年人最看重的，对他们的称呼要亲切，多说好话，嘴巴要甜，以亲情为主，以讲解为辅。爷爷奶奶、叔叔阿姨叫得越甜越好。

案例14-1：

一个导游员是这样讲解的："回首人生，老年朋友就是一部史书，用精彩的人生谱写了辉煌灿烂的篇章；把握今朝，老年朋友更是一面旗帜，指引青年人去奋斗；憧憬未来，老年朋友又是一道美丽的风景，让我们去欣赏。和谐家庭中，家有一老，如有一宝。养老的家庭是和谐的家庭，养老的社会是文明的社会，养老的民族是进步的民族，祝老年人旅游愉快、健康长寿、合家欢乐、万事如意。"

（3）更亲切的讲解。老年游客听讲的最佳时间为15～20分钟。若讲解时间长，会让

老年游客产生疲劳感。因此，导游员在带领老年人旅游团进行参观游览时，在导游服务的讲解技巧上要多运用含蓄幽默的方法或借用故事法以及虚实结合法等，使老年人"游中有示，乐中有游"。导游员每隔一段时间就应调节一下气氛，再继续讲解。讲解中注意老年朋友感兴趣的话题，讲过去的传说、过去的生活、过去的人物，要激活老年游客的兴奋点。如"人生好比一朵花，二十、三十刚发芽，四十、五十绽花蕾，六十、七十花开放，八十花艳吐芬芳，才是人生好年华"。导游员讲解要生动，要有感情，使他们产生"一次旅游，终生难忘"的美好印象。

（4）更细致的服务。相信一个处处事事从维护客人利益出发，一切从"细"字出发，细致入微，以细动人的导游，其用心之动，细腻之功，定能把接待工作做得锦上添花，异彩纷呈。导游服务的感人之处在细节，动人之处在细功。

例如，导游员要提醒他们佩戴好统一的胸卡或旅游帽等，在游人如织的景点中便于识别；游览景点时，导游员要高举社旗，行走速度要快慢得当，每隔一段时间就要清点人数，前后照应，形成集体观念。

再如，导游员在与餐厅联系订餐时，要告知餐厅此团为老年团，要求饭菜松软，比较烂，容易吃并且要好消化。导游员在老年团队用餐时，一般要做好三部曲：第一步，出发时的讲解里要特别强调团队餐的性质；第二步，上菜后待客人尝过菜后，要餐巡三遍，第一次问餐齐了没有，第二次问习惯不习惯，第三次问够不够吃；第三步，客人吃好后，一定要征求他们的意见，以便下一餐做调整，尽可能安排一些老年客人喜欢吃的菜。

（5）更周到的安排。酒店分房之后，导游员应在前台多等待10多分钟，看看入住有无问题，再查一下房间，表示对老年客人特别关心。

在酒店内提醒他们，房间内消费物品及备品，进入房间的第一件事就铺置防滑垫。

离店提醒至少要两次。第一次离店提醒，行李、钱包带齐了没有；第二次离店提醒，"三摸一拍"——摸耳朵（耳环）、摸脖子（项链）、摸手背（手表、手链）、拍屁股（钱包）。

（6）更安全的提醒。带领老年团队旅游的首要任务是安全问题。旅游安全不仅仅是来自外界的意外伤害，还包括老年游客自身的意外病发。导游工作要突出一个"稳"字，在出团前要提醒老年游客带好常用药，并放在容易找到的位置。对有心血管等方面的疾病的游客，导游员要做到心中有数，全程留意他们的身体状况。特别要提醒游客"走路不观景，观景不走路"；碰到上山下坡、路滑不平时，更要提醒他们注意安全。整个旅程安排要宽松，劳逸适度，参观游览完了一个景点后要适当给他们一些自由活动的时间（喝水或上卫生间等），避免老人因匆忙而出现安全问题。

3.带好老年团的技巧

导游员带老年团队游览，主要在用餐、住宿、行车、游览、购物、娱乐、安全等七个方面做好全方位的服务，就能够带好老年团队。

（1）用餐。第一，提醒老年游客注意餐厅地面防止滑倒摔伤。第二，提前安排好老年游客就餐的座次和用餐的同伴，注意将夫妻和家人、熟人安排在一起。第三，菜肴要适合老年人的口味，宜清淡。第四，劝阻老年游客游览期间不要饮酒。

（2）住宿。第一，导游要反复交代好酒店名称，房间号码。最好将酒店的宣传小册子发给老年游客，以备走失之用。第二，提醒老年游客卫生间要注意防滑。第三，导游要按时查房，嘱咐老年游客早睡早起。第四，集合的时间、地点等都要多说两遍。第五，为了让老年朋友记住车牌号，要像对小学生那样重复多次。

（3）行车。第一，行车时间不能太久（最多一个多小时），要适当停留休息；老年人尿频，前列腺方面的疾病较多，导游员要适时安排他们如厕。第二，由于老年人生理原因，行动迟缓或记忆力不好，所以导游员要时时注意他们的行踪。第三，对大型的老年团，导游员要提前给安排好座号（年纪大的、晕车的、行动不灵活的放在前几排），并且座号不能更改，以便清点人数。

（4）游览。第一，导游员在游览的过程中要提防老年游客走失，组团社、地接社以及导游员的联系电话要告诉他们（最好是做成胸卡挂在每一名老年游客的胸前）。第二，游览行程安排上导游员要注意调节老年游客的体力状态，不易急行，适当休息。第三，游览活动和线路的选择要做到运动和休息的有机结合。第四，导游讲解时最佳位置是说话时面对所有游客、同时便于为游客指示景物，又不能遮挡游客的视线。讲解需要慢速，口齿清晰，声音尽可能地大，照顾到整个团队都能听到。游览行进时一般地陪导游在团队前面，起引导游览和讲解作用；全陪导游在队伍的末尾照顾游客，防止游客走失或发生意外。第五，给老年游客摄影拍照留下充足的时间。

（5）购物。第一，导游员提醒老年游客在购物时"三要"：一要买自己喜欢的物品，不要从众；二要买东西一定要商家开发票；三贵重物品一定要保单。第二，导游员劝阻老年游客购物时"五勿"：贵重物品勿买、金银物品勿买、珠宝玉器勿买、大件物品勿买、海鲜水产勿买。

（6）娱乐。第一，老年游客的娱乐活动要与游览相结合，晚间的娱乐活动要有"度"。第二，娱乐活动内容应突出老年游客的特点，听戏、唱歌、看杂耍，不要参与剧烈的活动。第三，提醒老年游客禁止到不健康的娱乐场所。

（7）安全。时时刻刻、全方位地提醒老年游客。安全无小事，小事连大事，事事都谨慎，才能不出事。

4.老年人旅游十大注意事项

（1）理智参团，莫图便宜。老年人报名参加旅游团，首先不要图便宜，参加低价劣质的旅游团。另外，通常旅行参团人数较少的，会比人数多的更舒适。如老人团最好在40人以内，并且至少安排三名导游，这样会得到比较好的照顾。

（2）出游前记得做一次全面身体检查。老人出游前，要对自己的身体进行一次全面的检查。尤其是对于那些有心脑血管疾病以及高血压的老年朋友，咨询一下医生对您出游的建议。检查好血压、心率、消化系统，对原有的疾病如冠心病、糖尿病等控制情况要掌握最新动态。

（3）出游前做好充分的装备。了解清楚旅游目的地的气候和气温，衣物要恰当地带好。鞋子一定要舒适、松软、透气，适合长距离的徒步，最好买那种适合老年人专用的徒步鞋，不要穿新鞋出游，不然可能会磨脚。老年人出游，建议随身还需带一根可伸缩的登山杖，携带方便，而且可以助一臂之力，确保行走安全。

（4）出游的老人最好随身携带个人资料卡和常用药物。如简单的病史介绍及家人联系电话等，如在途中出现病情，可减少诊断时间。

要根据自己的身体情况准备个急救药盒，携带一些必要的药品。这些药品包括两类：

一是一些防治慢性病的药，如患有高血压病、糖尿病、冠心病，出游时尽管无症状表现，但也要有备无患。二是一些防止晕车、晕船和止泻、消炎或通便药。出门在外，生活习惯有所改变，容易引起便秘，也可能因水土不服而出现腹泻。此外，还要带一些止痛膏、酒精、药棉、红药水之类物品。

（5）用好老年证，部分景区可打折。国内旅游景点价格高得离谱，而且有逐年上涨的趋势。旅游一趟下来，景点门票费要比车船费高得多。对于离退休的老年游客，许多地方有针对老年证的免票或者优惠政策。外出旅游，提前做好功课，看看哪些景区有针对老年人的优惠，出发前记得带上老年证，可能会帮老人节省一大笔旅游开支。

（6）老年人旅途中容易犯下的小错误。有的老年人记忆力不好，容易忘记一些重要物品，旅途时做好提醒，不要忘记把治心脏病、高血压、糖尿病等每天离不开的药品放入旅行包或塑料袋放在停靠景点附近的旅游车上。酒店退房时一定要仔细检查，有没有东西放在卫生间、抽屉里、枕头底下。照相时不要把包放在地上，防止丢失。

（7）老年人旅游饮食用餐要注意。关于饮食，应选择清淡、但要保证适当的蛋白质的菜品，鸡蛋可以吃但不易多吃，蔬菜、水果要多吃，以防便秘；多喝水，还应喝些含盐的饮料，补充体内的水分、盐分的流失。尽量在住地餐厅用餐，自备餐具和水具，既方便又卫生。

（8）老年人旅游时要理智消费。很多旅游团都有购物点，还有烧香拜佛的景点等等，要禁得住诱惑，不要轻易掏腰包。旅游纪念品和特产可以少量购买，至于药材、老年人的药物之类的购物，多数不可信。

（9）量力而行，避免过度疲劳。有的老人不服老，精神可嘉，但体力已随年龄增大而日渐衰退，这也是自然规律，六七十岁的老大爷怎么能比得上二三十岁的小伙子呢。老年人旅游途中要量力而行，不能乐而忘返，造成过度疲劳。如果出现心悸、乏力多汗、头晕眼花等症状，要及时通知导游，应尽快休息调整。

乘火车人多拥挤，车厢空气污浊；坐汽车颠簸厉害，倍感疲劳。故老年人长途旅行最好坐卧铺或飞机，也可分段前往，旅行日程安排宜松不宜紧，活动量不宜过大。游览时，行步宜缓，循序渐进，攀山登高要量力而行，以免劳累过度，加重心脏负担，心肌缺血缺氧，或引起旧病复发。若出现头昏、头痛或心跳异常时，应就地休息或就医。

（10）旅途中发生不快，不要生气破坏心情。在旅游途中遇到不愉快的事时，可与全陪或当地导游协商解决，不必与他们发生争吵，以免把自己气病了。可以回来后再让子女去找组团旅行社解决就行了，正规的旅行社是可以承担责任的。

四、学生团队服务的特色

1.学生团队的特点

学生团队主要由一群爱玩的学生构成，这个群体的特点是：

（1）聪明、活泼、模仿力很强。学生的最大特点是好奇、多动、安全意识薄弱，不像成年人旅游团那样乐意听导游员的讲解。

（2）好动、求知欲望高，对新奇事物都喜欢尝试。倾向于见到自己喜欢的动画片明星，迪士尼乐园之类的地方成为这些孩子的首选。

（3）表现欲、自主能力比较强。这个群体更愿意去能增长见识的地方旅游，以"寓教于游"的方式来游玩。他们多选择参加夏令营、探险游之类的活动，或者和家长、同学去一些名胜古迹、主题公园等地方旅游。

2.学生团队服务技巧

（1）学生团队讲解技巧。第一，讲解不要太深，要讲一些通俗易懂的，学生们容易接受的主题。第二，讲解学生们感兴趣的、时尚的话题。讲故事要以新事、启智为主。第三，游戏是孩子们喜欢的，导游的设计一定要新颖、趣味，易操作。与孩子们在车上做个互动的游戏，往往比你讲一段导游词更会给孩子们留下印象。

（2）导游要重点在用餐、住宿、行车、游览、购物、娱乐、安全等七个方面加强对学生团队的管理。

第一，用餐方面。不要吃小摊上的食品，特别是羊肉串、鱿鱼之类的食品，防止不卫生引发肠道疾病；不要直接饮用生水，有少数民族或忌口的同学，要报告辅导员、营长或导游；不要暴饮暴食；订餐时，先告知餐厅此团为夏令营团，菜量以适合他们为宜。

第二，住宿方面。记住自己的楼号和宿舍号，以防走错；晚上不要在宿舍里大声叫喊、唱歌、吵闹；出入时关门要轻，不要影响他人；如要换宿舍（房间）必须请示辅导员、营长；洗衣、洗澡、上厕所要注意安全，以防滑倒。

第三，行车方面。过马路一定要走人行道、天桥、地下通道，看到红灯一定要停下来；过马路时先看左边，再看右边，确定安全后再通过；不要在行走的时候嬉笑打闹，以防发生意外。

第四，游览方面。上厕所、买水等一定要报告老师、导游，以防走失；照相机一定要挂在脖子上，不要随意拿下来，照完相后，马上挂回脖子上；女生带有手包的话，一定要斜挎在肩上，并把包移到身体的前面，背包的同学不要在包里放贵重的物品；手机不要挂在腰间或明显处；不要当众数钱、拿钱包，平时口袋里放些零钱以备用；随身的行李如需要放在地上，或遇到突发情况，一定要把行李放在两腿间夹住，以防小偷声东击西而使物品被盗；进景区游览时，一定要问清楚进出口、停车场、集合时间以备走失后能找到团队；记住住处的名称、地址，以备走失后可以直接坐出租车回去，并立刻用电话向导游报告。

第五，购物方面。在小摊买东西时，备好零钱，以防找零钱拖延时间，影响行程；凡购买百元以上的物品时，建议学生请示老师或导游，以防被骗；在游览购物时，一定要向老师、导游报告，以防走失。

第六，娱乐方面。观看节目、联欢会、仪式时，除上厕所外，其他需要出去或不参加活动时，一定要向老师、导游报告。

第七，安全方面。任何场合，都不允许学生单独活动；不要随便与陌生人讲话；不要向乞丐投钱；强调有组织、有纪律、听指挥，严格遵守时间。

3.青少年训练营团队对导游员的素质要求

青少年学生永远是家庭的核心，也是家长最舍得投入的对象。时下流行的电视娱乐节目《爸爸去哪儿》《变形计》等等，都在告诉社会和家庭，青少年的成长需要各种环境的体验和锻炼。如果一个项目创意好、活动设计科学、趣味性强、内容丰富，有利于孩子们的成长锻炼，家长一般会踊跃报名参加。在这样的特色训练营中，导游员必须承担生活服务员、活动宣传员、对外协调员、安全保卫员等多种角色任务。

（1）职业的多重角色。导游肩负着为训练营训练和生活服务的责任，要对离开家乡的孩子们怀有一种特殊的关爱，扮演好哥哥、姐姐、家长、教师、护士、心理学家等多重角色。

（2）健康的身心素质。面对性格多样、活泼多动的中小学生，健康的身心素质是导游员带团成功的重要保障。广博的兴趣、外向的性格、阳光的热情、角色的意识、稳定的情绪以及群体意识和协作精神等，是导游员带好训练营所必备的身心健康素质。

（3）杂家的知识结构。如今的中小学生生活在与时俱进的社会，知道的、看到的不比导游员少。所以，导游员需要具有广博的知识，除文学、艺术、历史、地理等"诸子百家，无不涉及；三教九流，多有相关"之外，还要对前沿的、流行的、时尚的信息多多了解，以便应对这个生动活泼的群体。

（4）指挥官般的组织能力。导游员是训练营团体活动的直接指挥者，面对在旅游过程中可能会发生的车祸、患病、失窃等意外事件，导游员要有临危不乱的各种应变能力，就像一个乐团指挥，依照乐谱指挥，应付自如，按计划完成预定的游览项目。

五、教师团队的服务特色

1.教师团队的特点

（1）教师拥有充裕的闲暇时间。根据目前我国学校的假期安排，每年寒暑假有将近80天的时间，加上周末和节日放假，教师与其他人群相比具有更多的休闲时间。

（2）教师具有相对较高的经济收入。教师和其他行业相比，有相对较高和稳定的薪金收入水平，使教师具有较大的旅游消费潜力。

（3）教师有着强烈的旅游愿望。教师作为文化素质较高的群体，追求较高的精神生活，有着强烈的出游愿望。他们文化层次高，渴望有"旅游阅历"，明显比低文化层次的人更具有出游愿望。

2.教师团队经常出现的问题

（1）容易遭投诉。教师购物比较理智，对服务又很挑剔，旅行社对教师团"敬而远之"的现象在全国都普遍存在。从几年前开始，旅行社对教师、医生、律师、记者组团出行都会收取附加费，这些维权意识高的群体在旅行社遭遇"职业歧视"，这就造成了旅行社与教师游客之间的对立情绪，给教师组团旅游造成了困难。

（2）餐桌上的不满。旅游途中教师团队通常对餐饮的投诉比较多，多集中在环境太差、卫生不好、菜肴质差量少等方面。虽然定点用餐的旅游饭店是经过政府主管部门考察后认定的，但也有一些餐馆在用餐高峰接待量超负荷，狭窄、拥挤、脏乱等遭到游客投诉也在情理之中。

（3）旅游购物店难进。这是由教师的职业心理决定的，教师最不喜欢被任何人支配，在旅游途中只想自己做主，很多时候根本不进导游推荐的购物店。这样特殊的消费群体，对导游员引导的旅游购物店有比较理性的判断，他们喜欢在公共大型商店买自己需要的当地土特产。

（4）推荐附加项目难。随着旅行社产品的多样化，游客在游览过程中希望能有更多的自主选择权。推荐附加项目难主要根源在于导游员非规范的、以赚钱为目的的增加景点会让教师产生逆反心理。

（5）教师对服务质量要求高。客观地分析所谓"教师难伺候"的观点，实际上反映了教师对导游服务质量的高要求。导游员带好好"挑剔"的教师团，实际上也是提升自身服务品质的一个过程。教师团队是否自觉地服从指挥，很大程度上取决于导游员的号召力、感染力和凝聚力。

3.教师团队讲解特色

（1）讲解要真诚、规范。导游员担负着"民间大使""友谊桥梁"的神圣职责，优质服务是教师对导游员的必然要求。在一言一行、一举一动中展现出导游员独特的风采和人格魅力，会得到教师团队的认可。

教师这个职业一直深受学生的尊重，因此对教师群体一定要注意使用敬语；要充满爱心与真诚，讲深情的话、生动的话、准确的话、及时的话、肯定的话，不讲模棱两可的话、生硬的话、似是而非的话、粗鲁的话。导游在组织安排各项活动时，形式上要丰富多彩，内容上要精益求精。例如在发布信息、提出要求、说明日程、沿途导游、介绍景点时，所有的组织讲解既要规范认真、活泼有趣，又要晓之以情，动之以礼。这样才符合教师这一知识群体的品位。

（2）对敏感话题要谨慎。教师对社会上的不良之风比较警惕，在旅游过程中相信自己的判断。导游员只有站在教师的立场上，不推荐不健康的项目，不影响合同约定的游览项目和时间，在此基础上推荐真正有价值的项目，才能让教师感觉到新线路的选择是正确的，才能让其感觉到物有所值。导游员在加景点或导购服务中，要如实将附加项目或景点的实际情况包括费用标准介绍给教师，不能强迫教师参加，更不能借推荐新项目而谋取私利。

（3）特色导游讲解赢得尊重。教师在旅游活动中喜欢处于主导地位，指点江山、指点人生、指点未来，但这不是坏事。导游员在给教师团队讲解时，讲解的知识一定要丰富、准确，讲解要多层次、多角度、举一反三。导游员对景观或各种传说讲解得越深入细致，就越会让教师对你刮目相看。

> **案例 14-2：**
> 下面我们讲一下旅顺大屠杀。公元 1894 年 11 月 21 日晚 9 点左右，三万日军攻克旅顺口，当年的旅顺口有居民两万一千余口，日军刀不入鞘，对手无寸铁的男女老幼进行了三天两夜的野蛮屠杀，仅有抬尸队的 36 名壮男得以保全性命。

在带团过程中，导游员要称赞教师职业的无私奉献精神，理解教师"照亮别人，燃烧自己"的高尚品格。同时，通过展现认真的工作态度和专业的导游技巧，导游员就能在讲解中感动他们，在服务中打动他们，这样才会得到教师的认可。

> **案例 14-3：**
> 有人说教师是蜡烛，照亮了别人燃烧了自己。又有人说教师是流水，载着航船向远方进发，而自己永远在河床中呻吟。还有人说教师是桃树是李树，丰满了果实却累弯了自己。依我说，教师是蜡烛，但它得到的并不是毁灭，它在照亮别人之际自己也获得了通体的灿烂；教师是流水，但不会在负载时呻吟哀叹，它在载运航船之际也同时

荡起了生命的浪花；教师是桃树是李树，结满果实，自己也获得香甜。我们每个人在生活中的获得和付出是联系在一起的，流了多少汗水就有多少收成。教师的称号代表了神圣的奉献。我在导游工作中，努力向教师学习，把团队当成我的课堂，把团队的要求当成我的任务，把获得游客朋友们满意的评价当做我的目标。

讲解让教师团佩服，服务让教师团满意，安排让教师团开心，才能在心理上让教师游客折服。

六、在职团队的服务特色

1.在职团队的特点

（1）机关工作人员旅游时间不确定。目前，我国机关工作人员的假期安排不是很自由，每年带薪假期的时间不固定，虽然周末及节假日时间比较稳定，但从整体上看旅游时间的选择空间比较窄。

（2）具有相对较高的经济收入。机关工作人员和其他行业人员相比，工资收入较高且比较稳定，这也使他们具有较强的旅游消费潜力。

（3）对旅游目的地的格调要求高。机关工作人员作为文化素质较高的群体，追求较高的精神生活，有着强烈的出游愿望，他们文化层次高，渴望有"旅游阅历"，明显比低文化层次的人更具有出游愿望和动力。

在带在职团过程中，进行的娱乐活动一定要慎重选择，切忌低俗的笑话和不健康的内容。

案例14-4：

各位领导午餐吃得怎么样?还习惯吧!你们一般在单位吃晚饭都要休息一下，听听音乐、遛遛弯是吧?今天下午小李要带领大家去旅顺景点游览，大约还有40分钟的车程，你们可以在车上闭上眼睛，养养神。在休息的同时，小李给你们出几个谜语猜猜，猜中一个就微笑一下，猜中两个请举手出声笑一下，猜中三个的话小李带领大家给您鼓鼓掌!

这第一个谜语是"以谜对谜"。

一年元宵节，北宋文学家王安石的好友王吉普来访。席间，王安石说："今天是元宵节，我出一谜语助兴：画时圆，写时方，冬时短，夏时长。"

王吉普想了想，没有直接说出谜底。"这样吧，我也出一谜助助兴!"说着，他吟出一谜："东海有条鱼，无头亦无尾，去掉脊梁骨，便是你的谜!"

以谜对谜，好新鲜啊!王安石想了片刻，不禁微微地笑了。

有的领导笑了，猜出来了，大声一点说出来，好!领导就是聪明!对，原来两个人所出灯谜均是同一个"日"字。

这第二个谜语是"出联破谜"。

在明代，每逢元宵节，杭州西湖都要举行元宵灯谜会。

有一年元宵节，著名画家徐文长路过杭州时，也随众人到西湖边观灯猜谜。在观灯过程中，他见一群人围着一盏大红灯笼争论不休，便挤进去瞧个究竟。

原来灯上写着一副对联:"白蛇过江,头顶一轮红日。"旁边还有一行小字:"打一日常用物,并对谜对出下联。"这则灯谜谜面很是平常,徐文长很快便想出了谜底,他上前对出了下联:"乌龙上壁,身披万点金星。"

众人看着这两幅灯谜都迷惑不解,直到徐文长走后,才有人想出。

导游小李为了提醒各位客人进行了善意的引导,特别强调上联的谜底是古代时候晚上每家必用的,下联是市场上买卖双方必用的。看看大家的反应,有的客人说出点意思了,就直接点破:对,上联就是照亮用的油灯。下联呢?就是这位领导比划长的东西,您太厉害了,原来两谜的谜底分别是油灯和杆秤。好,猜对两个谜底的领导笑出声了吗?

第三个谜语是"智破哑谜"。

明代的文征明不仅是大画家和大书法家,还是位灯谜行家。一年的元宵佳节,他去苏州玄妙观赏灯会,看到一处"哑谜"摊:主人在谜架上挂着一只鸟笼,笼中关着一只小鸟,笼旁悬挂着一串铜钱,注明猜谜者需要做一动作猜句衙门用的俗语。

文征明稍加思索,便取过铜钱,打开鸟笼放走了小鸟。主人非但不生气,反倒客气地奉茶过来。

导游小李将谜语的重点词又强调了一下,给予提醒:关着小鸟的笼,鸟笼旁悬挂着一串铜钱,只需做一个动作便可揭开谜底,动作有先后,先拿铜钱,在干啥呢?这个大家猜不出来?小李太高兴了,猜不出来是好事,说明你们都是清正廉洁的好领导。原来此谜的谜底是"得钱卖放"(收贿后即放人)。小李代表百姓给各位领导热烈地鼓掌!

点评:导游员小李组织的娱乐活动既生动有趣,又富含知识和哲理,让人笑过之后又回味无穷。在游戏过程中,客人就像小李手中的风筝,在循循善诱中引导客人寻找答案。这样内容的游戏非常适合在政府团队中进行。

2. 带好在职团的技巧

(1)讲解准备要全面。政府考察团是最考验人的素质的一个特殊团体。在团队中什么级别的人物都有,包括机关工作人员、各党派人士及无党派人士等。这样的团队对导游员个人的综合素质要求很高,而且要求导游员在接待之前就做好相应的准备。准备工作包括旅游景点知识(尤其注重城市发展建设)、客人所在地风俗民情概况、接待的心理准备和精神准备等。

接待这样的知识型团队就需要导游员在日常生活中多看书看报,了解各个方面的信息,将来自报纸、杂志、电视、广播等媒体的各种最新信息改编为最新的导游词,以引起游客的共鸣,这样会增加游客对导游员的信任感,同时也会对导游员的文化素质另眼相看。

(2)讲解内容要规范。在讲解上要实事求是,在关键问题上要立场坚定,在重要的政治观点上要和党中央保持一致,在传播的信息上要准确无误,不能满口胡话。同时,对当地的政府举措、民意所向、城市建设、文化习俗等都要进行规范准确的讲解。导游讲解内容要客观,不要一味地说"最大""最佳""最好",因为这样的团队有时候眼界比导游还要宽。领队是团队的传声带,行程中的大小事,在形式上事先和领队说一下,让他有被尊重的感觉。对这样的团队不要一味地讲景点特色,城市建设和当地的经济建设应该也是讲解的重点。

（3）提高服务品质。虽说导游是一项言行并重、苦累交加的工作，但在工作中要经常把接待这样的政府团作为挑战自己综合素质的机遇，只有这样才会在导游工作中不断提升"渊博的文化知识、健康的身体素质、坚韧的工作毅力、充实的审美修养、活泼的个性气质"，使自己"娴熟的表达技巧和较强的观察与应变能力"得到强化。

3.带好海外团的技巧

中国自古就有"业精于勤""勤能补拙"的说法，要想成为一个优秀的导游员就必须做到五"勤"，即勤动腿、勤动眼、勤动口、勤动手、勤动脑。

（1）勤动腿。迈开你的双腿，热心地走在团队的前面，富有情感的服务，对每位游客都要一视同仁。导游带团的过程，其实就是一个不断争取游客信任的过程。当游客对你产生了信任感，任何事情都会有一个圆满的结局。

案例14-5：

去公园看晨练是我带很多外国旅游团的保留节目。清晨五六点钟的大街，完全不见那种拥挤和嘈杂的景象，显得格外空旷，只有在偶尔经过公共汽车站的时候，才能看到一些早出的上班族的身影。

这时的公园，完全是另外一番情景：整个公园里所有的人，都在用各自不同的动作，配合着风格各异的音乐，舞着、扭着，热闹非凡。来看晨练的老外一见这样的情景立刻来了兴致，立即加入这些晨练者的队伍，有板有眼地模仿起大家的动作来，笨拙的姿势把周围的人全都逗得合不拢嘴。

在回酒店的路上，有客人会突然问我："为什么在公园晨练的人全都是老人？年轻人不锻炼身体吗？"我回答说："年轻人都在上班路上啊，就好比我，早起、工作，对我来说这本身就是一种意志的锻炼。"

点评：晨练最大的特色就是早，尤其是夏天，早晨五点半公园里就已经很热闹了。所以要组织游客看晨练就得早起。其实导游员的睡眠比金子都珍贵，这个时候导游员能够将晨练项目引荐给老外，实在是热心加勤快，这样不加修饰、纯自然的民风民俗项目是老外尤其喜欢参与的。

（2）勤动眼。瞪大你的双眼，细心观察团队的需求，注重条理化，善于发现苗头，进行合理而可能的服务，满足游客的特别需求。

案例14-6：

曾经发生过这样一件事，客人就要上飞机离开北京了，团里的一位老外突然说想买一个中国的自行车车铃送给外孙做礼物，问导游员在哪里能买到。当时天色已晚，街上所有的修车铺都打烊了，到哪里去找一个车铃呢？那位导游员就对客人说："我明天一定设法给你弄一个来。"晚上回到家，他把自己那辆自行车的车铃卸下来，擦拭干净，第二天送给了老外。讲起这个故事的时候，外方社老板语气激动，对那位导游员赞不绝口。

点评：导游员可以说是民间的大使，是一个国家的文明窗口。同时，导游员也是一位天使，自己答应游客的事一定要想办法做到，否则就不要承诺。

（3）勤动口。这是要求导游员不耻下问，耐心求教于一切有经验的前辈，慢慢地积累，就能够点石成金。俗话说，"一年拳、两年腿、十年练就一张嘴"。导游的口才是苦练出来的。试想一下，带团时经常会遇到连续坐车两三个小时的情况，在这么长的旅途中，如果总是不停地讲一些历史、地理、人口、气候等内容给老外们听，估计还没讲到一半，大家就已经不耐烦了。所以，导游嘴上的功夫是需要将历史、地理、人口、气候等这些死记硬背的知识激活，再融入感情色彩，可以从古代的一块金砖一直讲到现代的热点事件，将导游词讲解得精彩而又鲜活。另外，还可以穿插些笑话、谜语、歌曲，一路玩玩闹闹，既打发了时间，又活跃了旅途气氛。

> **案例14-7：**
>
> 在一次带团中，导游员无意翻阅报纸，在报上看到萧蔷和林志玲争夺"第一美女"的娱乐新闻，就立刻拿着她们的图片给老外看："你们说，这两个美女哪一个更好看？"这一问，立刻引起了大家的兴致，你一句、我一句，兴奋地讨论了整整一路。
>
> 点评：什么样的工作干久了都会失去新鲜感，这对导游员来说也是很痛苦的事。虽说"导游眼无美景"，但是，工作即学习、学习即积累、积累即应用，报纸、杂志、电视新闻就是导游员最新的导游词。这也是导游员对工作保持新鲜感的主要方法。

（4）勤动手。"勤动手"就是事无巨细，学会事事记录，当好管家。导游员可以将团队成员的特点、生日、需求等情况记录下来，以方便提供条理化和多样化服务。

导游员带海外团，出门要带的东西不计其数，接待计划、接机牌、导游旗、为客人讲解用的人民币样币、地图、游客意见表、餐单、门票、导游证……一个都不能少。导游最好专门为带团准备一个笔记本，把每天要带的东西、要做的事情一一记录下来，随时看一下可以避免遗漏。

> **案例14-8：**
>
> 一次带大团的时候，坐飞机要单独交纳机场建设费，旅行社给徐导开了一张支票。到了机场，徐导把支票往交费窗口一递，当即就被退了回来，只听见工作人员说："支票怎么能折呢？一折叠就作废了。"当时徐导带着30多位客人，总共要交几千元建设费，而徐导身上只有可怜巴巴的200元钱，如何也不可能一下子变出那么多现金来。
>
> 看着徐导急得快要哭出来的样子，那位善良的女收款员终于有些不忍，又向徐导要回那张支票，把它铺在桌面上，用一本厚书压了半天，勉强抚平了上面的折痕，这才交成了机场建设费，送走了客人。
>
> 点评：学无止境！要善待任何一张细微的纸片。导游员要真正学点东西，就要善于积累身边的常识。只有导游员细心，客人才能安心，领导才能放心。

（5）勤动脑。"勤动脑"就是要求导游员对突发事件要谨慎、处理要灵活。用心将专业知识灵活运用到服务中，才能将好的小事影响最大化，坏的大事影响最小化。

案例14-9：

星期天北京将举行一年一度的国际马拉松比赛，徐导所带的北欧团的客人全都是参赛者。星期六晚上，领队突然跑来跟徐导说，他白天曾答应客人给他们买一些香蕉和巧克力，用于第二天跑步时补充能量，结果因为忙给忘记了。当时已是晚上十点多，徐导和领队在酒店附近转了一大圈，根本找不到卖食品的小店。徐导动了半天脑筋，最后想到可以找酒店餐厅帮忙。餐厅经理颇为热心，答应第二天早餐时会给每位客人送上一袋香蕉和巧克力，保证不让领队在客人面前食言。第二天早上一进餐厅，就看见了一袋一袋的香蕉和巧克力在等着徐导和游客。

点评：只有想不到，没有做不到。导游员一天工作下来很辛苦，这种滋味只有干过同样工作的人才能体会。但是再苦再累，遇到突发事件，导游员都要想方设法将它解决好。

任务实施

1.带领老年团队在旅游车上活动的范例

尊敬的叔叔阿姨：

大家好！

我们这次行车将有两个多小时，刚才我已经把行程和景点给大家做了介绍，下面的一个小时让我们一起来进行娱乐活动。首先由我先给大家表演一些小节目，然后请大家踊跃上来表演，我有神秘的奖品哦！

我先给大家唱首歌，刚才有位阿姨问我是哪里人，那我就唱一首我家乡的民歌，请大家猜猜我是哪里人？（唱）好一朵美丽的茉莉花……大家猜到我是哪个省的了吧，对，是江苏省。下面我再唱一首歌，你们就知道我是哪个市的了！（唱）莫愁湖边走，春光满枝头……对，我的家乡是南京。

都猜到了么？给几分钟时间让大家讨论讨论……有哪位叔叔阿姨也用歌声或歌名告诉我你的家乡在哪里？

下面我给大家讲几个笑话吧。各位叔叔阿姨在单位工作时都是领导吧？肯定关心国家大事！（说这句话的时候语气要肯定，能够增加游客的认同感，对你要讲的内容有兴趣）我先给大家讲个关于国外的笑话：在1990年的海湾战争前，一位自称"女性解放者"的记者在科威特采访，她发现科威特的女性习惯性地走在男伴的后面5米。她发表文章，指责科威特的大男子主义。不久她又回到科威特，发现现在是男人走在女人的后面5米。她非常高兴地问一位女士："真了不起，你们女性是怎样争取到你们的地位的？"这位科威特女士说："地雷。"想想我们中国女性真是幸福啊！

各位都是领导，经常作报告，也常常听报告，我就讲几个关于作报告的笑话吧。

话说从前领导作报告的稿子都是秘书写的，所以念得比较吃力，听者昏昏欲睡。忽然听到耳边响起一句"……十月革命一声炮"，领导翻着稿子，哎！怎么没"响"呢？领导小声自语。因为领导一下翻过去两页，找不到下一行了。

"……妇女同志们站起来——"大家一惊，会场里顿时稀里哗啦响起了一片椅子挪动声，妇女们茫然不知所措地站了起来。只见领导把手中的稿子又翻过去一页，继续念道：

"……了！"（游客笑）

这时坐在前面的一位老爷爷插话，也讲一个笑话。话说在"文革"时期，我们单位每天都学习毛主席语录，某一天领导带领我们学习，念毛主席语录声音洪亮："人的正确思想是从天上掉下来的！"大家顿时一愣，他翻过去一页，自己也是一愣，接着念道"……吗？"（游客都笑了）

说起作报告，现在一般都要求讲普通话，所以这里笑话就多啦！

最出名的就是"政府官员要拒绝说普通话！"还有"政府要拒绝接受人大监督！"为什么？其实他说的是"政府官员要自觉说普通话！""政府要自觉接受人大的监督！"

还有的领导经常说"势在必行"。但是大家怎么听都是"实在不行"，搞得众人莫名其妙。

还有一个故事：有一天，有一位小姐走在路上。突然间，腰带上的钥匙掉了。走在他后面的一个人捡到了，连忙跑上去，说道："小姐，你钥匙掉了，小姐，你钥匙掉了。"但他的普通话实在太蹩脚了，结果那位小姐转过头生气地骂道："你才要死掉了！"

我们导游里面也有一些人普通话很成问题，前一阵听到一位导游这样说"欢迎大家来到我们这里。我作为地痞现在给大家介绍一下我们这个城市。"客人都吓了一跳，怎么一个地痞来给大家带团啊！后来才反应过来，他说的是"地陪"。

说到这里，我看到大家要跃跃欲试了，想来大家也有好多这类的笑料要讲给我们听，都忍不住了啊，来，谁先来讲一讲？（讲到这个话题，游客一般都会踊跃参与，你可以听到各式各样的有趣故事）

看各位叔叔阿姨，一定有小孩子了吧，小孩也经常报出许多好玩的笑料，我先给大家讲几个，可算是抛砖引玉，你们家的小孩有更绝的一定不要吝啬与我们分享哦。

——小明年纪很小，一天晚上，他一直叫妈妈帮他做这个做那个。小明的妈妈很烦，就生气地对小明说：不要再叫我妈妈，不然我就不认你了。但是小明实在很想喝水，但是又不能叫妈了，所以小明就很胆怯地说："王太太，麻烦您给我一杯水……"

——小男生甲：我哥哥昨天被一只蚊子叮了，整只手指都肿起来了！

小男生乙：那有啥稀奇！我叔叔上个月被蜜蜂叮了，整只脚都肿起来了！

小男生丙：那我姐姐不知道被啥叮的，她整个肚子都肿起来了！

——儿子不想睡觉，爸爸坐在他的床头开始给他讲故事。两个小时过去了，房间里一片寂静。这时妈妈打开房门小声问："他睡了么？""他睡了，妈妈。"儿子小声回答说。

各位叔叔阿姨是不是有很多这样的经历啊？（有孩子的人一提起孩子肯定会滔滔不绝接着说下去）

说完了小孩再说婚姻，关于婚姻的笑话也是无数啊！

一对新婚夫妇正要下火车，新娘对新郎说："亲爱的，我们装作结婚很久的样子给别人看，好么？""好的。"新郎接着说："那你提着箱子，走在我后面。"

现在我只要看一看各位团友夫妻走路的状态，就可以猜出大家结婚多久了。

再给大家讲一个笑话：

妻："唉！怎么一个家庭主妇永远有做不完的家务？"

夫："没有办法呀！你要不同意我娶两个。"

怎么样，这个丈夫挺厉害的吧？在座的各位有没有什么更好的妙答啊？

说到再娶一个，让我想起了另外两个笑话。

——晓华告诉学校的老师说："我家的人都喜欢动物。妈妈爱鸟，大哥爱马，姐姐爱金鱼。""你爸爸呢？""我爸爸爱隔壁那只狐狸精。"

——现在气管炎（妻管严）很流行，有一个人说：如果哥伦布家里有个老婆，他就不可能发现美洲大陆了。她会说：你上哪儿去？什么时候回来？如果不讲清楚就别想出去！

各位太太是不是也经常这样问你们的老公啊？那下次你可以给他们讲讲这个故事了。

关于妻管严还有这样一个笑话：

几对年轻的夫妇外出旅游，在一个地方休息时，为了验证几位男士是否"妻管严"，导游让几位男士站到了一块。然后说："怕老婆的站过来！"呼啦啦，差不多全都过来了，最后只剩下一位男士仍站在原地。有人问："看来只有你不怕老婆了。""不，我没有得到老婆的允许不敢动地方。"那位男士回答。

说起"妻管严"的故事真是三天三夜也讲不完，我们的车程快要结束了，不过不用担心，后面还有坐车的时候，我还会有好多笑话和故事讲给你们听！

马上就要旅游老虎滩国家5A级风景区了。利用这段时间，小王给你们介绍一下老虎滩旅游景区的特色……好了，你们对这些景点地形不熟，在游览中一定注意安全，小王告诉你们十个字"观景不走路，走路不观景"。记住了么？一起说一遍，好！带好自己的东西，随我一同下车。

导游员在讲解过程中，应注意选择老年朋友感兴趣的、经历过的、浅显易懂的、生活方面的话题和笑话，让老年朋友有熟悉感和亲近感，参与的热情会比较高。

2．"放暑假了，我们去哪儿？"服务范例

（1）"青少年心智成长夏令营"训练方案。

①活动特色。家长朋友们，您是否愿意拓宽孩子的成长环境，向您的孩子打开一个崭新的世界呢?是否愿意带领您的孩子与您一起完成亲子之旅呢？青少年心智成长训练营以"关注差异、尊重个性、挖掘潜能、多元发展"的理念，采用团队动力、行为塑造等项目训练方法，以"互动—体验—交流—品味—学习—成长"的训练模式，让家长和孩子们在新的环境中，实现人生初级阶段思想认识的飞跃。

②活动目标。心智成长训练营通过项目训练，让家长伴随孩子们一起做事，一起欢乐。和孩子们一起成长是人生最值得回味的事，让家长和孩子一起：提高认知能力、情绪调节能力、人际沟通能力和培养坚强的意志力，开启孩子们阳光、健康的成长之旅。

③训练方法。心智成长训练营以家庭为单位，以小团队合作形式展开，采用角色扮演、体能拓展的项目训练方法。

项目一：感恩体会之旅。感受父母的慈爱，品味幸福人生，体验清凉舒爽的自然风光。

项目二：名师交流之旅。聆听名师教诲，点拨学习疑惑，零距离与名师交流人生。

项目三：心智成长之旅。让孩子了解自己、了解他人，关注差异、挖掘潜能。

项目四：体能拓展之旅。野外寻宝、荆棘取水、悬崖攀岩、趣味游戏和拓展训练。

项目五：生活体验之旅。制作蛋糕、制作小工艺品、制作午餐，体验动手的快乐。

④活动日程。夏令营的具体活动安排见表14-1。

表 14-1　　　　　　　　　　　　　夏令营活动日程

主　题	活　动	训练目标
D1 心智成长之快乐起航	开营；破冰之旅；组建团队（团队名称、团队角色定位、团队公约）	破除人际坚冰，形成新的集体。规划时间，确定每个人在团队中的角色任务
	每个团队派一名代表，宣读团队训练目标：好习惯成就好未来	新的团队组建后，团队成员共同制订新的团队公约。和谐团队，大家创造
	团队心理游戏：我是谁 团队学习手语歌	了解自我，尊重个性，挖掘潜能
D2 感恩体会之旅	金口才训练：小舌头全能操 长话短说：用最短的语言表达对"家"的感悟	把握"真情""觉悟""感恩""表达"这四个重点词，实现真情的流露、人生的觉悟、生活的感恩、清晰流畅的表达，来激活孩子感恩的心灵
	短话长说：通过"爱"这个主题词，让学生扩充300字，感谢父母给予的幸福	
	人际沟通：通过角色扮演，用"请求"和"拒绝"两个词，进行模拟演练	通过恰当的语言、得体的礼仪、迷人的个性，展现"感恩体会之旅"
D3 名师交流之旅	名师展示：魔鬼记忆法，见证神奇能力	提高记忆能力，尝试记忆方法，体味学习技巧
	认知方法体验：怎样学习最有效 各个团队合作完成"魔鬼记忆"主题，名师参与团队展示点评	了解个体的学习风格，掌握有效的学习策略，挖掘潜能，激活超级学习力
D4 心智成长之旅	少年商学院财商课程，怎样对待钱财，商议财富如何使用	了解钱的用途，正确对待钱财，形成合理的金钱观
	财富人生，商战模拟，信任博弈游戏	商海沉浮，适者生存
D5 体能拓展之旅	野外寻宝，团队成员合作寻宝（金钱、用品）	展现自我的勇气和信心，强化团队竞争和合作
	山地训练：步步高、晃桥、独木桥、索桥	
	身体技能训练：攀岩训练	
	团队训练：赛龙舟	
	我的团队我做主：野外篝火晚会个体才艺展示、团队节目展示	挖掘潜能、展示自我、全面发展、增进友谊
D6 生活体验之旅	开发心智：团队成员亲自动手，结绳、软陶制作	锻炼动手能力和当家做主能力，体验动手的快乐
	生活考验：自制冰淇淋、蛋糕、自制纪念品	
	技能训练：射箭、飞斧	
D7 团员之家	亲子沟通，家长参加学生训练成果汇报	体验好好学习、天天向上的成长快乐
	团队集体合影、小团队合影互赠礼物	增进友谊、沟通交际
	结营仪式：每名学生将七日成长记录中体会深刻的一句话作为新的起点	总结七日心智成长之旅

⑤项目开展举例。在进行"感恩体会之旅"项目时，训练营的导游员作了如下开场白：

今天我先讲一个关于苹果的故事，讲完后请家长与孩子一起讨论，由孩子用最简练的语言给这个故事起个名字。

那时，我在一个农民工子弟小学教一年级的数学。

期中考试时，我给孩子们出了这样一道题：假如你家有5口人，买来10个苹果，每个人能分到几个苹果?从年龄与智力发育水平来说，让七八岁的孩子来回答这道题，应该是很简单的。

但是当考试卷交上来后，我却大吃一惊。由于打字员的疏忽，"10"变成了"1"，这样，这道题变成了"假如你家有5口人，买来1个苹果，每个人能分到几个苹果?"我想试题本身就错了，所以这道题根本就不可能有答案了。

但在阅卷时，我发现几乎所有的同学都在那道题下写出了答案。

其中有这样一个答案震撼着我的心灵——每个人能分到一个苹果。

后面接着写出了原因：假如爷爷买来一个苹果，他一定不会吃了它，因为他知道有病的奶奶一定很想吃，他会留给奶奶。奶奶也不会吃，她通常会把苹果送给她最疼爱的小孙女——我。我也一定不会吃这个苹果，我会把它送给每天在街上卖报纸的妈妈，因为妈妈每天在太阳下晒着，口渴的她一定需要这个苹果。妈妈也一定不会吃的，她一定会送给爸爸，因为爸爸进城这一年来每天都在工地上干很累很累的活儿，却从来没吃过苹果。所以，我们家每个人都会得到一个苹果。

我含着眼泪，给孩子的答案打了满分。

（导游员讲这个故事的时候，几次哽咽，下面有的学生也流泪了）

现在进行第一个项目"长话短说"，同学们听完这个故事后，一定有很多感想要表达吧?现在就请同学将你要表达的内容归纳为一句话，给这个故事起个题目，要求言简意赅。

在导游员的组织下，学生们纷纷发言，有的说可以用"感动"两个字概况，有的说用"家的感觉"四个字为题，还有的说可以使用"最纯真的心灵""苹果的最佳分法"等题目。

好，在这么短暂的时间里，同学们用最精炼的文字给出了苹果故事的主题，每个同学归纳得都很好。我总结一下同学们的题目，故事最核心的是"家人"这两个字。家是依靠、寄托、希望的象征，有家的感觉真幸福啊!

现在进行第二个项目"短话长说"，用"家人"这个题目来说说你们对"感恩"的理解，当然了，最长也不能超过300个字。

现在分组，每5个人组成一个小组，进行集体创作。然后每个组推荐一个代表上来阐述你们对家人的感恩之情。在表达中，我们要重点考察你们对"真情""觉悟""感恩"这三个词的理解。

学生们快速地分好小组，30个人按照学号分成6个小组，每个小组选出负责人，然后由这个负责人进行组内角色分工。各个小组都在积极、踊跃地讨论着——家长感受到孩子们在开动脑筋，体会到了孩子们的善良、智慧、创新……

最后是表达的环节，孩子们的发言让在场的每个人都非常感动。孩子们要感谢的人有很多，感恩之情也很丰富，他们表达着自己在"家人"的关爱中所觉悟到的幸福，更提出要以健康的心态去珍惜这一切。

导游和教师一样，也是人类灵魂的工程师，在带团活动中还承担极其重要的社会教化功能，不仅要做一个快乐的制造者，更要做一个美好情感和优秀文化的传播者。旅游活动是一种高品位的文化享受，因此导游在带团活动中要把"发现美、传播美、奉献美"作为自己的工作准则。

（2）"青少年体能与意志成长冬令营"训练方案。

①活动背景。2015年的冬天，北国风光，千里冰封，万里雪飘。这是一个家长带领孩子们倾听冬季自然声音，呼吸冬雪气息，纵情北国风景的最好时光，也是让孩子们的身心得到全面锻炼的难得机会。通过本次冬季活动设计，能够让家长和孩子在领略优美的北国景色的同时，促进家长和孩子、家长和家长、孩子和孩子之间的交流，营造和谐融洽的团队气氛，增进孩子家庭荣誉感和集体荣誉感，丰富家庭与孩子们的校园生活。另外，在本次活动体验中，也能够让他们学会与自然界的和谐相处。

②活动主题。我是一个兵——青少年体能与意志成长冬令营。

③活动目的。本冬令营举办的目的主要体现为以下四点：

第一，在竞争激烈的时代，学生的精神处于高度紧张状态。我们这次活动的目的之一就是让孩子们走进自然，亲近冬雪，放松精神，感受生活，快乐成长。

第二，现在教育更主张自主学习，学生之间的交流减少了。他们熟悉的只有自己家庭和学校班级。这次活动可以增进同学们的友谊，促进家长与家长之间的交流，让大家有个更好的交流环境，能够让我们懂得团队合作的重要。

第三，在活动过程中会设计很多问题，可以锻炼孩子和家长处理应急问题的能力和解决问题的沟通能力，增强学生的团队合作意识。

第四，通过本次活动的设计，可以让家长和孩子发现物质享受只是会满足一时冲动的需求，精神的享受才能让孩子终生难忘，能够让学生懂得爱别人也懂得珍惜自己。

④活动日程。具体活动安排见表14-2。

表14-2　　　　"青少年体能与意志成长冬令营"大连分营区六天日程安排

时间内容	上　午	下　午	晚　上
D1	①签名报到，家长和孩子分班编组，公选班长、制定组规 ②组织入住，领取物品 ③教叠被子，规范物品摆放 ④11：40午餐	14：30举行开营仪式、授营旗 15：30雪地观看陆军军校生表演 16：30参观、识别军营设施 17：30晚餐	19：00部队首长看望营员 19：30召开班务会，班长与营员进行自我介绍、学习参营规范 20：30自由活动 22：00就寝（住军营）
D2	6：30起床 7：00升旗仪式 7：30早餐 8：00雪地体验式队列训练，雪地学习军体拳 11：40午餐	12：30—14：30午休 14：30雪地教授射击操作要领，进行实弹射击体验 17：30晚餐	18：00学唱军队歌曲 19：30观看军事题材电影 21：20点名、讲评 21：30自由活动 22：00就寝（住军营）
D3	6：20起床，体验紧急集合 7：00早餐 7：30战场仿真体验。野战拓展——全真模拟"把信送给加西亚"。本活动集实战体验、户外观光、拓展训练、野外生存于一体，具有鲜明的故事化、体验化、趣味化、野战化等特点	11：40野外午餐 13：00军事谋略答题；围绕亲身模拟罗文中尉送信的艰难历程及其所蕴含的"忠诚、敬业、主动、服从、自信、奉献"等人生励志哲理，谈感想感悟 15：00军事专家做专题报告 17：30晚餐	19：30学唱军队歌曲 20：30写日记并写出参营认识的教官、考官、老师、营员的名字 22：00就寝（住军营）

续表

时间 内容	上　午	下　午	晚　上
D4	6：30起床 7：00早饭 8：00前往老虎滩海洋公园，参观世界上极地动物最全、空间最大的极地海洋动物馆，观看精彩的海洋动物表演；在欢乐剧场观看动物表演；在珊瑚馆欣赏海底神秘海洋动植物；在鸟语林畅游鸟类为伴的山间，观看可爱的小动物表演 11：40游冬季景色怡人的滨海路、北大桥、虎雕	12：20午餐； 13：30游亚洲最大的广场——星海广场，百年城雕 15：00游览星海公园 16：00车游冬季的中山广场、友好广场、人民广场、奥林匹克广场、胜利广场、俄罗斯风情一条街 17：30晚餐	19：00收集整理好人好事，写日记 20：30自由活动 21：30点名、讲评 22：00就寝（住军营）
D5	6：30起床 7：00早餐 7：30乘车赴旅顺 8：30参观历史博物馆、苏军烈士陵园、军港公园、参观104舰	11：40午餐 13：00游日俄监狱、万忠墓 15：00乘车返回营地 17：30晚餐	19：30军民联欢及个人才艺展示 20：30收集整理好人好事，写日记 21：30点名、讲评 22：00就寝
D6	7：30起床 8：00早餐 8：30自由交流、合影留念 9：30召开总结表彰大会（语言文字智能、音乐智能、逻辑数学智能、空间智能、身体运动智能、人际关系智能、内心智能、自然主义智能、道德智能等奖励证书） 10：30组织闭营（临行前提交一篇日记连同参营剪影一起编辑成书，书名暂定为《我是一个兵——全国青少年陆海空三军夏令营参营作品精选》）		
备注	1.武器装备因分营区军兵种不同而不同，陆军有火炮、坦克、装甲车辆等，海军有战舰、潜艇等，空军有战机、雷达等，第二炮兵有导弹发射架等 2.每晚由夏令营办公室及各旅行社领队、老师查铺、清点人数 3.在班长辅导下自己动手洗衣服 4.最佳营员条件：纪律观念强、自理能力强、协助精神强、表率作用强 5.运用世界上最流行的和能够全面发掘人的多种智能的"多元智能理论"，通过特殊的环境、特殊的活动、特殊的群体、特殊的考评队伍，按照营员与专家、平时与集中相结合、单项与综合相结合、定量与定性相结合的测评方式，围绕语言文字智能、音乐智能、逻辑数学智能、空间智能、身体运动智能、人际关系智能、内心智能、自然主义智能、道德智能九项智能类型由专家、教官、夏令营办公室及老师、班长组成考评组，对营员进行各项指标考评 6.因不可抗拒因素造成无法实施的项目，将另行安排		

3.教师团队的示范讲解

尊敬的各位老师：

大家好！（行礼鞠躬）

说实话，我现在面对大家有点紧张。其实我平时也不是这样，这次主要是因为面对着这么多的大学教授，心里有点发虚。接待这个团，社里曾先后安排了几个导游，但他们都不敢来，怕讲不好让大家笑话。于是我就来了，并不是我是最好的，只不过我是胆子最大的……我是怀着一个感恩的心情，把这次为各位老师们服务当成是自己对辛勤浇灌我们成长的园丁的一次汇报。如在服务中有所不周，敬请各位老师给小李提出来，我一定虚心接受，坚决改正！（教师们微笑）

非常欢迎各位老师从北方来到我们广东旅游。各位老师会发现一些与北方生活习惯不同的地方，比如我们马上就要去用餐了，一坐下来服务小姐就会来问大家喝什么茶，而在北方一般是饭后喝茶的，到时你可千万别说不喝啊，我自己也是从北方来广东工作的，我刚来广东时就闹过不喝茶的笑话。

有一次，到了酒店刚坐下来，服务小姐就来问喝什么茶，我想着吃饭就吃饭，喝汤不就结啦，喝什么茶，于是回答说不喝。服务小姐用奇怪的眼光上下打量我，过了半晌，好心地冒出一句："喝茶不要钱的！"搞得我十分狼狈。还有一次，一坐下来服务小姐又问喝什么茶，我又答不喝，这次那位小姐也把我上下打量了一番，然后有点凶地说："不喝也要收茶位费！"。现在我再到哪里吃饭，都乖乖地喝茶了。

所以各位老师也入乡随俗吧，不管您平时有没有饭前喝茶的习惯都点上一味茶，可以省掉不少麻烦啊。在广东一般喝红茶，许多北方人喝不惯，但有一味菊花茶是用纯杭白菊泡成，老少皆宜，清凉去火，味道又芳香可人，大家不妨一试。

来到广东，还有一样要注意的就是说话，大家从一下飞机可能就已感受到，周围的人不是说着您完全听不懂的语言，就是说着怪腔怪调的普通话，让人听着也累。广东有句俗话："天不怕，地不怕，就怕广东人说普通话！"他们就连"普通话"这三个字都说不好，说得像"煲冬瓜"，后来他们常常干脆自嘲地说自己又"煲冬瓜"了。

在广东最出名的"煲冬瓜"专家是我们广州市一所重点学校的校长。有一次他在电视上说，他作为省教育行业的代表给教育部领导汇报工作，说到学校教学设施项目增长了40%，讲了好几遍，教育部领导还是问他："老刘啊，你到底说的是40还是14啊？"急得他一头大汗，这时才真是汗颜呢。他还有几个著名笑话，有一次他带着人大代表们示察校区建设，他说"坐在船头看校区，一个更比一个靓"，结果代表们听成了"坐在床头看小妻，一个更比一个靓"，差点犯了错误。所以，教好普通话是全民素质提高的一项重要工程啊！各位老师看我小李的普通话说得怎么样？（教师们都说好）谢谢，这都是你们教得好啊！

现在广东的老百姓们也越来越重视学说普通话了，不过对于他们那从不用卷起的舌头来说真是一项艰巨的任务。记得我有一次带团乘飞机，坐的是南方航空的飞机，空中小姐都是说普通话的，来倒饮料时机舱里噪音有点大，我回答要"橘子汁"的时候空姐没听清，结果旁边几个广东团友一起帮忙，纷纷操起广东普通话对空中小姐说："要挤挤鸡！"听得空姐目瞪口呆，真是越帮越忙。

好了，各位老师，我们的餐厅就快到了，等会用餐的时候如果有服务员来问你"要不要挤挤鸡啊？"你就知道是怎么回事了吧？

（资料来源　佚名. 广东导游词［EB/OL］.［2006-07-03］. http://www.tourunion.com/info/htm/761.htm）

　　导游员小李以普通话作为一个讲解主题，从领导到百姓，讲解得入情入理。团队的氛围十分和谐，教师们听得新鲜、风趣、满意。

4.在职团队的示范讲解

　　尊敬的各位嘉宾、女士们、先生们：

　　大家好！

　　今天，大连市政府邀请各位嘉宾观光游览，能够为各位尊贵的嘉宾导游，小李我深感荣幸。如果我的介绍能够加深大家对大连的了解，给大家带来愉悦，我会感到十分欣慰。（导游面带微笑，表情诚恳）

　　在2004年CCTV最具经济活力的城市评比中，大连被评为中国最具经济活力的城市。评委们在评语中这样写道："大连是一个大气磅礴的海港城市，她却注册了中国'浪漫之都'的旅游城市品牌。这是一座集大气与浪漫于一身的海滨城市；这是一个用服装表达心情，用足球塑造性格，用浪漫装点生活，用巨轮承载雄心的城市。她的每一次亮相总是携手时尚，她的每一次出场总是彰显力量。这是一座将城市变成风景，将风景变成资本的城市。"（导游要用自豪骄傲的语气从容说出这一段评语）从这个评语中，评委对大连的特点进行了高度概括。今天，我也想借这个机会向各位嘉宾说说我所了解的大连。

　　大连是一座海滨城市。它位于中国辽东半岛的最南端，东临黄海，西濒渤海，北依中国东北腹地。面积1.25万平方千米，人口约600万。

　　大连是中国著名的海港城市和重要的工业基地，它的工业经济总量位于东北三省各城市之首。2003年，中央政府提出了振兴东北等老工业基地的战略，明确提出把大连建成东北亚重要的国际航运中心。为此，大连市确立了"一个中心、四大基地"的宏伟目标。一个中心是东北亚重要的国际航运中心；四个基地分别是船舶制造基地、石油化工基地、装备制造基地、电子信息基地。

　　大连又是一座最适合人类居住和具有浪漫气质的旅游城市。

　　说起大连的浪漫，主要体现在以下几个方面：

　　一是浪漫的广场、绿地、喷泉——城市建在花园里。大连的城区绿化覆盖率为45%。大连还是中国广场最多的城市，全市有80多个广场，很多广场建有音乐喷泉。

　　二是浪漫的建筑——奏响城市凝固的音乐。大连的城市建筑风格各异，有古罗马的柱式建筑，有流行于欧洲的圆穹式建筑，有古老的俄罗斯式建筑，有日本的别墅式建筑等，这些古典建筑与现代化的高楼大厦交相辉映，像一曲优美的建筑交响乐。

　　三是浪漫的自然环境——山海相依，交映生辉。大连有1 900多千米海岸线，沿海遍布奇异的海蚀地貌景观和美丽的沙滩。在大连的山区中，被列为国家级自然保护区和国家森林公园的就有9个。大连北部的冰峪沟，素有"辽南小桂林"之称。大连南部的老铁山，则被称作中国东北的天涯海角，在那里能欣赏到黄海、渤海分界线的奇观。位于市区南部的滨海路，蜿蜒于山海之间，宛如一条飘逸的玉带，镶嵌着珍珠似的景点。滨海路上的观海木栈道，被吉尼斯英国总部认证为世界最长的观海木栈道。国家级旅游度假区金石滩的海被公认为中国北方最有魅力的海，沿海密布数不清的海蚀崖、海蚀洞、海蚀柱、海蚀石桥以及古生物化石等。

　　四是浪漫的节庆活动——火爆热烈，精彩纷呈。在中国，恐怕没有哪一座城市像大连这样创造出那么多节日。大连是中国节庆活动最多的城市：正月有烟花爆竹节、4月有樱花节、5月有赏槐会、6月有国际马拉松大赛、7月有国际沙滩文化节、8月有国际啤酒节、9月有国际服装节、10月有国际钓鱼节、11月有国际冬泳节……大连国际服装节蜚声海内外，是大连人最盛大的节日，时间长达一周，届时大连天天都有广场文艺晚会，天天都有世界顶尖的名师名模服装展演，天天都有彩车沿街巡游，到处喜气洋洋。美国的基辛格、黑格尔、联合国前秘书长加利、奥委会前主席萨马兰奇等世界名人，还有很多国家的驻华使节及其夫人们都曾专程来大连参加国际服装节。

五是浪漫的市民——酷爱体育、歌舞，时尚之都美名扬。大连人具有中国北方人豪爽热情的性格，特别喜欢体育运动和文艺活动，大连因而成为中国著名的足球城、田径之乡、游泳之乡和歌舞之乡，中国许多顶尖的运动员和文艺人才都出自大连。

如此多的旅游产品和浪漫的城市个性形成了大连最诱人的风景，使大连成为海内外游客最向往的观光避暑胜地之一。各位贵宾，今天我们就一起体验一下大连的浪漫与风情。

（导游小刘在整段讲解过程中，语速适中，语句连贯，节奏感强。规范的讲解让各位领导感到了导游员代表了当地优质的旅游服务）

（资料来源　王君亚. 走遍大连——大连导游词［M］. 北京：环球出版社，2011）

5.海外团的示范讲解

各位贵宾，经过两天的大连游览，你们感受到"浪漫之都"的气息了吗？现在小刘要给各位贵宾讲一段浪漫的故事，这主要是要感谢你们给予我的信任。理由呢？你们来到那么遥远的一个国度，刚下飞机面对那么多陌生的字符和陌生的面孔，当然对一切都是小心翼翼的，即使对我这个导游也同样怀有戒心。我在机场见到你们，做的第一件事就是收了你们的返程机票——我看到你们警觉的眼神：我们为什么要把机票交给你？当我解释完收机票是为了帮助你们确认座位以后，你们对我依然怀有将信将疑的态度。

接下去的事，更让你们觉得蹊跷：还没走出机场，我就要求大家把大件行李全都放在路边的一个地方，说是将会有一辆小车专门把我们的行李送往酒店。到了酒店，行李还没送到，我又开始收大伙的护照，因为要办入住手续。刚下飞机还不到两小时，大家就已两手空空，机票没了、行李没了、护照没了，一下子成了"三无人员"。假如这时候刘导我也消失了……当然，这是不可能的。不过这个过程的确是对你们游客信任心理的极大考验。在接下去的两天里，大家都陆续收回了那些"失去"的东西，对我的信任也很快建立起来了。所以我要感谢大家，给你们讲一段"浪漫的情人路"的故事。（老外们鼓掌）

我们的车现在来到了大连市区南部风光秀丽的滨海路。滨海路在大连有"情人路"之称，在这里，留下了无数有情人的足迹。中国有个成语叫"海誓山盟"，说的是纵使海枯石烂，恋人间的承诺也不变。这里依山傍海，景色宜人，无数情侣们面朝大海许下了生生世世的诺言。"情人路"由此得名。不知道什么时候起，大连逐渐兴起新婚当日到滨海路上拍照录影的潮流。比如今天就是个好日子，结婚的人不少。您是否发现路上有很多穿着婚纱的新娘子？她们幸福地依偎着新郎，徜徉在这条浪漫之路上。现在我要提问啦，答对了有奖。您看看路边的新娘子，与西方国家不同，她们婚纱的颜色不局限于白色，可以有红色、粉色、甚至蓝色等等，但绝不会是另外两种颜色，大家猜猜是哪两种颜色呢？对了，一种是黑色，道理不用说，你懂的。还有一种呢？紫色？不对。绿色？也不对。黄色？对了，就是黄色。您问为什么呀？那是因为黄色不吉利。在大连方言中，如果说"黄了"，意思就是说分手。用英语来说，就是"Game is Over"。所以，多数情况下大连人是不会在婚礼上穿黄色的婚纱或礼服的。懂事的来宾也要尽量避免穿黄色、黑色等不吉利的颜色。还有呀，来宾也不能穿大红色礼服，那叫喧宾夺主，要抢新娘子的风采，不仅新人及其亲属不高兴，连其他来宾都会觉得这个人有点"潮"。这个"潮"可不是新潮的"潮"，是大连话"潮乎乎"的"潮"，意思是说傻得分不清状况。

说起大连的婚俗，还有很多，一时也说不完。总体来说，受山东的影响较大，但随着社会的发展，又融合了新的形式。旧俗新风相得益彰，形成了有大连特色的地方婚俗。等有机会我再向您详细介绍。（导游伺机卖个关子，转移话题）现在，我们到了著名的北大桥，它是为了纪念大连市与日本的北九州市结为友好城市而建，也叫"情人桥"。这是一所架在两山之间的悬索吊桥，造型优美，深受游人喜爱。一般在婚礼当天，新婚夫妇录影时要携手步行过桥，寓意不离不弃。如果在桥上与其他新人迎头相遇，两个新娘要互换手帕、发卡等礼物，彼此祝福对方幸福如意，用手帕擦去眼泪，用发卡别住幸福。

好了，各位贵宾，我们也下车感受一下吧，请拉紧您太太或先生的手，情人路上走一走，小刘我祝福你们路长长，情长长，来生还要一起走。

拓展阅读

1.世界各国教师节

泰国——每年1月16日定为教师节。这天全国学校放假，隆重庆祝。在各地的庆祝仪式上，要向当年退休和刚参加工作的教师颁发奖状并献花。学生们和公众受到警醒，要记住教师在我们生命中扮演着重要的角色，是他们让我们生命变得光明。

葡萄牙——每年5月18日定为教师节。葡萄牙早在1899年5月18日就确定了教师节，是最早确定教师节的国家。

韩国——每年5月15日定为教师节。

德国——每年6月12日定为教师节。各地开展尊师敬师活动。

朝鲜——每年9月5日定为教师节。为纪念金日成主席1977年9月5日发表《社会主义教育提纲》，将这天定为教师节。

印度——每年9月5日定为教师节，而每年11月14日的印度儿童节同时定为印度儿童教育工作者的节日。

美国——教师节是一个非官方性的节日，为每年5月第一个整周的周二。美国国家教育协会称它是"一个向教师表达敬意和表彰教师对我们生活所做贡献的日子"。

俄罗斯——每年10月的第一个周日定为教师节。按照传统，这一天许多中学、职业院校及高等院校的学生们将以各种形式向老师们祝贺节日：赠送鲜花、组织晚会、表演戏剧等等。此外俄罗斯主要的电视频道还将播放献给老师的电影和节日晚会。

法国——教师节是一个非官方性的节日。每年的12月25日圣诞节时，学生家长（主要是中小学生）都要带一些礼物到教师家去慰问，这一天实际上也成了教师节。

2.中国红在古代就是流行色

（1）古代红色是火的象征。所谓"中国红"就是指中国画颜色中的朱砂颜色，这种颜色传到西方后，由于其色彩艳丽沉稳颇受上层人士喜爱，由于其来自中国，故称之为"中国红"。

我国历史上，最早使用的颜色是黑、白、土红和赭石色，而红色是最早的"流行色"。到了奴隶社会，青、赤、白、黑、黄五色被认为是代表东、南、西、北、中和木、火、金、水、土的五方正色。在封建社会，黄色标志着神圣、权威、庄严，是智慧和文明的象征，已经成为皇帝的专用色彩，任何庶人都不许穿黄衣服。我国夏朝流行黑色，殷朝时期流行白色，周朝流行红色，并给了红色正统地位。

在汉朝和明朝，因为国家都兴起于南方，南方表示火，为朱雀，所以在当时，国家政治和文化中都提倡使用象征火的红色（这也是故宫红墙红柱的来历之一），因为汉、明两个朝代是中国最强盛的时期，同时对中国影响最深。所以，渐渐地，红色文化渗透到了中国的各个方面，成了民族的代表。

（2）寓意丰富的中国红。中国红作为中国人的文化图腾和精神皈依，其渊源可追溯到古代对日神虔诚的膜拜。当时，红色又称瑞色，象征喜庆、大方、朝气，中国汉代最早的祭祀、婚嫁服饰便称之为玄瑞。太阳象征着永恒、光明、生机、繁盛、温暖和希望，自然红色也就拥有了太阳的象征意义，流传至今。

中国红是中国人的魂，尚红习俗的演变，记载着中国人的心路历程，经过世代承启、沉淀、深化和扬弃，传统精髓逐渐嬗变为中国文化的底色，弥漫着浓得化不开的情结，象征着热忱、奋进、团结的民族品格。

中国红吸纳了朝阳最富生命力的元素；采撷了晚霞最绚丽迷人的光芒；蒸腾着熊熊烈火的积温；凝聚着血液最浓稠活跃的成分；揉进了相思豆最细腻的晚秋意象……

中国红是三原色中的红色，以此为主色调衍生出中国红系列，如娇嫩的榴红、深沉的枣红、华贵的朱砂红、朴浊的陶土红、沧桑的铁锈红、鲜亮的樱桃红、明艳的胭脂红、羞涩的绯红和暖暖的橘红。

中国红意味着平安、喜庆、福禄、康寿、和谐、团圆、成功、忠诚、勇敢、兴旺、浪漫、性感、热烈、浓郁、委婉；意味着百事顺遂、逢凶化吉、弃恶扬善……

（3）它的身影无处不在。中国红氤氲着古色古香的秦汉气息；延续着盛世气派的唐宋遗风；沿袭着灿烂辉煌的魏晋脉络；流转着独领风骚的元明清神韵。以其丰富的文化内涵，盘成了一个错综复杂的中国结，高度概括着龙的传人生生不息的历史。

从朱门红墙到红木箱柜；从孩子的贴身肚兜到以中国红为主的婚礼；从本命年的腰带、佩玉的流苏到寿星的寿服寿桃；从添丁进口时门楣上挂的红布条到孩子满月时做的"满月圆"；从舞龙灯的绣球到锣鼓唢呐的饰物；从深闺女儿的红头绳、香囊到扭秧歌的舞绸；从开张大吉的剪彩到恭贺新禧的贺卡；从铭刻着权力的印泥到记录着功勋的锦旗；从过年过节悬挂的灯笼到家家户户张贴的春联、福字和窗花；从压岁红包到除旧迎新的爆竹；从闻名遐迩的"红、绿、黄"唐三彩到景德镇最负盛名的"祭红"瓷……

中国红就这样以农耕文化为依托，以家族意识为核心，经过多少代潜移默化的熏陶，深深地嵌入了中国人的灵魂，成为当之无愧的安身立命的护身符，守护着儒释道三教合一的理想疆土。中国红无处不在，无时不在。

（资料来源　佚名. 红色是中华民族最喜爱的颜色［EB/OL］.［2010-09-18］. http://www.docin.com/p-81120448.html）

3.中国传统文化的内涵

中国文化在人类文化史上长期处于领先地位。先秦文化堪与希腊文化媲美，两汉文化足可同罗马文化齐驱，唐代文化独领风骚举世无双。中国文化是中国人的骄傲。

中国传统文化是一种强调群体性和牺牲性精神、崇拜权利和英雄的文化，这种文化在改造自然和改造社会的斗争中形成了卓尔不群的中国传统文化风格特征。以儒家思想为主，儒道互补，构成了中国传统文化的主要部分，主要体现在以下几个方面：

第一，长于概括，重于精神；第二，以含蓄表现手法为贵；第三，遒劲之风，刚健之骨，是中国传统文化的风骨，追求的是阳刚之美；第四，对比中求得协调，变化中获得美感；第五，对称平衡风格和陈设布局的"方正感"；第六，综合性极强，是地域、民族等文化的融合；第七，融合与相互作用；第八，看重汉语同中国传统文化的关系；第九，中国传统文化常与文字表现相结合；第十，具有程式化风格。

中国传统文化，其境界主要有以下五种：儒家境界，以"仁爱、礼教"为美；道家境界，以"自然无为"为美；楚骚境界，以"儒道结合，以儒为主"为美；玄学境界，以"授儒释道，以道为主"为美；禅宗境界，以"超脱世间得失、是非、荣辱、以回归内心"为美。

（资料来源　天涯社区. 儒家思想对中国传统文化的影响有什么？［EB/OL］.［2009-03-17］. http：//wenda.tianya.cn/wenda/thread?tid=2a137170ccf17b11）

4.中国传统上对于高龄老年人的称谓

60岁：耳顺之年、花甲之年、耆［qí］艾（古称六十岁的人为"耆"）。

61岁：还历寿。

70岁：从心之年、古稀之年、悬车之年、杖围之年。

77岁：喜寿。

80岁：朝枚之年、朝枝之年、耄耋之年、伞寿。

88岁：米寿。

90岁：鲐背之年。

99岁：白寿。百，数字少1为99，笔画少一为"白"，故以白寿借指99岁。

100岁：期颐。

5.中国传统的儒学孝道

中国传统孝道文化是一个复合概念，内容丰富，涉及面广。既有文化理念，又有制度礼仪。从敬养上主要包含以下几个方面的内容，我们可以用十二个字来概括，即：敬亲、奉养、侍疾、立身、谏诤、善终。

（1）敬亲。中国传统孝道的精髓在于提倡对父母首先要"敬"和"爱"，没有敬和爱，就谈不上孝。孔子曰："今之孝者，是谓能养。至于犬马，皆能有养，不敬，何以别乎？"这也就是说，对待父母不仅仅是物质供养，关键在于要有对父母的爱，而且这种爱是发自内心的真挚的爱。没有这种爱，不仅谈不上对父母孝敬，而且和饲养犬马没有什么两样。同时，孔子认为，子女履行孝道最困难的就是时刻保持这种"爱"，即心情愉悦地对待父母。

（2）奉养。中国传统孝道的物质基础就是要从物质上供养父母，即赡养父母，"生则养"，这是孝敬父母的最低纲领。儒家提倡在物质生活上要首先保障父母，如果有肉，要首先让老年人吃。这一点非常重要，孝道强调老年父母在物质生活上的优先性。

（3）侍疾。老年人年老体弱，容易得病，因此，中国传统孝道把"侍疾"作为重要内容。侍疾就是如果老年父母生病，要及时诊治，精心照料，多给父母生活和精神上的关怀。

（4）立身。《孝经》云："安身行道，扬名于世，孝之终也。"这就是说，做子女的要"立身"并成就一番事业。儿女事业上有了成就，父母就会感到高兴，感到光荣，感到自豪。因此，终日无所事事，一生庸庸碌碌，这也是对父母的不孝。

（5）谏诤。《孝经·谏诤》中指出："父有争子，则身不陷于不义。故当不义，则子不可以不诤于父。"也就是说，在父母有不义的时候，不仅不能顺从，而应谏诤父母，使其改正不义，这样可以防止父母陷于不义。

（6）善终。《孝经》指出："孝子之事亲也，居则致其敬，养则致其乐，病则致其忧，丧则致其哀，祭则致其严，五者备矣，然后能事亲。"儒家的孝道把送葬看得很重，在丧礼时要尽各种礼仪。

（资料来源　henven. 中国传统孝道文化：敬亲、奉养、侍疾、立身、谏诤、善终［EB/OL］.［2010-10-16］. http：//blog.sina.com.cn/s/blog_6cfb91e70100lv07.html）

课后自主学习

1.查阅相关旅游网站，收集青年团、妇女团、地域团的导游服务的信息，在各自的团队中进行交流，然后进行归纳、分析和提炼，形成专题报告交给教师批阅。

2.查阅相关旅游网站，收集关于特殊团队导游服务方面的案例，在各自的团队中进行讨论、分析。

项目八

领队出境服务

任务十五

领队出团前的准备与技巧

任务目标

了解领队的概念，熟悉领队出境前的准备工作程序和服务技巧。通过出境领队说明会任务的完成，强化和提高在导游服务中灵活运用知识的能力和应变能力。

任务情境

小王打算报名参加澳洲新婚蜜月游项目，打电话给在大连文园国际旅行社工作的小杨，咨询需要准备哪些资料，小杨耐心地做了介绍。但是，小王第一次办理出境旅游，对出境旅游的准备还是有些紧张。那么出团前应做好哪些准备呢？在临近旅行的前三天，小杨通知小王参加澳洲行前说明会，小王带着一些问题前去赴会。

相关知识

一、什么是领队

领队全称是"中华人民共和国出境旅游领队"，是指持有国家导游员资格证书，依照《旅游法》规定取得领队资格，受组团社委派，从事领队业务的工作人员。

领队业务：全权代表组团社带领旅游团出境旅游，督促境外接待旅行社和导游人员等方面执行旅游计划，并为旅游者提供出入境等相关服务。

二、出境前的准备工作程序

1.出行前的服务准备

（1）研究旅行团情况。

（2）核对各种票据、表格和旅行证件。核对旅游者护照和团队名单以及护照内签证；核对机票及行程；检查全团的预防注射情况；准备多份境外住店的分配名单。

（3）物质准备。准备好领队证、已经核对好的票据、证件和各种表格；准备好机场税及团队费用；准备好社旗、社牌、胸牌、行李标签等；准备好国内、国外重要联系单位的电话号码、名片等。

2.开好出国前的说明会

在办理好护照、签证、机票等有关手续后，领队要召集本团队旅游者开一次"出国旅游者说明会"，内容包括：

（1）代表旅行社致欢迎词（内容包括：表示欢迎，自我介绍、表明愿意为大家服务，希望予以合作，预祝旅游顺利）。

（2）旅游行程说明（包括出境、入境手续与注意事项，以及出游目的地的旅游日程安排）。

（3）介绍旅游目的地国家（地区）的基本情况及风俗习惯。

（4）对游客提出要求，强调旅行过程中的注意事项。

（5）落实有关分房、交款、特殊要求等事项。

三、出境前的准备工作技巧

1.领队接受出团资料和查验的服务技巧

（1）领队接到计调给出的出团任务，要仔细阅读资料。领队自接到带团任务通知，就是本次带团工作的开始。领队在听取计调介绍任务的时候，需要认真听、仔细记，对不清楚的问题要马上提问，以获得明确的答案。一定要避免把不清楚的问题带到以后的工作中。

①领队在听取计调介绍团队情况时要认真仔细。A.团队构成的大致情况；B.团内重点团员的情况；团队的完整行程；团队的特殊安排和特别要求；行前说明会的安排。同时，领队接受计调移交给的该团的各种资料后要确认，包括团队名单表、出入境登记卡、海关申报单、旅游证件、旅游签证/签注、交通票据、接待计划书、联络通讯录等。

②查看《出境旅游行程表》，对照以下几点内容确认无误：A.旅游线路、时间、景点；B.交通工具的安排；C.食宿标准/档次；D.购物、娱乐安排以及自费项目；E.组团社和接团社的联系人的联络方式；F.遇到紧急情况的应急联络方式。

（2）查验全体团员的旅游证件、签证、机票要准确：

①检查护照：重点是检查姓名、护照号码、签发地、签发日期、有效期、有否本人签名几项内容。

②检查签证：签证有些是使用印鉴盖在护照内，有的则是用贴纸贴在护照内。签证的检查重点是：签发日期、截止日期、签证号码等几项内容。旅游团也有采用共用一张"另纸签证"的，领队要把签证纸上所列内容——检查。

③检查机票：重点是检查乘机人姓名、乘机日期、航班号几项内容。着重核对姓名、性别、签发地等是否一致，签证/签注是否与前往国/地区相符，签证的有效期、签证水印及签字、护照排序及贴签等。

案例 15-1：

　　2015年8月12日，三人到北京某旅行社签订合同前往泰国旅游。其中，12岁儿童持有香港特别行政区护照，另外两个成年人持有香港特别行政区签证身份书，报名时出示了证件原件。旅行社咨询后得知，这三个人的证件都可以在泰国进行落地签，故没有要求这三人在北京办理赴泰签证。于是，三人在2015年8月18日跟团赴泰国，19日凌晨1点抵达泰国曼谷机场。签证时被告知，两个成年人的香港特别行政区签证身份书不可以免签或落地签，需要被遣返回国。随后三人被机场海关扣留，证件及行李被扣。在机场海关的安排下自理住宿8小时。其间，泰国移民局派专员随时监控三人的行动，直至三人19日晚上北京时间9：55在曼谷登机，监控专员才离去。

因为旅行社缺乏对境外身份证种类的了解，造成这三人无法按照合同继续旅游下去，更造成了滞留机场的严重后果。事后，组团的旅行社因违约不得不赔偿全额团费，外加30%的违约金。

（3）领队出团前的行装准备：

领队工作事无巨细，出团前要将所带的物品进行分类整理。

①带团必备物品：证件、机票、已办妥手续的《团队名单表》（一式四联）；团队计划、发团通知书；国内外重要联系电话；客人房间分配表；游客胸牌、行李标签；旅行社社旗、胸牌、名片；领队日记、旅行社服务质量跟踪表、导游领队带团情况反馈表等。

②工作辅助物品：旅行包（核对该团是否提供）；各国入出境卡；备用金等。

③个人生活物品：随身日用品（闹钟、计算器、签字笔、剪刀、信封）；常用药品（感冒药、镇痛剂、胃肠药、消炎药、晕车药等）等。

2.团队出境前的说明会服务技巧

根据出团通知书约定的时间召集本团队参游人员举行一次"出境旅游行前说明会"。行前说明会讲解要通俗易懂，签字盖章要准确。

（1）说明会的内容：

①欢迎词：感谢大家对本旅行社的信任，选择参加我们的团队。

②领队自我介绍：表明为大家服务的工作态度，并请大家对领队的工作予以配合和监督。同时介绍领队的职责和服务范围：协助游客出入境，配合并监督境外导游服务，协调游客与境外导游的关系，处理紧急事件等。

③对每位客人提出要求：注意统一行动，强化时间观念及相互之间团结友爱。

④行程说明：按行程表统一介绍，但必须强调行程表上的游览顺序有可能因交通等原因发生变化。同时说明哪些活动属于额外付费项目，介绍额外付费活动并强调其特殊性，注意沟通技巧。

⑤通知集合时间及地点：通常要在航班离港前2小时在机场或港口指定位置集合；如乘火车或汽车，也要在发车1小时前到达指定位置集合。

⑥对目的地的气候地理、生活习惯、风土人情做必要介绍。对境外接待标准略做说明（含酒店、用餐、用车等）。提醒客人准备衣物、常用药品等，自备洗漱用品和拖鞋（在境外最好不要用酒店提供的）等。

⑦对购物安排做好事先说明和必要的铺垫。

⑧货币的携带与兑换：中国海关目前规定每位出国旅游人员携带不超过等值5 000美金外币现钞出境，无需申报。

⑨卫生检疫：如从合肥直飞境外目的地，团队在出境时需付费领取常用药盒。其他出境团队暂无特别要求和形式。

⑩人身安全：告诫客人在境外要注意安全，特别是在海滨或自由活动时。

⑪财物保管：告诫客人不要把财物、证件放在旅游车上，并向客人讲解在酒店客房如何保管贵重物品，如何使用酒店提供的保险箱，在旅途中托运行李时如何保管贵重物品和易损物品等基本旅游知识。

⑫出入国境时注意事项：告知有关国家的法律和海关规定，说明过关程序及有关

手续。

⑬告诉游客如何开通国际漫游，出境后如何使用。

（2）说明会上应落实的事项如下：

①酒店分房的原则。

②客人所缴纳费用的构成。

③是否有单项服务等特殊要求。

④是否有素食者。

任务实施

小王在行前三天，接到电话，去大连文园国际旅行社参加澳大利亚旅游团行前说明会。说明会由小杨领队主持。

1.致欢迎词

小杨领队在旅行社的会议室清点好人数后，开始致欢迎词，十分精练。

朋友们上午好！我代表大连文园旅行社欢迎大家如约、按时来到这里参加行前说明会。俗话说，良好的开端是成功的一半，相信我们这次的澳大利亚之旅一定是和谐之旅。有去过其他国家旅游的朋友请举手。有四位。再问一下，有去过的朋友举一下手。大家都没有去过？好的。我们要去的国家，入境有许多与其他国家不一样的规定。我介绍的时候大家注意听，有不明白的问题，我在后面留点时间给大家解答！

2.行前说明会

小杨领队主要介绍的是从办理登机手续到出海关和边检这一段，内容简单明确。

在中国出发机场办理登机方面小杨注重强调以下几点：

（1）食品请尽量在飞机落地前吃完。

（2）每位入境者只允许携带50支香烟，就是2盒半，酒不超过2 250毫升（简单讲地就是一瓶）。

（3）携带现金等于或超过一万澳币，则需要申报或分开带，个人携带额度不超过规定。

（4）超过100毫升的液体一律托运。（如有糖尿病患者需要在飞机上注射胰岛素的，可向柜台人员说明情况，得到允许后带上飞机）

（5）所有电池（包括手机、照相机、摄像机、笔记本电脑等的电池）一律放在手提行李里带上飞机，不允许托运。

（6）尖锐物品及包括指甲刀在内的各种刀具必须托运，不得随身携带。

（7）一般来说，手提行李不可超过7千克，国内段飞行每人托运行李不超过20千克，国际段不超过30千克。特别注意单件行李不得超过30千克。

因时间相对充裕，小杨领队又简单介绍了澳大利亚的出入境的一些规定。澳大利亚是一块美丽神秘的大陆，它与世界上其他任何大洲飞行时间都在10小时以上，因此具有其独特的生态环境，对动植物检疫也特别严格。食品方面，除口香糖外所有可以入口吃的全部都算食品，必须要申报。肉类、蛋类、水果都不允许携带。如果您是一家人出游，可以把所有食品集中在一个袋子里，由一个人来申报。

小杨领队又举了一个他亲身经历的案例：一次她带了一个教师团去澳大利亚旅游，团队中一名教师带了一箱牛肉味的方便面。在过境检查时，边检人员将方便面袋撕开，取出其中的牛肉味酱料包，然后把方便面包好后放进箱里。当时在场的团队成员都很吃惊地看着边检人员。

　　由于小杨领队的解答很细致，消除了大家出境前的紧张。说明会开得很成功！

拓展阅读

　　1.游客旅行清单，不费脑子，只需打√。从此出门再也不忘东西了！

　　（1）出行前准备：

□ 保险单扫描件

□ 驾照／身份证

□ 个人证件照电子版

□ 购买旅游保险

□ 购买机票

□ 预订酒店

□ 重要文件备份（扫描件／拍照）

□ 手机安装旅行相关APP

　　（2）出行前一天：

□ 拉杆箱

□ 双肩背包（行李牌）

□ 贴身小包／钱包

□ 衣服

□ 洗护用品

□ 电子设备

□ 摄影设备

□ 泳装

□ 鞋

□ 袜子

□ 帽子

□ 魔术头巾

□ 太阳眼镜／备用眼镜

□ 拖鞋

□ 毛巾

□ 剃须刀

□ 隐形眼镜护理液和眼镜盒

□ 防蚊驱虫水

□ U盘内含重要文件备份／中文输入法

□ 电池

□ 笔记本电脑／平板

□ 耳机

☐ 各类充电器

☐ 手机

☐ 望远镜

☐ 水杯／水壶

☐ 正在阅读的书籍

☐ 小笔记本和笔

☐ 干、湿纸巾／卫生巾

☐ 雨伞／雨衣

☐ 指甲刀

☐ 充气枕／眼罩

☐ 小礼品

☐ 小镜子

☐ 紧急联系信息

☐ 身份证

☐ 设置工作电子邮件自动回复

☐ 请假（孩子及其兴趣班）

☐ 结算必要的账单（充电卡／煤气卡）

☐ 托管自己的宠物、植物

☐ 告诉家人或者熟悉的朋友自己的行程

☐ 装好个人常用药（创可贴）

☐ 准备好现金和信用卡／银行卡

☐ 准备随身携带文件

☐ 打包行李

（3）出行前一刻：

☐ 关好门窗

☐ 倒垃圾

☐ 收好家里的贵重物品

☐ 拔掉家用电器插头

☐ 手机设置目的地时区

2.申根协定国家（Schengen countries）：

1985年在卢森堡的边境小镇申根签署了"申根协定"，主要内容是协定签字国间取消边境检查，以方便人员及商品自由往来。该协议于1995年3月生效。

目前的签字国有26个：德国、法国、比利时、荷兰、卢森堡、意大利、奥地利、西班牙、葡萄牙、希腊、冰岛、挪威、瑞典、芬兰、丹麦、捷克、瑞士、匈牙利、斯洛伐克、斯洛文尼亚、波兰、爱沙尼亚、拉脱维亚、立陶宛、马耳他、列克敦士登。

申根国之间的签证通用，持有任何一个申根国家的签证就可以自由往来申根协定的其他国家旅行。因此原则上讲前往申根国家旅游到上述任何国家的使馆都可以办理签证。但由于要求的申请文件的限制，通常是到入境国或主要旅行目的地国使馆办理。

课后自主学习

1.查阅相关旅游网站，收集夕阳红团出境前的导游服务准备信息，在各自的团队中进行交流，然后进行归纳、分析和提炼，形成专题报告交给教师批阅。

2.查阅相关旅游网站，收集关于亲子游团队出境前导游服务准备方面的案例，在各自的团队中进行讨论、分析。

3.游客小李打电话询问旅行社，她住在大连，而户口所在地为河北唐山，办签证需要什么手续，具体步骤有哪些？

任务十六

领队境外服务与技巧

任务目标

熟悉领队境外服务程序，了解领队出境旅游突发事件处理原则。通过出境领队任务的完成，强化和提高在导游服务中灵活运用知识的能力和应变能力。

任务情境

小王和妈妈报名参加台湾8日环岛旅游，旅游过程中，这对母子真切地体会到出境手续之繁杂。中旅大连公司田领队全程体贴周到的服务，让母子俩感触很深。

相关知识

一、领队全程陪同境外服务程序

1.办理中国出境手续

（1）提前到达集合地点并准时集合、清点旅游团人数。

（2）带领全团办理出关手续和卫生检疫。

（3）办理登机手续，分配团队成员座位，协助团员托运行李。

2.办理国外入境手续

到达旅游目的地国家（地区）后，带领旅游团办理好卫生检疫、证件查验和海关检查等入境手续。

3.领队境外旅游服务

（1）抵达目的地后，领队应立即与当地接待社的导游人员接洽。

（2）清点团员人数，领取行李。

（3）安排团队入住饭店。

①负责办理入住手续并分配房间。

②宣布叫早、早餐、出发时间，公布领队、导游人员的房间号、电话号码等。

③检查行李是否送到客人房间。

④协助团员解决入住后的有关问题。

（4）监督实施旅游计划，与当地导游人员商定日程时要注意以下两点：

①遇到当地导游人员修改日程时，应坚持"调整顺序可以，减少项目不行"的原则，必要时报告国内组团社。

②当地导游人员推荐自费项目时，要征求全体旅游团成员的意见。

（5）游览中，留意旅游者的动向，防止各类事故的发生。

（6）与接待旅行社密切合作，妥善处理各种事故和问题，消除不良影响。

（7）指导购物：

①出现当地导游人员过多地安排购物次数或延长购物时间的情况时，领队要及时交涉。

②购物时，领队要提醒旅游者注意商品的质量和价格，谨防假货或以次充好。

4.团结工作

维护旅游团内部的团结，协助旅游者妥善处理矛盾。

5.保管证件和机票

（1）在旅游途中，最好将客人的护照、签证集中保管。

（2）保管好全团客人的机票和各国入境卡、海关申报卡等。

6.办理国外离境和中国入境

带领全团旅游者办理旅游目的地国家（地区）离境手续和中国入境手续。

二、领队回国后收尾工作程序

领队在请旅游者填写征求意见表后，将表格收回。领队要详细填写领队小结，整理反映材料。与有关方面结清账目，归还物品。领队还要协助旅行社领导处理遗留问题。

1.旅行社服务质量跟踪表要收回

领队日记、导游领队带团情况反馈表必须认真详细填写，含酒店名称、每日餐厅名称、购物商店名称等相关情况。请注意，旅行社服务质量跟踪表的填写应留给客人充足的时间。

2.致告别词

感谢各位团员在旅途中的支持和配合，表达对接待过程中及自身服务上仍存在不足的歉意及改进的愿望，希望大家能再次选择本公司的旅游服务。如有需要，可以分发名片及交换联络方式。

3.报账核对报销

回国后，三个工作日内应报账，报账时应交回旅行社服务质量跟踪表、领队日记、导游领队带团情况反馈表、发团通知书及报销单据。

三、领队全程陪同境外服务技巧

1.领队办理中国出境手续服务技巧

领队在向客人介绍过关程序前，要将团队游客按照报名时家庭或其他方式每2~5个人一组分成若干小组，每组确定一名负责人，再选择一名客人负责把其他客人统一集合在一起（当领队办理各项手续时，各负责人负责自己小组的人员，整个境外行程都按照这个组织活动）。

（1）领队要求游客一定比预定集合时间提前5~10分钟抵达。

（2）购买药盒，过卫生检疫。

（3）领队要引导需要购买航空保险的团员自行购买保险。

（4）领队要引导需要进行海关申报的团员至海关申报处申报。

（5）领队要察言观色，协助团员托运行李（领队在团队每个游客托运的行李上都贴上了同一种颜色的胶带，以备下飞机取行李方便寻找）并办理登机手续（最好提前取下当日乘机联，小心不要多撕掉），统计托运行李数，务必清点准确，并保存好行李牌。

（6）按名单顺序集合、清点人数。（领队不能因为分组了而只听负责人报告）

（7）领队将名单交给边检人员。带领团员持护照/通行证按名单顺序排好，依次通过边检。提醒团员注意一米线，维持秩序，尊重现场工作人员。

（8）领队一定要待最后一名团员通过后，边检自留一页，并在其他页加盖检验章后，交回领队保管。入境时依此核查。

（9）领队带领团队在过安检、候机、登机时，都要站在队伍的最后收尾。

案例 16-1：

2015 年 12 月 11 日发生了一起中国游客在航班上向空姐泼热水导致返航的事件，这在出境游领队圈子里引起很大反响，不少领队都谈及自己所带团里游客所做的一些不文明事情，纷纷谴责该游客的行为，"影响恶劣""丢了中国人的脸"是普遍的认识。然而领队在工作中如何去做，才能尽好自己的职责，减少这些不文明的行为呢？

"点滴做起，宣传文明，润物无声——刘领队工作侧记"

赴台湾的刘领队，在国旅工作多年，出境经验丰富，行事老练，是中旅大连公司资深专职领队之一。在中旅蓝旗的顶端有一个挂牌。"我们管这个叫机场集合牌，是中旅特意定制的。"刘领队解释道，"现在大连机场出发厅旅游团量很大，常有多个团队同时在机场集合，蓝旗众多。游客来到机场后，往往不晓得谁是自己的领队，到处询问，这会影响客人的体验。而挂上这个牌子后，游客找领队就更方便了。优质服务不是空话，就是在这些细节上体现的。"

正说话间，刘领队接到团里客人的电话，询问位置。刘领队高举机场集合牌，向远处客人挥舞着。团里的游客到了，才碰头就笑着和刘导说，这个牌子真醒目，老远就看到了。

一旁的中旅的田领队也没闲着，正在向他团里的客人发放行李牌——这也是中旅的特色服务之一，行李牌上有着领队的姓名、台湾号码和大陆号码。田领队一边发一边向客人介绍说，无论是否开通了国际漫游，都可以把她的台湾手机号存到手机里，或是写在身边的本子上。这样万一和团队走散，可以向台湾当地人寻求帮助，他们都会很热情地帮你打电话的。

很快，客人都到了，两位领队把自己的游客带开，分别开起了机场说明会。

刘领队在向团里游客介绍台湾当地风俗、法律法规、生活习惯等目的地知识。按他的说法，虽然很多信息在游客报名的时候中旅销售人员会做介绍，但往往出发的时间距离报名已经有段时间了，在机场开说明会的时候再强化一下很有必要。随后，刘领队又拿出《中国公民出境游旅游文明公约》，选择重点向客人介绍起来。

开完说明会，刘领队和田领队先后带领游客前往国航柜台，托运行李，核对证件与登机牌是否一致。

排队托运的游客中，刘领队和游客开开心心地聊着注意事项——托运完行李后，招呼游客集合，按照出境名单表排队。

"集合开说明会、介绍旅游文明公约、协助托运行李，协助办理出关手续，是领队工作的一部分。但是只介绍旅游文明公约是不够的，领队还要在后续的团队运行过程中，关注细节小事，用自身的行为影响客人。"中旅大连公司的资深领队刘宁经理谈了自己的看法，"很多时候游客并不是明知故犯，往往因为其在国内的生活习惯，并没有意识到所作所为是不文明的。如果领队能够用行动而不只是语言去影响游客，从点滴做起，就能起到潜移默化的良好影响，杜绝不文明行为。"

刘宁举例说，她每次出团时，都会带上两件必不可少的"装备"：一叠连卷垃圾袋和一只便携式烟灰盒。"游客乱丢东西了，我不会直接和他说这是不对的，而是会帮他捡起来，收在垃圾袋里。"她解释说，"捡完后，我会找个机会打个比方给他听，如果有邻居来你家做客，玩得很开心，但是走后一看，家里全是对方乱丢的垃圾。你会怎么想？客人想想，确实是不对。后面就改正了，效果非常好。"

她介绍说：带团领队的自身素质、专业技能、宣传技巧，也是旅游文明的基础。中旅有很好的团队合作氛围，领队们会经常自发组织交流活动，互相介绍带团心得，取长补短，增长经验。领队工作的时候虽然是独立"作战"，但仍然离不开同事的协助。领队之间的交流很重要，尤其在针对如何处理一些游客不文明的行为上，各人有各人的好办法，互相借鉴是国旅领队应对旅游文明建设的法宝。

2.领队办理国外入境手续服务技巧

（1）领队带旅游团队入海关集合时，发生特殊情况的处理。

①游客迟到要保持通话。领队应及时与游客取得联系，知道游客所在的方位，预估抵达的时间再行决定。如时间尚允许，可以稍稍拖后带团去办理手续，在原地等待游客抵达，并先代替迟到的游客向大家表示歉意；如时间较紧张不允许再等下去，领队可先带领其他游客，到海关柜台办理海关申报手续，到航空公司值机柜台前办理登机手续。此时领队需要始终与未能抵达的迟到的游客保持联系。一旦游客抵达，领队要带领游客到口岸的国际出境区域入口将游客带入，与全团会合。

②游客临时取消旅行。游客因病、事故等突发原因，打来电话告知不能参团出发，领队应首先对游客进行口头慰问。然后要求游客在电话口头通知外，再发来短信进行确认，以便领队在进行工作处理时留有凭证。得知游客临时取消旅行的消息后，领队应在第一时间告知旅行社计调，由旅行社计调迅速通知境外接待旅行社。领队带领团队在航空公司办理登机手续时，要将取消旅游的游客姓名告知航空公司。

（2）到达旅游目的地一关三检。

办理有关入境手续，通常称为"过三关"，即卫生检疫、证照查询、海关检查。通常，该国或地区的E/D卡及海关申报单可以在飞往该国的航班上取得。领队统一领取后分发给团员，并作填表指导。领队不得拒绝为团员代填表格。

（3）飞机上领队组织团队游客填写入境卡和海关申报单。

①为游客提供乘机中的帮助，观察游客的需求。

②帮助游客填写入境表格，叮嘱游客填写海关申报单要详细。

（4）在境外机场要耐心指导客人办理入境手续。

①经过卫生检疫，交验黄皮书和健康证明要细心。领队带领团员至移民关卡，告知团

员将填写完毕的E/D卡夹在护照签证页交于边检关员审验。提醒团员务必注意秩序，在规定距离外安静等候，礼貌通过。

②办理入境手续交付入境卡，查验护照签证排队注意保持距离。如系团队签证，应先行收齐团员护照和E/D卡，与团体签证（有时应持复印件换领原件）一同交于移民官审验并核对电脑记录。完成后，将护照按签证名单顺序发还给团员，依次通过关卡。此时务必提醒游客妥善保管加盖有入境章的E/D卡剩下部分。出境时需要提供，如有遗失将会造成很大麻烦。

③查询行李到达的传输带号码。领队下飞机后迅速查询行李带到达的传输带号码，组织带领客人领取行李。领队如果先于团员通过移民关卡，应回头照顾团员，并请已过关的团员协助取行李。领取托运行李要凭牌领取，不要拥挤。

必须提醒团员检查各自行李，如有损毁、丢失必须立即通知机场工作人员，离开机场后，再有任何损失只能由团员自行承担。

案例16-2：

我们旅行团一行25人去新加坡旅游，新加坡出境的海关检查采取抽查方式。当时我们没有心理准备，在打包行李时将购买的一些免税物品都打到行李里了，结果我们这一个团队有2名游客被抽检到了。那个麻烦啊！打好的行李箱要重新打开（因为每个人的行李箱里都塞得满满的），把他们要检查的物品拿出来，再重新打好行李。前后花费了整整一个小时。所以，在境外购买的免税商品、出海关要检查的物品，要尽量放到随身行李以备检查。

---

④接受海关抽查心态要平和。如没有需申报物品，直接递交海关申报单即可。但海关要求检查时，应请团员配合立即开箱受检，同时可请求海关官员抽验数件予以通行方便。同时告诫其他团员切勿远离，因国外机场庞大复杂，离散后寻找不易。如有需要申报的物品时，应引导团员至申报查验处，等待海关官员查验。完毕后出关，带领团员与当地接待人员联络，上车并清点人数。

3.领队在境外带团期间的服务技巧

（1）领队到达目的地马上与地接导游接洽。安排境外旅游服务团队到达旅游目的地后，领队应马上与地接社导游进行接洽，清点行李与团员人数，与地接导游一起安排客人入住酒店。

（2）入住酒店介绍要详细明确。入住之前在车上或者在大堂，领队要介绍酒店的服务设施和可能收费项目，如何使用房间内部电话，领队或导游的房间号码和联络方式。新入住一处酒店后，领队必须随导游对房间进行查看。

（3）领队与地接导游沟通协调一致。待安排妥当后，领队须及时与导游核对行程计划，商定游览计划和时刻表，必要时可拜访该旅行社的负责人，以示重视和友好。

在境外旅游期间，领队应尽量与导游、司机搞好关系，共同协作，把旅游活动安排好，让客人满意。如遇导游或司机提出无理要求，或者有侵犯客人利益行为时，如随意增加收费景点、延长购物时间或增加购物次数、降低服务标准等，领队应立即与导游交涉，维护客人的正当权益，必要时向地接社投诉并向国内组团社报告。

（4）领队在境外要牢记十点：

①带领团队游览观光，要与地接导游协调好，领队要走在团队的后面随时观察。

②安排团队入住饭店，不论时间多晚，分发房间要有序。

③协同导游安排用餐，按照提前的分组基本不变，安排好游客座位。

④带领团队城市间转移，嘱咐游客在车上注意休息。

⑤带领团队完成购物，游客购物不要给游客出主意或过多地介绍。

⑥带领团队观看演出，安静有序。

⑦与当地导游密切合作，大事小情都要沟通商量。

⑧完成回程机票确认，要细心、细心、再细心。

⑨完成团队工作记录，事无巨细不遗漏。

⑩带领团队安全旅游，遇事不冲动，平心静气理性解决。

案例16-3：游客登机前把护照当垃圾丢了　除夕夜滞留韩国

游客小童过年放假期间，跟团去韩国济州岛旅游。结束旅行后，在机场办好登机牌等候登机，但是在距离登机只有5分钟时，却发现自己把护照和登机牌当垃圾丢了。

领队马上找机场工作人员帮助寻找，却没有找到。领队知道，没有护照是不可以登机的。这个时候的领队要照顾团队40多名游客，飞机马上要起飞了，没有更多时间处理。领队只能先把小童留在韩国。领队把韩国地接社的电话给了小童，告诉小童因为时间很晚了，让他先找个酒店住下，再找当地警方挂失护照，第二天去大使馆补办护照。

领队提示：到韩国旅游，除带上护照外，身份证也必须带上。最好还有护照的复印件和签证复印件，分开存放。然后携带出入境事实确认单和身份证到中国驻韩国大使馆或领事馆办旅行证，可直接回国。

4.领队境外安全第一的服务技巧

由于节假日是出游的高峰期，出行人群较为集中，在食品卫生、交通安全、自然灾害等方面难免会发生一些意料之外的事情，安全问题始终是旅行中的头等大事。遇到问题时如何化险为夷，出游安全要做到以下几点：

（1）证件安全注意事项。护照、签证、身份证、信用卡、机船车票及文件等是出国（境）旅游的身份证明和凭据，必须随身携带，妥善保管。

①要把原件放在贴身的内衣口袋中。

②要在出发前，各复印一份放在手提包中。

③除出入境接受检查时使用外，最好交给领队统一保管。

④遇到有人检查证件时，不要轻易应允，而应报告领队处理。如领队不在现场，要有礼貌地请对方出示其身份或工作证件，否则应予拒绝。如对方是警察，可在检查时记下其证件号、胸牌号和车号，以防万一。

⑤证件一旦遗失或被偷被抢，要立即报告领队并向警方报案，同时请警方出具书面遗失证明，必要时向所在国申请出境签证并向我国驻所在国使领馆提出补办申请。

⑥要严格遵守有关国际公约和出境游目的地国家（地区）的入境法规，不得携带违禁

药品，不得参与目的地国家（地区）禁止从事的活动；携有大量现金或特殊药品出入境时，要按规定如实申报。

（2）钱物安全注意事项：

①出境期间不要携带大量现金和贵重物品。

②不要把现金和贵重物品放在托运行李、外衣口袋或易被割破的手提包中。

③不要把现金和贵重物品放在宾馆房间或旅游车中。

④不要让也不要帮助不相识的人看管或托运行李。

比较安全的做法是：

第一，尽可能少携带现金，代之以信用卡或旅行支票，出游前可在国内兑换一些小额货币，用于在目的地小额消费，如打电话、上厕所和支付小费。

第二，贵重物品可存放在宾馆总台和房间的保险箱中（须保管好凭据、钥匙并记住保险箱密码）。

第三，如发现钱物丢失或被偷盗，要立即报告领队。如在机场丢失，要迅速到航空公司机场失物招领部门登记或索取丢失证明以备索赔。如在宾馆或旅游车上丢失，要和领队一起与相关方面交涉，并可酌情报警方处理。

（3）交通安全注意事项：

①要熟悉所在国的交通信号标志，遵守交通规则，不要强行抢道，也不要随意横穿马路。

②在国外乘坐旅游车时，不要乘坐第一排的工作人员专座，此专座设有工作人员保险，但游客乘坐一旦发生意外是得不到赔付的。

③在乘坐飞机或乘车时要系好安全带。

④不要在飞机起飞后和降落前使用手机和相关电子用品；不要把头和手伸出旅游车外。

⑤在乘坐船、快艇等水上交通工具时，要穿救生衣（圈）。

⑥万一发生交通事故，不要惊慌，要采取自救和互救措施，保护事故现场，并迅速报告领队和警方。

（4）住宿安全注意事项：

①进出宾馆房间随时关门锁门，离开宾馆时把钥匙交回总台，不要让陌生人进入房间。

②正确使用房间电器等设施，不要在床上吸烟，不要把衣物放在电灯台架上。

③要熟悉宾馆安全通道和紧急出口等疏散标志，遇到火灾时不要搭乘电梯。

④离开宾馆前要携带一张标有该宾馆地理位置和联系电话的卡片，以保迷路后安全返回。

⑤到健身房和游泳池锻炼时，要注意自我保护。

（5）观光安全注意事项：

①观光游览时要服从领队和导游的安排，紧跟团队，不要擅自脱队。

②记下领队和导游的手机号码，以备万一离队后联系方便。

③记住旅游车车牌号和所在停车场位置，以便走失后找回。

④万一联系不到或找不到旅游车，可自行乘出租车返回宾馆或请警方协助并设法告诉

领队。

⑤在拍照、摄像时注意往来车辆和是否有禁拍标志，不要在设有危险警示、标志的地方停留。

⑥要慎重参加带有刺激性的活动节日，量力而行，提高自我保护意识，服从安全人员的指挥；不要到赌场和色情场所消费。

⑦夜间自由活动要结伴而行，并告知领队大致的活动范围，不要乘坐无标志的车辆，不要围观交通事故、街头纠纷，不要太晚返回。

（6）购物安全注意事项：

①购物时要保管好随身携带的物品，不到人多、拥挤的地方购物。

②一定要到正规的商店购买，并且要有相关的发票证明，在数量上要适当，不要超出标准。

③在试衣试鞋时，最好请同团队的好友陪同和看管物品。

④不要当众数钱。

（7）人身安全注意事项：

①要远离毒品，不接受陌生人搭讪，防止人身侵害。

②尊重所在国，特别是有特殊宗教习俗国家的风俗习惯，避免因言行举止不当引发纠纷。

③遇到地震等自然灾害或政治动乱、战乱、突发恐怖事件或意外伤害时，要冷静处理并尽快撤离危险地区，及时报告我国驻所在国使领馆或与国内有关部门联系寻求营救保护。

案例 16-4：

东方网 2012 年 3 月 27 日消息：境外旅游花 20 欧元买了块石头，过关时竟被当成走私犯，何时返沪还不可知。

杜先生与妻子、岳母 3 月 18 日抵达土耳其旅游，随后到其南部城市安塔利亚观光，其间花费 20 欧元买了块饭盒大小的石头作为纪念品，准备带回国。谁知，3 月 22 日离开该城市时，在机场被告知石头属于文物。由于杜先生无法提供发票，土耳其警方控告他走私文物，限制离境。在中国使馆帮助下，杜先生的妻子已经被释放，但一个月之内不能出境，还需要等待法院判决。现在，杜先生和家人都不能离开安塔利亚，成天奔波于警察局和当地法院，等候重获"自由身"。

大使馆方面提醒，土耳其当地法律对部分石头、钱币出境有相当严格规定。游客不要去买地摊上的纪念品，尽量到正规商店购物，并索要购物发票，以免引起不必要的麻烦。事实上，每个国家在出入境方面都有不同的禁止性规定，游客和旅行社在旅游时需长个心眼，尽量做好"预习"工作。

5.领队办理国外离境手续服务技巧

（1）由当地导游协助，办好离境登机牌。

领队通常都是先办理登机和托运手续，由当地导游人员协助，保存好行李牌。分发登机牌时，领队应先告诉客人航班号、登机门、登机时间，叮嘱客人一定要在约定时间前赶到登机门。某些地区机场税另设，应告知团员首先出示机场税。如系团队签证，团员首先应按照签证名单顺序排队，领队将签证交与移民官，让团员持护照、出境卡依次通过。如非团队签证，只需指引团员至各FOREIGN PASSPORT处，持护照和出境卡分散过关即可。

（2）境外旅游购物如何才能拿到你的退税。

领队要提前向游客介绍一些国家的退税规定。在游客到商店购物时，要提醒游客别忘记要发票。欧洲退税的简单要求是：在有退税标志的商店购物，购物要超过一定的限额，开具退税专用发票，盖有海关章。

游客在购买之前可询问商家能不能退税，在购物时会产生很多条款，类似购物达到多少钱以上才可以申请退税，还有退税的比例都是需要关心的。在法国，商场退税的比例一般在12%左右。当拿到退税单时，就可以在离境时进行退税。退现金需要收取手续费，退到信用卡则不需要收取手续费。注意，海关盖章的单子是需要邮寄到税收中心的，收到后费用将在几周后打到卡里。

领队应事先了解退税程序，根据各地不同要求，过关时协助团员办理退税。例如，澳洲要求客人在免税店购买的免税物品必须封装完好，手提至海关查验并审验单据。手续办好后，组织游客候机，带领游客按时登机。

离境时请提前二到三个小时到达机场，以防排队办理退税时间过长。退税时需要持护照、退税单和办理退税的商品在机场的退税窗口办理退税。需要注意的是在机场办理退税时，在海关检查以前请勿将商品托运。因为办理退税时，海关有权查看购买物品是否相符。如果已经托运了，那就没有办法了。

6.遇到团员脱团或滞留不归情况的处理程序

在带团过程中，遇到团员脱团或滞留不归情况时，应立即通知当地地接社组织查找，并通知国内操作人员。查找无果，领队应通知国内公司更改计划，向边防提供报告等，并尽量减少损失。同时配合当地旅行社，报告国外有关部门，按照要求填写报告，处理可能影响整个团队行程的团队签证、机票、团队名单等事宜。安抚其他团员情绪，保证其他团员接下来的行程。

案例16-5：

游客抵达越南岘港旅游，由于游客对于地接服务不满意，要求领队给予每人1 000元的赔偿，领队经请示旅行社后拒绝了游客的要求，游客以拒绝返程要挟旅行社。由于最后未能满足游客的要求，游客果真滞留在目的地，并借助自媒体制造舆论，迫使旅行社作出很大的让步。

游客拒绝返程，原因很多，可能涉及旅行社线路的安排、导游领队的服务等。但不管有什么样的理由，面对游客的拒绝返程，领队应当如何面对？

首先，及早发现拒绝返程的苗头。在带团过程中，导游领队发现游客有拒绝返程的苗头时，就应当引起高度重视，切忌采取到时候再说的态度，把游客拒绝返程的念头消灭在萌芽状态中。

其次，做好深入细致的说服工作。说服工作包含几层含义：第一，导游领队要做好耐心细致的劝说工作，希望游客按时返程。第二，详尽告知游客拒绝返程的后果，比如必须承担滞留期间的食宿及返程交通费用。表述要诚恳，要让游客感到是为他好，而不能让游客感到是在威胁他。同时，不妨留个录音作为已经做了工作的证据。

　　再次，及时向有关部门报告。除了例行地向组团社、地接社报告外，导游领队在可能的前提下，向有关部门报告以寻求帮助。比如团队在境外，领队要向我国驻旅游目的地的使领馆报告，请使领馆提供协调和帮助。

　　最后，领队不要随意承诺。由于游客拒绝返程，导游领队独立在外，受到的压力最大，游客往往要求导游领队承诺，给予多少赔偿，就随团返程。在这种情况下，领队必须事先请示，按照旅行社的指令办事，千万不能轻易答应游客的要求，否则旅行社就必须按照导游领队的承诺赔偿。

　　随着普通消费者逐步加入到出境旅游的队伍中，出境旅游服务纠纷产生的原因较为复杂，有些纠纷可以归责于游客自身的原因，而有些纠纷是客观因素造成的。领队作为旅游团队服务的核心人物，在出境旅游服务中，其服务的规范与否直接影响着旅游服务质量的优劣，也对旅游服务纠纷的化解或者扩大起着决定性的作用。

7. 与地接导游发生分歧的处理技巧

　　（1）要抓主要矛盾，把握大方向。领队要主动与导游人员进行直接沟通，力求及早消除误解，避免分歧继续发展。领队一定要尽量避免与导游发生正面冲突，除非是导游做法上非常恶劣。如果境外接待社违反组团社及其旅游团队领队根据前款规定提出的要求时，组团社及其旅游团队领队应当予以制止。领队对地接导游的违规做法予以制止的方式，要有理有节，分步骤进行，尽量避免正面冲突。

　　①晓以利害。

　　②优选劝说方式。

　　③为结果恶化做出估算和准备。

　　（2）更换导游的具体操作。

　　①更换导游的条件。境外的导游如果极端不负责任，自说自话，领队完全无法与之沟通，游客与之积怨颇深，矛盾发展已经不可调和时，可以考虑更换导游。在确定更换导游之前，应当做好各项准备，并对预期可能发生的不便进行充分的考虑，对可能耽误的行程、游览景点进行估量。

　　②更换导游的操作。不要匆忙向游客宣布更换导游的决定，而应答复游客马上与当地的接待旅行社进行沟通。要严防因当地导游奇缺无法更换、使团队陷入更大的困境的情况发生。在权衡利弊、作出更换导游的决定后，领队应迅速与接待社进行联系。

　　③更换导游需注意的问题。多数游客都强烈提出更换导游的要求，领队对游客进行说服已经无效的情况下才能考虑更换导游；领队不可以以自己的意志强加游客，或仅以自己的意愿要求更换导游；需要有礼有节向境外的接待旅行社提出，或将情况报告给国内组团旅行社，由计调与境外接待社洽谈联系；行动要迅速不要拖延，以免影响游客情绪，致使游客因对导游的不满而引发对组团旅行社的强烈投诉。

8. 针对游客境外购物退赔的善后技巧

　　近几年来，随着人们外出旅游的机会越来越多，境外购物维权的情况时有发生，多数发生在海外旅游胜地。由于这些地方的导购人员很清楚，来此旅游的人员一般不会再光临此地，怀着侥幸的心理认为，一些顾客即使上当，嫌麻烦也不会跑到境外来索赔。

　　所以，领队在带领游客进行购物时，有职责和义务告诉游客，无条件购物的内涵和要求，不能简单地告诉游客，在香港购物不满就可以无条件退货，而是要向游客解释退货的条件。如果没有详尽的说明，就有误导游客购物之嫌，因为普通游客并不理解无条件退货的真正含义。一定要和团队成员讲清楚所谓无条件退货的"条件"，在游客回国投诉中，处理善后才能不被动。

（1）旅游购物无条件退货的含义。一些地区如香港购物店针对团队游客承诺，在一定期限内，只要游客对所购物品不满意，就可以"无条件"退货。旅游购物无条件退货，是政府和商家对于游客的承诺，表明对于所售商品品质的自信，其出发点是鼓励游客大胆放心购物，而不是真希望游客反复退货，这是政府和商家的一种态度、一种保证、一种促销手段、一种营销策略。

（2）无条件退货的"条件"。所谓的无条件退货，并不是游客可以不附带任何条件，随意要求商家退货。无条件是相对的，不是绝对的。以香港团队旅游为例，无条件退货至少需要满足以下几个条件，游客才能顺利退货：

①必须在一定期限内提出退货。在购买之日起6个月内，游客必须提出退货的请求，超过期限的，商家概不受理。

②必须确保商品不影响第二次销售。也就是说，游客没有损害所购商品的质量，并保证商品外包装完好无损，这也是不影响第二次销售的组成部分。

③有购货凭证。游客必须提供所购商品的购货凭证，证明该商品的购物场所，否则商家也不会受理。

④可能涉及一些费用。游客要退货，可能会相应产生一些费用。如果游客通过刷卡购物，由于有刷卡手续费的产生，商家就会要求游客来承担；如果商品有损耗，商家就会要求游客承担一定额度的损耗费等。

（3）游客要善意地利用规则。游客在慎重购物，尤其是慎重选购贵重物品的同时，要善意地利用无条件退货的规定，而不能利用规则钻空子。如妥善保管和使用所购商品，属于自己使用不当造成的损失，不能要求商家退货；超过期限的商品也不能退货等。游客自身有过错或者疏忽，达不到无条件退货的条件而强行要求退货，就属于非善意。

（4）游客维权注意时效。如果游客认为团队行程与签订的旅游合同有不符之处，认为权益受到旅行社损害的或对行程中的服务质量有不满意的地方，要注意保留依据、凭证，返程后90天内可以向旅游质量监督管理所咨询投诉，维护自己的权益。

9.突发情况应对程序

在带团过程中，如遭遇突发事故，造成人员伤亡，领队应在第一时间通知国内公司并积极配合当地旅行社救助处理，向大使馆寻求紧急援助。做好伤员的救治，以及其他团员的安抚工作。

案例16-6：

据新华社消息，2013年6月23日，一辆搭载大陆游客的游览车在阿里山下山途中发生车祸。车辆擦撞山壁后，右侧轮胎滑落路旁水沟，呈现45度倾斜。车祸造成至少6人受伤，包括5名大陆游客。目前，伤者已送往附近医院救治。

出事的是一个浙江旅游团，组团的旅行社是杭州中国旅行社有限公司。15名杭州游客以中老年人为主，加上一名杭州女领队，共16人。

事故处理程序：

1.杭州中国旅行社将尽快赴台协助救助伤员

受伤的5名游客中，4人伤势较轻，昨晚已经出院返回酒店休息，只有一名60多岁的男游客，因为右臂骨折需要住院治疗，另外同行的一位20多岁的旅行社女领队目前也在住院治疗，但伤势都很稳定。

2.旅行社将尽快和台湾当地医院进行沟通，在确保伤者伤势不受影响的情况下，安排旅游团成员返回杭州进行治疗。

3.在接到车祸报告后，旅行社马上通知了家属，同时也启动了一系列程序，切实保证游客的安全和利益。

4.旅行社向浙江省旅游局提交这起交通事故报告，省旅游局已经要求旅行社做好善后处理工作。

5.联系保险公司，协助处理赔偿事宜。

任务实施

1.田领队的行前说明会

小王和妈妈报名参加了2014年12月26日至2015年1月2日的台湾8日环岛旅游。临行前三天，小王接到了中旅大连公司田领队的电话，通知她们12月20日下午2点在中旅203会议室召开行前说明会。20日这天下午，小王母子如约前去。到达会议室，田领队确认了到场的每个人身份后开始开会。

（1）致欢迎词。

首先，我代表中旅大连公司欢迎各位朋友的到来（鼓掌）。我做个自我介绍：我姓田，是中旅大连公司的一名领队。我的手机号是135×××××××××，大家从今天开始到我们旅行归来这段时间，有问题随时可以给我打电话。

（2）介绍台湾环岛游的行程安排。

简单来说，环岛游就是环绕台湾宝岛一圈，台北—台中—高雄—垦丁—花莲—台北，自台北入出境。游览景点主要有：①台北101大楼，参观被称为全球第二高的大楼，建筑界的奇景。②"台北故宫博物院"，世界四大博物馆之一，经典馆藏独步全球。③"孙中山纪念馆"、中正纪念堂，领略不一样的文化底蕴。④野柳地质公园，与台湾的艺术珍品女王头合影留念。⑤日月潭，搭船游湖。⑥阿里山森林风景区，领略浩瀚的云海、瑰丽多彩的晚霞、郁郁参天的森林。⑦台北夜市、高雄夜市，体验台湾真正的双重夜市文化。

（3）台湾旅游期间注意事项。

大家看一下手里的合同，这次台湾游的服务包含：①入台证：办理入台许可证费用；②大连至台北往返飞机经济舱（含机场建设费、燃油附加费）；③行程中所标明台湾当地四花酒店双人标准间住宿及早餐；④全程每天午、晚餐，以中式餐食为主（中餐用餐标准为八菜一汤）；⑤提供空调巴士，专业司机；⑥全程中文领队服务；⑦行程中所提到的景点含首道门票。

台湾游服务不含：①大陆居民往来台湾通行证费用（每人50元人民币）；②交通工具上非免费餐饮费、洗衣、理发、电话、饮料、烟酒、付费电视、行李搬运、自由活动期间等私人费用；③出入境的行李海关课税，超重行李的托运费、管理费等；④行程中未提到的其他费用：如特殊门票、游船（轮）、缆车、地铁票等费用；⑤因人力不可抗拒因素或国家政策性调整所产生的行程外消费及一切私人消费；因不可抗拒的客观原因和非旅行社原因（如天灾、战争、罢工、政府行为等）或航空公司航班延误或取消、相关赴台证件办理延误、报名人数不足等特殊情况，旅行社有权取消或变更行程，一切超出费用（如在外延期证件费，住、食及交通费，国家航空运价调整等）旅行社有权追加差价。

台湾酒店不参加国际酒店星级评定，因而没有星级的挂牌，但是这类酒店都具备等同于行程中指定同星级的设施标准和接待能力。

以上线路均含阿里山风景区，但如遇到风雨天气或交通管制造成无法上山，行程会临时调整。

单独客人可选择由旅行社安排与其他客人或工作人员拼住（包括调整到三人间），我社会尽力安排，但有可能造成住宿质量下降，具体以实际安排为准。

外出及景区游览时请保管好自身财物，谨防失窃。夜晚逛街应结伴而行，带好酒店名片。

服从旅游团队安排，不得擅自离团活动，不得滞留不归。如在境外擅自离团或非法滞留，所产生的一切后果均由当事者承担；

相关法规及风俗习惯：台湾交通与中国大陆一样是靠右行驶，以电单车为交通工具的人甚多，故请小心过马路，和遵守交通规则；在游览车内严禁吸烟，请保持车厢内整洁。

大家没有问题了吧？最后强调一点：12月26日20点整，在大连机场12号门集合，不见不散啊！

好，今天的说明会就到这里。

2.办理出入境手续

（1）办理中国出境手续。

①田领队提前到达集合地点并准时集合、清点旅游团人数，进行分组。

小王母子在19点30分就到达了机场12号门，看到田领队已经到了，寒暄之后看到团队成员陆陆续续都到齐了。田领队开始清点人数，按照报名时的顺序，小王和妈妈被分在第6组。

②田领队让每个组的负责人统计要托运的行李数，根据每个组报上来的数量，田领队从包里拿出橘黄色的不干胶胶贴，发给每个组，要求贴在托运行李上，以便下飞机取行李时好寻找。

③田领队带领全团成员办理出关手续和卫生检疫，协助团队成员办理登机手续。

（2）办理国外入境手续。

到达台北桃园机场后，田领队带领旅游团找到各自的行李，又协助团队成员办理好卫生检疫、证件查验和海关检查等入境手续。通过了机场安检，田领队及时联系到了台湾的地接导游。

3.田领队在台湾提供的服务

（1）安全抵达台北桃园机场。地接导游是个30多岁的男士，他很热情地和旅游团成员打招呼后便同田领队一起清点行李与团员人数，带领旅游团乘上了等候在机场的旅游大巴车。

（2）领队顺利与地接导游接洽。田领队坐在大巴的前排。地接导游在旅游大巴车上做了简单的自我介绍：他叫阿育，从事导游工作已经4年多了。

（3）快速有序安排入住酒店。旅游团队到达酒店时已经是深夜23点多了。田领队在大厅安抚团队成员的情绪，地接导游阿育到前台办理入住手续。按照预先的安排，田领队先将房卡一个组一个组有秩序地分配下去，然后宣布叫早时间是6点30分，早餐在酒店的二楼，时间是7点开始，7点50分出发，最后又强调了领队和导游人员的房间号、电话号码。在协助旅游团成员检查行李后，田领队将大家送到房间。

（4）在游览中监督实施旅游计划。在台湾七天的游览中，田领队一直在默默监督、协助阿育工作。

①在游览旅游景区时，田领队一直走在团队的后面，关注着团队每个人的活动。第一天早餐后，地接导游阿育上车后，拿出一张台湾地图，向大家介绍在台湾这几天的行程安排。阿育口才很好，幽默风趣，大家都很喜欢听他讲解。前往士林官邸参观后，旅游团来到了台北故宫博物院，阿育告诉大家参观的注意事项，将北京故宫和台北故宫进行了简单比较，让我们细心体会中华文化五千年之精髓。参观之后，大家乘苏澳段小火车前往花莲。

②在游览过程中，田领队耐心解答团队成员提出的各种问题。在车上，地接导游阿育的讲解很风趣，他是这样介绍避暑度假胜地"猫鼻头"的：猫鼻头地处恒春半岛西南方，为台湾海峡与巴士海峡的分界点，因有一从海崖上滚落的珊瑚礁岩，其外形状若蹲仆之猫，而得名。在游览时，田领队一方面注意团队成员的活动范围，一方面给大家讲解自己来过的经历。

③遇到不可抗力，及时与地接导游阿育协调解决。到达阿里山游览那天，恰逢大雾，船舶停航。田领队及时与地接导游阿育协商修改日程，坚持"调整顺序可以，减少项目不行"的原则，给大家增加了一处新景点。大家对于这个调整方案一致表示理解和赞同。

④购物引导彬彬有礼。在台湾游览购物店时，田领队都是默默地和大家一起欣赏，从没有鼓动大家购买。

⑤自由活动时间很活跃。旅游时间过半，团队成员之间都熟悉了。到了晚上，团队自动就形成了两个团队，上年纪的游客都在酒店休息，年轻的游客在地接导游阿育和田领队的带领下去逛了夜市。

案例16-7：

抵达高雄后，晚上团队年轻人都去逛夜市，吃小吃，回到酒店很晚了。第二天一早乘车离开高雄已经2个多小时了，这时候导游阿育接到一个电话，他用手捂住电话，大声的问：昨天晚上谁住在828房间？丢了什么东西没有？这时小王立即说：是我住在828房间，我的ipad忘在房间里了。导游阿育立即对电话那边说："是我团队游客的。请你把这个ipad快递到台北××酒店。一定要好好地包装。"说完后告诉小王说："没问题了，到台北××酒店入住时我带您去前台领取就行。"

第三天我们抵达台北××酒店时，导游阿育带小王把东西领回来，看到酒店对ipad里一层外一层精心的包装，小王真是由衷地感受到了台湾民众的礼貌善良和素质之高。

4.办理台湾离境手续和大陆入境手续

由于田领队在离境前叮嘱大家所做的准备工作比较细致，团队很快就办理好了离境过关手续，登上了飞机。到了大连机场，田领队带领大家找到各自的行李。台湾之旅在大连机场家人接站的道别和感谢声中愉快结束。

拓展阅读

在欧盟国家办理旅游购物退税的注意事项：

（1）在欧盟国家购物时，在离开最后一个欧盟国去非欧盟国家时方可办理退税。由于退税有时间限制，建议在最后一个国家同一天、同一家商店购买。申根国家中，除了挪威、瑞士、冰岛之外，都是欧盟成员国；英国和爱尔兰不是申根国，英国甚至不是欧元区。中国游客常光顾的东欧波兰、匈牙利、捷克，北欧的芬兰、丹麦、瑞典，全都是欧盟国。在购物上，挪威、瑞士这两国在退税上需要特别注意，购物时最好要先咨询领队，了解退税国家相关规定，以免积累更多行李出现麻烦。

（2）离境时请提前2～3个小时到达机场，以防排队办理退税时间较长。退税时需要护照、退税单和办理退税的商品。需要注意的是，在机场办理退税时，在海关检查以前请勿将商品托运。因为办理退税时，海关有权查看购买物品是否相符。

（3）机场退税点未开可回国退税。工行与环球蓝联合作，提供包括奥地利、比利时、丹麦、芬兰、法国、德国、英国等20多个国家的境外消费退税业务，游客只能在北京、上海、广州的机场及市区专门的退税服务网点退税。

课后自主学习

1.查阅相关旅游网站，收集游客在境外生病的导游服务资料，并在各自的团队中进行交流，然后进行归纳、分析和提炼，形成专题报告交教师批阅。

2.查阅相关旅游网站，收集中国海关关于携带物品出入境的规定，在各自的团队中进行讨论、分析。

项目九

地接导游综合能力训练

任务十七

综合训练及成果展示

任务目标

　　"地接导游综合能力训练"教学，是在完成地接导游服务流程分段训练的基础上，设计的"特殊团队"综合训练项目。项目设计的目的，是让学生通过任务的完成，能够具备地接导游的"导游讲解能力、导游词改编能力、团队合作能力"。该训练设计共分为三个阶段：计划阶段、实施阶段、成果汇报阶段。

任务情境

　　一、任务信息

　　训练项目为浪漫大连5日游，行程计划单见表17-1。

表17-1　　　　　　　　　　　浪漫大连5日游行程计划单

日期/星期	航班车次		游览内容	下榻宾馆
9月1日（四）	Z79	北京/大连	晚8：27于北京站乘Z79次火车赴大连	火车上
9月2日（五）	BUS	大连/旅顺/大连	上午：早7：50抵达，接站，早餐后乘车赴旅顺，游览中外闻名的电岩炮台、白玉山、军港游园 午餐：阿楠餐厅 下午：星海湾广场、滨海路 晚餐：酒店内	中山大酒店
9月3日（六）	BUS	大连/金石滩/大连	上午：早餐后乘车赴金石滩发现王国游览 午餐：开发区和园饭店 下午：金石滩地质公园游览 晚餐：酒店内	中山大酒店
9月4日（日）	BUS	大连	上午：早餐后，老虎滩海洋公园 午餐：虎滩餐厅 下午：虎雕广场、鸟语林、棒棰岛风景区参观及游览 晚餐：旭日餐厅 送站：乘Z81次19：18返京	火车上
9月5日（一）	Z81	大连/北京	早5：52抵达北京站，结束愉快旅行	

　　二、训练内容

　　依据"浪漫大连5日游"行程计划，分别针对特殊团队进行地接导游服务。

　　1.大庆学生团

　　人数：100人

团队性质：大庆第二中学学生2日夏令营

团队要求：参观大连一所重点高中

2.西藏教师团

人数：25人（5男、20女）

团队性质：西藏中学教师1日游

团队要求：参观大连民族大学

3.苏杭老年团

人数：40人（18男、22女）

团队性质：福州老年团

团队要求：参观大连一所星级养老院

4.昆明亲子团

人数：15人（8男、7女）

团队性质：5个家庭

团队要求：品海鲜、购物

三、训练要求

学生在规定时间内完成以上4种类型团队的欢迎词、景点导游词（1～2个）、导购讲解、欢送词等。

任务实施

1.计划阶段

指导教师依据所给出的地接导游接待旅游团队信息，向学生讲解特殊团队接待的四个阶段任务安排及项目成果要求。

（1）制订团队接待计划。各项目团队依据指导教师给出的旅游团队信息（团队的地域特点、游览活动的主题、讲解的关键词、温馨提示等），制订本次接待团队的计划方案（包括团队任务详细分析、成功因素即团队个人能力分析、景区特色分析，搜集、改编适合团队特点的导游讲解词等）。

（2）计划活动内容及任务。

①组建项目团队：5～6名学生自愿组成一个团队

②抽签领受任务：项目团队确定后，项目负责人抽取具体服务的旅游团队类型

③召开团队会议：讨论确定团队名称、项目题目、团队成员角色及分工、项目阶段目标分解计划等，完成项目行动计划书

（3）计划阶段的成果。

①计划阶段的成果名称：行动计划书

②行动计划书的内容：项目题目、项目意义、项目内容、项目组织、项目进展设计

（4）行动计划书格式要求。

①格式基本要求：

A.纸型：A4纸，单面打印。

B.页边距：上2.5cm，下2cm，左2.5cm，右2cm；左侧装订。

C.字体：正文全部宋体、小四。

D.行距：1.5倍行距，段前、段后均为0.5行，每段落首行缩进2字符。

E.标题：一、（一）1.（1）①。

②项目题目设置要求：小二号字，宋体，加粗，居中。

③主体部分设置要求：

A.项目意义、项目内容、项目组织、项目进展设计为一级标题。

B.一级标题：四号字，宋体，加粗，空两格。

C.二级标题：小四号字，宋体，加粗，空两格。

D.项目内容：小四号字，宋体。

④空行。标题与内容间空一行。

2.实施阶段

（1）起草项目实施报告。项目报告要求按照旅游团队活动服务过程，完成一个团队从接站到送站，包括吃、住、行、游、购、娱六大要素的旅游服务过程的文字资料，并将项目报告的主要内容制作成用于展示的PPT文件。

（2）主要训练内容及任务。

①团队成员针对本团队在计划阶段抽取的具体旅游团队和导游词创编分工，各自进行相应导游词改编与创编。

②团队相关责任人进行导游词审核和汇总，完成团队项目报告。

③团队成员根据个人改编的导游词进行导游词讲解，制作PPT。

④团队进行汇报PPT演示文稿汇总。

⑤团队成员进行项目汇报彩排。

（3）实施阶段的成果。

①实施阶段的成果名称：项目报告、团队汇报辅助PPT演示文稿

②项目报告的内容：项目题目、导游词名称、导游词内容、姓名、学号

（4）项目报告格式要求。

①格式基本要求：

A.纸型：A4纸，单面打印；

B.页边距：上2.5cm，下2cm，左2.5cm、右2cm；左侧装订；

C.字体：正文全部宋体、小四；

D.行距：1.5倍行距，段前、段后均为0.5行，每段落首行缩进2字符。

②项目题目设置要求：小二号字，宋体，加粗，居中。

③主体部分设置要求：

A.姓名、学号、导游词名称：四号字，宋体，加粗，空两格。

B.导游词内容：小四号字，宋体，加粗，空两格。

④空行。标题与内容间空一行

3.项目展示阶段

（1）设计项目成果汇报展示。各项目团队对本项目进行10分钟的团队表演展示，并就指导教师提出的团队旅游中突发事件提问进行答辩。各项目团队根据特殊团队的导游服务特殊要求，按照旅游团队导游服务过程，完成一个从接站到送站，包括吃、住、行、游、购、娱六大要素在内的导游服务过程的展示。

（2）主要训练内容及任务。

①项目汇报团队主讲人进行"特殊团队地接导游讲解服务"项目实施过程总体陈述。

②项目团队成员根据大连浪漫5日游行程安排依次进行项目成果展示（导游词讲解、现场突发问题答辩的展示）。

③各项目团队的导游讲解要与PPT展示的情境一致，要突出特殊团队特色的欢迎（送）词、沿途导游词、景区景点导游词，表达要熟练、流畅、自然，富有激情。教师就项目报告的内容、项目展示中的问题进行提问，学生答辩，重点考核导游过程中对突发事件的应变能力。

（3）项目成果汇报考核评价。

①项目成果汇报评分标准。

A.改编导游讲解（30分）。按"好"（30～27分）、"较好"（26～24分）、"一般"（23～21分）、"较差"（20～18分）、"差"（18分以下）五个档次评分。

导游词讲解评分要点：讲解紧扣主题、具有文化内涵、结构层次清晰、富有感染力、亲和力、讲解流畅、语音语调自然、普通话标准等。

B.导游词讲解时限3～4分钟（2分）。

讲解时间评分要点：不足3分钟扣1分，超出4分钟扣1分。

C.仪容仪表（3分）。按"好"（3分）、"较好"（2分）、"一般"（1分）三个档次评分。

仪容仪表评分要点：妆容适宜，衣着得体，表情自然。

D.导游词创编（10分）。按"好"（10~9分）、"较好"（8分）、"一般"（7分）、"较差"（6分）、"差"（6分以下）五个档次评分。

导游词创编评分要点：改编导游词，逻辑层次清晰、具有文化内涵、详略得当、重点突出。

E.讲解辅助PPT演示文稿（5分）。按"好"（5分）、"较好"（4分）、"一般"（3分）三个档次评分。

演示文稿评分要点：图像清晰、画面与讲解内容吻合、版面设计美观。

②项目成果汇报评分表（见表17-2）。

表17-2　　　　　　　　　　　　**项目成果汇报评分表**

学号	姓名	导游词讲解	讲解时限	仪容仪表	导游词创编	PPT演示文稿

4.项目总结阶段

（1）撰写项目总结报告。根据项目工作过程完成情况，参照项目档案的记录，团队成员撰写个人总结，团长撰写团队总结。指导教师通过阅读个人总结及团队总结，培养学生在团队项目训练中的团队合作意识和团队合作精神。

项目总结报告要求：

①撰写总结报告要有题目。

②内容能够真实反映你在项目训练过程中的变化。

③学生团队项目总结，能够反映出整个团队在完成任务中的典型事例。

④对本次团队项目训练提出建设性意见。

（2）项目训练考核评价。特殊团队导游地接服务项目综合评价考核参考表见表17-3。

表17-3 　　　　　　　　**特殊团队导游地接服务项目综合评价考核参考表**

项目名称		时　间：	
项目团队			分　值
	行动计划书 （20分）	团队接待计划满足任务要求	10分
		团队接待计划程序严谨	5分
		体现特殊团队的特色	5分
	任务实施 （35分）	项目报告内容丰富、设计新颖	10分
		PPT项目文件展示行文规范、逻辑性强，与讲解内容同步	5分
		项目成员导游讲解生动，突出特殊团队导游语言魅力	10分
		项目成员自信、热情，注重仪容、礼仪	10分
	项目总结 （25分）	个人总结真实、完整	10分
		团队总结全面、条理清晰	5分
		项目档案记录真实、全面	5分
		项目成果具有一定的行业实用性	5分
	成绩小计：		
答辩环节	互动答辩 （20分）	评委问题： （1）各个团队的地域特色是什么？ （2）各个团队游客特点是什么？ （3）各个团队各自游览活动的主题是什么？ （4）各个团队特色活动的导游讲解的关键词包括哪些？ （5）各个团队温馨提示内容有哪些？	评语：
	成绩小计：		
汇总成绩：			
教师签字：			年　月　日

成果展示

一、行动计划书展示

行动计划书

1.团队信息

团队编号：1203-03

团队名称：半岛听声

项目名称：福寿老年团——金秋银发行

2．项目任务

游广场，重点是游览星海广场，领略大连浪漫的广场文化。

看大海，感受北方大海的广阔无垠。

去旅顺，参观历史遗迹和黄渤海分界线。

泡温泉，调养身心。

参观星级养老院，比较南、北方人在生活习惯上的差异。

3．项目主题

"浪漫之都笑迎高原园丁"——大连浪漫五日游（西藏教师团）

4．项目目标

（1）总体目标。通过此次旅行，让游客欣赏到大连的美丽景色，感受南北方生活饮食上的差异，使其感到旅途轻松，身心愉悦。

（2）阶段目标。

第一阶段：根据行程计划安排相关事项。

第二阶段：收集老年游客的个人信息（了解老年游客作息时间与身体状况）。

第三阶段：联系此次参观的星级养老院，了解其相关情况，为以后的活动做好准备。

5．成功关键因素

第一，信息掌握是关键。准确考察项目涉及的景点、活动进行的酒店、行车线路等情况。

第二，团队成员团结合作的精神，做好本职工作。

第三，团队成员对此项目进行分析，讨论可能遇到的疑难问题或向导师咨询意见。

6．项目组织（见表17-4）

表17-4 **项目组织情况表**

角色	姓名	工作内容	联系方式
项目经理	李冲	负责监督项目进程、工作分配、人员调动；海鲜购物导游词创编、讲解及个人PPT制作	1884096××××
项目助理	徐树	负责会议记录，文件审核、传送；欢迎词、欢送词的创编、讲解及个人PPT制作	1834082××××
项目沟通者	张丽莉	及时与项目导师沟通团队疑难，通知团队会议事宜。旅顺白玉山导游词创编、讲解及个人PPT制作	1834087××××
项目文字编辑	赵艺璇	项目报告整理；金石滩玫瑰园导游词创编，讲解	1834082××××
	郭通	项目报告整理；滨海路导游词创编、讲解及个人PPT制作	1834082××××
PPT、计划书制作	马小茗	负责整合制作团队PPT、行动计划书；大连概况导游词创编、讲解及个人PPT制作	1824155××××

7.项目进展设计（见表17-5）

表17-5　　　　　　　　　　　　　　**项目进展设计表**

阶段任务	时间	任务内容	监督人
收集资料	2015-12-24 至 2015-12-26	通过网络、书籍查找，收集项目确定的欢迎词、大连城市概况、旅顺白玉山、滨海路、海鲜购物、金石滩玫瑰园、欢送词等讲解词创编资料	李冲
整理资料、导游词创编	2015-12-26 至 2015-12-28	针对大连浪漫 5 日游行程计划，按照项目要求，创编西藏教师团大连游的特色导游词	徐树 张丽莉
项目报告	2015-12-24 至 2015-12-29	每个成员完成自己的导游词创编，完成团队导游词汇总，形成团队项目报告	赵艺璇
辅助讲解 PPT 制作	2015-12-31 至 2016-01-05	每人分别制作完成项目汇报导游词讲解辅助 PPT 演示文稿；完成团队演示文稿最终整合，形成项目汇报团队演示文稿	马小茗
项目汇报彩排	2016-01-05	团队进行项目汇报彩排	郭通
项目汇报	2016-01-12	项目负责人负责进行项目总体阐述，个人进行导游词讲解汇报展示	李冲 徐树 张丽莉 马小茗 郭通 赵艺璇

8.质量保障计划

（1）积极因素。①凝聚团队力量，团结互助、积极配合、共同努力。②凝聚团队智慧，共同开发、完成一个新颖的旅游产品。③团队成员具备较强的网络和实地市场信息调查能力以及社会交往能力。④团队学习过一些关于医疗保健和事故处理的基本知识。

（2）消极因素。①有很多专业的知识及市场行情不了解，需要团队成员去学习和掌握。②对此项目的细节还需要进一步认识和把握。

9.沟通计划

（1）遇到疑难问题及时向导师咨询，结合老师的指导意见解决问题。

（2）及时沟通不同的意见，通过认真讨论，达成一致。

（3）沟通的具体方式有当面交谈、电话咨询、QQ在线沟通、电子邮件沟通等。

（4）认真做好记录工作，如沟通的时间、地点、问题以及解决方法。

专业导师评价：A等。

该项目目标清晰，任务分工明确，质量保障计划和沟通计划完善，符合行动计划书的基本要求。

二、项目报告展示

项目报告

团队编号：120302

团队名称：THE ONE

项目主题：浪漫之都笑迎高原园丁

专业导师：车老师

1.市场调研

（1）网络调研。①了解大连民族大学。通过网络信息了解到，大连民族大学是国家民族事务委员会直属的普通高等学校，是国家唯一设在东北和沿海开放地区的民族高等学校，也是全国唯一以工科和应用学科为主的民族高等学校。该校于1997年正式建校，2006年4月实现由国家民委、辽宁省政府和大连市政府三方联合共建。该校设有经济管理学院、机电信息工程学院、生命科学学院、外国语言文化学院、计算机科学与工程学院、设计学院、土木建筑工程学院、文法学院、理学院等9个二级学院和37个本科专业，涵盖工、经、管、文、理、法六大学科门类。学校面向包括港澳台地区在内的全国所有省区市招生，现有在校生11 300余人，少数民族学生占65%左右。现有教职工为860余人，其中中国工程院双聘院士1名，全国优秀教师3人，全国高校专业教学指导委员会委员3人，国家民委突出贡献专家2人。②西藏地区的饮食习惯。藏餐的口味讲究清淡、平和。很多菜中除了盐和葱蒜，不放任何辛辣的调料，体现了饮食文化返璞归真的时代潮流。藏族的饮食习惯在牧区和农区有所不同，牧区的饮食除了糌粑等主食以外，可以简单地分为"红食"与"白食"两类，"红"是指肉，"白"是指奶，夏天以"白食"为主，冬天以"红食"为主。牧区的著名小吃有手抓羊肉、烤羊肠、风干肉。藏区人民普遍爱吃肉，肉以牦牛肉、绵羊肉为主。他们不爱吃山羊肉；狗肉是藏区人民深恶痛绝的；老一辈人普遍不吃鱼。藏族的饮料有酥油茶、甜茶、青稞酒。

（2）实地调研。为了让项目任务完成得更具有科学性和可操作性，我们THE ONE团队依据行动计划书中的角色分工，分别对大连的海珍品养殖基地、金石滩、大连贝壳博物馆等景点及其门票价格进行了调研，对旅游团下榻的大连中山大酒店进行了实地考察，对西藏教师旅游团需要考察的大连民族大学与其负责人进行了沟通。

2．市场分析

（1）客源分析。西藏地区的教师常年生活在高原，生活环境比较封闭。为了释放他们工作中的压力和让他们进一步了解藏族学生在大连的学习生活，我们THE ONE团队特地设计了一条适合西藏教师放松心情的旅游路线。

（2）旅游项目分析。为了更好地让藏族同胞享受与高原地区完全不同的风情，我们通过对大连各旅游景点的讨论与筛选，推出了比较有特色的旅游项目，希望通过此次游览，能够让藏族同胞了解大连文化的内涵及它特有的魅力。

3．产品设计（见表17-6）

表17-6　　　　　　　　　　　　**产品设计表**

行程时间		具体安排
第一天	上午	10点30分机场接站，入住大连中山大酒店；11点30分午餐（大连地方菜）
	下午	13点游览旅顺（参观历史博物馆、白玉塔、军港、黄渤海分界线景点、大连海珍品养殖基地）
	晚上	18点30分在下榻的中山大酒店用晚餐（海鲜为主），之后自由活动（可建议和带领去大连商场步行街购物）
第二天	上午	8点酒店门口集合，乘车赴大连民族大学参观，交流座谈，午饭在学院食堂
	下午	13点游览金石滩（黄金海岸观海；游览奇石馆、金石高尔夫球场、发现王国）
	晚上	18点30分回到市区，在天天渔港用晚餐，餐后组织观赏大连夜景
第三天	上午	8点组织游览大连滨海路沿线，中午在下榻的酒店用餐
	下午	13点50分准时集合，上车前往机场

4.成本核算（见表17-7）

表17-7　　　　　　　　　　产品成本核算表

导游服务费用	20×3=60（元/人）
交通费用	80×3=240（元/人）
餐饮及住宿费用	220×3=660（元/人）
保险费用	15（元/人）
合计	975（元/人）

5.温馨提示

（1）大连冬季天气变化频繁，应穿着适量衣物，带好防寒用具。

（2）食用海鲜时不要饮酒，海产品寒性比较大，注意防止过敏。

（3）若有晕车、晕船、晕机的经历，出游前不应吃得太饱，请随身携带预防晕车药物。

（4）旅游过程中注意照看好自己随身携带的物品，注意人身和财产安全。

专业导师评价：A等。

该团队对项目任务进行了市场调查，基础工作比较扎实；针对西藏客源的特点，旅游团队行程设计突出了观海的特色；针对团队的特殊情况，温馨提示内容比较务实。整个项目报告内容比较细致、全面、地方特色鲜明，符合项目要求。

三、项目教学中学生与指导教师的感悟

1.项目教学中学生的总结集锦

[示例1] 在这次的团队工作中，我感触最深的就是一个人的责任心对于团队非常重要。也许你不经意的一个意见会让整个项目有了亮点，也许你的一次任务没有完成，会影响着整个项目的进程，个人的责任心就是这么重要。整个项目下来，我对导游接待的整个流程算是印在脑子里了。与别的专业课程相比，我真的觉得很得意，因为我们的作业很特别，而且每次完成后都有老师的修改和意见，受益良多。希望还会有下一次作业，我们团队一定会做得更好，因为我们的潜力是巨大的，我们当中蕴藏着无穷的创造力！

120301花の姿态团队　勇双双

指导教师评语：A等。

这是你用真情实感所做的项目个人总结。在字里行间，我看到了你们正向"职业人角色"成长。

[示例2] 模拟导游课程即将结束了。首先，这个时候我反而不再有那么多的牢骚了！最深的感触就是终于可以松一口气了。其次，充实了许多，也有一种"腹有诗书气自华"的感觉。在模拟导游项目参与的过程中，我始终都在摸索着前进，从开始站上讲台，双手冒冷汗、语无伦次到今天能在台上流利洒脱地讲解，甚至还能声情并茂地为大家讲笑话。这些对于我来说都是非常大的进步与突破！真是没有压力就没有动力。最后，我要感谢车老师，没有她的严格要求，我也不会有今天这样大的进步！想到这里，我心里不仅没

有了抱怨，反而增添了一份由衷的感谢！

120304心飞扬团队　刘浩

指导教师评语：A等。

　　在总结中，你让老师一起分享了你们两周来的辛苦与快乐。你的进步是突出的，你讲的笑话至今我还想笑！

　　[示例3] 首先，就是我们THE ONE团队的团结精神。记得圣诞节那天晚上，我们团队成员集中在教室开会，计划当天就完成行动计划书。在上一次的开篇报告中，我们团队被车老师批评了，那时也看出了车老师的严格。所以，这次我们在制作行动计划书时特别小心谨慎，争取抓住每一个细节，不留下任何漏洞。

　　我们团队抽到的是西藏教师团，所以，首先必须深入了解藏族同胞的民俗、饮食、住宿等习惯。于是，我们就开始分工，由我和田雪妍带着问题去了网吧收集相关资料，其他人则在教室内设计行动计划的框架。就在圣诞节这天，我们从下午2点一直忙到了晚上7点多，而且，每个人都空着肚子。尽管如此，THE ONE团队所表现出来的团结向上的精神面貌，深深地激励着每一个成员，也让我深切地领悟到了"团结就是力量"的含义。从那时起，我对我们团队有了更加深厚的感情。

12302THE ONE　骆玉丽

指导教师评语：A等。

　　发扬团结、勤奋、进取的精神，你一定要将你们团队积极向上的热情带到学习和工作中啊！

　　[示例4] 从那次以后，我们小组成员就更加认真了，甚至不惜工作六、七个小时直到最后完工，最晚的时候甚至工作到晚上10点钟。从那时起，更让我明白了团队合作的重要性。

　　团队工作通常在食堂进行，别人吃饭的时候我们只能强忍着，别人看电视说笑的时候我们还在努力工作。虽然如此，我们心里还是很充实的，因为我们越来越在乎这个项目，越来越重视我们未来的成果。

12302THE ONE　洪彩艺

指导教师评语：B等。

　　你让老师一起分享了你们两周来的辛苦与快乐、付出与收获！如果你能将写的总结分出层次，语言再顺畅些，你的心得和收获就会提升一个高度。

　　[示例5]　　　　　　　　**我们是最棒的！**

　　项目文件要上交的最后一项就是"个人总结"。要说在项目制作过程中个人的感受和体会，那可真是千言万语都难以形容！

　　经过两周的准备，我们团队成功地完成本次项目的"行动计划书""项目报告"的制作，今天上午进行了"项目成果"的展示。在为期两周的准备过程中，所经历的种种酸、甜、苦、辣，让团队中的每个人都刻骨铭心、难以忘怀。我们从未奢求别人的赞美，只希望老师和同学能够看到我们团队的团结、努力、进步与突破！

　　（1）过程比结果重要。

　　今天，我们团队第一个勇敢地走上"项目成果"汇报的演讲台，也许结果并没有想象中的好，但我知道，团队中的每一个人都已经尽了自己最大的努力。

从第一次的"开篇报告"到最后的"项目成果"汇报，使我真正懂得了"态度决定一切"的道理。从"开篇报告"的"B"到"行动计划书"的"A"，让我感到我们在不断地提高和进步。

在项目任务实施的过程中，遇到棘手的问题要召开团队会议来解决，我也记不清开过几次会了，但是我们的会议一开就是几个小时，总有许多问题需要讨论。大家在食堂里围坐在一起，讨论着、争执着，不管天气有多么寒冷，大家没有一句怨言。相反，每一次的合作都是那么愉快和令人振奋！

记得第一次车老师在课上批改每个团队的"开篇报告"时，前几个团队的成绩都是"A"，而到我们团队的时候，老师对不尽如人意的作业给出了"B"。记得当时我的心情难受得无法形容。经历了这件事以后，团队中的每一个成员好像都明白了许多，于是大家的心团结得更紧了。因为我们相信，我们会做得更好。

在第二次展示环节，我们团队制订的"行动计划书"被老师作为典型案例进行了展示，我们的心里就别提有多高兴了。

（2）结果是过程的提升。

当汇报结束的时候，车老师让我们团队中的每一个成员用一句话概括一下自己最想说的一句话，说真的，每一个人的发言都很让我很感动！而最让我感动的就是车老师让团队所有的成员在第一时间指出谁最辛苦的时候，大家的手都一同指向了我！当时我真的很想告诉大家，我们团队中的每一个人都是很辛苦的，没有大家的齐心协力也就没有今天的成功。这份荣誉是属于我们每一个成员的。我真的很感谢大家！

（3）项目文件中的升华。

在这里，我要说的是项目制作中的每一个环节给我的收获。以前交作业都是简单地抄抄写写，交上去完事。但是这次让我知道了什么叫项目、项目文件，什么叫角色扮演。

一次团队在讨论时遇到了一个专业的问题，大家都不清楚，我马上给老师打电话求教。老师问我：你是团队中的沟通员吗？我说我是团长。老师说：那你们团队要沟通员干什么？一句话提醒了我，在项目团队中，每个成员都有自己的职责。从此以后，我们严格按照团队开篇报告中的角色分工来完成各项任务。

每次的项目文件上交后，都会被老师找出各种各样的问题，从文件的文字、格式到项目的内容，都难以逃过老师的火眼金睛。车老师，感谢您！

在这里，我还要向"半岛听声"团队的每一个成员说声"谢谢"！能和大家组成一个团队我真的感到非常荣幸。我知道我们在将来的合作中还会做得更好。

因为我们永远都是最棒的！

120303半岛听声团队　李树颖

指导教师评语：A等。

从你的个人总结中，我看到了一名学生成长的历程，看到了你阳光灿烂的精神面貌。这是人生成长中的蜕变，更是完成一项任务后的轻松和喜悦！发挥你的聪明才智，就能将今天的经验转化为今后奋斗的财富！

2.项目教学中指导教师的感受

[示例1] 模拟导游项目课程设计与实施的初衷是帮助学生将知识运用到企业服务中，解决学生的生存和发展问题，帮助学生从"学生角色"过渡为"职业人角色"。通过

项目教学，这个初衷实现了。

[示例2] 模拟导游项目课程设计与实施的收获很大。令人欣慰的是：其一，引导学生树立"职业人"的意识和职业素质初见端倪；其二，学生能够将书本知识部分运用到实际工作中，尝试将知识"激活"；其三，这样的教学模式相当于创设了一个平台，学生学习的积极性和创新性得到了发挥。

[示例3] 学生的团队合作意识及工作方法得到了展示和锻炼。而且，学生的专业学习能力明显提高，学习态度由"教你学"向"我要学"转变，学习方法由传统依靠书本向与网络、讨论、现场模拟相结合转变，学习时间由课上向课下延伸。学习兴趣浓厚，主动向专业领域拓展。

课后自主学习

1.查阅相关旅游网站，收集地接导游服务信息，在各自的团队中进行交流，然后进行归纳、分析和提炼，形成专题报告交给教师批阅。

2.查阅相关旅游网站，收集关于地接导游服务方面的案例，在各自的团队中进行讨论、分析。

主要参考文献及网站

★ **主要参考文献**

[1] 易伟新，刘娟. 导游实务 [M]. 北京：清华大学出版社，2009.

[2] 辽宁省旅游局. 导游服务规范 [M]. 北京：旅游教育出版社，2008.

[3] 黄明亮，刘德兵. 导游业务实训教程 [M]. 北京：科学出版社，2007.

[4] 孔永生. 导游细微服务 [M]. 北京：中国旅游出版社，2007.

[5] 生延超，范保平. 导游理论与实务 [M]. 北京：中国旅游出版社，2007.

[6] 王琦，程伟. 导游岗位实训 [M]. 上海：上海财经大学出版社，2007.

[7] 杨光，王冬青. 导游业务 [M]. 北京：电子工业出版社，2007.

[8] 窦志萍. 导游技巧与模拟导游 [M]. 北京：清华大学出版社，2006.

[9] 郭赤婴. 新导游必备手册 [M]. 北京：中国旅游出版社，2006.

[10] 郭赤婴. 新导游带团案例 [M]. 北京：中国旅游出版社，2006.

[11] 姜福金. 导游实务 [M]. 大连：大连理工大学出版社，2006.

[12] 蒋文中. 导游部操作实务 [M]. 北京：旅游教育出版社，2006.

[13] 李灵资. 趣味导游顺口溜 [M]. 北京：旅游教育出版社，2006.

[14] 李瑞玲. 导游业务 [M]. 郑州：郑州大学出版社，2006.

[15] 叶华胜，杨奇美. 导游业务 [M]. 北京：人民邮电出版社，2006.

[16] 张舒哲，高娴子. 导游口语技巧 [M]. 北京：旅游教育出版社，2006.

[17] 窦志萍，岳怀仁. 模拟导游 [M]. 北京：高等教育出版社，2005.

[18] 福建省旅游局导游考试办公室. 导游服务 [M]. 福州：福建科学技术出版社，2005.

[19] 彭蝶飞. 导游实务 [M]. 长沙：中南大学出版社，2005.

[20] 陶汉军，黄松山. 导游业务 [M]. 天津：南开大学出版社，2005.

[21] 王健民. 出境旅游领队实务 [M]. 北京：旅游教育出版社，2005.

[22] 王连义. 怎样做好导游工作 [M]. 北京：中国旅游出版社，2005.

[23] 陈蔚德. 导游讲解实务 [M]. 北京：旅游教育出版社，2004.

[24] 程新造. 导游接待案例选析 [M]. 北京：旅游教育出版社，2004.

[25] 黎泉. 导游促销技艺 [M]. 北京：中国旅游出版社，2004.

[26] 马树生，等. 模拟导游 [M]. 北京：旅游教育出版社，2004.

[27] 天津市旅游局. 导游业务 [M]. 北京：旅游教育出版社，2004.

[28] 王有路. 导游艺术 [M]. 广州：广东旅游出版社，2004.

[29] 吴洛夫. 旅游法规 [M]. 北京：高等教育出版社，2004.

[30] 熊剑平，袁俊. 导游业务 [M]. 武汉：武汉大学出版社，2004.

[31] 王连义. 幽默导游词 [M]. 北京：中国旅游出版社，2003.

［32］张力仁. 导游业务［M］. 北京：高等教育出版社，2003.

［33］张明清，窦志萍. 导游业务与技巧［M］. 北京：高等教育出版社，2003.

［34］北京市旅游局. 出境旅游领队实务［M］. 北京：旅游教育出版社，2002.

［35］蒋炳辉. 导游带团艺术［M］. 北京：中国旅游出版社，2002.

［36］毛福禄. 模拟导游［M］. 大连：东北财经大学出版社，2002.

［37］王连义. 导游技巧与艺术［M］. 北京：旅游教育出版社，2002.

［38］魏星. 导游语言艺术［M］. 北京：中国旅游出版社，2002.

★ 主要参考网站

［1］爱威海百姓网，http：//www.iweihai.cn。

［2］百度百科，http：//baike.baidu.com。

［3］百度空间，http：//hi.baidu.com。

［4］北京天旅旅游教育中心，http：//www.daoyoupeixun.com。

［5］常州旅游人才网，http：//www.cztour.cn。

［6］大连旅游网，http：//www.dltour.gov.cn。

［7］东方早报网，http：//www.dfdaily.com。

［8］极限网，http：//www.xout.cn。

［9］旅交汇网，http：//www.17u.net。

［10］墙根网，http：//www.qianggen.com。

［11］河南旅游网，http：//travel.shangdu.com。

［12］搜狐社区，http：//club.sohu.com。

［13］天涯社区，http：//www.tianya.cn。

［14］网易新闻，http：//news.163.com。

［15］无忧考网，http：//www.51test.net。

［16］新华网，http：//www.xinhuanet.com。

［17］新浪博客，http：//blog.sina.com.cn。